Seadove

Seadove

Seadove

Seadove

中國人不可不讀的文化寶典

一本書
讀懂
讀書人一定要讀！

Chinese Wisdom

中國大智慧

劉元 著

最短的時間領悟文化精髓

一目了然，給記憶一個重要的位址

前言

　　中華傳統文化博大精深，源遠流長，歷代典籍數量之多、種類之繁簡直浩如煙海。走進琳琅滿目的中華文化寶庫，我們會發現到處點綴著串串晶瑩璀璨的明珠，它就是歷代豐富的哲理故事。

　　中華古代哲理故事歷史悠久，豐富多彩，名家名篇數不勝數。這些作品凝聚著作者嘔心瀝血的至情，熔哲學、文學、藝術於一爐，蘊涵著深邃的哲理、智慧的思辨和寶貴的生活經驗，憑藉其思想性和藝術性叩動讀者的心靈，帶給人們借鑑和啟迪。千百年來，這些故事在社會各階層廣泛流傳，並影響著政治、經濟和社會生活的方方面面。歲月流逝，創造這些哲理故事的時代早已遠去，但是這些本身仍具有強大的生命力的故事，卻成為人們代代流傳的共同精神財富。

　　哲理故事以簡潔、概括、明快見長，但是它語言簡潔卻不失優美動人，議論明快卻不失深湛精闢，描寫概括卻不失生動形象。它善於抓住人物或事件的本質特徵，將一個普通的概念和現象誇張到很高的程度，寥寥幾筆，勾畫得惟妙惟肖。

　　中國古代哲理故事最先見於先秦諸子的著作，之後則散見於歷代各類文史典籍和筆記中。如一些哲理寓言故事，有的取材於神話傳說和民間故事，有的則是典籍上記載的、確曾有過的歷史事件，這些故事雖然來源不同，但

在歷史上同樣對社會、政治、哲學和文學等各個領域都有著重要作用。

如果把小說、戲劇等鴻篇巨制比做富麗豐饒的花園，那麼古代哲理故事則宛如細巧精美、充滿詩意的小盆景，使人讀後產生無窮的意味，特別是它那濃郁的生活氣息，更是給人們留下了深刻的印象。打開書本，我們可以看到庖丁解牛時運刀如神，謋然作響，富有音樂節奏的工作鏡頭；又彷彿聽見夏日深林中一片蟬噪，佝僂老漢正在全神貫注地捕捉知了；坎井之蛙聽罷大海的遼闊，「規規然自失」一副目瞪口呆的樣子，使人嗤笑；而那個走在老虎前頭耀武揚威的狐狸，也不禁使人深思，以至於有意識地在生活中捕捉這樣的形象。

歷代哲理故事塑造了一系列具有普遍意義的典型性格和典型人物。有違反禾苗的自然生長規律，揠苗助長的宋人；有守株待兔，放棄努力，坐等時機的機會主義者；還有人孤陋寡聞，囿於主觀，鬧出了負暄獻曝的笑話；而齊景公、齊宣王、晏子、淳于髡、東方朔等也都在書中反覆出現。另外，歷代的文人學士，良臣名相，民間的飽學之士，其人其事反映出來的哲理思辨，都躍然於紙上。當讀者看到這些人物活靈活現地再現於歷史舞臺時，或幡然深省，或憤懣填胸，或忍俊不禁，無不覺得這些人物事件真實可信，並產生現實生活中似曾相識的感覺。

歷史的長河波濤洶湧，大浪淘沙，沉澱保存下來的文獻乃是片金碎銀，尤為珍貴。本書廣采博取，精選了這些廣泛流傳的哲理故事，直接反映了人們當時所宣導的道德理想，全面地闡述了古人立身處世、立志成才和處理人際關係的一系列準則，更涉及為官、治國、治學、修身、養性各方面內容，以及對社會、自然、人生的思考，間以按語點撥，說出意旨所在，以引人思考。

全書援引資料豐富，內容廣泛，選擇精，架構巧，觀點鮮明，是一部獨具匠心的歷代哲理故事經典讀本，不僅能給人們特別是青少年讀者提供豐富的歷史知識，還能引導他們透過現象看本質，從妙趣橫生的故事中體悟到深刻的哲理。

目錄

| 第一章 | 生活的真諦 |

| 第二章 | 心態的力量 |

| 第三章 | 品格的魅力 |

| 第四章 | 處世的風範 |

一本書讀懂中國大智慧

| 第五章 | 勵志的人生 |

| 第六章 | 生命的真義 |

一本書讀懂中國大智慧

| 第七章 | 明辨的哲思 |

｜第八章｜謀略的天空｜

一本書讀懂中國大智慧

|第九章|妙語的智慧|

| 第十章 | 寓言的哲理 |

一本書讀懂中國大智慧

| 第十一章 | 聖者的傳奇 |

景公飲酒

　　春秋時期，齊景公好酒貪杯，有一次宴請群臣，竟然一連喝了七天七夜。

　　大夫弦章看到後非常擔憂，覺得再這樣下去的話，齊國早晚會成為奴隸之國，於是就向景公進諫說：「您喝了七天七夜的酒，我希望您停止！不然的話，就請賜我一死。」

　　景公見到這種情況，就說：「你是寡人的愛臣，寡人怎麼捨得賜你死呢？讓寡人再想想。」

　　一會兒，晏子朝見，景公告訴他說：「剛才弦章勸誡寡人：『希望您停止飲酒！不然的話，就請賜我死。』如果聽他的勸告，那我就被臣下控制了；假如不聽，我又捨不得處死他。」

　　晏子聽罷，很感慨地對景公說道：「弦章遇到您這樣的國君，真是幸運！」

　　這倒把景公弄糊塗了。「這話從何說起呢？」景公問道。

晏子回答說：「假使遇到夏桀王、殷紂王那樣的暴君，弦章早就被處死了。」

於是齊景公就停止了飲酒。

每個人都有自己的愛好，但是你的愛好是否有益，應該多聽聽別人的意見和勸告，不要一意孤行。

剪髮退魚

東晉人陶侃的母親湛氏是一位賢淑仁慈、德行高尚的人。她經常告誡自己的兒子，一定要與品德高尚的人交朋友，以便學習他們的長處。陶侃謹記母親的教誨，虛心向品德高尚的人學習。同郡的孝廉范逵是一位賢達之士，陶侃對他很仰慕，與他結成了好朋友。

有一年冬天，范逵因為有事要去洛陽，途中經過陶家時，恰巧天色已晚，他想在陶家住下，但陶家房屋太小，又無糧米，當時正在下大雪，無法外出借貸。范逵有僕從多人，還有馬匹牲畜。一時間，陶侃感到十分為難，不知如何是好，於是，就到裡間去問母親。

陶母聽後，稍稍考慮了一會兒，就對他說：「你只管到外面招呼客人，我自有辦法。」等兒子出去後，陶母就開始準備。她的頭髮本來又長又美，因此引起了很多人的羨慕，這時，為了能夠好好地招待客人，她毫不猶豫地將它剪了下來，託鄰人拿到市上賣掉，換了一些米和蔬菜。

她又把房內的柱子從中間鋸開，劈下半邊來燒柴，把床上鋪的草苦子拿下來，切碎給馬吃⋯⋯就這樣，飯菜馬料以最快的速度準備好了，范逵及其僕從都受到了款待，馬匹也吃得很飽。

范逵知道內情後十分感動，他讚嘆說：「這樣的母親實在讓我敬佩！」范逵到洛陽後，向一些親友談起此事，他們對陶母也都稱讚不已。

不久，陶侃被徵聘為潯陽縣縣吏，做了個管理漁業的小官。

有一次，魚汛到來，陶侃指揮漁民連夜捕撈，捕獲了很多魚。陶侃看

著那活蹦亂跳的魚，不由得想起了自己貧困的母親，於是派人送了一罐醃魚回家。管魚的官員送點魚回家，這在當時是一件再平常不過的小事，但讓陶侃沒有想到的是，一天之後，醃魚又被原封不動地退了回來。

來人還帶來了一封陶母的信，信中說：「你身為一個官員，竟然拿公家的東西送給我，你這樣做，並不是孝順我。不但不能使我得到好處，反而增加了我的憂慮！希望你從這件事中記取教訓，以後一定要廉潔奉公，再也不要做這樣的事了！」

陶侃時刻牢記這次的教訓。後來，他由一個小官吏，逐步升遷為武昌太守、荆州刺史及都督八州諸軍事等高官，但他總是克制自己，廉潔奉公。他的軍隊紀律嚴明，士氣旺盛。在行軍打仗時，他能夠和士兵們同甘共苦，凡有所獲，陶侃都分給士卒，自己絕不會私藏一點。

父母是孩子的第一任老師，當發現孩子的過錯時，應該及時予以指正。

蔡京試孫

蔡京是北宋的奸臣，人稱「六賊之首」。

他的一群孫子都是膏粱子弟，從小飯來張口，衣來伸手。

蔡京常常在客人面前誇獎孫子們個個聰明非凡。

這一天，蔡京忽有興致，就把孫子們叫到客廳，要當眾試一試。

蔡京問：「你們每天都要吃飯，試著說給我聽，白米是從哪裡來的？」一個孫子搶著回答：「是從石臼裏出來的！」

「你懂個屁！」另一個孫子在旁邊大聲喊，「我看見白米是從草席裏出來的！」因為當時京城裏運米，都是用草席口袋包裝的。

應該重視對子女的生活教育。如果對子女過分溺愛，從小養尊處優，只能使他們「不知稼穡之艱難」，缺乏自主生活能力，對他們的前途是不利的。

友情

管仲和鮑叔牙年輕的時候就非常投緣。兩人曾合伙做買賣，管仲家裏窮，拿不出多少本錢來，鮑叔牙也不在乎。如果買賣賺了錢，管仲要多分一些，鮑叔牙也心甘情願。因為他知道管仲不是貪財，而是窮得急等錢用。他倆還一起當過士卒，打仗衝鋒時，管仲在後，鮑叔牙在前；敗退時，管仲在前，鮑叔牙在後。別人都說管仲是膽小鬼，但鮑叔牙卻替他辯護說：「管仲在家中是獨生子，家裏還有一個老母親，需要他奉養，他可不是膽小，他是個做大事的材料。」管仲曾感慨地說：「生我者父母，知我者鮑叔也！」

後來，管仲因為錯保公子糾而得罪於齊桓公，鮑叔牙在齊桓公面前力保管仲，並推薦管仲當了齊國宰相。後來管仲病重，臨死時，齊桓公到病榻前詢問誰可繼任為宰相，管仲並沒有推薦鮑叔牙，而且說：「鮑叔牙為人賢良，但過於疾惡如仇，不是當宰相的材料。」後來，一些小人把這話傳給鮑叔牙，本來是要挑撥管仲與鮑叔牙之間的關係，沒想到鮑叔牙卻說：「管仲說得對，如果讓我當宰相，我會首先把你們這些小人殺乾淨。」

管鮑之交，已成為交友的典範，流傳千古。這種交情的基礎不是利害關係，不是互相借重、互相吹捧，而是真心相助，不圖回報。

馮玉祥擇偶

1923年秋，馮玉祥將軍在任陸軍檢閱使時，原配夫人劉德淑因病逝世，曹錕曾想招馮玉祥為婿，但因為馮玉祥的生活非常艱苦而作罷。這時候，有些原來抱獨身主義的女孩，放棄了永不嫁人的主張，想成為陸軍檢閱使夫人。

馮玉祥將軍選擇配偶的方法，可謂標新立異。他採取當面提問的辦

法以定成否。他和她們談話時，首先問對方：「你為什麼和我結婚？」這個問題，看似容易，但答起來卻很困難。許多女孩羞澀地回答說：「因為你的官大，和你結婚，就是官太太。」或是說：「你是英雄，我崇拜英雄。」

這樣的回答，馮玉祥將軍都會搖頭，以示不可！但當馬伯援介紹李德全和馮玉祥將軍見面，馮玉祥問李德全為什麼要和他結婚時，李德全爽直懇切地說：「上帝怕你辦壞事，派我來監督你！」馮玉祥將軍對這一回答，頻頻點頭，認為這個女子不凡，從而奠定了兩人結婚的基礎。不久，馮玉祥將軍和李德全女士結為夫婦。

婚姻的基礎不是顯赫的身分和財產，而應該是彼此的信賴和相互的尊敬。這樣的婚姻，才是真正的婚姻。

危機就是商機

南宋紹興十年（1140年）七月的一天，杭州城最繁華的街市失火。火勢蔓延的速度很快，數以萬計的房屋商鋪都被大火包圍，頃刻之間就變成了一片廢墟。

有一位裴姓富商，苦心經營了大半生的幾間當鋪和珠寶店，也在那個鬧市中。火勢越來越猛，他大半輩子的心血眼看將毀於一旦。但他並沒有讓他的下人去搶救他的珠寶財物，而是不慌不忙地指揮他們趕快撤離，一副聽天由命的神態，令眾人感到很疑惑。

然後他悄悄地派人從長江沿岸平價購回大量木材、毛竹、磚瓦、石灰等建築用材。這些材料買來後，他將它們堆在家中，此後，他又歸於沉寂。整天品茶飲酒，逍遙自在，好像大火壓根兒與他毫無關係。

大火延續了十日才撲滅，但是曾經繁華的杭州城，經過大火的摧殘，現在已經是一片狼藉。沒過幾日，朝廷下令重建杭州城。凡銷售建築用材者一律免稅。一時間杭州城內建築用材供不應求，價格猛漲。裴姓商人趁

機拋售他的材料，獲利豐厚，其數額遠遠大於被大火燒毀的財產。

不要總是認為危機是件壞事，有時危機中就蘊涵著商機。一旦你在危機中找到了商機，你就會獲利豐厚。

晏子辭婚

春秋時期，齊景公有個女兒，從小就生得乖巧可愛，特別惹人喜歡，齊景公對她更是愛如掌上明珠。

齊景公從宮中挑選出品學兼優的女官來培養女兒。隨著時間一天一天地過去，女兒長大了，不僅相貌漂亮，而且知書達理，落落大方，成了朝野皆知的絕代佳人。漸漸地，女兒到了談婚論嫁的年齡，這可讓齊景公煩惱了。

許多上卿、大夫都想讓自己的兒子娶到這位佳人。一來可以跟國君聯姻，即使以後有什麼做得不對的地方，也不至於遭到砍頭、抄家的懲罰；再者，百官知道後都會來巴結自己，能撈到很多的好處。

但是當時有個規矩，就是諸侯之女嫁給諸侯之子，可是景公擔心把女兒嫁到別的國家去，父女就再難見面了，而且一旦兩國交戰，女兒的處境就更難了，他放棄了這種想法。

他又打算把女兒下嫁給國內的臣民，這樣是離女兒近一些，可以常見到女兒。但他又擔心門不當戶不對，被人笑話，便也放棄了這種想法。

他想來想去想到了晏子，晏子身為齊國的相國，女兒嫁過去，做一位相國夫人，也不算辱沒門庭。

但他不知道晏子是否同意，就決定不貿然行事，親自去聽聽晏子的意見。

這一天，齊景公坐車來到晏府。晏子見國君到來，慌忙出來拜見，說道：「不知君侯光臨，有失遠迎，臣罪該萬死！」

齊景公說：「相國不必客氣，寡人在宮中待膩了，來到相府與相國談

談天，不必大驚小怪。」

晏子吩咐家人趕快擺酒，為君侯接風。既然是家宴，晏子也就不拘禮了，喚出相國夫人來給齊景公斟酒。

齊景公問：「這是相國夫人嗎？」

晏子回答：「對，這是臣的糟糠之妻。」

齊景公等相國夫人退下後，說：「唉！真是又老又醜啊。寡人有個女兒，又年輕又漂亮，就把她嫁給相國做夫人吧！」

晏子離開座位，對著齊景公恭敬地回答說：「現在她是又老又醜，可我與她生活在一起已經很長時間了，因此也經歷過她又年輕又漂亮的年華。況且人都是在年輕時把將來年老時託付給對方，在漂亮時把將來醜陋時託付給對方，我已接受了她的託付，對她作出終身的承諾了。君侯想賞賜給我一個年輕美貌的女子，難道是想讓我背棄妻子的託付而拋棄她，另尋新歡嗎？」

晏子說完，向景公拜了兩拜，婉言拒絕了這件婚事。

夫妻之間應信守對愛情的莊嚴承諾，不可因對方年老色衰而喜新厭舊。

拒子入門

子發是戰國時期楚國的一位大將軍。一次，他帶兵與秦國作戰，前線斷了糧草，派人向楚王告急。使者順便去看望子發的老母親。老人問使者：「兵士都安好嗎？」使者回答：「還有點豆子，只能一粒一粒分著吃。」「你們將軍呢？」使者回答道：「將軍每餐都能吃到肉和米飯，身體很好。」

子發得勝歸來，母親緊閉大門不讓他進家門，並派人去告訴子發：「你讓士兵餓著肚子打仗，自己卻有吃有喝，這樣做將軍，打了勝仗也不是你的功勞。」

母親又說：「越王勾踐伐吳的時候，有人獻給他一罐酒，越王讓人把酒倒在江的上游，叫士兵們一起飲下游的水。雖然大家沒嘗到酒味，卻鼓舞了全軍的士氣，提高了戰鬥力。現在你卻只顧自己不顧士兵，你不是我的兒子，不要進我的家門。」

子發聽了母親的批評，向母親認了錯，決心改正，才得以進家門。

「子不教，父之過」，子女成長的好壞，長輩負有極大的責任。若要孩子成為大器之才，必須在孩子心中植下博愛之心。有了博愛之心，才有施愛於他人的可能。

珍惜

宋代著名的書法家米芾，小時候曾經跟村裏的一個私塾先生學寫字。學了三年，浪費了好多紙，卻寫得很普通，先生一氣之下把他趕走了。

一天，有個趕考的秀才從米芾的家鄉路過。米芾聽說他的字寫得很好，就去求教。秀才說：「要我教你，就得用我的紙才行。我的紙五兩紋銀一張。」米芾聽後，嚇得目瞪口呆。

秀才又說：「不買我的紙就算了。」

米芾急了，忙說：「我找錢去。」母親經不住米芾的苦苦哀求，只好把唯一的首飾當了五兩紋銀。秀才接過銀子，把一張紙給了米芾，並囑咐他要用心寫字。

這只不過是一張普通的紙，米芾卻不敢輕易下筆，反覆認真琢磨字帖。他用手指在書桌上畫著，想著每個字的間架結構和筆鋒，漸漸入了迷。

半天過後，秀才找到米芾問：「怎麼不寫呢？」

米芾一驚，筆掉在地上，說：「紙太貴，怕廢了紙。」

秀才笑道：「你琢磨了這麼半天，寫個字讓我看看。」

米芾寫了個「永」字，幾乎和字帖上的字一樣，可又好像不一樣，真

的很漂亮。

秀才說：「寫字不只是動筆，還要動心。你已經懂得竅門了。」

幾天後，秀才要走了，臨行前送給米芾一個布包，並叮囑要在他走後再打開。米芾目送秀才遠去，打開布包一看：原來是那五兩紋銀！米芾不禁掉下了眼淚。此後他一直把五兩紋銀放在書桌上，時刻銘記那位苦心教他寫字的秀才。米芾珍惜每一張白紙，勤學苦練，終於成為歷史上赫赫有名的大書法家。

世上無難事，只怕有心人。只要靜下心來，堅定不移地去做一件事，就一定會取得成功。

樂師巧諫魏文侯

戰國時期，有一次，魏文侯心情不錯，就命樂師彈琴，魏文侯親自起舞、誦賦。魏文侯一副全心投入的樣子，使在場的每一個人為之感動。沒想到大王還有這樣一手高超的誦賦本領，平日裏大王在朝上很是威嚴，大臣們都有些害怕。今天見大王有如此閒情雅致，在場的大臣們也很興奮。有的也不禁翩翩起舞，不會跳舞的就在旁邊不住地點頭，誇獎大王跳得好，誦得妙。

魏文侯看到大臣們這樣欣賞自己的表演，更加高興了。於是就即興做了一首賦，當他朗誦到「讓我的話無一人敢違背」時，樂師突然停止鼓琴，並將案上的琴舉起來向魏文侯砸去。剛才那其樂融融的氣氛一下子煙消雲散，取而代之的是緊張的氛圍，兩旁的大臣嚇得瞪大了眼。魏文侯也大驚，幸虧兩旁武士手疾眼快，一把攔下樂師砸過去的琴，並牢牢把樂師按在地上。

魏文侯實在太生氣了，本來自己今天心情很好，卻被樂師搞得一塌糊塗。他恨不得一口一口咬下樂師身上的肉。他坐在桌旁，吹鬍子瞪眼，喘著粗氣，怒視著樂師。兩旁大臣都有些害怕，心想，這個樂師太大膽了，

竟然敢打大王，不是找死嗎？

樂師卻神態自若，安靜地趴在地上。魏文侯看到樂師竟然這種反應，就更加氣憤了。大喊：「執法官來了沒有？我要治這不知天高地厚的樂師的罪。」

執法官忙快步跑到魏文侯面前，彎腰鞠躬，問：「大王，您有何吩咐？」魏文侯說：「按照朝廷法律，臣屬打君主，應該判什麼罪？」執法官說：「稟報大王，應判死罪。」說完，魏文侯喊道：「聽到沒有，快把這渾蛋樂師給我拉出去，砍了！」

說完，摔袖就要走，樂師聽到這，忙說：「大王，臣有一言，請您聽我說完，再讓我去死吧。」魏文侯不耐煩地說：「快說，快說，我一刻也不想再見到你。」

樂師說：「過去，堯、舜為君主時，唯恐自己的話沒人反駁。後來桀、紂為君主時，唯恐有人反駁他的話。今天您所講的話和講話時的神態頗像桀、紂啊。我心中氣憤，心想一定是他們的靈魂附到了您的身上，因此，我舉琴就打。我是在打桀、紂的靈魂，讓他們不要依附在您的身上，也使您成為暴君、昏君。我在打他們，不是在打您啊。」魏文侯聽到這，知道自己錯了，就命人把他給放了。

自己講出的話不許別人反駁，這是何等的霸道，歷史上的暴君桀、紂就是如此。世上沒有一個人敢保證自己說出的話百分之百正確，那就該允許別人提出異議和意見。

魯嬰泣衛

春秋時代，魯國有個城門衛士的女兒名叫魯嬰，生得聰明伶俐，多愁善感，富於同情心。這天，是個月朗星稀的夏夜，一群少女聚集在月光下，唱歌跳舞講故事。大夥兒正玩得十分開心的時候，魯嬰卻躲到一旁偷偷地哭了起來。

她的一位好朋友發現了以後，以為發生了什麼事，便走過去悄悄地問魯嬰：「你到底是為什麼事而傷心哭泣呢？」

魯嬰睜開淚眼，望瞭望好朋友，然後說：「白天我聽人家說，衛國王子的品行不好，喜歡打仗，缺少愛心，當時我心裏就很不是滋味。剛才大夥兒在講故事時，我又想起了這件事，所以就哭了。」

這時，早已圍上來的一群女孩們都爭著勸慰她：「衛國王子的品行不好，這跟我們魯國有什麼相干？再說打仗，那是諸侯間的爭王爭霸，你一個平民家的女兒，管得了嗎？為這些不著邊際的事情瞎操心，真是犯不著！」

魯嬰聽了這番話，很不以為然。她說：「我的想法跟你們不同。我至今還清楚地記得，前幾年，有個宋國的大司馬打了敗仗，逃亡時經過魯國，他的馬就將我家好好的菜園子踩了個亂七八糟，使我家平白無故地遭受了損失。去年，越王勾踐為復仇而攻打吳國，魯國國君為了討好越王，就在民間搜尋美女去獻給他，結果我的姐姐被選中了。後來，我的哥哥前往越國去探視姐姐，又在中途被吳越混戰的將士所殺害……」

說到這裏，魯嬰早已泣不成聲，難以自持了，圍在一旁的女孩們也難過得一個個低下了頭。過了一會兒，魯嬰才停止了哭泣，繼續說道：「這兩件事告訴我，打起仗來是沒有國界的，遭殃的首先是老百姓。現在，衛國的王子又是這樣喜歡打仗，而我卻只剩下一個弟弟了，說不定哪一天災禍又會突然降臨到我們姐弟頭上，這又怎麼能不讓我擔心害怕呢？」

魯嬰從自家的不幸遭遇中，悟出了世間萬物互相聯繫、互為因果的哲學道理，並據此對事物的發展方向作出判斷，這絕不是「杞人憂天」，而是未雨綢繆的態度。

心中無妓

程顥（號明道）、程頤（號伊川）兄弟，世稱「二程」，是北宋有名

的理學家。

有一天，他倆應邀參加一個朋友的宴會。酒席上，有幾個花枝招展的歌伎彈彈唱唱，正在對客人勸酒。程頤看不慣，拂衣而起走開了，程顥卻若無其事，大碗喝酒大口吃肉，盡歡而散。

第二天，程頤跑到程顥的書房裏，還餘怒未息，有責備哥哥之意。

程顥看看弟弟那副一本正經的樣子，呵呵笑著說：「你還記掛著那件事嗎？昨天酒宴上有歌伎，我心中卻沒有歌伎；今天我書房裏沒有歌伎，可是你的心裏還滿是歌伎。」

程頤聽了低頭一想，自愧學問和修養實在趕不上哥哥。

生活中總是客觀存在著善與惡、美與醜，對醜惡的事物一味躲避，並不是聰明的做法；關鍵在於要從思想上戰勝它，在與反面事物的接觸中增加抵抗力，做到出污泥而不染。

管寧割席

管寧和華歆在年輕時是一對很親密的朋友。有一次，他們兩人在菜園裏鋤草，從泥土裏翻出一塊黃金。管寧目不斜視，把黃金當做瓦片石塊一般，仍然不停手地揮鋤；華歆卻心中一動，彎腰拾起金塊，端詳了一陣，才把它扔掉。

又有一次，他們兩人坐在席子上讀書。忽然外面鼓樂喧嘩，有位高官達貴乘坐華麗的馬車經過門前。管寧彷彿沒有聽見一樣，埋頭讀書；而華歆呢，連忙丟下書本，跑到街上去看熱鬧了。

華歆回來的時候，管寧用刀子把席子嘩地一分為二，說：「從今以後，你再也不是我的朋友了。」

「物以類聚，人以群分」，我們在交朋結友時，也應該以共同的思想作為基礎。當然，這種割席分坐、斷然絕交的態度也未免過分。一個人既要嚴於律己，也要寬以待人，這樣的人才稱得上是有道德修養的人。

忠義之臣

相傳，在春秋時代，晉獻公為了把君位傳給他寵愛的妃子驪姬生的小兒子奚齊，就把太子申生殺害了，申生的弟弟重耳為了保命，帶了幾個隨從離開了晉國，過著顛沛流離的生活。

一次，他們在一座大山裏迷了路，一連幾天沒有吃東西，飢腸轆轆的重耳跌坐在一條破席上，仰天長嘆：「唉，沒想到我堂堂晉國公子竟要餓死他鄉！」

一位名叫介之推的隨從聽後悄悄跑到僻靜處，用匕首割下自己腿上的一塊肉，烤熟後送給重耳。

重耳一見是烤肉，不問緣由，很快吃了個精光。而後，抹了抹油膩膩的嘴問：「哪來的肉，還有嗎？」

介之推向上提了提褲腿說：「肉從腿上來，公子喜歡吃，臣願將另外一個腿肚割下奉君！」

望著介之推鮮血淋淋的腿，重耳感動得流下了眼淚。

19年後，重耳回到晉國當上了國君，即晉文公。他給所有流亡期間跟隨他的人都封了官、加了爵，卻唯獨把介之推給忘了。介之推的鄰人解張深為不平，上書晉文公，晉文公馬上差人去請介之推。然而，介之推不肯來，晉文公便親自登門，卻撲了個空。原來介之推不願見他，背著老母躲進了綿山。

晉文公一時無計，這時有個大臣獻上一計：「不如放火燒山，三面點火，只留一方，介之推自然會從這一方出來。」

晉文公依計而行，但卻始終未見介之推出來。

等大火熄滅後，晉文公在一棵燒焦的大柳樹下，發現了介之推與其母親的屍體。目睹此景，晉文公放聲大哭，追悔莫及。

知恩圖報的人不少，不圖報的人卻不多。這樣的朋友不去珍惜絕對是人生的憾事。

護子心切

　　古代有位讀書人，名叫周豫。一天，一位朋友送來了他最愛吃的鱔魚，周豫一時技癢，決定親自煮上一鍋鱔魚湯來嘗嘗。

　　他將魚放入鍋中，那些鱔魚仍悠閒地在鍋裏游著，周豫用小火緩緩加熱，水溫逐漸變高，鱔魚就被慢慢地煮熟了。但鱔魚在鍋中並未察覺水溫的變化，因而不會掙扎，所以口感非常好。

　　等到那一鍋湯慢慢煮沸了，周豫掀起鍋蓋時卻發現一條鱔魚的腹部竟然向上弓起，只留頭部跟尾巴在沸水之中；一直到死，都把腹部露在外面而不倒下。

　　周豫十分好奇，便將這條鱔魚彎起的腹部剖開來，想要看個究竟。在剖開的瞬間，他發現裏面竟然滿滿的全是魚卵。

　　原來這條母鱔魚竟是護子心切，而情願將頭和尾浸入沸湯之中，直至死亡。看到這一幕，周豫不禁潸然淚下，想到母親對自己的百般呵護，而自己對母親卻很少關愛，備感慚愧。遂發誓終身不再吃鱔魚，並對母親加倍地尊敬與孝順。

　　面對孩子，母親始終都是一棵大樹，任憑風吹雨打，酷暑嚴寒，都毫不猶豫，心甘情願地庇護著自己的孩子。

相命師

　　楚國有一個相命師，很會算命。他相過的命，都很靈驗。

　　楚莊王知道後，十分好奇，便派人將他請入宮中，問他有何妙法。

　　「我並不是觀察他本人，而是先看他的朋友。」相命師毫不保留地說。

　　楚莊王不解，問道：「這是為什麼呢？」

　　「一個老百姓，如果他的朋友個個品行端正、積極進取，他自己日

後也必然有所成就。對於為官者，如果他的朋友都是胸懷坦蕩的君子，他也必定前途似錦。而對於帝王來說，如果他的臣子都能忠心耿耿、直言進諫，這個國家就一定會繁榮昌盛。我就是憑藉這些，所以每次都不會有什麼差錯。」

楚莊王聽後連連稱是。

真正的朋友是可以相互鼓勵、相互促進、相互影響的。結交朋友一定要記住「近朱者赤，近墨者黑」的古訓。

丞相公孫弘

漢武帝時，丞相公孫弘出身貧苦，所以平時生活十分儉樸，吃飯僅吃一個葷菜，睡覺蓋著普通的棉被。一向與他不和的大臣汲黯遂藉故向漢武帝參了他一本。

汲黯對漢武帝說：「公孫弘位列三公，俸祿優厚，卻衣食樸素，睡覺也只蓋普通的棉被。其實，他是故意這樣來沽名釣譽，目的是為了騙取清廉簡樸的美名。」

漢武帝便問公孫弘：「汲黯所奏是否屬實？」

公孫弘回答：「汲黯說得一點也沒錯。滿朝大臣中，他與我的交情最好，也最瞭解我。今天他當堂指責我，自然是我的不對。我位列三公而生活如同小吏一般，確實是故意裝得清廉以沽名釣譽。幸而汲黯忠心耿耿，陛下才能聽到對我如此的批評。」

漢武帝聽到公孫弘的這番話，反倒覺得他為人謙讓，就更加尊重他了。

公孫弘面對汲黯的指責和漢武帝的詢問，不但不辯解，且全部承認。這便是他高人一籌的智慧。很多時候面對別人有意的指責或誣陷時，我們並不需要辯解，因為這時的辯解只會越辯越亂，甚至產生負面效應，最後讓事情更加複雜。

戴高帽

袁枚是清代有名的才子，二十多歲就名滿天下，後來做了知縣，赴任之前，去向老師辭行請訓。

老師見到他後，問道：「這次去上任，有些什麼準備？」

「我準備了一百頂高帽子」。袁枚答道。

「年輕人怎麼搞這一套？」老師不滿地說。

「社會上的人都喜歡戴，有幾個像老師這樣不愛戴的？」袁枚不慌不忙地說。

老師聽後點了點頭，認為他說的話很有道理。

袁枚出來後，同學們問他與老師談得如何。

他笑著說道：「我已經送出了一頂。」

許多人嘴上說不喜歡戴高帽子，其實心裏又願意接受高帽，於是便有人順應人心送「高帽」。

徒手鬥虎

北魏的皇族中，有個名叫可悉陵的人，生得高大魁梧，性格勇敢堅毅，又練得一身好武藝，確實是一個不可多得的人才，因而很受皇室器重。

在可悉陵17歲的那一年，北魏皇帝拓跋燾帶著他一塊兒到山林裏去打獵。

陪同皇帝出行的這些人個個身懷絕技，善使弓箭，勇猛無比，打獵對他們來說是再簡單不過的事情了。只一會兒的工夫，他們便捕獲了許多野味，有山雞、野兔、鹿等動物。

大家心裏都很高興，邊說邊笑，興致很高。忽然有人察覺旁邊的樹在微微顫抖，傳出一陣草葉的「沙沙」聲，好像有什麼動物在快速行走。就

在這時，叢林中突然躥出一隻猛虎。牠大吼了一聲，吼聲震得地動山搖。

人們驚出了一身冷汗，驚慌失措，不知如何是好。只聽一個人大喊道：「大家保護好皇上，看我的！」說話間，人已到了老虎跟前。大家定睛一看，原來說話的是可悉陵。

可悉陵沒有拿任何武器，赤手空拳地和老虎搏鬥起來。老虎的尾巴用力一掃，眼看要掃到可悉陵身上，可悉陵卻靈巧地避開了這次攻擊。大家回過神來，彎弓搭箭想要幫可悉陵的忙，可悉陵卻喊道：「我一個人就可以對付，請大家不要插手！」大夥只好放下手中的弓箭，眼睜睜地看著可悉陵和老虎周旋，心裏暗暗為他捏了一把汗。

可悉陵躲過了老虎最為兇猛的攻擊，看準機會跳到老虎背上，揪著虎皮死死按住虎頭，掄起鐵拳向老虎的天靈蓋使勁地砸下去。也不知打了多少拳，可悉陵累得不行了，才發現老虎已經七竅流血，死了。於是可悉陵把這隻老虎獻給了拓跋燾。

拓跋燾沒有過分稱讚他，說道：「本來我們可以不跟老虎糾纏，找到機會逃走，要是實在走不了，大家一起上，也能夠輕易地把老虎打死，而你偏要徒手和老虎搏鬥，你的勇敢和謀略確實高人一等，但應該用它來造福國家，而不應該把它浪費在這種不必要的搏鬥上。如果出現了什麼意外，不是太可惜了嗎？」

人的才能應該用在有價值的事情上，而不能為了出風頭浪費在無意義的事情上。

胡石塘的斗笠

元朝有個文人叫胡石塘，在當地頗有名氣，後來，他到京城應試，元世祖忽必烈親自召見了他。

上朝時，胡石塘的斗笠戴歪了，但他自己一點也沒有察覺。元世祖問他道：「你平常所學的是哪些學問？」

「全是治國平天下的道理。」胡石塘自豪地回答。

皇帝笑他說：「你連自己的斗笠都戴不好，還說要平天下？」

結果沒有任用他。

古語說「一屋不掃，何以掃天下？」正是這個道理。有些人光有滿肚子空泛的理論，卻連一些小事都做不來，這種人只能是紙上談兵。

五十步笑百步

梁惠王為了掠奪別國的財富，常常把百姓驅上戰場。一天，他問孟子：「我治理國家也夠仁義的了，河內地方遭了飢荒，百姓飢寒交迫，我就把那裏的災民轉移到河東去，同時還把河東的糧食運到河內。當河東遭飢荒時，我也同樣辦理。我看鄰國的君王還沒有像我這樣盡心地愛護百姓。可是，鄰國的百姓並未減少，我的百姓也未增多，這是什麼緣故呢？」

孟子回答說：「您是喜歡打仗的，就讓我用打仗來作個比喻吧！兩軍交戰，戰鼓咚咚一響，士兵們奮勇衝殺，其勢銳不可當。可是有一方士兵卻十分膽怯，槍尖刀鋒剛一接觸，有的一口氣逃跑了五十步，還有的一口氣跑了一百步才停下。這時候，這個逃了五十步的人就嘲笑那個逃了一百步的人，說他膽小怕死，你看對不對呢？」

梁惠王說：「太不應該了，跑五十步的人，不過是沒跑到一百步罷了，他們也是在逃跑啊！實際上是一樣的，我要有這樣的士兵，非殺了他們不可。」

孟子說：「大王既然知道這個道理，怎麼能希望你的百姓比鄰國多呢？」

我們在生活中也常會遇到這種情況，只不過程度不同罷了。因此在平時不要刻意去譏笑別人，搞不好反會弄巧成拙，使自己成為大家的笑料。

治駝背

從前，山東平原城裏有位醫生開張營業，自稱善治一切佝僂駝背，一百個駝背他能治好九十九個。有個人背駝得很嚴重，聽說竟有這等神醫，連忙帶了很多錢，來請他治療。他說：「請你先趴在地上。」

駝背的人剛趴到地上，他就跳上去狠命踏將起來。

「你這不是要我的命嗎？」駝背的人疼得大叫。

這位醫生邊踏邊說：「我的招牌上明明白白寫著專把駝背弄直，至於你的死活，與我有何相干？」

治駝背的目的是為了活得更好，如果為了治駝背把命都丟了，還不如不治。做事情只顧局部不顧全局終歸是要失敗的。

孫登評嵇康

嵇康是魏晉時期的大文豪，位列竹林七賢之首。

嵇康曾跟隨隱士孫登在山林間遨遊了三年，嵇康向他請教問題，他從來不回答。將要分別時，嵇康對他說：「先生，您難道在最後分別時也無話可說嗎？」

於是孫登說道：「你認識火嗎？它生來就有亮光，如果不用，那就浪費了它！人的才能就像暗夜的火光一樣，如果不用，也會浪費殆盡！保存火光的關鍵在於免遭外部的風雨，發揮才能的關鍵在於順應外界的事物，有十分清楚的見識，只有這樣才能長久。我看你不隨流俗，剛有餘而韌性不足，才氣多而見識太淺，在當今世上恐怕很難有所作為！」

不出孫登所料，嵇康出世後一直沒有被朝廷任用，最後因呂安事件牽連入獄，被司馬氏殺害了。

每個人都有自己的缺點和不足，在別人指出後，應該正視之，並改之，否則只會得到失敗的結果。

傅嘏不與小人為友

三國時期，何晏、鄧颺、夏侯玄等人受到魏帝寵信。一次，三人一起來見傅嘏，希望能與傅嘏交朋友，被傅嘏拒絕了。

後來，三人央求荀粲來說服傅嘏，荀粲對傅嘏說：「夏侯玄是當世豪傑，向你虛心求教，而你卻不同意。這樣一來，你們之間可能就會產生隔閡。如果兩個賢人不和睦，國家就會止步不前，這也就是藺相如願拜廉頗下風的原因啊。」

傅嘏回答道：「夏侯玄才疏學淺，空有大志，實在是那種搖唇鼓舌，顛覆國家的人。何晏、鄧颺雖然有點作為，卻急躁不安，知識雖多，卻不得要領，外表追求名利，內心不設防備，喜歡觀點相同的人，厭惡異己分子，話多並嫉妒比自己優秀的人。多話的人常挑事端，好嫉妒就不可能有親近的朋友。在我看來，這三個所謂的賢者都是缺少德行的人，遠遠躲開他們還怕遭受災禍，怎麼還能夠去親近他們呢？」

後來，三人都受誅身死，正好印證了傅嘏的分析。

人生在世，一定要擇友而交，對那些奸險諂佞的小人，是不應該與他們結交的，否則就可能將自己推下火坑。

人云亦云

漢朝時，有個叫鮑堅的人去拜見大官崔烈。鮑堅從來沒見過這麼大的官，心裏非常緊張。他問別人拜見崔烈有什麼儀式，有人告訴他說：「到時候司儀說什麼，你就說什麼。」

到了拜見的時候，司儀說：「可拜。」鮑堅也說：「可拜。」司儀說：「就位。」鮑堅也說：「就位。」就位就是叫鮑堅坐下，在漢朝，人們是盤腿坐在席子上的，因此坐的時候要把鞋脫掉，可是鮑堅一緊張，忘了脫鞋。離席時，鮑堅找不到自己的鞋了，司儀見他急得團團轉，就說：

「鞋在腳上。」鮑堅也趕緊跟著說：「鞋在腳上。」

人云亦云是最省事的辦法，但也是最可笑的事情。

以為是水鬼

孔子帶著學生在呂梁山遊覽，山間的瀑布從二百多尺的高處直瀉而下，水聲震天，濺起的泡沫流到四十里以外。在這麼兇險的水流中，就是魚、鱉等水中的動物也無法游泳。

大家正欣賞著驚心動魄的自然景觀，孔子的一個學生突然指著水中說：「先生，你看！」

大家順著他的手看去，隱約見一個男子在瀑布下的急流中沉浮，仔細看時，卻不見了。過了好一會，那男子又出現了，時而浮在水面上，時而又被巨浪吞沒。

「是個溺水之人。」孔子叫學生們趕緊去瀑布的下游，等那男子被水沖下來時好撈他上來。學生們還沒走到河邊，就見那男子自己從河裏上來了。

「天不管來……喲嘿……地不收……」那男子上來後，披散著頭髮唱起歌來。

孔子迎了上去，說：「先生的水性實在高明，剛才我還以為是個水鬼，卻沒想到是個人。請問先生，你在驚濤駭浪中出沒自如，有什麼秘訣嗎？」

「秘訣？沒有啊！」那男子想了想，回答說，「我游泳沒有什麼秘訣，剛開始是出於天性，後來是出於習性，游得好則是順應了自然。」

「天性、習性、順應自然？」孔子有些疑惑，「還望先生說得明白些。」

那男子說：「我從小生在山裏就適應山裏的生活，這就是天性；在水邊長大則適應水邊的生活，這就是習性；也不知道為什麼很想這麼做，於

是就做了，這就是順應自然。」

很多時候，自然規律並不需要我們刻意去探尋，它就在我們的天性和習性當中。順其自然，不僅是很好的做事方法，也是很好的生活方式。

人品至上

孟子有一次和公明休閒談，公明休說：「古時候，逢蒙跟隨羿學射箭，但逢蒙人品很壞。當他將羿的箭術完全掌握了以後，就認為，要是沒有羿，我就是天下第一了，於是，他殺死了羿。逢蒙真是太壞了。」

孟子說：「羿本身也有過錯，不能全怪逢蒙啊。」

公明休不解，問：「羿不是冤死的嗎？他又有什麼過錯呢？」

孟子說：「鄭國曾經派子濯孺子率軍攻打衛國，衛國派庾公之斯率軍反擊，結果鄭軍大敗，子濯孺子乘車逃跑。庾公之斯緊追不放，眼看就要追上了。

子濯孺子由於過度緊張，又犯了肌肉抽搐的老毛病，他呻吟著說：『唉，在這緊要關頭，我的老毛病又犯了，看來我是活不成了。』

說完，他又抱著一線希望問車夫：『你回頭看看，是誰在追我？』車夫說：『是庾公之斯。』子濯孺子一聽，立即高興地說：『吉人自有天相啊！我這次死不了啦！』車夫很奇怪地問：『庾公之斯是衛國有名的射手，他來追我們，我們已經很危險了，您卻說死不了啦，這是為什麼？』子濯孺子說：『庾公之斯跟尹公之他學射箭，尹公之他是我的徒弟。按這樣算，庾公之斯就是我的徒孫了。尹公之他為人正派，品行端正，他所選擇的徒弟也一定正派，所以我說死不了。』

話剛說完，庾公之斯追上了，他問子濯孺子說：『老師為什麼不拿弓射箭來反擊？』子濯孺子說：『我的老毛病犯了，拿不動弓。』庾公之斯說：『我跟尹公之他學射，尹公之他又跟您學射，我不忍心拿您的技巧反過來傷害您。但今天是國家的公事，我又不能因私而害公。』

說著，他抽出一支箭，往子濯孺子的車輪上敲了幾下，把箭頭敲掉了，然後又象徵性地射了四箭便回去了。」

　　說到這兒，孟子看看公明休，又說：「人的品德最重要，子濯孺子因瞭解弟子的人品而活，羿因不瞭解弟子的人品而死，難道羿自己一點過錯都沒有嗎？」

　　公明休聽後，點頭表示贊同。

　　無論交朋友還是收徒弟，都要首先考驗一下對方的人品，否則就會發生很多不如意的事。

謹於言而慎於行

　　春秋時期，孔子在魯國任大司寇，魯定公曾問他：「聽人說，一句話就可以讓一個國家興盛起來，有這回事嗎？」

　　孔子說：「有的，但對這句話不能作如此的解釋。如果真的一句話就可以讓一個國家興盛起來，那我們就不用那麼辛苦了。」

　　「我想，應該這樣來理解，這句話告訴我們，做國君不容易，做臣下也很難，他們的一言一行對一個國家的影響都十分重大。國君知道自己的一言一行對大臣們影響很大，自然要謹慎小心；做臣下的知道自己的一言一行對國家政治經濟文化影響很大，自然也會謹於言而慎於行，這樣就不會隨隨便便了。」

　　魯定公對孔子的話似懂非懂，又發問道：「我又聽人說，一句話可以使一個國家衰亡，有沒有這種說法呢？」

　　孔子耐心地說：「我也聽說過這句話，這句話說明了國君、臣下的一言一行都必須十分謹慎，否則易使人心失散，國家自然要衰亡下去了。如果國君說了一句正確的話，它影響到臣下，而臣下又影響到百姓，自然可以說『一言可以興邦』，否則，自然也可以說『一言可以喪邦』了。」

　　孔子繼續誘導魯定公說：「現在有這樣一個國君，他對大臣們說：

『我當國君沒有別的快樂，只要我說的話沒有人敢違抗，我便得到了最大的快樂。』我們該怎樣來看待這句話呢？如果這個國君說的話是正確的，這句話當然不錯；如果國君說的話不對，大臣們也不敢違抗他，那麼單憑他這一句話，就可以喪邦了。」

魯定公摸摸頭，問道：「有這麼重要嗎？」

孔子說：「的確如此啊！」

一個人的言行，不僅關係著他的形象，而且也影響著周圍的一切，因此，要謹言慎行。

節儉的葬禮

春秋戰國時期的季文子出生於魯國貴族家庭，後來還做了魯國的宰相，位高權重，但他卻十分節儉。

到了他去世的時候，他的家人遵照他的遺言，準備給他辦一個節儉的葬禮。

魯襄公前來慰問時，看到隨葬品都是些舊的東西，以為是他的家人吝嗇，捨不得拿值錢的東西出來陪葬，雖然平常他也時常聽人說起季文子節儉的美德，但仍不禁問他的家人道：「像季文子這樣的大官，死了以後難道也要這樣節儉嗎？你們家真的就拿不出一些像樣的東西來陪葬嗎？這也太過分了吧！」

季文子的家人聽了國君這樣略有責難的話，心中滿是委屈，強忍住淚水，緩緩地對國君解釋說：「我們家裏實在是拿不出一件像樣的東西來，至於像金玉這樣的貴重物品更是沒有。」

魯襄公很不解，就問：「那你們為什麼不去買一些呢？」

季文子的家人回答說：「我們老爺一生以節儉為榮，不僅不去多占國家的一分錢，甚至常常為了國家而解私囊，所以他實際上沒有積蓄。這裏有一本帳，它詳細記錄了收支情況，您如果不信可以查看。」

魯襄公接過帳本，仔細看著，不時點頭，至此他總算明白了季文子的葬禮為什麼如此節儉了。

我們今天生活富裕了，物質商品琳琅滿目，生活可以過得好一點了，但不能因此而鋪張浪費。節儉是人的美德，也反映出一個人的情操，我們確實應該將勤儉節約之風永遠保持下去。

古琴高價

古時候，有一個很高明的琴師，他的名字叫工之僑。他不但善於彈琴，而且做的琴也是無人不讚。

有一次，工之僑得到了一段絕佳的桐木，這可是做琴的好材料啊。他連夜就畫了好幾張製琴草圖，最後他挑選出一張最滿意的，按照草圖的模樣在桐木上精雕細刻起來。工之僑花了整整一年時間，終於把桐木製成了一張琴。

這張琴彈出的音樂，像金鐘、玉磬的聲音一般動聽。工之僑自以為這是天下最好的琴了，就拿去獻給朝廷的音樂官太常，讓他欣賞並作個鑑定。

太常叫了全國最好的樂師來察看一番，樂師們搖搖腦袋說：「這張琴並不值錢，因為它不是古代的，它的年代不夠久遠啊！」

工之僑把琴拿回家裏以後，請漆工在琴上畫了一些斷斷續續的花紋，又讓雕工在琴上刻了一些難辨的古字。最後他又自己製作了一個美麗而精緻的小盒子，把小盒子連同琴一起埋進土裏了。

過了一年，工之僑挖出了盒子，把琴拿到市場上去賣。

這時有個大官路過這裏，一眼看見了這張琴。他當即掏出了二百兩黃金的高價買下。

大官把琴獻給了朝廷。朝廷又叫當初那些樂官來鑑評一番。這次朝中那些樂官見了，爭相傳看，一個個讚不絕口，一致說：「這真是世上絕無

僅有的珍寶啊！」

不能說任何事物都是古的好，而要從實際出發，客觀地看它的價值。那種唯古是崇，唯古是尊的人，是愚蠢可笑的。

量體裁衣

明朝嘉靖年間，北京城中有位裁縫名氣很響，他親手裁製的衣服，長短肥瘦，無不合體。

有一次，有個人拿著一匹布帛讓裁縫裁剪。裁縫就問主人的性情、年紀、生活狀況，還問到多大年紀中的科舉，卻唯獨不問裁衣服最為關鍵的尺寸。

主人感到奇怪，裁縫就說道：「年輕人中了科舉，他就氣傲，走路抬頭挺胸，衣服要前面長而後面短；老年人中了科舉，他心緒懶散，背一定彎曲，衣服要前面短後面長；胖子腰圍要寬，瘦子身筒要窄；性子急的適於衣短，性子慢的適合衣長。至於具體的尺寸，有現成的規定，何必細問呢？」

在日常生活中進行深入和全面的觀察，不斷積累零星的經驗，就能從中摸索出帶有普遍性和必然性的規律來。

貪小便宜吃大虧

春秋時期，衛國國土面積雖然很小，但衛國的國君卻把國家治理得很好。

有一天，衛國國君正和眾臣商議國事，突然有人報告說晉國國君智伯派使者來見。眾臣面面相覷，不知道是怎麼一回事。

眾臣都知道，智伯仗著晉國國力強盛，經常侵略其他小國。這次智伯

派人前來，恐怕不會有好事情。

這時，一個叫南文子的大臣卻笑出聲來。衛君見此，忙問：「大家都很焦急，你為什麼還能發笑呢？」

南文子答道：「大王應該問晉國這次派了多少人來，而不是與眾臣們一起不知所措。」

衛君一聽，便詢問晉國派了多少人來。報訊人回答：「只有兩個使者，沒有軍隊。」

南文子叫道：「快請他們。」

晉國的使者進殿以後，對衛君說：「我們大王派我二人給您送來四匹駿馬，一件白璧，希望您能收下。」

衛君一聽並不是來示威的，也就放下心來，兩位使者獻上禮物後，就離開了。

衛君當晚設宴與群臣共樂，眾大臣都笑顏逐開。只有南文子一言不發，還唉聲嘆氣。衛君一見，很生氣，問他：「晉國這樣的大國，還能這樣以禮待人，大家都很高興，你為什麼還要唉聲嘆氣呢？」

南文子站起來，對衛君說道：「大王你有功於晉國嗎？」衛君搖了搖頭。

「那大王曾與智伯禮尚往來過嗎？」衛君回答說沒有。

南文子笑道：「難道大王沒聽過這樣一句話：沒有功勞的賞賜，沒有原因的財禮，必有它一定的原因嗎？」

衛君心裏一驚，迷惑地問道：「難道晉國送我禮物，有什麼不妥嗎？」

南文子說道：「是的。四匹駿馬，一件白璧本是小國送給大國的禮物。現在情形卻反了過來，由大國送給小國了，這其中一定有什麼問題啊！希望大王仔細考慮一下這件事。」

衛君恍然大悟，說道：「這其中肯定有詐，那麼我們該怎麼辦呢？」

南文子說道：「我們已經收了他們的禮物，即使退還禮物，智伯的陰謀也不會改變。現在最重要的是在邊境設下重兵，以防偷襲，這樣就可以

防止不測的發生。」

衛君立即派人叫邊境加強防衛。果然，智伯不久就起兵襲擊衛國，在邊境遭到重創，無奈又返了回去。

當遇到別人無緣無故送給自己東西時，就要考慮到這件事情背後的深意，畢竟天上沒有掉餡餅的事，貪小便宜往往會吃大虧。

對朋友要真誠

明朝的時候，有個叫費宏的讀書人，他20歲就考中了狀元，於是他老覺得別人都比不上他，不把別人放在眼裏。

有一次，他跟一個朋友聊天，兩個人談著談著就爭論了起來，爭了半天，誰也不肯讓誰。費宏火了，就打了那個朋友一個巴掌。那個朋友摀著臉，氣憤地走了。從那天起，兩人就絕交了。

不久，這件事情就傳開了，費宏的一個同鄉，寫信把這件事告訴了費宏的父親。那時候，費宏的父親住在鄉下。他聽說兒子對待朋友這樣無理，很生氣，立刻寫了封信教訓費宏，說：「現在你年紀還小，就對朋友這麼不尊重，真是不像樣子。趕快去向你的朋友賠個不是，不然你就會犯更大的錯誤。」

除了信，他父親還寄了一個竹板子來，要他拿著竹板子到那個朋友家裏去賠罪。

當費宏看了父親的信後，既愧且悔。他立刻照著父親的話，趕到那個朋友家裏。但他那位朋友還餘怒未消，不想見他。他一連跑了三次，都沒能見到他。費宏著急了，第四次到了那裏，就先求別人把父親的信和竹板子送給那個朋友看，希望他能原諒自己。

那個朋友看了信和竹板子，心裏非常感動，哭著跑出來接待費宏。費宏見他這麼傷心，以為他還在生氣，就連忙向他道歉，說：「那天是我不對，希望你不要再生我的氣了！」

那個朋友搖搖頭，說：「不，我不是生你的氣。我想，你有那麼好的父親，你有了過錯，他會來教導你；可是我的父親早死了，我有了過錯，他不能再教導我了。所以我才難過啊！」

費宏說：「這不要緊。我們朋友之間，也能互相指出過錯，互相幫助改正過錯啊。」

從此以後，他們倆不但沒有吵過架，反而經常互相勉勵，互相幫助，成了很要好的朋友。

人一生中有一個真正的朋友也是不容易的，朋友不在於數量，而在於品德，不但要有共同語言，還應在你有困難時給予你幫助，在你有缺點時給你指正，能夠與你互相勉勵。

楚人有二妻

戰國時候，說客張儀和陳軫都投靠秦惠王，做了秦國的臣子。

張儀對秦王說：「陳軫做大王的臣子，常常把國家的情況透露給楚國。我不能與他共事，望大王將他驅逐出去。如果他又回楚國去，望大王將他殺掉。」

秦王聽後，怒氣沖沖地召見陳軫問：「聽說你想離開秦國，您想到哪裡去？我將為您準備車馬。」

陳軫早已知道是張儀在背後搗鬼，於是順水推舟地說：「回稟陛下，我打算到楚國去。」

秦惠王聽後不由大怒，喝令左右將陳軫推出去斬首。

陳軫不慌不忙地說：「我離開秦國，必然再到楚國。好順從大王和張儀的意思，以表明我是否到楚國。我聽說某個楚國人有兩個小妾，有人調戲其中年齡大點的那個妾，被她抓破了臉皮，那個人又去調戲年齡小點的那個妾時，卻得到了她的百般逢迎。

後來這個楚國人得病死了。有人問那個調戲人妾的人：『你想娶那

個年長的寡婦做妻子呢，還是娶那個年少的。』這個人回答說：『娶年長的。』那人說：『年長的那個抓你，年少的與你私通，你為什麼娶那個年長的呢？』

這人說：『年少的那個做了我妻子，可能會去和別人私通；而年長的那個，卻可能為我而痛罵別人。因為人人都希望自己的妻子貞潔啊！』

如今楚王是賢明的君主，楚將昭陽是賢明的臣相。我身為秦國的臣子，如果經常把秦國的機密洩露給楚王，楚王必定不會留我，昭陽也不會與我共事。我是不是楚國的同黨，這下不是很明白了嗎？」

秦惠王連連點頭道：「陳卿息怒，寡人全明白了。」

從此後，秦王對陳軫十分信任，待遇優厚。

看問題的角度一旦發生變化，人們的取捨往往也會隨之改變。

焦尾琴

蔡邕是東漢靈帝時的大臣，他為人正直，敢於直言相諫。後來，蔡邕受到一些宦官的誣陷，他自知危險即將臨近，於是打點行裝，逃離了京城，來到吳地隱居起來。

蔡邕精通音律，尤其對琴很有研究。關於琴的選材、製作、調音，他都有一套精闢獨到的見解。從京城逃出來的時候，他捨棄了很多財物，就是捨不得丟下家中那把心愛的琴，於是將它帶在身邊，時時細加呵護。

在隱居的日子裏，蔡邕閒來就經常撫琴自娛，藉由琴聲來抒發自己壯志難酬反遭迫害的悲憤和感嘆前途渺茫的悵惘。

有一天，蔡邕仍舊坐在房中撫琴長嘆，廚子在隔壁燒火做飯。忽然，隔壁傳來一陣清脆的爆裂聲，蔡邕不由得心中一驚，抬頭豎起耳朵細細聽了幾秒鐘，大叫一聲「不好」，跳起來就往灶間跑。

來到爐火邊，蔡邕也不管火勢多大，伸手就將一段已經塞進灶膛的桐木拉了出來。見到這段燒焦的桐木時，蔡邕驚喜地在桐木上又吹又摸。好

在搶救及時，桐木還很完整，蔡邕就將它收了下來，然後精雕細刻，一絲不苟，費盡心血，終於將這塊桐木做成了一張琴。這張琴彈奏起來，音色美妙絕倫，舉世也找不出第二張來。

後來，這把琴流傳了下來，成了一件罕有的珍品，由於它的琴尾部分被火燒焦了，所以被稱為「焦尾琴」。

同樣的東西，在不同的人手裏可以發揮不同的作用，就像那塊桐木，若不是蔡邕的發現，它只是一塊乾柴而已。其實，生活中並不缺少美，只是缺少發現美的眼睛。只要具備了超常的能力，再平凡的生活也有美好幸福的明天。

伊尹為廚

伊尹是商王朝的開國功臣。他開始時是商湯的家奴，負責種菜燒飯，這種生活使他覺得枯燥無味，常為自己一身才華沒得到商湯發現而鬱鬱寡歡。於是，他總想找機會展露一下自己的才華。

後來，伊尹想出了一個有點風險的好主意。

有一段時間，他故意把飯菜做得不合口，不是太鹹就是太淡，要不就把飯燒糊，總之，商湯吃得很不適口。終於有一天，商湯在宴請賓客時，伊尹又把飯菜做砸了。商湯大為生氣，於是命人將伊尹叫來，準備好好質問他一番。

伊尹來到後，商湯問他：「你為何最近做菜那麼不認真？不是太鹹就是太淡，還在我宴請賓客的時候讓我出糗，你要是不給出合理的解釋，可別怪我對你不客氣！」

伊尹等的就是這一天，於是他神態自若地說：「做菜時，鹽放多了就會覺得太鹹，鹽放少了又會覺得沒有味道。只有把鹽和各種調料放得合適，做出的飯菜才色香味俱全。」

商湯說：「你既然知道這個道理，為什麼又要明知故犯呢？」

伊尹答道：「做飯是這個道理，治理國家也是如此啊！既不能操之過急，也不能鬆弛懈怠，只有恰到好處，才能把事情辦好。就比如您在最近處理的國事中就犯了操之過急的毛病一樣。」

商湯一聽，不斷點頭，左右的賓客也紛紛點頭表示讚許。

後來，商湯又多次單獨找伊尹談話，他發覺伊尹確實是經世治國的不世之才，於是下令解除了他的家奴身分，起用他作為自己的主要謀士。後來，商湯在伊尹的幫助下，終於滅掉了夏朝。

在我們現實生活中，當然也會遇到這樣的情況。只是由於每個人所處的環境不同，自身條件不同，實現自己價值、得到別人賞識的方式就會不同。只要你有足夠的才能並找到適合自己施展才能的方法，就一定能夠成功。

百擔榆柴

孫臏是戰國時代的著名軍事家，他很小的時候，就拜在鬼谷子門下學習兵法。

有一次，鬼谷子給學生們出了一道題，他說：「今天，我要你們進行一次比賽，誰能先砍回百（柏）擔榆柴，就算誰勝利。」

學生們聽說後，就都拿起砍柴工具進山去了。到了山上，大家都很拚命地砍柴，可是直到天黑，也砍不夠百擔，最多也就砍了五六十擔。

孫臏進山後，卻沒有急於砍柴，而是掏出了書，找了個偏僻安靜的地方，認真地讀了起來。等到太陽西斜時，他才站起身來，伸了個長長的懶腰，然後去砍了兩捆榆柴，又砍了一根柏木當扁擔，很悠閒地挑下山去。

鬼谷子見學生們挑回的一擔擔木柴就連連搖頭嘆息，直到看見孫臏挑的那擔柴火，才露出欣喜之色。學生們不理解，問鬼谷子道：「老師，我們雖然沒有打足一百擔榆柴，但是總比孫臏的多得多啊，為什麼會是他獲勝呢？」

鬼谷子聽後對孫臏說：「你給他們解釋解釋吧。」

孫臏說道：「老師，我想我們不管怎麼做，一天之內也無法砍回一百擔柴，因此我想老師的題目一定另有深意，後來我想老師說的百擔榆柴肯定指的是『用柏樹擔榆柴』。老師，是這樣嗎？」

鬼谷子聽後，默默點頭，而那些累得筋疲力盡的學生這時才恍然大悟，無不佩服孫臏的聰明才智。

無論是生活還是學習中，當面臨「山重水複疑無路」之時，試著換一種思維方式，換一種思維角度，也許你眼前便會豁然開朗，出現「柳暗花明又一村」。

文子治盜

春秋時期，有一段時間，晉國的強盜特別猖獗。但好在有位捕頭具有非凡的本領，他能從人的相貌中辨別出盜賊來，百無一失。於是，晉國國君將他任命為緝盜主管。這樣一來，晉國的治安就好了許多，國君感到很滿意，就說：「我有這麼一個人就足夠了。」

大臣文子聽後，提醒他說：「如果大王您只是憑著嚴格的監察來壓制盜賊，恐怕並不會完全消滅盜賊，而且這位能夠洞察盜賊的捕頭也會大難臨頭。」

果然，不久以後，就有一群盜賊聚在一起商量：「現在我們的處境都很糟糕，這全是因為那個捕頭。我們不如把他殺了，那就不會有什麼麻煩了。」

於是，他們聯合起來殺了捕頭。國君聽說後，深感不安，連忙將文子請來問計道：「你說的事情不幸發生了，如今捕頭已經死了，我們該拿那些盜賊怎麼辦呢？」

文子說：「古人有句諺語：『看見深淵中有魚的人不會幸運，而察覺別人隱私的則會遭殃。』如果您想讓境內沒有盜賊，只是靠嚴格的監管是

不夠的。倒不如把有道德的人提拔上來，讓他們用自己的行為教育和感召部下。如果老百姓有了羞恥之心，大家就不會再做強盜了。」

晉國國君聽從了文子的建議，並嚴格施行起來。沒過多久，晉國的盜賊果然少了很多，而那些剩下的盜賊也不好意思在晉國為惡了，都跑到別的國家去了。

有些事情無論如何嚴格地監控，都有不可彌補的漏洞。除了必備的監控之外，其實道德的感召和教化也是必不可少的一項重要措施。

酒足飯飽的方法

有個齊國人，他有一個妻子和一個妾。這個人每次出門，總是酒足飯飽以後才回來。每次他的妻子問他，他總是說一些有錢人請他吃飯去了。

他的妻子聽後總覺得哪裡不對勁，就對他的妾說：「我們的男人每次出門，總是酒足飯飽以後才回來。問他是誰請他喝酒吃飯，他總說是有錢人請他。但是我懷疑他說的話，為什麼沒有看到那些富貴的人來我們家呢？我要跟蹤他，看他說的是不是真的。」

第二天一早，他的妻子就尾隨丈夫偷偷地出了門。只見她的丈夫走遍了城中的大街小巷，卻沒碰見一個人與他交談。最後來到了城東邊的墓地，看到她丈夫正在向來祭祀的人乞討剩餘的祭品，沒有吃飽，又到另一家。原來，這就是他每次酒足飯飽的辦法。

看到這些情況，他的妻子黯然回到家裏，對他的妾說：「我們嫁一個男人，是要依靠他一輩子的，可是，沒想到他竟是一個這樣的人！」

妻妾兩人埋怨起她們的男人，說到傷心處就哭泣起來。這個男人還不知道這一切，還和從前一樣，一派喜悅自得的樣子從外面回來，在妻妾面前一副很驕傲自滿的神態。

君子愛財，取之有道。人們追求富裕的生活，就一定要用正當的手段與方法，而且一定要有尊嚴。

落井下石非君子

東漢時，有個叫蓋勳的人，他的祖輩都是大官，他自己也因為有了孝廉的名聲，而經人推薦做了漢陽長史。

當時，武威太守貪污墮落，驕橫放縱。後來，在武都這個地方有個叫蘇正和的人，犯了案，牽連到了那個太守。而審理這個案件的涼州刺史梁鵠，他知道那個太守的背景很深，就想把罪行全都推到蘇正和的頭上，為此打算把他殺了，幫助那個太守推卸責任。於是，梁鵠就去向蓋勳討教，看看他有什麼辦法。

梁鵠心想：蘇正和與蓋勳一向不和，蓋勳一定會想辦法幫他把這件事情辦妥。當時也確實有人勸蓋勳乘機落井下石。不料蓋勳是個君子，他儘管與蘇正和有仇，但絕不做落井下石之事。

蓋勳對人說：「我們不能這樣做。用陰謀去陷害忠良，這是不忠；趁別人有難而去要脅他們，這是不仁。我蓋勳絕不做這樣不忠不仁之事。」

後來，蘇正和被無罪釋放。他上門去感謝蓋勳時，蓋勳說：「我這樣做，絕不是為了你蘇正和，所以你根本不必謝我。」

經過這件事以後，蓋勳與蘇正和的關係還是一點也沒有改善，仍然像仇人一樣。

真正忠義仁愛的君子，儘管與別人不和，也做不出乘人之危、落井下石的事。

王述性急

晉朝時有一位大臣叫王述，他雖頗有學問，但性情卻極其暴躁。家裏的人都不敢輕易招惹他。

王述喜歡吃滷雞蛋。有一天他在家裏吃飯，由於肚子正餓，當他看見廚師端上來的雞蛋時，便迫不及待地拿起筷子就夾，可是雞蛋太滑了，怎

麼夾也夾不上來，這可氣壞了王述。

於是，他乾脆用筷子去叉，可是雞蛋還是很滑，就是讓他叉不到。王述連續試了幾次都不成功。

這下他可發脾氣了，把筷子一扔，將雞蛋丟在地上，看見雞蛋在地上滾來滾去，還是無法消氣，於是，他穿上木屐下地去碾，可是碾不到。他氣得要命，口中不住念叨：「氣死我了，跟我過不去，看我不宰了你。」

於是他將地上的蛋撿了起來，一口咬下用力地嚼碎，然後又呸的一聲將雞蛋吐在地上。

「欲速則不達」，「心急吃不了熱豆腐」。做事必須有理有節，性急會影響心緒，把好事變成壞事。

不義之財

清朝乾隆年間，有一個名叫阮元的大學士，因學識淵博為朝廷所器重，被任命為體仁閣大學士。阮元做了大官後，他的父親阮湘圃並沒有因為兒子的顯貴而有任何改變，依舊過著清貧的生活。

有一天，有個同鄉來探訪阮湘圃，那人當著他的面對他說：「您的兒子都已經做了大官了，怎麼您還過著這麼寒酸的日子啊？」

阮湘圃回答說：「我家本來就不富有啊！」

那人從袖子中拿出一張銀票說：「這是一千兩的銀票，就算是我給您老人家祝壽吧！」

阮湘圃馬上慎重地對他說：「老夫從不貪非分之財，你為何無緣無故前來為我祝壽，又平白送錢給我？如果你是想求我兒子幫忙，對不起，我兒子身受朝恩，力求清廉尚不能報答朝廷萬分之一的恩澤，我怎能取這不義之財去玷污他呢？你以禮來見，我以禮相待，若你來行賄，恐怕你是自討沒趣了！」

那人受到斥責後只得悻悻地離開了。

拿人手短，吃人嘴軟。有時候，有些別有用心的人送的錢財或禮品，都是包裹著糖衣的毒藥，不應該貪取。

千萬買鄰

南北朝時，一個叫季雅的人被罷免南康郡守的官職之後，在名士呂僧珍家旁邊購買了一處宅院。

呂僧珍問他購買宅院的價錢是多少。

季雅回答說：「一千一百萬錢。」

呂僧珍聽到這麼昂貴的價錢，感到很奇怪，便問他：「你為什麼用這麼高的價錢來買它？」

季雅說：「我是用一百萬錢買房宅，用一千萬錢買鄰居呀！」

選個好鄰居，說不定連你的房子也能賣個好價錢，房、地都是因人而貴。當然，更重要的是久居芝蘭之地，自有芝蘭之氣。

南橘北枳

晏子將要出使楚國，楚王得知這個消息後，對左右的大臣說：「晏嬰是齊國能言善辯的人，如今來到楚國，我想羞辱他一番，大家看用什麼辦法好？」

有個大臣獻計說：「他來了以後，請綁一個人從大王面前走過。大王問：『他是哪裡的人？』回答說：『是齊國人。』大王再問：『他犯了什麼罪？』回答說：『他犯了盜竊的罪。』」楚王覺得這個主意不錯。

晏子來到楚國，楚王用酒招待他。賓主正喝到興頭上，兩名小吏捆著一個人來到楚王面前。

楚王故意問：「這捆著的是什麼人？」

小吏回答：「是個犯了盜竊罪的齊國人。」

楚王轉過頭來對晏嬰說：「齊國人生來就喜歡偷盜嗎？」

晏子離開座位，走到楚王面前，回答說：「我聽說，橘樹生長在淮河以南就結橘子，如果生長在淮河以北，就會結出枳子。橘子和枳子葉子差不多，但果實的味道卻不一樣。這是為什麼呢？因為水土不同呀。現在捉到的這個人，生活在齊國的時候，並沒有盜竊的行為，來到楚國以後卻偷盜起來，難道是因為楚國的水土容易使人變成小偷嗎？」

楚王聽了，尷尬地笑著說：「聖賢的人是不可戲弄的！是我自討沒趣啊。」

「三人行，必有我師」。不要以為自己很強，羞辱人的往往都會自取其辱。對人，始終要懷有一顆坦誠和尊敬的心。

李離伏劍

李離是春秋時期晉國的掌管刑罰的最高長官，一向秉公不阿，執法如山，視法律比生命更重要。

有一次，李離在查閱過去的案卷時，竟發現了一起錯殺的冤案，感到慚愧不已，他覺得自己犯下了不可饒恕的罪過，不但不配再做執法的長官，而且給國家的法律抹了黑。於是，立刻脫下官袍綬印，讓衛兵把自己捆綁起來，送到晉文公的大殿前，請求判自己死罪。

晉文公對李離這種嚴於律己的行為十分讚賞，也為他的誠心所感動。晉文公不但沒有怪罪李離，還親自為他解開身上的繩索，說：「官職既然有貴有賤，處罰也當有輕有重，再說這件案子是下面官吏弄錯的，並不是你的錯。」

李離長跪不起，說：「臣下的官職最高，從沒把自己的權力讓給下屬；平時享受的俸祿也最多，也並沒有把俸祿分給下屬。今天我有了過錯，怎麼可以把責任推給下面的人呢？現在出了錯案，我理當承擔罪責。還是請大王將我處死吧！」

晉文公聽了，不高興地說：「照你這麼講，下屬犯罪，上司有責，難道連寡人也有罪了嗎？」

李離回答：「我是掌管刑罰的最高長官，國家法律早有規定：判錯刑者服刑，殺錯人者要被殺。大王信任我，將執行國家刑罰的重任交給了我，而我卻沒能深入調查，明斷真偽，以至於造成了錯殺無辜的冤案，按法律我應受到處置，因此處死我是理所當然！如果我不自覺伏法，那法律的尊嚴還能受到別人重視嗎？」

說罷，李離猛地從衛士手裏奪過寶劍，使盡力氣朝自己揮去，頓時鮮血迸濺，氣絕身亡。

李離以自己的鮮血和生命來捍衛法律的尊嚴，實踐了「法律面前，人人平等」的思想。他的勇氣和膽識是值得我們深思的。

吳裕與公孫穆

公孫穆是東漢時期人，他酷愛讀書，總是想盡辦法，抓住一切機會來讀書，當時的許多人都因為他好學而對他交口稱讚。

公孫穆讀了不少書以後，還想進一步擴大知識，完善自己，但是靠自學又覺得力不從心。那時候設有太學，太學裏的老師知識淵博、見識很廣，公孫穆就想進太學去繼續學習。可是上太學需要交一大筆學費，另外還有平時食宿的花銷，數額高得驚人，而公孫穆家裏很窮，根本出不起這筆錢。怎麼辦呢？公孫穆一下子也想不出什麼主意來，他苦惱極了。

有個富商名叫吳裕，十分通情達理，對人總是很誠懇。有一次，他要招雇一批舂米的工人，派人把消息放了出去。有人把這事告訴了公孫穆，公孫穆高興極了。

他想：這下可有機會賺些錢繼續求學了！那時候，去為人舂米被認為是低賤的工作，但公孫穆已經顧不得這些了，他把自己打扮成工人的樣子，穿一套短衫短褲，就去應徵了。

一天，吳裕打算去舂米的地方轉一轉，巡視一番。他一路走來，東瞧瞧，西看看，最後在公孫穆身邊站住了。公孫穆正忙得滿頭大汗，也沒有注意吳裕在他旁邊，還是一個勁地舂他的米。

過了好一會兒，吳裕越看越覺得公孫穆的動作不很熟練，體力也不怎麼好，不太像一個舂米工人，就問他道：「小夥子，你為什麼到我這兒來工作呢？」公孫穆隨口答道：「為了賺些錢交學費。」吳裕說：「哦，原來你是個讀書人啊，怪不得我看你斯斯文文的，不太像工人。別做了，休息一會兒吧，我們倆聊聊！」

他倆談得十分投機，相見恨晚。後來，這兩個人就結成了莫逆之交。

我們交朋友，也要像吳裕一樣不以貴賤、貧富為標準，而要更看重一個人的才識和品行。

唐伯虎佯狂保命

明朝人唐伯虎，名聲轟動一時。寧王朱宸濠久聞其名，非常羨慕他的才華，曾經派人拿一百兩金子到蘇州聘他去南昌做官。

唐伯虎來後，住在別館中，十分受優待。唐伯虎在和朱宸濠接觸了一段時間後，察覺其養兵蓄財，知道他以後一定會反叛。便私下嘆道：「這裏是火坑，一天也不能待了。」

但他也知道，如果此時公開辭職返鄉，必然會遭到殺戮。於是就假裝瘋狂，忽哭忽笑，言語顛三倒四，飲食起居顛倒異常。

朱宸濠疑其裝瘋，就派人送禮物給他，見他赤身裸體蹲在地上，並譏諷斥罵來人，來人只得帶禮物返回。

朱宸濠知道此事後說：「誰說唐伯虎是一個賢德的人，他只不過是個瘋子罷了。」於是放他回家。

不久，朱宸濠果真叛逆不成，伏法受誅。

生活中，我們會遇到一些很棘手的問題，如果直截了當地採取行動，

反而不會收到好的效果。這個時候首先要深入分析，並對事情的發展趨勢作進一步的判斷，然後分析利害得失，最後選擇一個對自己有利的方法。

廢物也是寶

宋神宗熙寧年間，擔任權都水監丞（掌管水利方面的官）的侯叔獻徵發工人，在睢陽縣境內掘開汴河河堤，引用汴河中的大量泥沙淤灌田地。

但沒料到的是，這一年出現了嚴重的洪澇災害，汴河水位暴漲，洪水從掘開的河堤缺口洶湧而出，一下就把堤防沖垮了。

在工地上，發狂的人們圍住侯叔獻，無數的火把照得汴河邊一片通紅。侯叔獻望著臉色嚴峻的工人們，大聲說：「現在硬堵已是沒用了，只有把缺口開得更大些……」

工人們怒吼了：「昏官，你這是要我們大家的命啊！」

「不！」侯叔獻聲若洪鐘，將黃色巨流的吼叫聲也掩蓋了下去，「只有想法洩洪，減緩兇猛湍急的水勢，才有可能修復堤防，將決口堵住！」

接著侯叔獻向大家解釋：在離睢陽幾十里的上游，在汴河河邊，有一座廢棄的古城，裏面雖無人居住，房屋也都早已毀壞，但那幾尺厚、幾丈高的城牆卻還基本完好，用它來臨時洩洪儲水最合適。侯叔獻一聲令下，帶領工人們火速奔向上游那座古城邊，連夜掘開了汴河河堤，把水引到古城裏。

第二天，下游的水量大大減少，侯叔獻馬上帶領工人堵塞住了汴河河堤上的缺口。當古城裏的水儲滿，又往汴河裏流的時候，原來塌陷的河堤早已修復了。百姓的生命財產保住了，農田也免遭淹沒。

在生活中經常會有一些東西，大家都認為沒有用了，但是，如果能好好地回收改造，那麼廢物也會變成寶物。

桓公餵蚊

　　有一次，齊桓公在柏寢台裏躺著休息，他對相國管仲說：「我們齊國國家強盛，百姓富裕，再沒有什麼可憂慮的了。但有一事處理得不好，讓我總是憂心、掛念。現在蚊子嗡嗡叫，好像肚子餓了沒有吃飽，我有些擔憂。」

　　於是，他掀開翠綠色的紗帳，讓蚊子進到了裏面。這些蚊子有的很懂禮節，不願叮咬桓公而飛走了；有的蚊子知道知足，咬了一口就飛開了；有的蚊子不知道知足，停在桓公身上使勁地吮吸，等到牠吸飽了，腸肚也因此脹破了。

　　桓公見此情景，說：「唉，老百姓也和這些蚊子一樣啊！」

　　於是，桓公發布命令給齊國各地，要求制訂戒令，阻止百姓鋪張浪費。勸告百姓節約糧食，不要追求華貴的服飾。這樣，齊國勤儉節約的風氣盛行了起來。

　　成由節儉敗由奢。生活應該簡樸知足，鋪張浪費、大吃大喝往往是會招災致禍的。

一捆箭

　　吐谷渾國王阿豺不久將離開人世，他把兒子們召集到跟前說：「你們每人拿我一支箭，試著折斷它。」

　　過了一會兒，阿豺又對他的同胞弟弟慕利延說：「你取一支箭去，把它折斷。」慕利延把箭折斷了。

　　阿豺又說：「你取十九支箭，同時折斷它。」慕利延無法折斷。

　　阿豺於是對他的弟弟和兒子們說：「你們知道嗎？一支箭容易折斷；眾多的箭合在一塊，就很難折斷了。只要你們大家同心協力，我們的國家就會變得堅不可摧。」

團結一致，力量無窮，沒有不可克服的困難；家和才能萬事興，內耗就會走向衰敗；家庭如此，國家亦如此。

齊侯之鞋

春秋時期，齊景公從魯國請來一個鞋匠，為他特製一雙鞋子。這雙特製的鞋子，非常漂亮，鞋帶是用黃金做的，用白銀鑲邊，再綴上珠寶，用美玉裝飾鞋頭，鞋的長度足有一尺。

齊景公認為只有這雙特製的鞋，才與自己這個擁有萬輛兵車大國君主的身分相稱。在一個寒冷的早晨，他穿著這雙特製的鞋上朝處理政事。

宰相晏子上朝來了，齊景公很尊重這位三朝元老，想起身去迎接。由於穿在腳上的這雙特製鞋太重，他邁不開步，僅能抬抬腳。

他問候晏子說：「相國，外邊的天氣很冷吧？」

晏子看到齊景公穿的鞋子讓他邁不開步，就借機勸諫說：「君侯怎麼問起天氣冷不冷呢？古代聖人製作衣服，要求冬天衣服做得又輕又溫暖，夏天的衣服做得又薄又涼爽。現在君侯腳上的鞋子用金銀珠寶做成，冬天穿起來冷上加冷，而且鞋子沉重得超過了腳的承受能力，這就違背生活常理了。這雙鞋是誰為君侯製作的？」

齊景公說：「是從魯國請來的鞋匠製作的。」

晏子說：「臣以為魯國的這個鞋匠有三大罪狀，請允許臣講。」

景公說道：「他費了很大的精力才給寡人做成這麼漂亮的鞋子，而他得到的獎賞還不到這雙鞋子的百分之一，寡人還嫌賞他的不夠，相國為何說他有罪呢？」

晏子說：「魯國的鞋匠不知道季節的寒暖變化，不知道腳能承受的重量，違反生活的常理，這是他的一大罪狀；做鞋不按常規操作，做出這雙不倫不類的鞋，使我們的君侯受到天下各國的嘲笑，這是他的第二大罪狀；耗費錢財，對國家沒有功效，招致老百姓的怨恨，這是他的第三大罪

狀。臣請求主上立即下令，把他逮捕，交給司法官員按罪論處！」

齊景公覺得魯國鞋匠製作這雙鞋很不容易，堅決要求放過他。

晏子也很堅持自己的態度，堅絕不肯放過魯國的鞋匠。

景公說：「寡人真的不明白他究竟錯在哪裡，這雙鞋是寡人讓他做的，你要處罰就處罰寡人吧，但請相國饒了那個無辜的鞋匠。」

晏子堅持說：「不可以。我聽說，為做善事而使自身受苦的人，他應該受重賞；為做壞事而使自身受苦的人，他的罪惡更重。」

齊景公無話可說了。

晏子退出去，直接向職管司法的府衙走去，到了那裏就命令那兒的官員立刻將魯國的鞋匠逮捕，並派人把他押解出境，永遠不准他進入齊國境內。

從此，齊景公脫下了這雙昂貴而又沉重的鞋，再也不穿它了。

只知追求奢華而不注重實用，以至於違反生活常規，是十分愚蠢的行為。

心態的力量

第二章

回報

從前有一個秀才準備進京趕考。半途中不幸被毒蛇咬傷，暈倒在路邊。

等他醒來的時候，他發現自己躺在一個破舊的草屋內。「醒過來就好了！」他看見一個大娘端著一碗粥向他走過來，「吃點東西，好快些復原。」大娘對他說。「給您添麻煩了，」秀才接過粥又問道，「我怎麼會在這裏？」大娘告訴他是她的丈夫在回來的路上看到暈過去的他，把他背了回來，並在他的傷口上敷上自製的草藥。「我們家裏也窮，沒什麼好的，現在只能煮點粥給你喝。」大娘對秀才說道。

秀才在大娘家休息了一日，次日清晨便又匆匆趕赴京城。

一年後，秀才已是朝廷的六品官員。他一直沒有忘記救過他命的大伯和大娘，於是特地抽出時間前來報答他的救命恩人。見到當日的恩人，他不勝感慨，拿出銀子要兩老收下，說是自己的回報。

大娘說道：「我們要是為了錢財就不會救你了！你還記得我們，我們

已經十分高興了。你的銀子我們是不會收下的。」秀才還是堅持讓老兩口留下銀子。「我們救了你，不是圖你的回報。」大娘又說，「如果你真的想報答我們，那你就把銀子收回去，送給更需要它的人吧。」

這時，大伯接著說：「我們希望你做一個好官，做一個老百姓愛戴的官。那就是對我們最好的回報了。」

秀才後來果然成為一個人人擁戴的好官。

付出愛心不求回報，只希望每個人都像自己一樣關愛他人，關愛社會，讓我們的世界更加美好。伸出你的雙手，放飛你的愛。

九方皋相馬

春秋時期，秦穆公對伯樂說：「您的年歲已經大了，在您的子孫中有沒有善於尋找千里馬的人呢？」

伯樂回答說：「一般的好馬，從外表上就可以看出來，舉世無雙的好馬，牠的特點是難以捉摸的。我的子孫的才智都比較低下，他們可以為您找到一般的好馬，但卻不能為您找到舉世無雙的好馬。我有一個老朋友叫九方皋，他相馬的本領絕不在我之下。您可以請他來為您相馬。」

於是，秦穆公將九方皋請來，派他去尋找天下最好的馬。三個月後，九方皋回來了，他說：「我在沙漠裏找到了天下最好的馬。」

秦穆公問：「那匹馬是什麼樣子的呢？」

九方皋回答說：「那是一匹黃色的母馬。」

秦穆公派人把馬牽來一看，卻是一匹黑色的公馬。秦穆公很不高興，對伯樂說：「您推薦來的相馬人真差勁，連馬是黃是黑，是公是母都搞不清楚，哪裡還能找到天下最好的馬呢？」

伯樂長嘆了一口氣說：「高啊！九方皋相馬的本領已經達到這種地步了！他已經超過我一千倍還不止了。他所注意的是馬的精神，而不去注意馬的皮毛；他掌握了馬的根本，而忽略了馬的外表；他看馬只看他需要看

的東西，並不注意他不需要看的東西。像九方皋這樣的相馬方法，比千里馬本身還要珍貴！」

秦穆公騎上那匹馬一試，果然跑得又快又穩，是一匹真正的千里馬。

在現在這個世界上，不要過於依賴我們的眼睛，因為眼睛看到的只是事物的外表；要學會用心靈去感知事物，只要抓住了事物的本質，就算忘記了它的外表也不會有多大影響。

敢跳樓的人

范子華在晉國是一個很有名望的人，雖然他沒有做官，但威望卻比那些當大官的人還高，有個叫商丘開的農夫對范子華很是佩服，就去城裏投奔他。

范子華的門客，都是些顯貴子弟，他們見商丘開年老體弱，衣衫襤褸，都瞧不起他，有的人還侮辱捉弄他。

一次，商丘開和那些門客一起登上高樓，有一個人隨口說：「心誠的人從高處跳下去是不會有危險的，誰從這裏跳下去，就賞他珠寶。」

大家都吆喝著做出要跳下去的樣子，商丘開信以為真，搶先跳了下去。他的身體像鳥一樣，輕飄飄地落到地上，沒有受一點傷。那些門客認為商丘開運氣好，並不覺得奇怪。他們又指著河裏一個水又深又急的地方，對商丘開說那裏有夜明珠，潛水下去就可以找到。商丘開很相信他們的話，於是就潛入水底，果然找到了一顆夜明珠。

這時，大家都覺得商丘開有點讓人捉摸不透。范子華也對他另眼相看，讓他和大家一樣吃好的，穿好的，出門有馬車坐。

不久，范家的倉庫著火了。范子華對大家說：「誰能到火裏取出錦緞，就重重有賞。」

商丘開毫不猶豫地走到火中，來來回回地從火中取出錦緞，身上卻一點也沒有被燒著。人們都覺得不可思議，他們認為商丘開是有法術的人，

那些哄騙過他的人向他道歉說：「我們不知道您是神人，以前騙您跳樓、潛水，您就當我們是傻瓜好了！」又問他：「您會哪些法術呢？」

商丘開說：「我什麼法術也不會，我自己也不知道為什麼會是這個樣子。儘管如此，有一點卻可以告訴你們。以前我聽說范子華能讓活人死，死人活，富人窮，窮人富，我十分相信，就來投奔范子華。到了這裏，又以為你們說的都是真話，所以做起事情來從來不顧自己的安危。我一心一意地去做，沒有什麼東西能夠阻擋我，現在，知道了你們是在騙我，我回想起跳樓、潛水、闖火海這些危險的事情，怕得直哆嗦，哪裡還敢再去冒險啊。」

只要有足夠的信心，就會做成許多平時不敢想的事，如果失去了信心，就會一事無成。

貪心的下場

春秋末期，趙簡子發動全國的兵力去攻打齊國，大臣們紛紛勸阻，趙簡子不但不聽，還下了一個命令：誰要是再敢勸阻，格殺勿論。

有一個叫公盧的人見了趙簡子，就仰天大笑，趙簡子問公盧笑什麼，公盧說：「我在笑我的鄰居啊！」

「你的鄰居因為什麼事讓你如此大笑呢？」

公盧說：「在採桑的季節，我的鄰居和妻子一起到野外郊遊，他看見桑樹林裏有一個漂亮的女孩在採桑，就走上前去勾引她。採桑女孩見他不懷好意，一句話也沒有和他說就走掉了。他很掃興，回過頭來，發現自己的妻子也不見了。回到家裏，妻子和他大吵一場後，離家出走，再也不回來了。我笑我的鄰居，採桑女孩沒有勾搭上，卻把自己的妻子氣跑了。最後落了個打光棍的下場。」

趙簡子想了想，說：「如果我因為攻打齊國，最後連自己的國家也保不住，那麼我也成了光棍了。」於是就收兵回國，不再攻打齊國了。

不要貪圖非分的東西，有非分之想的人，常常連自己已經有的東西也會失去。

獻寶滅蜀

秦惠王時，秦國想滅掉蜀國，但由於蜀國交通不暢，大軍難以進擊，因此秦國謀劃了很久滅蜀的計畫，卻一直無法如願。

後來，一位叫張儀的縱橫家，向秦王獻了一計，秦國就輕鬆地把蜀國滅掉了。

原來，張儀知道蜀王是個貪利小人，最喜歡中原的金銀珠寶。因此他讓秦王發出告示召集天下名匠，說秦國發現了一塊特大的紅玉，欲雕成一空心大玉牛，牛腔內盛以黃金，夜間可發七彩之光。

蜀王得到消息後，大感興趣，很想見一見此等珍寶。

接著，張儀再讓秦王去蜀國遊說，說秦國想把玉牛送給蜀國，但由於道路難行，無法運送。蜀王一聽，高興不已，於是徵調數萬民夫兵力，用了三年時間在秦、蜀之間修了一條可通馬車的山路。

山路修好以後，令蜀王沒想到的是，等待他的不是玉牛，而是秦國的精兵。不久，蜀國就被秦國滅亡了。

貪圖小利的人是最容易受騙上當的。

孫臏脫困

戰國初期，齊人孫臏和魏人龐涓同拜鬼谷子為師學習兵法。龐涓學了一段時間，自認為學得差不多了，便下山求取功名去了。

臨走時，他向孫臏表示，一旦得到重用，就請孫臏共用榮華富貴。孫臏留在老師身邊繼續學習，鬼谷子見他為人質樸，就把秘傳兵法全部教授給他。

龐涓下山後，在魏國受到重用。有一天，魏惠王聽說龐涓的同學孫臏很有才能，便讓龐涓寫信邀他出山。龐涓無奈，只好寫信讓孫臏前來魏國。

　　孫臏來後，龐涓發現孫臏的兵法比他高明許多，心生嫉妒，於是在魏王面前說孫臏是間諜，魏王聽信了龐涓的讒言，要處死孫臏。

　　龐涓為了騙出孫臏的兵法，又偽裝好人向魏王求情，把死刑變成臏刑，即把膝蓋骨挖去，施刑後，孫臏成了殘廢。

　　孫臏看清了龐涓的真面目，就開始裝瘋，他一會兒大哭，一會兒大笑，一會兒又做出各種傻相：不是涕淚交流，就是說話顛三倒四。

　　龐涓懷疑他裝瘋賣傻，叫人把他扔進廁所裏的糞坑中看他是真瘋還是假瘋，孫臏抓起糞便就吃。

　　龐涓又讓人獻上酒肉，孫臏卻把這些食物打翻在地，並破口大罵：「你們想毒死我呀！」

　　於是，龐涓相信孫臏是真瘋了。到後來，齊威王的辯士淳于髡到魏國去拜見魏惠王時，設法找到了孫臏，並把他秘密帶回了齊國。

　　儘管孫臏遭到龐涓迫害，蒙受奇恥大辱，但大難不死之後並不負鴻鵠之志，以自己的滿腹才學和韜略，尋找時機與龐涓較量，終成一代人傑。因此我們在逆境中，更需要智慧。

題字留念

　　一次，曾國藩微服出巡，一個人來到一座寺廟裏。寺僧見他其貌不揚，以為是一般的遊客，所以只淡淡地招呼他：「坐。」然後對門外的小和尚說：「茶。」

　　第二次他又去寺廟時，穿著比上次要華麗整齊些，寺僧才稍稍禮遇他：「請坐。」同時吩咐小和尚：「泡茶。」

　　第三次他再去時，寺僧知道他是有名的兩江總督後，非常恭敬地迎接

他，並且再三招呼他：「請上坐。」並趕緊吩咐小和尚：「泡好茶。」寺僧哪會錯過請高官題字的機會，連忙捧出筆墨紙硯，請他題字留念。

曾國藩提筆就寫：「坐，請坐，請上坐。茶，泡茶，泡好茶。」

寺僧看完題字好一陣汗顏。

以平等的眼光看待每一個人，自己才會得到眾人的認可。尊重他人就是尊重自己。

鄭公伐胡

從前，在鄭國西北面有一個小國家，叫胡國。

鄭武公時時覬覦著水草豐美的胡國，總想一口吞併它。可是，胡國人個個擅長騎馬射箭，勇猛剽悍，而且始終嚴密警惕著鄭國，在邊防的關隘也增加了很多的將士。因此，鄭武公不敢輕舉妄動。

精通心理戰的鄭武公想出了一個計策。他派遣大臣，攜帶厚禮，前去胡國求親，胡君不知是計，欣然答應了。

鄭國公主出嫁的那天，兩國舉行了隆重的婚禮。公主又帶去一大群陪嫁的美女嬌妾，成天在內宮裏歡歌醉舞，使胡君沉湎於聲色犬馬之中。

過了一陣，鄭武公召集文武百官，問道：「寡人準備用兵奪地，你們看看，哪個國家可以討伐？」大家都面面相覷，不敢吱聲。

有個叫關其思的大夫知道大王平素總垂涎著胡國，便上堂答道：「可以先討伐胡國。」鄭武公一聽拍案大怒，厲聲罵道：「渾蛋，胡國乃我們兄弟鄰邦，你竟敢慫恿我去討伐，快推出去斬首示眾！」

消息傳到胡國，胡君越發信賴鄭國，於是邊防日弛，兵馬不練。

在一個黑夜裏，鄭國出奇兵偷襲，不費吹灰之力就占領了胡國。

「將欲奪之，必固與之。」如果一味貪圖小恩小惠，而被對方迷惑，就會導致損失得更多。

修德平叛

大禹在堯帝的宗廟受命繼承帝位，率領百官舉行禪讓大典，就像當初舜帝繼承堯帝的帝位那樣。這時，三苗舉兵來反對。

舜說：「唉，大禹啊！三苗不遵守教命，你去討伐他們。」

於是，大禹就會集各路諸侯，去討伐三苗。可是，已經過了三十天，三苗依然違反帝命，不肯服罪。

這時，大臣伯益幫助大禹進行謀劃，他向大禹獻策說：「只有美德才能感動上天，有了美德，無論多遠的人都會前來歸附；自滿會給自己招致損害，謙虛會使自己得到益處，這是上天指示的正道，不能違反。」

於是，大禹就撤回了軍隊。整頓士兵，廣泛地施行文明德政，讓士兵放下武器，從事農業生產。七十天後，三苗就來歸順了。

其實，對每個人來說，修德謙虛都是立身之本，德之不修，就無法服眾；倘若自滿，必然招致損害；謙虛者才能受益，才能做成大事。這是千古不變的道理。

大度的呂端

呂端年紀很輕就被宋太宗任為宰相。當他列席朝議時，群臣中有人嘲諷道：「這麼年輕就當宰相……」

呂端裝作充耳未聞，從容地自佇列中走過。同僚中有人為他抱不平，退朝以後，他們為沒有探聽出那些嘲諷者的姓名而深感懊惱。

呂端卻說：「不，還是不打聽的好。如果知道是誰，心中難免懷恨，不知道的話，也沒有什麼損失。」聽到這話的人，都覺得呂端肚量寬宏，大為敬佩。

做人要大度，尤其是能容忍別人的錯誤，容忍他人的過失，而刻意追究他人的過錯是愚蠢的。

才智需用謙虛鑲嵌

　　清朝名臣左宗棠喜歡下棋，而且棋藝高超，很少碰到對手。

　　左宗棠在西征新疆途中，有一次微服出巡，在蘭州街上看到一個擺棋陣的老人，其招牌上醒目地寫著幾個大字：「天下第一棋手」。他覺得老人實在是過於狂妄，於是立刻上前挑戰。沒有想到，老人不堪一擊，連連敗北，原來只不過是徒有虛名而已。

　　左宗棠春風得意，命老人趕緊把那塊招牌砸了，不得再夜郎自大、丟人現眼了！

　　光陰似箭。當左宗棠從新疆平亂回來的時候，看到老人依然如故，「天下第一棋手」的招牌照舊懸在那裏，心裏很不高興，決心狠狠地教訓教訓這個不自量力的老頭子！

　　左宗棠又跑去和老人下棋，但是出乎意料，這次自己竟被殺得落花流水，三戰三敗，難有招架之力。他不服，第二天又去再戰，然而敗得更慘。

　　他很無奈，驚訝地問老人：「為什麼在這麼短的時間內，你的棋藝竟能進步如此的快？」

　　老人微笑著回答：「大人雖是微服出巡，但我已得知你是左公，而且即將出征，所以存心讓你贏，讓你信心百倍地去建立大功。如今你已勝利凱旋，我便無所顧忌，也就不必過於謙讓了。」

　　真是山外青山樓外樓，能人後面有能人。左宗棠聽後，心服口服，深感慚愧。

　　無獨有偶，歷史有驚人的相似之處。清朝乾隆皇帝酷愛下棋。一天，他率大軍出征邊關，路過聚賢鎮，見一宅院門楣上高懸「棋界大王」的金匾，心中不悅，遂令停輦傳宅主回話。

　　一位七旬老翁到輦前跪下啟奏：「因喜對弈，村鎮未逢敵手，故村民以匾相贈，望萬歲海涵。」

乾隆聽罷，對老翁說：「願與朕對弈嗎？」

「小老兒豈敢與萬歲對弈。」

乾隆說：「下棋本是益智之事，朕不怪就是。」於是，乾隆入宅與老者對弈起來。只十幾步，乾隆就占了上風，不一會兒，便把老者殺得片甲不留。乾隆冷笑責道：「朕念你壽高，摘掉匾牌，不許再稱『棋王』。」

老者伏地叩頭請罪。

乾隆剿滅入侵之敵，班師回朝，又路經聚賢鎮。見老者的牌匾重新油漆、書寫，金光閃閃，氣得七竅生煙，便傳旨縛老者來問罪。老者坦然跪在輦前。

乾隆道：「大膽刁民，牌匾為何重新油漆、書寫！」

老者說：「啟稟萬歲，小老兒自知欺君之罪，當滅九族。只是上次與萬歲對弈輸棋，是因為沒有施展出真實本事，所以專候萬歲凱旋回朝，小老兒冒死相請，再賭輸贏。」

乾隆雖心中不高興，但想到老者不服，也許真有絕技，不如再對弈。如果他輸了，那時再治罪也不遲。於是，乾隆又與老者入宅對弈。

不過，這次是老者12歲的孫子與乾隆對弈。乾隆本想施絕技出奇制勝好速戰速決。沒想到小孩出手不凡，只十幾步就把乾隆殺得捉襟見肘。老者一邊觀看，一邊擔心孫子把皇帝「將」成死棋，不好下臺。

恰好此時一陣風把幾片落花吹到棋盤上，老者乘拾花之機偷掉孫子的一個棋子。聰明的孫子領悟爺爺的用心，故意走出破綻，讓皇帝吃了二子，最後走成和棋。

乾隆連連稱讚小孩的棋藝精湛。當他得知小孩師從其爺之時，便道：「前次對弈，為何輸棋呢？」

老者回答：「因萬歲親自出征，應每戰必捷。小老兒寧可敗棋，也要祝萬歲棋（旗）開得勝，馬到成功啊！」

乾隆暗嘆：「聚賢鎮果然名不虛傳！山野之民，竟如此通曉大義。」於是令人取來文房四寶，御筆親書「棋界聖手」四個大字，以示獎賞。

老者的一番策劃，既讓乾隆暗悟「棋界大王」的厲害，又不傷及皇帝

的臉面。世事如棋，可見其功力之深。

謙虛地對待別人，別人才能謙遜地對待你。因為人人都在尋求自尊與被尊重，人人都在尋求身處優勢地位的勝利感。

意志堅定成大器

孔子師徒一行來到陳國時，陳國正被吳國層層圍困。楚國派兵解救，不料楚昭王病死軍中，楚軍只好揮師回國。

吳國軍隊趁此良機，率軍長驅直入，包圍了陳國都城宛丘。面臨戰亂，孔子師徒不得不再次南下，往楚國奔去。

數年來的長途跋涉，加之處處碰壁，不免使孔子的學生們有些心灰意冷。在路上，孔子師徒的糧食吃光了，只好採集野菜野果充飢。

一次，子路又出去找吃的，找了半天，仍然沒有找到，他有些忍不住了，就問孔子：「我聽人說，對行善的人，上天是會給他幸福的，而作惡的人，上天則會用災禍去懲罰他。先生你積善多年，具有許多美德，為什麼不見上天降福於你呢？」

孔子知道子路的意思，於是耐心地勸子路說：「有些事情，看來你還沒有理解透徹。你以為所有有才幹有品德的人都應該得到重用，但實際情況卻未必這樣，否則王叔比干也不會被挖去心肝；就是忠君之人也不是一定會被重用的，否則關龍逢也不會被桀殺害了，敢於諫諍的吳國伍子胥就不會被肢解在姑蘇城外了。

所以，能否被賞識重用，不僅是有德才的問題，還有個機遇問題；賢能與否，卻靠的是你自身的資質。許多德才兼備的賢者，一生因缺乏機遇而未被重用，這樣的人又何止我孔丘一人呢？」

子路聽後，有點省悟，但仍有些憤憤不平。

孔子看出這一點，但他並不急於講這些道理，而讓子路自己來發問。果然，子路呆坐片刻，又問道：「賢德的君子，也會有困窘的時候嗎？」

孔子肯定地點點頭。接著說道：「君子和小人的區別在於君子即使被困境所阻，也能意志堅定，百折不撓，而小人一遇困境，就改變自己的志向。」

孔子要子路坐下，語重心長地說：「香草芷和蘭生長在茂密的深山老林中，沒有人去欣賞，它們照樣散發著濃郁的香氣；我們修身養性，也並不是為了顯達，而是為了磨練我們自己的意志。只有意志堅定了，我們才能不被困難嚇倒，在困頓中繼續前進。

至於能不能被重用，那需要時機。晉國的重耳之所以能稱霸天下，是因為他在受困時磨練了自己的意志。會稽山之敗更加堅定了越王勾踐稱雄的決心。齊桓公也是在莒國逃亡的途中更堅定了富國強兵的信念。

子路，只有經過磨難方能堅定人的意志，有了堅定的意志，方才能成就大業。君子修身不能不看重這些。」

子路聽了孔子的話，心緒平靜下來，他更加感到老師的偉大，於是又輕鬆地上路了。

人生不如意十之八九，生活中和事業上隨時隨地都會有不測之變，要想取得最後的勝利，沒有堅定的意志是不可能的。

士會死諫救荀林父

春秋時期，有一次楚莊王率軍伐鄭，圍困了鄭國的都城。

鄭襄公無奈，只好派人向晉國求救，堅守了半個月，軍士死傷甚眾。後來楚將攻破城門，鄭襄王只得親至楚軍，謝罪請盟。

楚莊王班師回朝時，晉國的援軍趕到，晉軍以荀林父為中軍元帥，先縠為副帥前來救鄭。楚莊王遣使去晉國，要求罷兵講和。荀林父答應了，但先縠卻反對，向楚使罵道：「楚奪我屬國，又以修和緩我，即便元帥許和，我也絕不允許，務要殺得你們片甲不存！」

楚晉交戰，先縠違命私自出戰，進不成進，退不成退，終致喪師辱

國，大敗而歸。晉景公聞報怒氣衝衝，喝令將荀林父推出斬首。荀林父嘆息道：「我身為三軍統帥，兵敗而喪師，死而無怨。請國君記取這次失敗的教訓，讓晉國再強大起來……」

群臣都低下了頭，覺得荀林父有功於晉國，打一次敗仗就處死刑，不合情理，便有人為他求情。

「敗軍之帥，罪大當誅。有再多言者，與荀林父同罪！」晉景公沒有一點商量的餘地。這句話出口，誰也不敢再說公道話了，大家都怕暴怒中的國君砍自己的腦袋。

「主公請賜臣一死，留下晉國統帥！」死一樣沉寂的宮殿裏響起一個聲音，是大夫士會挺身而出，死諫犯君。「你、你好大膽——」晉景公正要下令，一見是他平素喜愛的重臣，內心真捨不得殺掉士會。

「荀林父是晉國的棟梁，屢建戰功，進則盡忠，退則思過，將這樣的人殺了，只有敵國高興啊！」士會接著又說，「國君一定還記得城濮之戰吧，晉軍大敗楚軍，繳獲無數兵械財物，但先君晉文公仍懷憂慮，他說：『楚帥成得臣善戰，只要他活著，晉國便無安寧。』後來，成得臣自殺於歸楚途中，晉文公高興得手舞足蹈。果然，楚國兩代一蹶不振。從這件事上不難看出，一個有治軍能力的統帥對一個國家有多重要。」

晉景公靜靜地聽著，怒氣漸消。他聽從了士會的意見，斬了違抗帥令的先縠，恢復了荀林父原職位。命六卿治兵練將，為伺機復仇做好準備。

一個人在一生中可能會犯很多錯誤，但不能因為一次錯誤而否定以往的功績。

買鹿弱敵

春秋時期，齊國宰相管仲謀略過人，把齊國治理得井井有條，並且征服了許多大大小小的諸侯國。但唯一令齊桓公沒辦法的就是楚國，齊桓公屢派大兵攻打楚國，但都沒有取得什麼效果。

當時，齊國有好幾位大將紛紛向齊桓公請戰，要求掛帥攻打楚國，但卻遭到了宰相管仲的強烈反對。

管仲認為眼下齊軍疲憊，不宜久興兵事，他命人日夜搶鑄銅錢。

一天，管仲派一百多名商人到楚國宣揚以一頭鹿兩枚銅幣收購。當時，鹿是較為普通的動物，楚國盛產梅花鹿，人們把鹿當做肉類來源，兩枚銅錢買鹿已經是天價了。眾人爭先把手中的鹿賣給商人。

有人問商人：「為什麼要用這麼多錢來買鹿？」

商人回答說：「齊桓公好鹿，不惜重金購買。」

楚成王聽到後認為齊桓公是在玩物喪志，便鼓勵人民去山上捉鹿。這時那些商人紛紛競價，最高時把鹿的價格升到了四十枚銅幣一頭。

楚人見一頭鹿的價格竟與萬斤糧食等同，在利益的驅使下，農民不再種地，改行做了獵人；戰士不再練兵，背起弓箭偷偷上了山。

一年之後，楚國國內銅幣堆積如山，但卻田地荒蕪，糧源斷絕。管仲又向各諸侯國發號施令禁止與楚國交易，違者處斬。楚國人拿著大把的銅幣卻買不到糧食。

日漸消瘦的戰馬和吃不飽飯的士兵令楚成王徹夜難眠。他知道可能中了齊國人的奸計了。

不久，齊桓公便集合八路諸侯人馬，浩浩蕩蕩開往楚國邊境。楚成王內外交困，忙派大臣向齊國求和，同意從此聽命於齊國，永不反悔。

不要因為一時的小利益而荒廢了自己本來的主業，不然必會給自己造成更大的損失。

瘦羊博士

在漢朝，每年的十二月祭祀的時候，皇帝都會賞給博士們（負責教授學生、制訂風俗禮儀的學士）一些羊。

但對於羊的分法，歷來卻沒有嚴格的規定，常常是買來一群羊，讓這

些博士們隨便挑選。但是羊有肥有瘦，有大有小，這樣的分法顯得很不公平，使一些沒分到好羊的人不免怨聲連連。

這一年又到了祭祀分羊的時候，主管博士的人想了一個好主意，他提議把羊全部殺掉，然後按重量平均分配給博士們，這樣就顯得比較公平了。大家都認為這是個再好不過的辦法了。可是，唯獨甄宇不同意這麼做。

由於這個辦法沒有獲得一致通過，主管為了照顧甄宇的意見，只好作罷，另想其他辦法。於是又有人提出用抓鬮來決定，這樣全憑個人的運氣好壞，誰也不用抱怨。這也得到了大家的同意，可是甄宇還是不同意。

這下博士們按捺不住了，紛紛對甄宇怒目而視，有人問他：「你到底想怎麼樣？難道想分最好的羊嗎？」

甄宇卻說：「如果按照你們的辦法分羊，那可真是太丟人了，我們都是學富五車的大學士，為了區區一隻羊，竟然鬧到這種地步，太丟人了。」

說完自己牽了一隻又瘦又小的羊走了。大家看到這兒，也都不再說什麼了，自知這樣分羊的確有辱自己的身分，於是都默默地隨便牽一隻羊走了。從此以後，博士們再沒有因為分羊的事情出現不和的情況。

不要為了一些微小的利益蒙蔽了自己的心靈，過分追求物質利益，會使一個人離高尚越來越遠。生活中還有許多比物質利益更重要的東西。如果我們總是把眼睛盯在物質利益上，時間長了自己的心靈自然就會被金錢、利益所填滿，自己的生活也會越來越世俗化，道德水準也會越來越低下。

杞人憂天

先秦時期有個小國家叫杞國，那裏有個人整天都在胡思亂想。

有一次，一群人聚集在一塊討論各自都在想些什麼？有個人突然說：

「天隨時可能崩塌下來，地也隨時可能陷落下去，這樣一來，我們到時候恐怕連安身的地方都沒有了。該怎麼辦呢？」大家聽到他的話以後都感到很害怕，於是都在那裏議論了起來，一直到晚上也沒有結果。

那個提出問題的人回到家後更是憂心忡忡，茶飯不進，睡眠不安。

有個熱心人聽說此事，暗暗好笑，跑來開導這個杞國人說：「天不過是一團積聚的氣體，到處都是氣，人運動呼吸也是在這氣當中，怎麼可能崩塌下來呢？」

杞國人將信將疑地說：「就算天是積氣，可是難道太陽、月亮和星星不會掉落嗎？」

「不會！不會！」那人回答，「日月星辰也不過是一團會發光的氣體，就是掉下來打著頭，也不會傷人。」

杞國人還不放心，又問：「那麼地陷下去怎麼辦呢？」

熱心人又回答：「地不過是堆積起來的土塊罷了，到處都是這樣的土地，它怎麼會陷落下去呢？」

杞人聽罷，豁然開朗，心頭像放下千斤重擔，那個熱心人也很高興。

一切毫無實際根據的憂慮都是不必要的，它只能使人們自尋煩惱，陷入頹廢和混亂的精神狀態。

為何不稱「左曾」

曾國藩和左宗棠都是晚清重臣，兩人名氣都很大，朝廷多以「曾左」並稱他們兩人。

曾國藩年長於左宗棠，並且對左宗棠予以提拔；但左宗棠為人頗為自負，從沒有把曾國藩放在眼裏。

有一次，左宗棠很不滿地問身旁的侍從：「為何人人都稱『曾左』，而不稱『左曾』？」

一位侍從大膽直言：「曾公眼中常有左公，而左公眼中則無曾公。」

侍從的話讓左宗棠沉思良久。

謙卑不僅不失身分，反而能使人得到更多的尊重。

各自的本事

惠施聽說梁國要選一位賢能的人做宰相，於是前去面見梁國君主，想要做宰相。在路上，他乘船渡河時，由於沒站穩，掉到河裏去了。船夫把他救上來後，問他：

「你這麼急急忙忙的要到哪兒去呀？」

「梁國現在缺個宰相，我是去做宰相的。」惠施擰著濕衣服說。

「哈！哈！別吹牛了，」撐船的人笑出聲來，「看你剛才落到水裏一點辦法也沒有，要不是我，你恐怕早就淹死了，你的本事這麼低微，怎麼可能做宰相呢？」

惠施說：「各人有各的本事。要說撐船、游泳，我當然比不上你，但說到治理國家，你又怎麼比得上我呢？」

人都是各有所長的，不要因為別人有些方面不行，就認為別人無用。也不要因為自己某些方面做得好就盲目自大。

楚王見利忘義

西元前314年，秦惠王準備派兵討伐齊國，但當時，齊國和楚國是盟國，秦惠王怕齊楚聯手，成為他稱霸的障礙，就派張儀到楚國挑撥離間，拆散齊楚聯盟。

張儀精明過人，更兼巧舌如簧。他先找到楚懷王最寵信的大臣靳尚，又是送禮又是許願，極盡拉攏之能事，然後去見楚懷王。

張儀說：「秦王派我來與貴國交好，可惜大王卻與齊國通好，若大王

與齊絕交，秦王願把商於之地六百里獻給楚國。」

楚懷王是個目光短淺而又剛愎自用的人，一聽說能得到商於之地六百里，就很高興地說：「秦肯還楚故地，寡人何愛於齊？」

此事遭到大臣陳軫的極力反對，他說：「齊、楚聯盟，才使得秦國不敢攻打齊國或是楚國。秦國願送六百里土地給楚國，目的就是要拆散齊、楚之盟。如果與齊國斷了交，而張儀又背信棄義，不肯交出土地，那該怎麼辦？

「到那時，如果齊國和秦國再聯合起來攻打楚國，楚國豈不是要滅亡了嗎？大王不如先向秦國討要商於之地，再去同齊國絕交，這樣才能萬無一失。」

三閭大夫屈原則當庭斥責張儀是個反覆無常的小人，勸楚懷王萬不可信張儀的謊言。

靳尚卻為之辯護說：「不與齊國絕交，秦國肯歸還我國的土地嗎？」

楚懷王於是以相印授張儀，並賜其良馬、黃金，之後就與齊斷交，同時派使臣隨張儀去秦國接受商於之地。

張儀回秦都咸陽後，稱病不出，等到離間齊楚之目的達到後，便向楚臣道出他的騙局，說獻給楚懷王的土地是六里而不是六百里。楚懷王因此而惱羞成怒，於是派十萬大兵攻打秦國，結果兵敗將亡，丟失楚地六百里，真可謂偷雞不成蝕把米，貪利不得反失利。

千萬不能利令智昏，為了金錢而置道義不顧時，則更大的損失已經開始了。

城濮之戰

城濮之戰是春秋時期晉國和楚國之間發生的一場大戰。

楚軍在戰爭剛開始時，打了一場敗仗，楚軍統帥成得臣知道後大發雷霆，對手下將官們吼道：「你們這幫廢物，晉軍的幾張老虎皮就讓你們

嚇破了膽，楚國的軍威全都丟盡了！陳、蔡兩國的軍隊，在兵力上遠超晉軍，但其戰鬥力卻不值得一提，而你們就這樣輕而易舉地斷送了右軍的進攻路線，這讓我怎麼向大王覆命？你們知道，這次出兵，我曾有言在先，『如不能獲勝，甘受軍法處置。』明日與晉軍再戰，你們必要全力死戰，兵敗者請就地自裁，不要汙了本帥的斧鉞！」

發完脾氣，他又分析說：「從右軍的這次失利，我們可以看出，晉軍的軍事實力並不強大，只是用了詭計僥倖獲勝而已。我們絕不能害怕敵軍，臨陣退縮，一定要嚴明軍紀。凡是作戰中奮勇爭先者，受上賞；如有臨戰脫逃，折我楚軍威風者，立斬不赦！」

成得臣的一番話，為楚軍將領增了士氣，他們人人憋住怒氣要挽回失利的恥辱。

第二天，楚國大軍在城濮左面與晉軍全線對陣。成得臣登上高處一看，露出一絲冷笑，晉軍果然兵力不濟。成得臣料定晉軍要左右兩路分兵，於是傳令各將，立即全線進軍，試圖一舉破敵。

軍令一下，楚軍將領們便勇猛地向晉軍衝殺過去。那些晉兵也真是不經打，不幾個回合，便丟盔棄甲地向後敗退。晉軍官兵，顯然是慌不擇路，北逃途中揚起一片煙霧塵土。

成得臣看見後，不禁喜形於色，他認為已經勝券在握了。便又下令乘勝追擊，親自駕車追趕潰敗的晉軍。當大軍追至一片窪地時，前方目標突然消失了。楚軍一位副將報告說：「這裏可能會有埋伏。」

但楚軍已經來不及後退了，成得臣傳話道：「全力出擊，生擒晉文公重耳就算大獲全勝！」

話音剛落，就聽見戰鼓響徹雲霄，幾路晉軍同時從窪地四周殺來，左有晉國大將先軫，右有狐毛、胥臣，就連剛剛敗逃的晉軍主將欒枝也調轉車乘，重新殺了回來。此外還有一路精兵在叢林中堵住了楚軍的後路。

成得臣率軍突圍，卻都無法衝出晉軍的包圍，至此他才知道中了晉軍的誘敵之計。

晉文公見晉軍獲大全勝，傳諭各軍只將楚軍趕出宋、衛之境，不必多

事擒殺，免傷兩國之情。楚帥成得臣收拾殘兵敗將，所存十之一二，仰天嘆息道：「縱楚王赦我，得臣也無顏見楚國父老了……」於是面向楚國遙拜，拔劍自刎而死。

俗話說：「謙虛使人進步，驕傲使人落後。」偉人的教誨不能忘記。在競爭中，一定不要心浮氣躁，要懂得驕兵必敗的道理。只有全面地分析形勢，作出準確的判斷，才能取得最後的勝利。

忍常人所不能忍

西漢末年王莽篡位，全國各地烽煙四起。南陽蔡陽人劉縯、劉秀兄弟乘機起兵，以重建漢朝為名，四處招兵買馬。後來，兩人又投奔了更始帝劉玄。

昆陽大捷後，劉縯、劉秀兄弟威望日高，劉玄怕劉氏兄弟分了自己的權，就藉機殺害了劉縯。

這時，劉玄認為，如果劉秀找他報仇，他就有理由把劉秀也殺掉。

劉秀聽到兄長被害的消息後，立刻向劉玄謝罪，並且整日吃肉喝酒，談笑風生，絲毫沒有悲傷的樣子。

其實，他這是做給劉玄看的。兄長被殺，他心裏當然憤憤不平，雖然白天淡如平常，但夜晚枕席之上卻常淚流不止。因為他現在畢竟還是劉玄的臣子，如果他不能克制自己，而是去質問劉玄，以他現在的實力，很可能就被殺害，落得與其兄一樣的下場。

後來，劉秀接受馮異的建議去經營河北，經過多方努力，劉秀終於打敗了劉玄，為兄長報了仇。

大丈夫能屈能伸，才能做大事。如果不能忍一時之氣，那麼就很難東山再起了。所以要想有大的作為，必須先有博大的胸懷和臨危不亂的氣度，這才是大將的風範。

持之以恆方能氣定神閒

　　東漢初期，光武帝劉秀派遣大將耿弇去討伐東部割據勢力張步。耿弇率軍抵達前線，他首先面對的敵人是張步的部將費邑。

　　費邑用兵一向謹慎，這次也不例外。他屯兵歷下堅守拒敵，歷下城池堅固，依山臨水，易守難攻。想要強攻取勝肯定是行不通，於是耿弇召集部將商議作戰策略。

　　其中一位部將談道：「對費邑，我們只能引蛇出洞，然後聚而殲之。可以用圍魏救趙的辦法，然後……」耿弇覺得他的戰術很好，於是決定付諸實施。

　　一天，費邑正在軍中巡視，一位部將前來報告說抓了一批耿弇的人。「將軍，聽那些俘虜回來說，耿弇將攻打巨里（費邑之弟費敢據守的地方）。」費邑兄弟倆自幼感情深篤。「這定是耿弇的迷軍之計，妄圖把我們調虎離山。不要輕信這些俘虜的話。關照下屬，不得隨意散布流言。」費邑下達了命令。

　　但是，幾天之後，費邑的密探來報，說耿弇的兵馬聚集在巨里城外，士兵每天砍伐城外塹壕的樹木準備填塞巨里，製造雲梯，正積極作著攻城的準備。

　　費邑仍是不為所動，他命令軍士：「不要去理它，我們的任務仍然是加固工事，囤積糧草。」雖是這樣，他心裏已經在狐疑：「難道耿弇真要先攻打巨里？」

　　不久，費邑收到費敢送來的十萬火急的求援信，信中說：「巨里若亡，歷下豈能獨存？請兄火速領兵馳援。」至此，費邑才明白巨里已危在旦夕了。於是，親率三萬大軍趕去救援。

　　然而，部隊還沒有接近巨里，便陷入了耿弇的重圍之中。費邑這才知道上了耿弇的當。原來耿弇準備攻打巨里是假，把費邑引出來是真。最終，費邑還是斷送了三萬兵卒，遭到了慘敗。

當你認為是正確的事情，就要學會堅持，不要動搖。堅持下去，勝利才屬於你。

朱克融敗績

唐朝末年，幽州地方官朱克融準備謀反。於是他將朝廷派來的賜春衣使楊文端扣留在幽州，並向朝廷方面報告說：「朝廷撥下來的這批春衣質地單薄，不堪一用，而且所給數量極少，希望朝廷能夠再撥給一批。此外，幽州願出五千名工匠幫助朝廷修建東都的宮闕。」

唐朝皇帝接到朱克融的奏摺後，懷疑他要謀反，連忙將宰相裴度招來問道：「朱克融的奏本無禮之極，朕想派一名大臣去幽州宣詔，順便讓他放回楊文端，你看可以嗎？」

裴度答道：「沒有必要這樣做。朱克融常無故滋事欺人，他會自取滅亡的，只要不予以理睬，等候十來天，然後發詔書給他，說：『聽說賜春衣使到你那裏，行動上不檢點，等他回朝，自應處分。至於春衣的質地問題，朕正在追查製造部門的責任。』另外，朱克融願幫助修建東都宮闕，肯定是謊言，現在就可揭穿他。」

唐朝皇帝聽裴度說得頭頭是道，於是按裴度所說下了一道詔書。

果然，朱克融接到詔書後不久就被當地義士殺死了。

多行不義必自斃。一個人唯有謹良恭行，才能得到人們的尊敬和擁護。

黃公嫁女

齊國有一位姓黃的老學者，很講究為人，他謙卑忍讓，也喜歡大家稱道他謙卑的美名。

黃公有兩個妙齡女兒，養在深閨，雙雙長得容貌豔麗，體態嫻雅，堪

一本書讀懂中國大智慧

稱天姿國色。

有人聽說了，就向黃公拱手道喜說：「相公好福氣，養的女兒才貌超群。」

「哪裡！哪裡！」黃公總是連連搖頭，「小女質陋貌醜，粗俗蠢笨，不足掛齒，不足掛齒！」

長此以往，眾人都信以為真。於是，黃公二女的醜陋名聲便遠播鄉里，早就過了婚嫁年齡，卻沒有一個人來上門求親。

衛國有個無賴漢子，早死了老婆，一直無錢再娶，便跑到黃公門上求婚。等婚禮完畢，揭開頭巾一看，竟是一個絕代佳人，無賴漢像拾到金元寶一樣高興。

消息很快傳開了，人們都知道原來是黃公過於謙虛，存心把自己女兒說醜的，於是，許多名門望族都競相爭聘他的第二個女兒，一時間，黃公家門庭若市。

謙虛本是一種美德，但謙虛也要有度。要正確地認識客觀事物，一定要實事求是，恰如其分。

別用外表衡量人

申徒嘉曾因為受過刑罰被砍斷了一隻腳，他與鄭國大夫子產一起拜伯昏無人為師。

子產有一天對申徒嘉說：「如果我先出去，你就等一下再出來，如果你先走，那我就等一等再出去。」

第二天，兩人又在同一間屋裏同坐在一張桌前。子產又對申徒嘉說：「如果我先出去，你就等一下再出來，如果你先走，那我就等一等再出去。今天我要先走，你先等一等，好不好？再說你見到我這個執政的大臣都不迴避，難道你認為和我是平等的嗎？」

申徒嘉說道：「在老師的門下，居然也有像你這樣的執政大臣，你

因為你執政的地位而得意洋洋，完全不把別人放在眼裏。我聽說：『鏡子明亮，則塵垢不染，一旦沾染灰塵，就不明亮了。如果和賢人相處久了，就能沒有過錯。』今天你來這裏是為了求學修德，大人你竟還說出這樣的話，不是太過分了嗎？」

子產卻說：「你已經這副德性了，卻還想當聖人，看來你的修養，連自我反省都還不會呢？」

申徒嘉面對同學子產的論點，回道：「為自己的過錯辯護，認為不應該被砍斷腳的人很多；但默認自己有錯，而認為自己不應該健全的人卻很少。知道有些事情是不可抗拒的而安下心來，將其當成必然的命運，這只有有德的人才能做得到。

「就好像無意走進了神射手后羿的射程中，到了正中央，應該是會被射中的地方，卻沒被射中，這就是命運。以為自己雙腳齊全，而嘲笑我只剩一隻腳的人很多，以前我聽到會勃然大怒。但是接受了老師的開導，就怒氣全消並反省自己的過失。

「不知是不是老師用善來淨化我？我跟隨老師學習有十九年了，但他從來不曾在意我是個被砍了腳的罪人。今天你和我以道德學問相切磋，主要是為了修養內在，而你卻只從形體外貌來衡量我，這豈不是太過分了！」

子產聽了很慚愧，馬上改變態度說：「請你別再說下去了！」

有些人拿外表作評價一個人價值的指標，其實心靈的修養更勝於其他。我們總是苛求別人而寬待自己，使得高傲與任性成為彼此間的隔閡，失去了真正認識別人的機會。要想改變自己就要從心靈開始，而不只是在嘴上誇誇其談。

宓子賤捨麥有道

春秋時，孔子的學生宓子賤做單父縣長，齊國的軍隊有一次要攻打魯

國，而齊軍的行軍路線必須經過單父城。

單父城的老人們向宓子賤請求說：「地裏的麥子已經成熟了，遲早要割，如今齊國軍隊突然要借路行軍，恐怕來不及做到人人自己收割自己種的麥子了，請你讓百姓們自由去收割吧！不要管是不是他種的。讓單父的百姓增加些糧食，總比留在地裏，讓敵人獲得的強些。」

百姓們苦苦哀求，宓子賤都不同意。沒過多久，齊國的軍隊侵入到城外的麥地附近，搶收了麥子。

當時，魯國的執政者季孫氏聽說後發怒了，派人去斥責宓子賤。

宓子賤皺著眉頭說：「如今這裏是沒有麥子了，但明年可以繼續種。如果按照百姓的提議，讓不耕種的人趁機獲得糧食，就會使他們希望有敵人入侵。況且單父城一年的麥子產量，對於魯國來說只是九牛之一毛，並不影響魯國的強弱。如果使老百姓有了僥倖獲取的心理，世風壞了，對魯國所帶來的損害就會幾代人都恢復不過來。」

季孫氏聽了使者的報告後說：「我真是慚愧，如果地下有一個門的話，我真想鑽進去，不然，怎麼有臉去見宓子賤呢！」

眼光長遠，則不會被眼前的小事困擾。宓子賤的做法對於解救眼前的危難似乎有點迂腐，但對於維持國家的長治久安則關係甚大。

楚人過河

戰國時，楚國的國君非常有野心，無時無刻不在想著如何能夠統一天下，如何能夠爭取更多的疆土。

當時，楚國的勢力也很強大，國君好戰，經常去攻取別的國家的城池。但是別的國家因為軍隊和國力都不如楚國，只好忍氣吞聲，對楚國的無恥行為無可奈何。

這天，楚王又下令，即日挑選精兵良將襲擊宋國。但是去宋國要經過一條很深很寬的大河。於是楚王就派人先去測量河水的深淺，然後在測量

器上做好標誌。

但那天很不巧，河水突然大漲，楚國人不知道，依舊按原來測量的標誌在深夜裏偷渡。結果被淹死了一千多人，楚軍萬分驚恐。

原來測量時是可以渡過去的，現在河水已經上漲了，而楚國人還是按照舊的標誌渡河，因此遭到了失敗。

世界上的一切事物都在運動變化之中，人們的思想也應該相應的變化發展。如果總是一成不變，頭腦僵化，那就一定會碰釘子。

心的齋戒

有一次，顏回向他的老師孔子請教道：「關於自我修養，我已經想不出更好的辦法了。老師您有什麼辦法讓我更加精益求精嗎？」

孔子回答道：「你先齋戒吧！然後我再告訴你。如果懷著積極用世之心去做，難道容易嗎？如果這樣做也容易的話，蒼天也會認為是不適宜的。」

「我的家裏很貧窮，已經有很長時間沒吃過葷腥喝過酒了。這樣，應該也算是齋戒了吧？」

「這是祭祀時的齋戒，不是我說的『心的齋戒』。」孔子解釋道。

顏回問：「那麼『心的齋戒』應該怎麼做呢？」

孔子回答說：「這需要你首先專心致志，不要用耳朵去聽聲音，而是用心去聽；進而不要用心去聽，而是用氣去聽。耳朵只能用於聆聽外物，心只能用於感應現象，但是氣是虛空的，可以容納一切東西。大道就存在於這虛空之中，而達到這種虛空的境界，就是『心的齋戒』。」

顏回接著老師的話問道：「我沒有聽過『心的齋戒』這種說法的時候，覺得我這個人是實實在在存在的，等到聽了『心的齋戒』後，我突然覺得不曾有顏回這個人了。這樣，可以說達到虛空的境界了嗎？」

「這樣就夠了。你能游走於名利場中而不為所動，在上位者願意聽你

的意見之時，就慷慨陳述，如果他聽不進諫言，就沒有必要再多說。不立門戶，不設壁壘，使寧靜的心靈處於不由自主的狀態，那就非常接近大道了。要不走路，這容易，但要走路而不留下行跡，那就很難做到了。被人的情欲所驅使，則容易做出違逆本性的事，如果能順應自然的話，就不會這樣了。」

孔子接著說：「我們只聽說過有翅膀才會飛，從來沒有聽說過沒有翅膀也會飛的；只聽說過用智慧去求得知識，從沒聽過不用智慧也能得到知識。但是，你看那虛空的地方、寬大虛空的房間，才能大放光明，而心達到虛空的境界時，福善自然降臨。相反，如果身體靜坐，但心神無法凝聚靜止，就叫做『坐馳』。

「能使耳目感官向內通達而不用心智，鬼神都會來依附，更何況是人呢！因為這樣，一切萬物都能感化。而這正是大禹、舜等聖人處世的關鍵，也是伏羲、几蘧等古代帝王終身奉行的準則，更何況是普通人呢！」

心的齋戒，是要求放寬心胸，不計較，不躁進，不違逆本性。我們常希望別人能包容我們，體諒我們，但外在環境不一定能如願，這些是我們無法控制的，只有自己的心情是可以掌握的，那何不清掃一下心靈，換個角度，來包容別人呢？

螳螂捕蟬，黃雀在後

春秋戰國時代的思想家莊子有一次在雕陵的栗園裏遊玩，突然，他看見一隻怪異的黃雀，翅膀寬七尺，眼睛直徑一寸，碰到莊子的額頭而停在了栗子樹上。

莊子當時覺得很奇怪，他心想：「這是什麼鳥呢？長著一雙這麼大的翅膀卻不能飛，有這麼大的眼睛卻看不見東西。」他於是小心翼翼地走過去，拿出彈弓，準備找機會射殺牠。

這時他又看見一隻蟬，在一個陰涼的樹陰下休息而不知自身的危險；

被藏在牠身後的螳螂抓住，而螳螂正得意，也不知自己處境的危險；在牠的後面有一隻黃雀正盯著牠，並從中取利而抓住了螳螂。

而黃雀也因為貪利而不知莊子正用彈弓對著它。看見這種情形，莊子很吃驚，心想大事不妙，於是馬上扔掉彈弓轉身就跑，這時看園的人以為他在偷栗子，向著他逃跑的方向追來，並高聲責罵他。

任何事情都有兩面性，有利就有弊，有得就有失。所以人們在生活中要有清醒的認識，不要見到了利益而忘記了危害。

謝安破敵

東晉初年，北方的前秦皇帝苻堅動員了百萬大軍南侵，他曾這樣誇耀自己的兵馬：「所有的士兵將馬鞭投進長江裏，就能讓長江斷流。」而同時東晉長年不修戰備，士兵不到十萬，朝野十分恐慌，大家都以為國家危在旦夕。

當時東晉的丞相謝安聽說了這事後，卻不動聲色。大家看到他這個樣子，心中才稍稍平靜了一些。

接著，謝安派侄兒謝玄領兵渡江，抗擊秦軍，然後，就似乎忘了這事，和好友下起了圍棋。謝安下棋的同時，謝玄率領晉軍以弱勝強，擊敗秦軍，這一仗就是中國歷史上有名的「淝水之戰」。

當手下把捷報送給謝安後，他還在下棋，他拆信看了後，把信擱在一邊，和先前一樣繼續下棋。倒是他的棋友忍不住了，問是什麼消息，謝安還是那麼平靜，答道：「小兒輩大破了秦軍而已。」

謝安的心能不受外物變化的影響，「以理化情」。當然，並不是每個人都能像謝安一樣，喜怒哀樂不動聲色。這種「不以物喜，不以己悲」的豁達，在日益浮躁的現代社會裏，尤為珍貴。

美與醜

衛國有個叫哀駘它的人，他的面貌非常醜陋。但是，男人與他相處時，都會因為思慕他而捨不得離開，而婦女見了他，都回家向父母請求道：「如果要我做別人的妻子，我寧願做哀駘它的侍妾。」

奇怪的是，從來沒有聽說過他提倡什麼，只是常常應和別人的意見。他沒有任何權位可以拯救別人的危難，也沒有任何爵祿名望可以讓別人靠他吃飯。說到他的長相，醜陋到讓人驚駭；談到他的思想，只應和而不提倡。但是男男女女都喜歡聚集在他周圍，想必有什麼和平常人不一樣的地方。

魯哀公聽說了這樣的事，便派人將他召來，一看，果然醜得嚇人。

但是，魯哀公和他相處了兩個月以後，就認為他有過人之處了，還不到一年，就很信任他了。當時，魯國宰相的職位空缺，魯哀公就把國事委託給他。

當時，哀駘它卻無意承應，淡淡的好像想拒絕。過了不久，他離開了魯哀公。

後來，魯哀公告訴孔子說：「哀駘它走了以後，我就好像丟了什麼東西似的，整個國家都沒有人可以和我共用歡樂。他到底是個什麼樣的人呢？」

孔子回答說：「我有一次出使楚國，路上見到一群小豬正在死去的母豬身上吃奶，但過了不久，這些小豬都丟下母豬慌慌張張地跑開了。因為牠們發現母豬已經失去知覺，不像原來活著的樣子。牠們愛牠們的母親，但不是愛它的形體，而是愛那主宰形體的精神。

戰死沙場的人，屍首不存所以下葬不用棺木；被砍去腳的人，不會再愛惜鞋子，因為這兩者都失去了最主要的東西。選來當天子嬪妃的人，不能剪指甲，不能穿耳洞。娶過妻的人不能進入內宮，也不能再在君王身邊侍奉。

為求形體的完整，尚且要做到這樣，更何況是要成為德行完美的人呢！現在哀駘它不用說話就足以讓人信賴，不需要功業就能使人親近，甚至把國家託付給他，還擔心他會不肯接受。所以，他必然是才智完美而德行無跡可見的人。」

外在的美醜不能掩蓋心靈的美醜，因為形體的美醜是人為標準所附加的，而心靈的美醜卻必須透過自然心性去感受。標準有時會使人迷惑，但心靈的感受不會說謊。

自私的結果

宋朝的時候，朝廷派李士衡出使高麗，並加派一人為副使。

當他們完成任務回國時，高麗國贈與他們許多禮品，李士衡因為不在意這些東西，便交由副使全權管理。當時他們所乘的船，船底有些浸水，因此那位自私的副使將高麗送給李士衡的布帛及土產之類的東西，置於底下，將自己所得的東西放在上面。

沒想到船於半途中遇到大風浪，為了眾人安全，船主要求把隨行的東西拋入海中以減輕船的負載重量，以免危及性命。因此眾人就把東西往海裏丟，這時也顧不上東西是誰的了。

扔到一半時，風浪逐漸平靜了下來，船終於脫離險境，此時大家才忙於檢視自己的物品，凡被投入海裏的當然是放在上層的東西，因此李士衡的東西一樣也沒少，而副使卻損失了所有的東西。

每個人都不喜歡自私自利的人，卻對自己很縱容。因此你希望自己在眾人心目中是什麼樣子，就應該抱持這種態度竭力朝這個方向努力去做，對待別人像對待自己一樣公平，如果能夠隨時設身處地為他人著想，就會得到更多的回報。

真心無價

孔子有一天來到郊外，看見有個婦人在傷心地哭泣，就叫弟子去詢問原因。

弟子來到婦人前，問道：「我的老師孔夫子問你，為什麼會哭得如此悲傷呢？」

婦人回答：「我剛剛割草的時候，把丈夫送給我的那支用菁草編的簪子弄丟了，怎麼找都找不到，所以很難過。」

弟子不明白，問：「不過是一根菁草編的簪子，太普通了，也不值錢，你用得著那麼傷心嗎？」

婦人說：「那是亡夫送給我的定情之物，不是普通的簪子啊，所以我才會那樣悲痛。」

孔子聽過以後，對弟子們說：「真心真情，哪怕是一根草做的簪子，也比金和玉的簪子更有價值。」

禮物珍貴與否不在於價值的多少，而在於送禮人是否真心真情。

宋真宗親征

1004年，遼聖宗與蕭太后親率數十萬大軍入侵北宋，當時的宋真宗膽小怯懦，為此而驚慌不已，朝野也一片惶恐，許多大臣甚至建議將國都南遷，逃命要緊。

宰相寇準卻主張宋真宗御駕親征，以提升邊境軍隊的士氣，絕不能示弱於敵。宋真宗最後雖然勉強同意，心中卻忐忑不安，顯出惶恐的樣子，而前線的將士們更是惶恐不安。

寇準為了安定宋真宗的心情，故意表現出很輕鬆的樣子。宋真宗派侍從去查探寇準準備得如何，打算苗頭不對就立即撤退逃亡。

結果侍從回去報告說：「寇準不是在休息，就是在輕鬆地哼著歌，晚

飯後還跟下屬下圍棋消遣呢！」

宋真宗一聽，以為寇準一定已經擬好對策，有信心打贏敵人，心情也跟著放鬆起來，態度變得從容。

皇帝一安心，也相對穩定了軍心。由於將士都有了打勝仗的信心，宋軍最終打敗了敵人，贏得了勝利。

遇到事情不要過度緊張，先平心靜氣，讓心情放輕鬆。過度緊張往往會失去應該有的判斷力，這樣不但無濟於事，反而更容易出差錯。

薛譚學歌

從前，有一個叫薛譚的人，他很愛唱歌，但是他的家鄉沒有懂得音樂的老師。雖然先天的條件很好，但由於得不到名師指導，再加上缺乏音樂基本功的訓練，他不能成為最好的歌手。

於是他決定離開家鄉，到外地去尋訪名師。

當時，有一位名叫秦青的人，他不但精通音律，而且還很會彈琴唱歌。薛譚尋訪到秦青，要拜他為師。秦青看到薛譚一路克服了很多困難，千里迢迢來尋師學藝，很受感動，就同意了他的請求，決定收下這個徒弟。

舉行完拜師禮以後，薛譚便從基礎理論開始，進行系統學習。

開始的時候，薛譚很用功，上課認真聽講，課後及時復習，不懂就問。這樣，他進步很快，不僅學會了樂理，而且也學會了唱歌。秦青很高興，多次在眾人面前表揚他。

薛譚雖然還沒有完全掌握秦青的藝術技巧，但自認為已經全部掌握了。於是，他就向秦青告辭，要回家去。秦青說：「好吧，我們相處的這一段時間，有了師生情誼，等到明天為師給你送行。」

第二天，秦青和學生們到郊外十里長亭為薛譚送行。在送別會上，互相敬酒，當喝得興致正濃時，學生們每人唱一支最優美動聽的歌獻給薛

譚。最後，學生們提議請老師也唱一支。

秦青很愉快地接受了。只見他一邊彈琴一邊唱了起來。手指在琴弦上敏捷地跳來跳去，有急有緩，有輕有重，歌聲淒涼悲壯，有時低沉，有時高亢。

這支歌深深地打動了薛譚的心，他想：「老師彈唱的技藝舉世無雙，有許多東西我還沒有學到呢。怎麼能現在就離開呢？」

想到這兒，薛譚立即向秦青道歉，說：「老師，我錯了，從今以後我再也不驕傲了！我不回家了，我還要留下來，繼續向老師學習。」

從此以後，薛譚更加努力地學習，終於成了當時最有名的一位歌手。

人不能有絲毫的自滿心理。因為學無止境，活到老學到老，淺嘗輒止或半途而廢，就不可能學有所成。

肉食者鄙

艾子的鄰居，都是楚國粗俗的人。

有一天，艾子偶然聽見一個人對另一個人說：「我和齊國的公卿大夫，都是人，也都接受了天、地、人三者的靈智。可是為什麼他們都有智慧，我卻沒有呢？」

另一個人說：「聽說他們天天吃肉，所以有智慧。而我們平日裏盡吃些粗糙的糧食，營養不夠，所以就缺乏智慧。」

那個問話的人說：「剛巧我賣米獲得幾千錢，就讓我們天天吃些肉試試看，說不定我們就會變得非常有智慧呢！」

過了幾天，艾子在院子裏散步，恰巧聽見那兩個人在對話：「真是神奇啊！我自從吃了肉以後，心智通達，智慧增長得非常快。遇到什麼事不僅知道它『是什麼』，而且知道它『為什麼』。」

其中一個說：「我觀察到人的腳面，長得非常有道理，因為朝前長走起路來很方便；如果往後長的話，豈不是會被後面跟著的人踩到了？」

另一個說：「是嗎？真了不起！我發現人的鼻孔向下長也很有道理，如果鼻孔向上的話，下雨的時候雨水不就會往鼻孔裏灌嗎？」

兩個人都互相稱頌對方的才智，得意非凡。

艾子聽後感慨地說：「唉，這就是吃肉的人才有的智慧啊！」

愚蠢的人常常把無知視為聰明，並自鳴得意。

敬姜勸子

春秋時期，魯國有個名叫公父文伯的大夫，他的母親叫敬姜，很有見識。公父文伯在年輕的時候，已經做了不小的官，別人都稱讚他年輕有為，他聽了非常得意。

有一天，公父文伯處理完公事以後，興沖沖地回家拜見母親。他剛一進門，就看見母親正在搖著紡車紡麻線。那操勞不息的樣子，就像是窮苦百姓家的老婆婆。公父文伯走過去小聲對母親說：「我已經做官了，母親您卻還要搖車紡麻線。這要是讓別人知道了，肯定會笑我們的，還會怪我對母親您不孝順啊！」

敬姜聽了，停下手裏的工作，抬起頭來，驚訝地上下打量了一番公父文伯，搖搖頭說：「你連怎麼做人都還不懂呢！你這樣幼稚的人竟做了魯國的大官，我看魯國有滅亡的危險啊！」

公父文伯驚訝地問：「母親，您為什麼這樣說？難道真有這樣嚴重嗎？」

敬姜叫兒子坐在紡車對面，鄭重地說：「從前，聖明的君主安置黎民百姓，常常要選擇貧瘠的地方讓他們去居住，讓他們在那裏生息。為什麼呢？那是因為大家為了生活，就得工作；為了生活得好，就得創造；要想創造，就得用心思考，思考就會產生智慧。反過來說，安逸享樂的生活，常常會使人放蕩；放蕩，就會忘記好的德行；忘了好的德行，就必然產生壞心。」

公父文伯聽得入了神，敬姜停了停，又繼續說：「你仔細想一下，在土地肥美的地方往往有許多人不能成才，就是由於他們安逸放蕩啊！在土地貧瘠的地方反而有許多聰明善良的人，原因就是他們能吃苦耐勞啊……」

敬姜對兒子說：「我以前總說希望你天天勤懇地做事，不斷上進，培養好的德行，還多次提醒你：『千萬不能毀了前輩艱苦創下的功業』，這些話你還記得嗎？」

公父文伯說：「記得。」

敬姜又說：「那為什麼你現在又認為當了官就要享樂了呢？如果你用這種態度去擔任君主委任的官職，又怎麼能不讓我擔憂呢？我是怕你會因失職而犯罪啊！」

公父文伯趕忙安慰母親說：「母親的教誨，我一定聽從。可是這跟您紡麻線有什麼關係呢？」

敬姜有點不高興地說：「我看你做了官以後，總是顯得很得意。不知約束自己，總喜歡講排場，把先輩艱苦創業的事都忘了。動不動就說什麼『怎麼不自我享樂呢』？這樣下去，遲早會有一天，你會犯罪的！我正是為你擔心，才從早到晚地紡麻線，為的是不讓你忘了過去，遇事能謙讓勤儉。你懂了嗎？」

公父文伯紅著臉說：「懂了，母親。」

敬姜說：「這就好。你千萬不要因為少年得志，就貪圖眼前享樂，否則將來犯了罪，自己倒楣不說，也會連累我們家絕後啊！」

許多人在磨難中奮發圖強，獲得了新生，但卻在步入青雲後，缺少了憂患意識，最終走上了歧途。「生於憂患死於安樂」的意識，是我們時時都應該具有的。

驚弓之鳥

戰國時期，趙、楚、燕、齊、魏、韓六國決定聯合起來，對抗強大的秦國。

有一次，趙國派魏加去楚國拜見春申君黃歇，商談有關軍事聯盟的問題。

魏加問：「您有領兵的將軍嗎？」

春申君答道：「我準備叫臨武君擔任主將。」

魏加想：「臨武君曾經跟秦國交戰，而且還吃了大虧，這樣的人，對秦國肯定心存畏懼，又怎麼能擔任主將呢？」

他想直言相告，但話到嘴邊又嚥了回去。想了想，笑著岔到別處去：「我年輕時愛射箭，有一個射箭的故事，不知道先生要不要聽？」

春申君興致勃勃地說：「好啊，你講吧。」

魏加說：「從前，魏國有個射手名叫更贏，他的箭術，真是百發百中。一天，他和魏王在散步。忽然看見從東方飛來一隻大雁，更贏就對魏王說：『大王，我可以不用射箭，只是空拉一下弓，就可以使那隻大雁跌落下來。』」

魏王說：「先生是開玩笑吧！就算你的箭術很高超，也不至於不搭箭就能射落大雁吧？」更贏說：「怎敢跟大王戲言？大王您看——」

正說著，那隻雁飛到頭頂上。更贏馬上拉開弓，卻並不搭箭，只聽得一聲弦響，那隻大雁果然應聲落地。魏王一陣驚嘆。更贏撿起大雁說：「我射落大雁，靠的不是箭術，而是因為這隻大雁受過傷。」魏王問：「你怎麼知道呢？」

更贏回答說：「這隻雁飛得很慢，叫聲很淒慘。飛得很慢，說明牠受過傷；叫得淒慘，說明牠和雁群失散很久。創傷還沒有痊癒，驚心還沒有平息，所以，這隻驚弓之鳥一聽弓弦響，就嚇得往高空飛。結果傷口破裂，支持不住，當然就掉下來了。」

魏加講完故事，又說：「臨武君就像這隻大雁一樣，他是被秦國的弓所傷的。請他做抗秦主將的問題，希望您能再好好考慮。」

春申君聽完魏加的話，覺得很有道理，連連點頭，並表示一定重新考慮合適的主將人選。

因為吃過虧，而產生了懼怕的心理，從而畏縮不前，這是一種逃避心理，殊不知，生活中什麼事情都有，並非都能一一逃避。要做到「吃一塹，長一智」，勇於面對困難，逐漸消除這種心理障礙。切莫做驚弓之鳥！

鸛鳥移巢

子游做武城縣官的時候，城門旁邊小土堆上的鸛鳥忽然把牠的巢遷移到墓地的石碑上去了。看守墓園的老漢把這一情況報告給子游，說：「鸛鳥是能夠預先知道天將下雨的鳥，牠突然把巢遷移到高處，說不定武城要遭逢大水呢！」

子游說：「對。立即讓全城的居民都準備好船隻以防萬一。」

過了幾天，大水果然來了。城門旁邊的小土堆被淹沒了，大雨仍然下個不停，眼看大水就要淹到墓園的石碑了。鸛鳥的巢搖搖晃晃，岌岌可危，牠飛來飛去哀鳴著，卻不知道該把牠的巢再遷移到什麼地方去。

子游感嘆地說：「真可憐啊！這些鸛鳥能預知水災的到來，可惜牠考慮得不夠長遠啊！」

人們在處理問題的時候，不能只顧眼前，而應該放眼長遠。

熊渠子射石

楚國有個武士名叫熊渠子，箭法高超。一天，他夜行在外，看見地上

躺著一塊石頭，以為是一隻睡著的老虎。

熊渠子決定先發制人，連忙拿出弓箭，使盡全身力氣，拉開弓，一箭射去。射中以後，熊渠子想去看看老虎是不是已經斷氣了，於是壯著膽子走到跟前一瞧，卻發現原來只是一塊大石頭。但他射的箭竟連箭頭和箭尾都一同射入了石頭之中，怎麼拔都拔不出來。

熊渠子覺得奇怪，便返回原地，用力再向石頭射出一箭。誰知箭不僅沒射入，還反彈得無影無蹤了。

知道是石頭，所以射不中，但不知道時卻能射中，可見人的心理作用影響很大。

漁夫辭賞

春秋時期，晉文公外出打獵，一群野獸受驚，瘋狂逃跑。

晉文公和隨從們緊緊追趕，野獸跑到一望無際的草地裏，他們也追了進去。追著追著，野獸不見了，晉文公也迷了路，來來回回走了好幾趟，四處尋找出口都沒走出草地。

正在他們著急的時候，看見一個漁夫在捕魚。

晉文公走近那個漁夫，對他說：「我是你的國君，今天狩獵，因追趕野獸而迷了路，你告訴我路，等寡人回到宮中一定會重重賞你！」

漁夫平時見不到國君，想趁這個機會向國君獻策，就說：「我有幾句話，想獻給大王。」

晉文公著急，就對漁夫說：「等我走出草地以後再領教吧！」

於是，漁夫就帶領著晉文公和隨從走出了草地。

晉文公對漁夫說：「你想要指教我的是什麼？你就說吧，我願意領受。」

漁夫說：「鴻雁、天鵝安全地居住在大河大海之濱，牠們住厭倦了，遷移到小沼澤裏，一定會遇到獵人射來的彈丸的危害；鱉魚、蝦蟹安全地

住在江河中，牠們住厭倦了，遊到了淺灘小洲裏，一定會遭到漁夫撒下的羅網、釣鉤、弓箭的危害。現在國君在宮廷住厭倦了，追趕野獸，闖蕩到這裏來，怎麼走得這樣遠啊！」

晉文公覺得漁夫的比喻很恰當，這是勸說自己不要因打獵而荒廢政事。他就拍手叫好，說：「妙！說得妙啊！」

晉文公非常高興，一邊叫好，一邊吩咐隨從記下漁夫的姓名，準備回朝後，重重加以賞賜。

漁夫說：「君侯何必記下我的名字呢？君侯如果能尊敬天地，謹慎治國，和睦四鄰邦交，愛護百姓，寬免賦斂，減輕租稅，我也就受益了。何必賞賜我呢？如果君侯不謹慎治國，不和睦鄰邦，對外與諸侯失禮，對內違逆民心，全國民眾都會流亡，那麼我即使得到重賞，也是保不住的。」

於是，漁夫斷然拒絕賞賜，說：「君侯趕快回都城吧，我也該返回我捕魚的地方去了。」

每個人與國家的關係密不可分，無論身居何位，都應恪盡職守，國家才能繁榮昌盛。

仲虺諫成湯

成湯在滅了夏以後，從夏返回，中途到達大坰，他一直想著一個問題，覺得自己不是像堯、舜、禹那樣以禪讓繼承帝位，而是用武力奪取了帝位，心裏感到很不安，擔心後世的人們會把他當做談論的笑柄。

這時，大臣仲虺就寫了一篇辭，勸勉成湯。其中有這樣一段話：「我聽說過這樣一句名言：『能夠虛心向別人學習，把別人當成老師一樣看待的人，就能得到天下；認為自己最聰明，沒有人比得上自己的人，就一定會滅亡。』

「所以，謙虛好學，不恥下問的人，知識就會豐富，本領就會增強，這樣的人就必然偉大；而自以為是，認為自己比任何人都高明的人，就必

然渺小。因此，無論什麼事情，要想得到一個好的結局，就必須要有一個好的開始，善始才能善終啊！」

聽了仲虺的諫辭，成湯恍然大悟，於是便打消了心中的疑慮。

凡成大事者，都應該具有謙虛謹慎的態度，在能看到別人的長處的同時，也認識到自己的不足。虛心學習別人的長處，彌補自己的不足，這樣才能豐富自己、壯大自己。

楚地梁澆

戰國時期楚梁相鄰，兩國都盛產西瓜。梁國人種的瓜長得又大又甜，因為他們經常澆灌他們的瓜田。而楚國人卻十分懶惰，很少去灌溉他們的瓜田，所以瓜長得又小又醜，更別提好不好吃了，有的瓜秧甚至根本就不結瓜。

看到梁國的西瓜長得好，楚國人很不服氣，常常在夜裏去破壞梁國的瓜田，給梁國人造成不少的損失。梁國人氣憤不過，請求當地的地方長官，准許他們也過去破壞對方的瓜田。

長官說：「為了這點事而去報復，會影響我們和鄰國的關係。何必心胸狹窄到這種程度呢？」他讓人們回去後，覺得應該想一個法子讓楚國人不再來破壞梁國的瓜田。於是他命手下的兵士們每晚都偷偷地去澆灌楚國的瓜田。

楚國人看到他們的西瓜漸漸地長得又大又圓，心裏感到十分驚訝。後來他們經過調查，才知道梁國人在偷著幫他們灌溉瓜田。

楚地的地方長官把這件事呈報給楚王。楚王十分慚愧國人的表現，同時梁人的做法讓他十分感動，認為楚人應好好向梁人學習。從此兩國建立了很好的邦交。

有時候僅憑忍讓或是報復並不能使衝突化解，當自己處於別人的敵意中時，不妨以友善的態度去化解對方的敵意。「精誠所至，金石為開」，在你的誠心下，必會取得投桃報李的效果。

皇甫績守信求責

皇甫績是隋朝有名的大臣。他三歲的時候父親就去世了，母親一個人難以維持家裏的生活，就帶著他回到娘家住。外公見皇甫績聰明伶俐，又沒了父親，因此格外疼愛他。

他的外公叫韋孝寬，韋家是當地有名的大戶人家，家裏很富裕。由於家裏上學的孩子多，外公就請了個教書先生，辦了個自家學堂，當時叫私塾。皇甫績就和表兄弟們都在自家的學堂裏上學。

外公是個很嚴厲的老人，尤其是對他的孫輩們，更是嚴加管教。私塾開學的時候，就立下規矩，誰要是無故不完成作業，就按照家法重打三十大板。

有一天，上午上完課後，皇甫績和他的幾個表兄躲在一個已經廢棄的小屋子裏下棋。一貪玩，不知不覺就到了下午上課的時間。大家都忘記了做教師上午留的作業。

第二天，這件事被外公知道了，他把幾個孫子叫到書房裏，狠狠地訓斥了一頓。然後按照規矩，每人重打三十大板。

外公看皇甫績年齡最小，平時又很乖巧，再加上沒有爸爸，不忍心打他。於是，就把他叫到一邊，慈祥地對他說：「你還小，這次我就不罰你了。不過，以後不能再犯這樣的錯誤。不做功課，不學好本領，將來怎麼能成大事？」

皇甫績和表兄們相處得很好，小哥哥們都很愛護他。看到小皇甫績沒有被罰，心裏都很高興。可是，小皇甫績心裏很難過，他想：我和哥哥們犯了一樣的錯誤，耽誤了功課。外公沒有責罰我，這是心疼我。可是我自己不能放縱自己，應該也按照私塾的規矩，被重打三十大板。

於是，皇甫績就找到表兄們，求他們代外公責打自己三十大板。表兄們一聽，都撲哧一聲笑了出來。皇甫績一本正經地說：「這是私塾裏的規矩，我們都向外公保證過觸犯規矩甘願受罰，不然的話就不遵守諾言。你們都按規矩受罰了，我也不能例外。」

表兄們都被皇甫績這種信守學堂的規矩、誠心改過的精神感動了。於是，就拿出戒尺打了皇甫績三十大板。

後來皇甫績在朝廷裏做了大官，但是這種從小養成的信守諾言、勇於承認錯誤的習慣一直沒有丟，這使得他在文武百官中享有很高的聲望。

做人要以誠信為本。把誠信作為行動的準則，就會無愧於別人，更無愧於自己。

誠實守信的君子

詹谷，清乾隆年間人氏，家境貧寒，為人忠厚守信。

上海崇明島有一家當鋪，店主是四川萬縣（今重慶萬州區）的一位陳姓老人，他雇請了詹谷來當鋪做夥計幫忙。

詹谷在當鋪十分勤勉能幹，待客誠懇耐心，凡詹谷經手的錢財物品都一清二楚，當鋪的生意也越來越好，店主把很多事都放心交給詹谷去做，對待他就像對待自己的家人一樣。

後來，店主收到家信，說是妻子病重，要他趕緊回去。店主看出詹谷是位誠實君子，便將整個當鋪託付給了詹谷，自己回了老家。詹谷答應店主會盡力幫忙照顧當鋪的生意，希望他快去快回。

店主本來就年老體衰，加上憂慮焦心及長途跋涉，沒想到剛到家就一

病不起，很快就病逝了。

　　兩地相隔千里，資訊閉塞。店主走後，詹谷獨自照顧著當鋪的生意，不敢有絲毫鬆懈，生意發展得很好。他曾想回家探望父母妻兒，但因店主還沒回來，所以一直沒有成行。

　　這樣一直過了十年。一天，當鋪裏來了個年輕人，與店主長得十分相像，詹谷一問，原來是店主的兒子。詹谷在得知店主早已去世後，想起當年店主對自己的知遇之恩，不禁潸然淚下。

　　詹谷隨即取出十年來的帳簿交給了店主兒子，店主兒子一看，所有帳目清清楚楚。詹谷又帶著店主兒子清點實物，並一一交接。店主兒子非常感動，立即付給了詹谷十年來的薪水，並饋贈他四百兩銀子。

　　詹谷收下了薪水，但對贈送的銀子卻堅絕不收，說：「受人之恩，理當相報；受人之託，理當守諾。我只是做了我應該做的事，你也不必再言謝。只是我已經出來十年，如今你來了，還請公子允許我回老家去與家人團聚。」

　　詹谷臨走時，向店主兒子殷殷叮囑當鋪的生意，然後背起簡單的行李告辭了。店主兒子十分惋惜沒能留住詹谷，感嘆道：「真是位誠實守信的君子！」

　　感恩圖報、誠實守信是中華傳統美德。詹谷受店主一言之託，為履行一個承諾花費了十年的時間，即使面對巨額財物也沒有絲毫私心，稱其為誠實守信的君子真是當之無愧。

忍讓

　　古時候有個叫楊翥的人，家裏頗為闊綽。一天他的鄰居丟了一隻雞，就破口大罵，說是被姓楊的偷去了。家人非常氣憤，楊翥卻說：「隨他罵去，又不是我一家姓楊。」

　　又一鄰居，每次下雨，都將積水排放進楊翥家中，使楊家深受髒汙潮

濕之苦。家人欲報復，他急忙勸解家人：「一年之中，能有多少雨天啊，還不是晴天的時候多！」

時間一長，鄰居們都被楊翥的忍讓所感動。有一年，一夥盜賊密謀要搶楊家的財寶，得知消息後，鄰居們主動幫楊家守夜防賊，使楊家免去了這場災禍。

寬容和忍讓是一種美德、一種境界，是為人處世必須要遵循的原則。

寬嚴適度

宋太宗時期，有人上奏說在汴河從事水運工作的官吏中，有人私自將官貨運到其他地方去賣，眾人都很不滿。聽罷，太宗說：「完全根除恐怕太難了。此事，不要太認真，只將那些首惡分子懲辦了即可。只要不妨礙正常公務，不必過分追究了。總之，這也是為了確保官貨的暢行無阻呀！」

宰相呂蒙正也贊同道：「水若過清則魚不留，人若過嚴則人心背。君子都看不慣小人的所作所為，但若過於苛求，恐有亂生。不若忍之，使之自醒。這樣才能有利於朝政。從前，漢朝的曹參就認為在善惡的量刑上應該寬嚴適度。謹慎從事，必然能使惡人無所遁形。所以，聖上所言極是，小事上切不可太苛刻。」

呂蒙正素以不與人計較而出名。他剛任宰相時，有一位官員在簾子後面指著他對別人說：「這小子也配當宰相嗎？」呂蒙正假裝沒聽見，大步走了過去。

其他官員為他深感不平，準備將此人查問出來，呂蒙正知道後，急忙阻止了他們。

散朝後，那些官員還是憤憤不平。呂蒙正卻對他們說：「如果知道了他的姓名，一輩子都得耿耿於懷，多不好啊！所以千萬不要再去查問了。再說，這對我並沒有什麼損失呀。」人們都佩服他氣量大。

「水至清則無魚，人至察則無徒」。謙虛待人，大度容人不僅可以贏得人們的尊敬，還可以化解仇恨和怨氣，使我們活得更坦然。

罪與功

蘇東坡因自己的詩中涉及朝政，被抓進了監獄。到了這種地步，蘇東坡也沒有任何辦法，只好任人擺布。獄吏對他態度十分惡劣，經常虐待他。

七年後，蘇東坡復調朝廷任職。

一天，蘇東坡在路上碰到了當年虐待他的獄吏。獄吏想起當年虐待蘇東坡的事，心裏十分害怕。蘇東坡是個心胸開闊的人，哪會和這種勢利小人計較，他依然很客氣地上前與他搭話。蘇東坡為了讓獄吏接受教訓，不再為非作歹，就對他講了一個具有啟發性的故事。

「有一條蛇咬死了人，閻王命鬼卒將牠的靈魂抓來，宣判死刑。蛇哭著說道：『我雖然有罪，但也有功，請求您給我一個贖罪的機會。』判官問牠有什麼功勞，蛇說：『我肚內有蛇黃，是治病的良藥，曾經救活了很多人。』判官認為牠說得有些道理，於是判蛇無罪，把牠放了。

這時，鬼卒又牽來一頭牛，說牛用角抵死了人，該判死罪。牛說：『我肚內有治病的良藥——牛黃，救過很多人，請求將功補過。』於是牛也被無罪釋放。

最後，鬼卒帶上一個人來，說此人犯了命案，應該判處死刑。這個人嚇得直哆嗦，顫巍巍地說：『大人，我也有可以治病的黃，請求將功贖罪，不要殺我。』閻王怒道：『胡說！蛇黃、牛黃為藥，這是每個人都知道的。你一肚子屎尿，有什麼黃？』這人趕忙解釋說：『我肚內的黃是慚惶啊！』閻王笑道：『你算有點良知，今天有了慚愧和惶恐也算不錯，滾吧！』」

獄吏聽後，羞得無地自容。

社會上有很多勢利的人，對權貴阿諛奉承，對常人耀武揚威。這樣的人遲早會栽跟頭，因為人在成為不平凡的人之前，都是平凡人。

子罕不受玉

宋國有個鄉人很愛夤緣攀附。一次，他得到一塊寶玉，就拿去獻給宋國的大臣子罕，子罕不肯要。那個人就說：「這可是個寶貝啊，最適合給您這麼高雅的君子佩帶，那些下等人是佩不上它的。」

子罕說：「你把這塊玉石當寶貝，可我有一個更好的寶貝，你想知道嗎？」

「什麼寶貝？」那人眨巴著眼問。

子罕說：「我的寶貝就是——不要你的寶貝！」

玉石是寶貴的，但是正直的品德比玉石更寶貴。子罕把嚴於律己、不貪污受賄的正派作風視為珍寶，這是很有教育意義的。

丟弓與拾弓

楚王曾經帶領群臣打獵，一行人意氣風發，楚王拉開大弓，搭上快箭，向野獸猛射。可不知是怎麼搞的，到最後居然把弓給弄丟了。群臣十分著急，有的趕緊撥馬回去尋找。

楚王卻笑著制止說：「楚國人丟了它，自然會有楚國人拾到它，有什麼好找的？」

孔子聽說了這件事後說：「楚王的仁義還沒做到家，要送就送個滿人情，如果去掉『楚國』兩個字就更好了。」

老子聽了孔子的話後說：「如果去掉那個『人』字就更好了。」

楚王的胸懷很寬廣，孔子的胸懷似乎更寬廣，他的意思是既然愛人，

又何必分什麼國家呢？老子的胸懷已經不能說寬廣了，只能說自然，他的意思是人根本不必把自己有意識地從自然中分出來。

鄒忌比美

齊國的鄒忌身高八尺，長得英俊瀟灑。一天早上，他穿好衣服，對著鏡子，問妻子：「你看我與那住在城北的徐公相比誰漂亮些？」

他的妻子說：「你漂亮多了，徐公哪能跟你比呀！」

鄒忌聽了很高興，但轉念一想，徐公是名聞齊國的美男子，自己真的比他還漂亮嗎？於是他又問他的妾：「你看，我和徐公比，哪個漂亮些？」

妾也這樣回答：「當然是你漂亮了。」

第二天，有個客人來訪，鄒忌又順便問了問客人，客人的回答也同樣是：徐公沒有他漂亮。

後來，鄒忌在路上見到了徐公，回到家裏，他坐在鏡子前仔細地打量自己，越看越覺得自己不如徐公漂亮。

鄒忌為這事夜晚睡不著覺。他想了又想，終於得出一個結論：「妻子說我漂亮是因為她愛我；妾說我漂亮是因為她怕我；客人說我漂亮是因為他有事求我。」

聽到別人的讚美，不要沾沾自喜，而要冷靜地分析一下讚美的真假，不然人就會變得糊塗了。

烽火戲諸侯

西周最後一個統治者周幽王，他十分寵愛美貌的妃子褒姒，但褒姒從來不笑，這讓周幽王心裏非常煩惱，他想了很多辦法，想博美人一笑，但都沒有成功。

那時候，為了防止敵人進攻，周天子跟各路諸侯約好，在官道兩旁建了很多高臺，如果有敵人進攻，就點燃高臺上的烽火，把消息傳給各路諸侯。

於是有人獻計，可在高臺上點上烽火，謊稱敵人來犯，吸引各路諸侯前來。周幽王認為這是個好辦法，於是帶著褒姒一起前來觀看。果然，各路諸侯一見燃起了烽火，都帶著兵馬急匆匆地趕來了。褒姒見了，非常高興，就笑了起來。美人一笑，確實好看，把周幽王迷得神魂顛倒。

後來，敵人真的打來了，周幽王趕緊點烽火，諸侯們以為周幽王又在尋開心，都按兵不動。結果，周幽王被敵人殺死在驪山下。

很多東西失去了還可以追回，但信譽一旦喪失，就很難挽回了。

商鞅守諾

戰國時期，商鞅來到秦國，積極推行變法，但他當時唯恐老百姓不信，想來想去，終於想到了一個辦法。

他命人在都城的一個城門前，放了一根高三丈長的木柱，並到處張貼告示：「誰能把城門前那根木頭搬走，官府就賞他五十金。」

老百姓看到告示後議論紛紛。大家懷疑這是騙人的舉動，但一個年輕力壯的小夥子說：「讓我試試看吧！我去把城門那木頭搬走，要是官府賞錢，就說明他們還講信用，往後我們就聽他們的；如果不賞錢，就說明他們是在愚弄百姓。他們往後說得再好，我們也不信他們那一套了。」

說罷，他就來到城門前把那根木頭搬走了。商鞅聽到這一消息，馬上命令賞給那人五十金。

那位壯漢看到自己果真得到了五十金，不禁開懷大笑，一邊炫耀那五十金，一邊對圍觀的老百姓說：「看來官府還是講信用的啊！」

這事一傳十，十傳百，不久就傳遍了整個秦國，商鞅這才下令變法。

「民無信不立」。立信如何才能有效果呢？不僅必須言必信，行必

果，而且要以出人意料的方式進行。

朱雲冒死直諫

漢元帝時，朱雲曾任槐里縣令，因為批評丞相韋玄成而丟了官。漢元帝死後，漢成帝繼位。一次，朱雲上書給皇上，請求謁見。

皇上恩准後，朱雲當著公卿大臣的面說：「現在朝廷大臣，對上不能糾正君主；對下不能有利於人民；都占著位子不做事，就像孔子所說的那樣：『庸俗的人不可以參與忠事國君，假如總擔心失掉官職，那就什麼壞事都做得出來。』我希望皇上賜給我一口尚方寶劍，殺一個擅長諂媚的大臣，來警戒其他的人！」

漢成帝問他：「你會殺誰呢？」朱雲回答說：「安昌侯張禹！」

當時，安昌侯張禹正是漢成帝的老師，當朝丞相。漢成帝對他極為敬重和信任。

漢成帝一聽朱雲要殺之人是安昌侯張禹，勃然大怒，說道：「你個小小臣子，身居下位而毀謗上級，竟敢在朝廷之上侮辱我的老師，定死不饒！」

御史見此情景，拽著朱雲就往殿下走。朱雲用手扒著殿邊的欄桿不走。他還呼喊著：「小臣我能夠和龍逄、比干交往在九泉之下，心滿意足啦！可不知道聖明的朝廷將要怎樣啊！」就這樣，朱雲把欄桿都扒斷了。

當時，左將軍辛慶忌脫下官帽，解下了官印和綬帶，在大殿之上磕頭說：「這個小臣在社會上一向以任性直率著稱。假如他說得對，就不能殺他；他說得不對，也應該寬容他。臣膽敢以死相諫！」

辛慶忌磕頭磕得直流血。皇上的怒氣消除了，這才收回了成命。但是，張禹也沒有被治罪，只是成帝劉驁以後不再寵信他了。

到了後來該修理欄桿了，皇上說：「別換新的了，就拚補原有的，以用來表揚直臣吧。」

無論是古代還是現代，也無論位居何處，都應該以誠對人對事。居高位者應廣納良言，位低者絕不能沉默是金，更不能阿諛諂媚。

馮買義

馮是戰國時齊國人，經人介紹，做了齊國相國孟嘗君的一名食客。馮到孟嘗君門下不久，孟嘗君詢問府裏的門客：「有誰能夠替我到薛城（今山東滕州東南）去收債？」

馮自告奮勇說自己可以完成這個任務。孟嘗君非常高興，臨行前，馮問孟嘗君：「債收齊後，買些什麼東西回來？」

孟嘗君答道：「看我家裏缺少的買吧！」

馮驅車到了薛城，召集那些應當還債的百姓來核對借據。借據都核對完了，馮就假託孟嘗君的命令，當眾焚毀了那些契據，說是那些錢不用還了，老百姓非常感動。

馮回來後，孟嘗君問他：「債收齊了嗎？你買了些什麼東西啊？」

馮答道：「都收齊了，你說家裏缺什麼東西就買什麼。我想，你庫裏堆滿了錢財，畜欄裏養滿了牲畜，堂下站滿絕色美人。你家裏所缺少的只有『義』，所以我就替你買回了『義』。」

孟嘗君感到不解：「我不明白先生的意思。」

馮說：「如今你只有一塊小小的薛城，卻不能撫育、愛護那裏的百姓，反而用商賈的手段向百姓收取利息。我私自假傳你的命令，把借款賜給百姓，並燒掉了他們的借據，百姓齊聲歡呼，這就是我給你買的『義』啊！」

「先生的目光真是遠大呀。」孟嘗君無可奈何地拱拱手說。後來齊王聽信讒言，解除了孟嘗君的職位。除馮外，其餘的門客都棄他而去了。在萬般無奈之下，孟嘗君只得回到自己的封地薛城。在離薛城百里遠的地方，薛城的百姓紛紛走上街頭，歡迎他的到來。孟嘗君對馮說：「先生替

我買的『義』，到今天終於見到了它的作用。」

馮說：「狡兔準備了三個洞穴，方能免於一死。您至少也得有三個安身的地方，才能高枕無憂。」

過了一段時間，馮到秦國去遊說。他對秦王說：「齊國之所以能變得這麼強大，全靠齊國的相國孟嘗君。現在齊王免了他的宰相之職。如果秦國能重用孟嘗君，他一定會全力輔佐大王，讓秦國變得更加強盛。」秦王就準備了一千兩黃金，派了十輛車子，去迎接孟嘗君。

馮回到齊國，對齊王說：「臣下聽說秦王準備了一千兩黃金，派了十輛車子，要來迎接孟嘗君去秦國。如果孟嘗君去了秦國，就會讓秦國變得更加強大；大王還是搶在秦國使者之前，去薛城把他請回來，恢復他的宰相職位，增加他的封邑，那麼秦國的陰謀就會被挫敗。」齊王派人到邊境去打探消息，證實馮沒有說假話，就馬上按照馮的話去恢復了孟嘗君的宰相職位。

這時，馮又對孟嘗君說：「你還得去向大王要一些祭器，在薛城建立宗廟，那麼你的地位才不會被動搖。」宗廟在薛城建好後，馮對孟嘗君說：「一切都已經準備好了，你將不會有什麼憂患了。」

此後，孟嘗君在齊國當了幾十年相國，再也沒有遭受過禍難。

像馮這樣的高人，事實上，也需要孟嘗君這樣有氣量的仁者。因此，想成大業的人，不妨把氣度和眼界放寬一些，或許你也可以高枕無憂。

晏子移風

春秋時齊靈公喜歡他後宮裏的后妃們穿男裝，戴男帽，著男靴，佩男人的飾物。於是，此風氣一開，上行下效，在全國範圍內，形成一股女服男衣的潮流。

靈公很不高興老百姓學宮廷裏的樣子，下令各級官吏嚴禁，凡是在街道上，市集中，鄉里之間，發現有女人敢穿男人服裝者，就把她的衣襟扯

碎，條帶剪斷。

可是這種風氣卻屢禁不止。

齊靈公氣量了，便問晏子：「寡人下了這樣的命令，為什麼老百姓敢於違抗、屢禁不止呢？」

晏子說：「大王！你在宮廷裏提倡，而在宮廷外禁止，就等於是掛了一個牛頭在大門口，賣的卻是馬肉一樣。你要想讓全國的婦女不穿男服，只要宮廷內的后妃們先不穿，誰穿就罰誰的話，老百姓還會有人敢以身試法嗎？」

靈公點了點頭：「好吧。」

命令發布不出一個月，齊國內再看不到一個穿男裝的女人。

人要在官場、生意場上立足，信用最重要，它是立身處世的根本。「掛羊頭賣狗肉」的做法，換來的只會是失敗。

孔子毀盟

孔子住在陳國，外出時路經蒲國，恰好碰到公叔氏在蒲起事，與衛國為敵。

他聽說孔子準備經過蒲國到衛國去，於是派人中途攔住孔子，對他說：「你答應不去衛國，我們才能放你走。」

孔子想了想，與攔路的軍隊訂下不去衛國的盟約，於是被放出城。孔子一出城門，馬上下令馬夫驅車往衛國的方向疾馳。孔子的弟子子貢問：「剛剛訂立的盟約能違背嗎？」

孔子答：「被迫訂的盟約，是城下之盟，連神也不會信守的。」

人之所以要講信用，乃是為了在交易中使對方按自己的意願行動。所以，信用只能用來對待自己人及盟友。若對敵人也講信用，就太迂腐了。

殺豬教子

曾子是孔子的學生，一次，他的妻子出門去市場買東西，他的兒子扯著衣襟，又哭又鬧，要跟著去玩。曾子妻被鬧得沒有法子，就彎下腰哄他說：「你回去吧，等我回來殺豬給你吃。」

兒子嚥著口水，方才甘休。

妻子回到家裏，只見曾子正拿著繩索在捆肥豬，旁邊還插著一把雪亮的尖刀。

「你瘋了！」曾子妻趕緊攔住他說，「哄孩子的話，你何必當真呢？」

曾子嚴肅地說：「孩子太小，分不清是非，他什麼都跟父母學，你騙他，他就會學會欺騙。做母親的欺騙自己兒子，做兒子的不相信自己母親，這樣還有家教嗎？」

最後，曾子還是把豬殺了，煮給兒子吃。

「誠實」才是人最可貴的品德。做父母的要以身作則，為子女做出榜樣，要像曾子那樣，說一句，算一句，絕不欺騙孩子，以培養孩子誠實的品德。

祁黃羊薦人

春秋時期，晉悼公問大臣祁黃羊：「南陽縣缺一個縣官，你認為派誰去當合適？」

祁黃羊立刻回答說：「叫解狐去最合適。」

「解狐不是你的仇人嗎？你為什麼要讓他去做官呢？」晉悼公驚奇地問。

「你只問我派誰去合適，並沒有問我解狐是不是我的仇人呀。」

晉悼公聽了祁黃羊的話，派解狐去做了南陽的縣官。果然，解狐在南

陽辦事很公正，為那裏的人民做了很多好事。

過了一段時間，晉悼公又問祁黃羊：「現在朝廷裏缺個大法官，誰來當合適呢？」

「祁午可以做好。」祁黃羊說。

「可是，祁午不是你的兒子嗎？」晉悼公感到很意外，說道，「讓自己的兒子做大法官，也不怕別人說閒話。」

祁黃羊說：「你只是問我誰可以勝任，並沒有問我他是不是我的兒子呀！」

於是，晉悼公派祁午去做大法官。祁午當了大法官以後，也替人民做了很多好事，老百姓十分擁護他。

孔子聽說後，稱讚說：「祁黃羊說得太好了！他推薦人，完全是拿品德和才能做標準的。既不因為是自己的仇人就不推薦他；也不因為是自己的兒子，怕人議論，就不推薦。祁黃羊這樣的人才真正稱得上是大公無私！」

做一個誠實坦蕩的人，不需要去顧忌太多。事實會證明一切的。

河陽豬肉

蘇東坡住在岐山下的時候，聽說河陽縣的豬肉味道特別好，就派一個僕人到河陽縣去買豬。這個僕人是個酒鬼，臨出門時，蘇東坡特別叮囑他不要喝酒誤事。

剛開始，僕人做事很小心，一點酒也沒有喝，所以一路還算順利。等到買好了豬，快到家的時候，他終於忍不住了，在路上一邊趕豬，一邊喝酒，最後醉倒在路旁，於是，豬逃走了。

僕人醒來時，發現豬沒有了，找了很久也沒找著，又不敢空著手回去。只好自己出錢，在岐山附近買了幾頭豬趕回去冒充河陽豬，蘇東坡十分高興，特地發了很多請柬，請了很多客人來吃美味的河陽豬肉。

肉做好後端了上來，蘇東坡說：「河陽的豬肉特別好吃，這是我叫人專門從河陽買來的。」當時，蘇東坡是朝廷命官，又是有名的文學家，客人們聽他這麼一說，夾起豬肉一嘗，都讚不絕口，說到底是河陽豬肉，真是又香又嫩，肥而不膩。正在這時，有人來報告說有幾個農夫要見蘇東坡。

「幾位有何貴幹？」見了農夫，蘇東坡問。

「昨天我們在路上撿到幾頭豬，一打聽，才知道是大人府上的，今日特來送還。」

「我的豬？」蘇東坡很驚訝，叫來僕人問是怎麼回事。僕人見瞞不過，只好把實情說了。剛才還在拚命誇豬肉的那些客人覺得很沒趣，一個個告辭走了。

為什麼普通的豬肉經蘇東坡介紹後，就變得格外好吃了呢？原因就是普通人喜歡迷信權威。對於權威，我們應該既不盲目崇拜，也不盲目輕信；養成獨立思考的習慣，說話辦事忠於自己的感受，這樣才能真正地擁有智慧。

紂王的筷子

商紂王是歷史上有名的暴君。一天，他吃飯的時候，嫌木筷太簡陋了，於是就命人用珍貴的象牙給他做了一雙筷子。

箕子知道後，擔憂地說：「大王有了象牙筷子，就不會再用陶瓷的碗來盛飯菜了，必須用犀牛角和玉石做的碗才相稱；有了玉碗，肯定不會用它來盛普通的飯菜，必須盛象尾、豹胎這樣名貴的食物才行；吃上了名貴的食物，他一定不會再穿粗布衣服、住在簡陋的房子裏，而必定要穿華麗的衣服、住高大的宮殿。享樂的欲望是沒有止境的，這樣下去，國家一定會滅亡。」

沒過幾年，紂王就不再過問政事。他在花園裏到處掛滿了肉，又用大

理石砌了一個大池子，裏面灌滿酒，整天和妃子、大臣們花天酒地地尋歡作樂。他還設計了一種叫做炮烙的酷刑，就是把一根大銅柱放在火上燒得通紅，叫犯人從柱子上走過去。犯人總是走不了幾步，腳就會燙得焦糊，最後掉到火裏燒死。果然，這樣的生活沒有維持多久，商朝就被西周滅掉了，紂王也丟了性命。

一個人的大錯誤，往往是從小的錯誤發展起來的。因此，不要忽視平常生活中的一些小錯誤，時刻嚴格要求自己，才能使自己品行端正、高潔。

五德四惡

孔子的弟子子張多次向孔子請教，與孔子探討政事問題。

一天，子張又問孔子：「老師，怎樣才能使百姓安樂、國家興旺？」

孔子直截了當地答道：「尊重五種美德，排除四種惡政，這就可以達到目的。」

子張不解，於是又問道：「五種美德是什麼，怎麼我以前沒有聽說過？」

孔子解釋說：「君子施給人民好處，而自己卻沒有什麼耗費；使用百姓而百姓又不怨恨；自己欲仁欲義，卻不能叫做貪；安泰矜持卻不驕傲；威嚴卻不兇猛，這就是所謂的五德。」

子張追根問底，繼續請教說：「施給人民好處，而自己卻沒有什麼耗費，這聽起來可有點玄乎，怎樣才能做得到呢？」

孔子耐心地教導他說：「就著人民能得利益之處而使他們得到好處，這不就是給人民以好處而自己卻沒有什麼耗費嗎？選擇可以勞動的時間或情況再讓他們去勞動，以增加收成，又有誰來怨恨呢？自己需要仁德便得到了仁德，又貪求什麼呢？

「無論人多人少，無論勢大勢小，君子都一視同仁謙恭之至，不怠慢

他們，這不也是安泰矜持卻不驕傲嗎？君子衣冠整齊，目不斜視，莊嚴而使人有所畏懼，這不就是威嚴卻不兇猛嗎？」

子張徹底弄清了五種美德的含義。又問：「那四種惡政又是什麼呢？」

孔子回答說：「不加教育便加殺戮叫做虐；不加申誡便要成績叫做暴；起先懈怠，突然限期叫做賊；同是給人以財物，出手吝嗇，叫做小家子氣，這就是四惡。所以我說，誰要是擁有五種美德而排除四惡，誰就可以治理好天下，這也是我從歷代興衰中總結的道理啊！」

子張聽後，很佩服地點了點頭。

如果一個領導者能夠真正做到給以恩惠，令下屬不怨憤，不貪仁義之名，安泰而威嚴，同時又不暴虐，不吝不惜，那麼這就真是下屬的福氣了。

迂腐的陳仲子

孟子有一次和匡章一起談論什麼人可以稱作廉潔之士。

匡章問孟子道：「陳仲子住在于陵，連續三天沒有吃東西，也不向人討要，以至於他耳朵失聰，眼睛也看不見了。後來他在井邊拿到一個被金龜子吃了大半的李子來吃了，耳朵才開始恢復聽覺，眼睛才能看見東西。他應該算是廉潔的人吧？」

孟子聽後，搖搖頭說：「在齊國的士人中，我是很欣賞陳仲子的。但我不贊同他是廉潔之士的觀點，如果要推廣陳仲子的作為，只有把所有人都變成蚯蚓後才能辦到。

蚯蚓在地面上便吃乾土，在地面下就喝泉水，這才是無求於人，廉潔之至。而陳仲子能做得到嗎？

他所住的房子，是像伯夷那樣廉潔的人所建築的呢？還是像盜蹠那樣的強盜所建築的呢？他所吃的穀米，是像伯夷那樣廉潔的人所種植的呢？

還是像盜蹠那樣的強盜所種植的呢？這個連他自己都不知道，怎麼能說他的廉潔可以稱道呢。」

匡章聽了孟子的一番議論，很不服氣地說：「那又有什麼關係呢？這些都是他親自編織草蒲團向別人交換來的，自力更生有什麼不好的呢？」

孟子說道：「在齊國，陳仲子是宗族大家之後，享有世代相傳的祿田。他哥哥陳戴，從邑收入的俸祿就有幾萬石之多，可是他卻以為哥哥的俸祿是貪來之物，不去吃它；認為哥哥的房屋是不祥之物，不去居住。他逃避父母、哥哥，一個人住在于陵。

「有一天他回到家裏，正巧有個人送給他哥哥一隻大鵝，他皺著眉頭說：『要這種東西有什麼用呢？』他哥哥聽了自然不高興。過了幾天，他母親把鵝殺了燉給他吃。這時他哥哥從外面來，見他在吃鵝肉，就說：『你不是說這種東西沒用嗎？你怎麼還吃它呢？』陳仲子聽了，知道吃的是鵝肉，忙跑出門，在外面嘔吐起來。」

說到這兒，孟子看著匡章，見他仍是一副不以為然的樣子，又說：「母親的食物不吃，卻吃妻子的；哥哥的房子不住，卻住在于陵，難道這是推廣廉潔之義到了頂點嗎？像陳仲子這樣的行為，如果一定要看成是廉潔，不把人變成蚯蚓是辦不到的。」

匡章聽了慚愧地低下頭，不再說一句話。

真正的廉明之士是用德行教化別人，使清廉剛正的風氣得以發揚光大，而不是時時處處刻薄自己，那樣做只能叫迂腐。

舐痔得車

宋國有一個叫曹商的人，從小父母雙亡，家徒四壁。

一個偶然的機會，宋王派他出使秦國。他去的時候，只得到宋王給他的幾輛車子。到了秦國，曹商有意討好秦王，專揀秦王愛聽的話說，秦王聽得暈乎乎的，又賞給他一百輛馬車。

曹商得到這麼多馬車，心裏別提有多高興了。

回到宋國，他碰到莊子，得意忘形地說：「要說住在破巷子裏，窮得織草鞋，餓得頸子細長，面孔黃瘦，我可比不上你；至於一旦見到大國君王，就得到百輛馬車，這就是我的長處。」

說完他得意地大笑起來。

莊子是個很有志氣的人，最看不起這種得志便倡狂的小人。

莊子想狠狠地教訓曹商一番，於是也笑著說道：「您是比我有本事，稍微搖唇鼓舌就得到了這麼豐厚的饋贈。

「我聽說秦王得了痔瘡，請人給他治，誰能把痔瘡弄破，就得到一輛車子；誰能舔他的痔瘡，就得到五輛車子。看來，所醫治的病越下賤骯髒，得到的賞車就越多，這對某些人來說，似乎也是一樁美差。

「你現在得到秦王這麼多賞車，大概不只是給秦王舔痔瘡吧？要不然怎麼會得到這麼多的馬車呢？」

說完，莊子哈哈大笑起來。

曹商被莊子嘲笑了一番，臉一陣紅一陣白，灰溜溜地走了。

社會上確實有一些利用拍馬逢迎來發跡的人，這類人事業稍微有點起色，就志得意滿地到處張揚，巴不得全世界的人都來向他道賀。其實這種人說穿了就是替人吮痔之輩，有的甚至比這更骯髒齷齪。

晏嬰譏笑齊景公

有一次，齊景公遊覽牛山，登高遠眺，忽然慨嘆時光飛快，韶華易逝，富貴功名，不能久長。不禁淚流滿面地說：「美麗的國都啊，多麼令人流連！為什麼隨著時光的流逝，萬物都要死亡呢？假若從古到今沒有死亡，我就能夠永遠享有富貴榮華了！」

陪侍的大臣艾孔和梁丘據見主公憂傷，也跟著流淚：「我們依靠君主的恩賜，整日錦衣玉食，香車寶馬；看見死亡臨近，心情也很悲傷，何況

我們的君主呢？」

他們說的這些話，被晏子聽見了，晏子在旁邊輕蔑地冷笑著。

景公看見晏子笑，不由十分奇怪，揩乾眼淚問他：「我今天登臨牛山，見物傷情，覺得心裏悲哀，艾孔和梁丘據看我流淚，引發了同感也跟著流淚。這有什麼好笑的呢？」

晏子說：「假如堯舜禹等賢明的君主長久地統治國家而不死去，你就只能披著蓑衣戴著斗笠，站在田地之中觀察莊稼的長勢，永遠只能做一個粗鄙的農夫。這樣一來，你就根本沒有機會當上國君，更沒有時間和心思來為死而憂傷了。

正是因為人世間有生有死，才有機會讓另一個人承襲帝位，也才有機會輪到您當上國君，享了幾十年清福。

現在你卻為自己即將死亡而悲傷哭泣，這是很不仁義的啊。我今天看見了不仁義的君主，又看見了阿諛奉承的大臣，感到十分滑稽，故而發笑啊！」

景公聽了十分慚愧，舉起酒杯來罰了自己一杯酒，又罰艾孔、梁丘據兩人各一杯酒。

以平常心對待權、勢、錢等功名利祿，你才會擺脫它們的束縛，做一個自由自在的人、快樂幸福的人。

列子學射

戰國時期的思想家列禦寇喜好打獵，經常邀請朋友們一塊兒到深山密林中捕獵野獸。但是他的朋友們卻不願意和他一起去打獵，因為列禦寇雖然喜歡打獵，但射箭技術卻很糟糕。

列禦寇自己也很著急，決心從頭開始學習箭術。經過一段時間的潛心練習，列禦寇的箭術有了明顯的進步。

列禦寇感到非常高興，於是就去朋友們面前誇耀自己的箭術。為了增

強說服力，他決定先找個精通箭術的人來為自己的箭術當保證。

他想到了著名的箭術專家伯昏無人。

列禦寇向伯昏無人說明了自己的意圖，就在自己的後院中立好箭靶開始射箭。

列禦寇找來弓，拉滿弦，把裝滿水的杯子放在肘上，凝神看箭，這樣發了好幾箭，所有的箭都射到了同一點上，真的是有百步穿楊的本領。射完後，列禦寇十分得意地看著伯昏無人。

然而伯昏無人卻像個木頭人似的，站在那裏一動不動，嘴裏連一句讚美的話也沒有。

伯昏無人說：「你是為了向人展示你的箭術而射的，還沒有達到那種不射之射的境界。只有那種看似不經意的射箭，才是真正的好箭術。

「如果我和你登上高山，腳踩著不斷搖動的石頭，前面是萬丈懸崖和幽深的瀑布，你還能射嗎？」

於是伯昏無人便帶著列禦寇登上高山，踩著搖動的石頭，面臨著無底的深淵。

列禦寇好像患了懼高症一樣趴在地上，汗水流到腳跟，哪還敢站起來射箭呢？

伯昏無人說：「最有修養的人，上可以望青天，下可以入黃泉，技窮八荒，放縱自如。現在你戰戰兢兢，生死得失之心表現於眼神和心態，你內心的害怕就可想而知了。」

「大本領者日不見其有奇異處，真學問人終生無所謂滿足時」，真正有本領的人往往不願為人所知。而淺薄的人學會一點東西，便四處向人誇耀，以為自己了不起，卻不知道真正有大本事的人是不輕易向人表現的。

社稷之臣

春秋時期，齊國的大臣崔杼因為和齊莊公為了一個女人爭風吃醋，殺

了莊公。晏嬰站在崔杼家的大門外，崔杼問他說：「你難道要為君侯去殉葬嗎？」

晏嬰說：「君侯如果為社稷而死，那我就隨著他去死；君侯如果為社稷而逃亡，那我也隨著他去逃亡；君侯如果為自己而死，那麼除非他的親信，誰會隨著他去死呢？」

晏嬰的言外之意是說齊莊公因為與崔杼爭風吃醋而被殺，不是為社稷而死，所以自己也不值得去為他死。

可見晏嬰在齊國當宰相，把自己看做是國家的大臣，而不是國君的親信，時時用國家大臣的標準來嚴格要求自己。

齊莊公被殺死以後，齊景公即位。不久，齊景公又任命晏嬰為齊相。

有一次，齊相晏嬰陪侍齊景公處理朝政。

這一天的清晨，天氣特別寒冷，凍得齊景公渾身發抖，手腳冰涼。

齊景公對晏嬰說：「相父，麻煩您幫寡人端碗熱粥來。」

晏嬰說：「臣是朝廷的大臣，而不是侍奉君侯飲食的臣僕，這不是我的職責！」

齊景公又對晏嬰說：「那請您把皮襖拿來給我披上。」

晏嬰說：「臣是齊國的大臣，而不是您一個人的大臣，更不是管衣服坐褥的臣僕，這也不是我的職責！」

齊景公見他支使一件事，晏嬰就推辭一件事，非常生氣。

於是景公就對晏嬰說：「這也不是，那也不是。那麼，寡人倒要問一下，相父剛才對寡人說既不是伺候飲食和坐褥的臣子，也不是寡人一個人的臣子，那相父到底屬於什麼樣的大臣呢？」

晏嬰回答說：「回王上，臣是社稷之臣。」

齊景公問：「什麼叫社稷之臣？」

晏嬰說：「社稷之臣就是國家的大臣，他能夠建立國家，區分君臣上下的關係，讓他們合乎倫理；他能夠確定百官的先後次序，讓他們處在適當的位置；他能夠使用外交辭令，可以傳布到天下各國。」

晏嬰不是偷懶，而是要保持大臣的體統和尊嚴。

從此以後，不涉及國家大事，齊景公就不再召見宰相晏嬰了。

為臣心繫社稷，為士注重操守，晏嬰是值得人們效法的為臣為士的典範。

有功不居

楊朱帶領學生周遊天下的時候，有一天晚上住宿在路邊的旅館裏面。旅店老闆有兩個小妾，一個漂亮，另外一個不漂亮。

但是店主偏偏喜歡那個不漂亮的小妾而不喜歡漂亮的那個，楊朱覺得很奇怪，就詢問店主原因所在。店主解釋說：「那個你們覺得漂亮的小妾自認為很美，於是常常盛氣凌人，天長日久我反而覺得她比較討厭；而那個大家認為不太漂亮的，卻是溫柔賢慧，體貼可人，時間長了我覺得她越來越美。」

楊朱聽罷店主的解釋，轉過頭來對眾弟子說：「你們應該謹記店主的這番話，只有完成功業而不自認為有所成就的人，才會得到大家真正的尊重！」

一個人越是對自己的成就沾沾自喜，越是得不到大眾的尊重。而那些德滿天下卻謙虛、不自滿的人，反而最終得到大眾的愛戴。

好好先生

東漢時，名士司馬徽從來不談論別人的短處，跟人說話，不論好事壞事，都說「好」。

一次，有人問他是否平安，他回答說：「好。」

有人向他訴說自己的兒子死了，他仍然不假思索地回答說：「好。」那人聽了非常生氣，不再理睬司馬徽。

他的妻子知道後，責備他說：「人家以為你有德行，所以才告訴你。可是你為什麼聽到人家說兒子死了，反而也說好呢？這樣人家聽了多傷心啊！」

司馬徽聽了，不住地點頭說：「像你說的這些話，也很好啊！」

為人不可喪失原則，好就是好，不好就是不好。「好好先生」，其實並不一定好。

不軾降民

春秋時期，楚國出兵討伐陳國，占領了陳國的都城。

陳國都城的西門被戰火燒毀了，楚軍強迫已經投降的陳國民眾修建這座城門。

有一天，孔子乘車經過陳國。他的弟子子貢為孔子駕車，來到陳國都城的西門。他們在這裏看到陳國的許多百姓正在楚軍的監督下修築城門。有的運土，有的打夯，來來往往，忙忙碌碌。

孔子沒有手扶車軾。在當時，手扶車軾，是表示敬意的一種禮節。子貢知道孔子是最講究禮儀的，還給他們開過一門「禮經」的課程，這門課程主要講授人與人之間的倫理關係以及待人接物的規矩等內容。

他還記得孔子教育自己的兒子孔鯉時說：「不學禮，無以立。」意思是人如果不學禮儀，在社會上便無法立身。子貢覺得今天孔子的態度有些反常。

想到這裏，子貢就拉住馬韁繩，問孔子道：「先生不止一次講過，按照禮儀的要求，乘車經過有三個人以上的地方，就要下車，表示對人有禮貌；經過有二人的地方，就手扶車軾，表示對人的敬意。今天陳國修築城門的人眾多，先生不但不下車，連手扶車軾的禮節也不表示，這是為什麼呢？」

孔子回答說：「國家滅亡了，他們卻麻木不仁，這是無知的表現；如

果知道了，卻不去抗爭，最終使陳國滅亡了，這是不忠的表現；雖然抗爭了而沒有產生作用，卻不去為國戰死在沙場上，這是不勇敢的表現。今天修築城門的陳國百姓雖然人數眾多，但是對於知、忠、勇這三種美德，沒有表現出一種，對這些沒氣節的人，我怎麼能表示敬意呢？所以我不扶車軾行禮。」

子貢恍然大悟，說：「啊！原來如此。」

堅守高尚節操是非常重要的，只有不喪失節操的人，才會受到別人的尊敬。

正人先正己

唐朝人李師古，是淄青節度使李納之子，為人跋扈，目中無人。每次走在街上，必有一隊人馬前呼後擁，行人遇見他必須為他讓路。他強占民宅，欺壓百姓，儼然是京城一霸。由於他父親手握重兵，竟連皇帝也拿他沒辦法，不敢治他的罪。

在整個朝廷中，李師古只畏懼一個人，他就是杜黃裳。杜黃裳為官清廉，任何人給他送禮他都不會收。而且杜黃裳也不怕李師古那一套，李師古著實對他有些忌憚，見到杜黃裳，也會恭恭敬敬地行禮，沒有一點囂張的氣焰。

李師古想緩和一下和杜黃裳的關係，於是就想給杜黃裳送點禮。他籌備了價值幾千串錢的氈車一輛，派手下一個得力幹將給杜黃裳送去。

手下不敢輕舉妄動，害怕直接送進門，會被趕出來。就在杜府大門外守候，待有人出來時，再作打算。可是一連等了幾天，杜府都沒有人出門，手下等得不耐煩了，可又怕主人怪罪，只好耐著性子，繼續等。

終於，這天看到裏面出來一輛破馬車，那匹馬又老又笨，不時地喘著粗氣。而車篷也是千瘡百孔，看樣子只要輕輕一扯，篷布就會頓時變得粉碎。再看馬車旁邊跟著的那兩個侍女，破衣爛衫，臉上絲毫沒有胭脂水粉

的跡象，倒是一臉的菜色，一看就知道營養不良。

李師古手下猜，一定是最下等的奴婢，可最下等的奴婢怎麼可能跟著一輛破馬車出來呢？按理說只有主人才可能乘馬車出行啊，可是這破馬車又怎麼可能是主人的呢？一時間，他也想不明白。就悄悄來到看門的那裏問，剛剛出門的是什麼人，一問才知道，原來車裏坐的竟然是杜夫人。手下急忙回去把所見所聞報告李師古，李師古大吃一驚，從此再也不敢給杜黃裳送禮，也不敢再做出太出格的事。

要想別人成為你所期望的人，你首先得把自己塑造成那樣的人，指望著別人為人正直，自己得先成為正直的人。

鄧禹之德

鄧禹是東漢的開國功臣之一，他在年輕的時候就和光武帝劉秀相識，兩個人感情很好。

王莽當政時，天下大亂，豪傑並起，有很多人都推薦鄧禹出來做官，讓他造福百姓，但鄧禹都沒有答應。

後來，他聽說劉秀的義軍到了河北，就跑到那裏求見劉秀，劉秀見到他很高興。問他：「你大老遠地跑到我這裏來，是想要做官嗎？」

鄧禹回答說：「我還是不想做官。」

劉秀聽後，覺得很不理解，說：「我現在起兵造反，正是用人的時候，你要是不想做官，為什麼跑到我這裏來？」

面對劉秀的疑惑，鄧禹直截了當地說：「我來這裏幫助你樹立威信，把恩德布施天下，這樣能夠青史留名。」

接著，鄧禹對劉秀講了一大堆治國平天下的道理，劉秀覺得鄧禹講得很好，就把他留下來，一起商量大計。並且讓左右的人叫鄧禹為大將軍。

有一次劉秀在廣阿的城樓上安營扎寨，他攤開地圖對鄧禹說：「天下是如此之大，我們現在僅僅得到了其中之一，你以前說我的想法還不能夠

安定天下，這是為什麼呢？」

聽到劉秀這樣坦誠相問，鄧禹也就把心中所想的毫無保留地說了出來，「現在天下混亂，人們都在盼望著英明的君主出現，這樣的一種渴望就如同小孩子想要慈母一樣。從歷史上來看，古代君王興盛起來，依靠的是他們高尚的品德，而不在於領地的大小。」

可見，國家的興盛在於德，而對於個人來說，能否成功，德同樣重要。

打即是不打

明朝的時候，有一個名叫丘浚的人，他在朝廷中做一名侍講學士。

有一次，他去杭州大寺院裏拜訪一位老和尚。老和尚瞧著丘浚官職低微，理都不屑理一下，態度很傲慢。

一會兒，外面報說有位將軍的公子駕到，老和尚慌忙跑下石階，親自把公子扶下馬鞍，迎進禪堂，又是點頭哈腰，又是忙著倒茶。

丘浚在一旁看著，心裏氣憤不平，等公子走了以後，他責問老和尚說：「你待我如此傲慢，為何看見將軍公子這般恭敬？」

老和尚回答：「先生不懂我們出家人的道理，這就叫做恭敬就是不恭敬，不恭敬就是恭敬。」

丘浚勃然大怒，抄起杖棍就在老和尚的禿頭上狠狠打了幾下，一面打一面說：「師父休要見怪，打你就是不打你，不打你就是打你！」

嫌貧愛富、見風使舵，見到窮人就不予理會，見到有權勢的人就點頭哈腰，這樣的人只會受到眾人的鄙視。

諱疾忌醫

戰國時期，名醫扁鵲有一次去見蔡桓侯。他在旁邊立了一會兒，對桓侯說：「國君有病了，現在病還在皮膚裏，若不趕快醫治，病情恐怕將會加重！」

桓侯聽了笑著說：「我沒有病。」

待扁鵲走了以後，桓侯對身邊的近臣說：「這些醫生就喜歡醫治沒有病的人來誇耀自己的本領。」

過了十天，扁鵲又去見桓侯，說：「國君的病已經發展到肌肉裏，如果不治，恐怕會更加嚴重。」

桓侯不理睬他。扁鵲走了以後，桓侯很不高興。

再過了十天，扁鵲又去見桓侯，說：「大王，您的病已經轉到腸胃裏去了，再不從速醫治，就會更加嚴重了。到時候後果可是不堪設想。請國君三思！」桓侯仍舊不理睬他。

又過了十天，扁鵲去見桓侯時，對他望了一望，轉身就走。桓侯覺得很奇怪，於是派使者去問扁鵲。

扁鵲對使者說：「病在皮膚裏、肌肉裏、腸胃裏，不論針灸或是服藥，都還可以醫治；病若是到了骨髓裏，那還有什麼辦法呢？現在桓侯的病已經深入骨髓，我也無法替他醫治了。」

五天以後，桓侯渾身疼痛，趕忙派人去請扁鵲，扁鵲已經到秦國去了。桓侯不久就死掉了。

一個人身上如果有了小的缺點、錯誤卻不及時改正，那就會釀成不可挽回的大錯。推而論之，天下之大事必治於細，難事必治於易。

墨子勸退魯班

魯班是戰國時期的巧匠，被後世人稱為「木工祖師」，受到眾人的愛

戴。

有一次，魯班受到楚王邀請來到楚國，由於感激楚王的盛情款待，於是答應為楚國軍隊製作雲梯、戰車等攻城武器。

墨子和魯班是好朋友，他聽說後，就前來楚國拜見魯班，對他說：「有人欺侮了我，你一定要替我出氣。」

魯班說：「請告訴我那人的名字，當今各國國君對我都很尊敬，我相信只要我們有理，一定會為你討回公道的。」

墨子卻說：「不，我請求你替我殺了他！」

魯班聽後，大為不悅，說：「我為人慈善，不做殺人的事。」

墨子回答道：「你現在已經說不上仁慈了，你很快就會殺掉成百上千的人啊！」

魯班不解地問：「怎麼可能呢。我又不打算去參軍打仗，怎麼會殺人呢？」

墨子說：「你過去蓋房子、做器具造福於人民。可是，現在你卻在為楚國的軍隊做雲梯、戰車等攻城武器。你造了這些東西，楚軍就會用它們攻城掠地，殺害其他國家的人民，這豈不是比殺一個人更嚴重嗎？」

魯班聽後，深感慚愧，當即表示再也不會為楚國製造這些器具了。

許多人都會無意識地犯錯，這不要緊，重要的是，當意識到錯誤時，要馬上改正，這樣才能避免犯更大的錯誤。

好壞之分

孔子有一名弟子叫宓不齊，字子賤，他為人善良正直。

有一次，他巧遇陽晝，彼此交談時，他謙虛地向陽晝請教用人之道。

陽晝說：「我才疏學淺，又是貧賤出身，哪懂什麼用人的道理，只是你既然要我說，我就以釣魚的經驗給你作個參考吧！有一種魚叫陽橋，很貪吃，只要餌一放下就趨之若鶩，馬上圍過來爭相搶食，因此很容易上

鉤，但是這種魚肉薄味道差，所以許多人都會將之丟棄；另一種魚叫做鱗魚，就算用很香的餌去引誘它，它都不理，因此很難上鉤，但這種魚肉質厚味道鮮美，人人都很喜歡。」

後來子賤到單父縣為官，有些人鞠躬作揖主動前來親近他，他心裏有數：「這些人對我恭維逢迎，必定是一些趨炎附勢、投機取巧之輩，不就如陽晝所說的陽橋魚一般？」

他就用這個道理作為擇人的標準，於是將單父縣治理得很好，百姓都說：「子賤是一位明辨是非、善良的長官，因為他能親君子而遠小人。」

巧言令色、趨炎附勢的人，大多是一些投機分子及唯利是圖之流，真正的正人君子，是謹守本分、為人正直、不為外在利欲所引誘的。

具有善心的人

明朝時，有個叫做瞿嗣興的人，他不但侍母至孝，而且為人也非常有善心。

天寒時，到了煮飯的時間他見到誰家煙囪沒有冒煙，就將錢從窗戶扔進去，然後趕緊走開。每次鄰里有人生病，付不起醫藥費，他就替對方請醫生，幫他抓藥煎藥，以救人性命。

有一次，一個窮困的人到他的糧行買小米糊口，收了錢後他藉口說：「你多給我了。」於是又將錢還給對方。

他從小至老，一輩子不停地行善助人，就是希望所有的人都能獲得他的幫助。

施捨不在大，能救人之急即可，只要能夠幫助別人，不論是用金錢還是用行動，都是行善之舉，與人為善，自己也能更容易地生存立足。

諂媚丟命

後梁的開國皇帝朱溫，有一次率領一些大臣出大梁城，走出數十里後，在一棵大柳樹下休息。這棵柳樹極為粗大。朱溫誇讚道：「好一棵大柳樹！」

說罷以目光掃視眾人，眾人立刻隨聲附和地說：「真是棵好柳樹！」

朱溫又說：「這柳樹可以做車頭！」

一些人又表示贊同：「是，的確是做車頭的好材料！」

其實柳樹根本不適宜做車頭，於是有人說道：「這棵柳樹雖好，但是做車頭卻必須用夾榆樹。」

朱溫這時臉色一變，大罵那些一味逢迎他說柳樹可以做車頭的人如同指鹿為馬，實在是奸佞之徒，於是，當場全部殺死。

有的人沒有做人應有的骨氣，沒有評價是非應有的標準，毫無實事求是之意，唯有諂上取寵之心，完全喪失了人格，這樣的人，連性命都保不住，何談成功。

清正的夏統

夏統是西晉時期江南的人，他從小飽讀詩書，見解獨特，才幹出眾，智慧超人。由於他的才學遠近馳名，因此有很多機會可以踏入仕途，但他心裏明白官場黑暗腐敗，看不慣達官貴人們互相傾軋，卻爭著剝削百姓，搜刮民脂民膏，因此不願意做官，不管誰來請他，他都不動心，仍然過著清貧的生活。

有一次，夏統乘船到京城洛陽去為母親買藥，剛好碰上太尉賈充帶著家人和手下，一大幫人前呼後擁地乘著一條豪華的大船在洛河上遊覽。

賈充身邊有些認得夏統的人，就指著他告訴賈充說：「太尉，那個人就是著名的江南才子夏統。」

賈充久聞夏統的大名，偶然相遇，很是高興，就派人請夏統過來小敘一番。

夏統也不推辭，來到賈充的大船上和他一塊兒喝酒說話。談了一會兒，賈充發現夏統果然滿腹經綸，分析事理頭頭是道，果然名不虛傳，是個難得的人才，就想推薦他在京城做官，以培植自己的勢力。哪知他剛流露出這個意思，夏統馬上就不高興了，再也不肯答話。

賈充心想：「看來這個人還有點自命清高，我得用點手段。有誰能見著榮華富貴和成群的美女不動心呢？」於是，他吩咐下去，要手下的士兵排成威嚴的儀仗隊列，想使夏統羨慕這種威風的排場；接著又招來一隊塗脂抹粉、打扮得花枝招展的美女，把夏統圍在中間翩翩起舞，香風撲鼻，希望能使夏統為之動心。

可是，賈充沒料到的是，不管他用什麼辦法，夏統始終都無動於衷。他只是默默地端坐船中，臉上的表情十分冷漠，好像對身邊的一切都沒有感覺似的。

賈充非常氣憤，但也無可奈何，恨恨地咬牙罵道：「這小子簡直是個木頭人，石頭做的心腸，一點常人的感情也沒有！」

夏統不是沒有感情，他只是潔身自好，不願與官僚們為伍罷了。他這種面對利誘仍毫不動心的高風亮節，直到今天都值得我們學習。

周處自新

晉朝義興縣人周處，年輕的時候，脾氣暴躁，喜歡惹是生非，經常無故與人打架鬥毆，在鄉里名聲很壞，被人視為禍害。

那時候，義興縣內的大河裏出現了一條蛟龍，同時在義興縣山裏又有隻斑額吊睛猛虎，牠們都時常在河裏、在山上侵害老百姓。於是，當地人們都把周處與蛟龍、猛虎一起看做是「三害」，而這「三害」中又以周處最為厲害。為了除掉侵害老百姓的禍害，曾經有人勸說周處上山去殺死那

隻斑額吊睛猛虎，到河裏去斬除那條危及鄉里的蛟龍。

周處聽說後，立即進山去殺死了那隻斑額吊睛猛虎，接著又下山來到有蛟龍作惡的河邊。當蛟龍露出水面準備向他撲過來的一剎那，說時遲，那時快，周處轉眼間便跳下河去舉起手中鋒利的砍刀，向作惡多端的蛟龍頭上砍去。

蛟龍為了躲避周處的刺殺，在河裏時沉時浮，游了幾十里路遠，周處一直在後面緊緊追趕，同樣是時而浮出水面，時而沉入水底。就這樣，三天三夜過去了，大家都認為周處已經死了。人們都在為這「三害」的滅亡而奔相走告，互相慶賀。

不料，周處在殺死了蛟龍後，又突然浮出了水面，游到岸邊，回到了鄉里。當他看到人們以為自己不在人世而奔走慶賀時，才知道自己早已被人當成了禍害。這是什麼原因呢？他捫心自問，經過一番仔細的反省之後，終於有了改過自新的念頭。

於是，他到吳郡去尋找陸機、陸雲兩兄弟。因為在當時，陸家兄弟是遠近聞名的受人尊敬的大文人、大才子，周處是想請陸家兄弟開導思想，指點迷津。

周處來到吳郡陸家的時候，陸機不在家，正好遇見了陸雲，於是他就把義興縣人為什麼把他當禍害的情況全部告訴了陸雲，並說明自己想要改正錯誤重新做人，但又怕自己年紀已經不小，恐怕做不出什麼成就來，因此想請陸家兄弟指點迷津。

陸雲開導他說：「古人認為，一個人如果能在早晨懂得真理，那麼即使是在晚上死去，也是可貴的；何況你現在還年輕，前程還是很有希望的。」陸雲接著說：「一個人怕只怕沒有好的志向。有了好的志向，又何必擔心美名不能夠傳播開去呢？」

周處聽了陸雲這番話後，從此洗心革面、改過自新。經過自己艱苦的努力，後來終於成了名揚四方的忠臣孝子。

一個人有了缺點錯誤並不可怕，只要敢於正視、改正自己的缺點錯

誤，重新確立好的志向，一樣可以成為一個有用之才。

柳季與岑鼎

春秋時期，魯國有個叫岑鼎的寶貝，這隻鼎形體巨大，氣勢宏偉雄壯，鼎身上還有能工巧匠鑄上了精緻美麗的花紋，讓人看了有種震懾心魄的感覺。魯國的國君非常看重和珍愛岑鼎，把它看做鎮國之寶。

魯國的鄰國齊國是個大國，齊國國君為了爭奪霸權，向魯國發起了聲勢浩大的戰爭。由於魯國國力較弱，根本不能抵擋齊國的強力進攻。魯國國君只得派出使者，去向齊國求和，齊國答應了，但是有個條件：要求魯國獻上岑鼎以表誠意。

魯國的國君知道後很是著急。獻上岑鼎他實在是捨不得，可要是不獻吧，魯國又可能遭到滅國之禍。正在左右為難的時候，魯國有個大臣出了個主意：「大王，齊人從未見過岑鼎，我們何不另獻一隻鼎去，諒他們也不會看得出來。這樣既能簽訂和約，又能保住寶貝，難道不是個兩全之策嗎？」

魯國國君一聽，覺得這個辦法很好，大喜道：「就照你說的辦。」

於是，魯國悄悄地換了一隻鼎，假說是岑鼎，獻給了齊國的國君。

齊國國君得了鼎，左看右看，總覺得這隻鼎雖也稱得上是巧奪天工，但似乎還是不如傳說中那樣好，再加上魯國答應得這樣爽快，自己又沒親眼見過岑鼎，不知這隻鼎會不會是假的，但也想不到用什麼方法才能驗證它的真偽。要是到手的是一隻假鼎，不僅自己受了愚弄，齊國的國威也會大大受損。

齊國國君左思右想也想不出好法子，於是召集眾臣一起來商量。一位聰明又熟悉魯國的大臣出點子說：「魯國有個叫柳季的人，非常誠實，在魯國，他是最講信用的人，畢生從來沒有說過半句謊話，我們讓魯國把柳季找來，如果他說這隻鼎是真的，那麼我們就可以放心地接收鼎了。」齊

王無奈只好同意，於是將這個意思告訴了魯國國君。

魯國國君沒有別的路可走，只得把柳季請來，對他把情況講明，然後央求他說：「就請先生破一回例，說一次假話，以保全寶物。」

柳季沉思了半晌，嚴肅地回答道：「您把岑鼎當做最重要的東西，而我則把信用看得最為重要，它是我立身處世的根本，是我用一輩子的努力保持的東西。現在大王想要微臣破壞自己做人的根本，來換取您的寶物，恕臣不可能辦到。」

魯國國君聽了這一番義正詞嚴的話，知道再說下去也沒有用了，就將真的岑鼎獻給了齊國，簽訂了停戰和約。

誠實信用是無價的，任何寶貝都不能與之相比。無論何種情況下，我們都不能放棄做人的根本。

嗟來之食

春秋時期，齊國有一年發生了大災荒，百姓沒有糧食吃，背井離鄉，到處逃亡。有餓死在他鄉的，有餓死在路邊的。全國一片餓殍景象，情形十分淒慘。

齊宣王想盡一切辦法救濟災民，但還是無濟於事，宣王只能乾著急沒有辦法，眼睜睜地看著自己的國民逃荒到別的國家去。

有個名叫黔敖的富人，派出去很多的奴役在路邊擺些飯食，等待著飢餓的百姓來吃。

有一個幾天也沒有吃飯的飢民，用衣袖遮著臉，用繩子綁著鞋子，餓得眼睛都睜不開了，走上前來。

黔敖看見了他，就左手端著飯碗，右手提著水壺，高聲吆喝他說：「嗟！來食！」意思是說：「喂！來吃吧！」

黔敖認為在這麼嚴重的荒年裏，糧米比黃金還值錢，自己能施捨些食物給飢民，已經是了不起的義舉了，所以說話的聲音大些，語氣也不客

氣。

那人一聽，覺得黔敖很不禮貌，挫傷了自己的自尊心，就揚起眉毛，瞪起眼睛，看著黔敖，說：「我就是因為不受這種侮辱，不吃『嗟來之食』，才餓到這種地步的。」說完，那個飢民蹣跚著走開了。

一個人的氣節比生命還重要，在「生」與「義」二者不可兼得的情況下，「捨生取義」是中華民族幾千年來的重要價值觀。

請君入甕

唐朝武則天當政時，酷吏周興陰險狠毒，辦案時，常羅織罪狀，使人入獄，殺人無數。

一次，有人揭發他與左大將軍丘神勣相互勾結謀反。武則天命令來俊臣審查這件事。接到命令時，來俊臣正與周興邊討論案子，邊吃飯。

於是，來俊臣問周興：「囚犯多半不願承認罪行，用什麼方法可以使他們招供呢？」

周興說：「這豈不是太簡單了，找一個大甕，在四周燒炭火，叫囚犯入甕中，他還有什麼事敢不承認？」

來俊臣於是叫人找來一個大甕，照周興的方法燒起炭火，然後站起身來說：「朝廷有件案子，須偵訊你，請君入甕吧！」

周興嚇得連忙跪下來磕頭，承認了自己的罪行。

作惡多端往往是逃脫不了自作自受的結局的；與人為惡，無異於自掘墳墓，自設陷阱。

范宣子減賦

春秋時期，范宣子在執掌晉國國政時，要求那些臣服於晉國的諸侯

國，在每次進貢時都要交納很多的貨幣財物，這樣，各諸侯國的負擔都加重了許多，因此諸侯都有不滿之情流露出來，尤其鄭國表現得最為突出。

於是，鄭國的宰相子產就寫了一封信派人送給范宣子，信中說：「執掌國家大權的人，要有好的名聲，一個人的道德品行，就是靠著這種好的名聲傳播開來的。而好的道德品行是國家的根基。」

他諄諄告誡說，像你這樣加重諸侯的負擔，諸侯就會背叛你們；你范宣子本人如果是這樣來管理晉國，那麼晉國同樣會背叛你。諸侯背叛晉國，晉國的根基就損壞了；晉國背叛你，那你家的根基也損壞了，這樣一來就什麼都沒有了。

范宣子不是一個胸無大志，貪得無厭的人，相反他聞過則喜。讀了子產的來信，他思緒萬千，覺得子產說的確實有道理，於是就立即減輕了諸侯的貢賦。

德行高尚的人才會受到尊重，德行敗壞之人必會被人唾棄。

不拾遺金

春秋時期，吳國公子季札，是吳王壽夢的小兒子，受封於延陵，又稱延陵季子。

吳王壽夢傳位給諸樊，諸樊又傳位給餘祭、夷昧。

這幾個人都是公子季札的兄長。吳王夷昧死後，傳位給公子季札。但公子季札堅絕不答應，大臣們都紛紛勸說公子季楘，讓他登上王位，但他始終不答應。

就這樣，季札和大臣們爭論了三天，一直沒有結果，但是國不可一日無君，大臣只好擁護他的侄兒姬僚即位。這件事情傳開以後，各國都稱季札為賢德公。

接著，季札就開始去各國遊歷。他來到齊國，有一天，走在大路上，他發現路邊有一塊黃金。

他看見路邊有個牧人在放牧，就高聲喊道：「喂！放牧的老兄，這裏有一塊別人失落的金子，你快來撿回家去吧！」

牧人看到公子季札居高臨下的傲氣，聽到毫無禮貌的呼喊，心中十分反感，就說：「你為什麼身居高位，卻這麼小看人呢？看你的相貌像個有德的君子，可是說話為什麼如此粗野庸俗呢？」

季札解釋說：「我可是一片好心，為解除你的生活困難著想啊！」

牧人說：「我雖然上面有君王，卻不屑去做人臣；雖然有朋友，卻不肯前去巴結；在大熱天還披著皮襖放牧，是習慣了這種自食其力的生活。我難道是貪財圖利，撿拾黃金的人嗎？」

季札這才知道他是位道德高尚的隱士，想和他交個朋友，就說：「請問老兄高姓大名？」

牧人對季札不感興趣，就說：「你也是一個以貌取人的庸俗之輩，不值得把我的姓氏名字告訴你！」於是，牧人驅趕著牲畜走了。

單純以貌取人是無知而又錯誤的，與人相交，重在心，而不在貌。

日偷一雞

從前有個人，他喜歡偷別人的雞。每天晚上他都要偷鄰居家的一隻雞，偷成了習慣，只要一天不偷，他心裏就覺得好像少做了一件什麼事似的。

於是他今天偷東家，明天偷西家，左鄰右舍，全村上下都被他偷遍了，沒過多久，村裏就沒有雞可讓他偷了。這樣，他只好冒險到鄰村去偷。

一天晚上，他悄悄來到鄰村，看準了一家，準備偷雞。誰知這次他在偷雞時被主人發現了，他跪在地上苦苦哀求，才被放回家。

這件事情傳開以後，人們都想這回他該收斂一下了吧，可還沒過幾天，他就又因為偷雞再次被抓住了。

他的一個朋友實在看不下去了，就來勸告他說：「你本來是個很不錯的人，可是你天天去偷人家的雞，這樣會損害你的德行的，別人都把你看成是個偷雞賊，難道你不感到恥辱嗎？偷雞不是一個正人君子所為，你得趕快改掉這個壞毛病才行啊！」

偷雞人聽了，面露愧色但又很為難地說：「我知道偷雞是不對的，可是我一下子改不過來啊，我只能逐漸地改變這個毛病。我原先每天要偷一隻雞，從現在起，我一個月偷一隻，等到明年再完全不偷了，你看如何？」

做了壞事，如果知道它是錯的，就要徹底改正。否則，錯誤依然是錯誤。

處事的風範

虎會答趙鞅

春秋時期，趙鞅任晉國正卿，被稱為趙簡子。

有一天，趙簡子乘車上羊腸坡。顧名思義，羊腸坡是道路彎彎曲曲像羊腸子一樣的山坡。車輛上這段山坡很困難，趙簡子的家臣袒露著臂膀為他推車，一個個累得渾身汗水淋漓。只有一個叫虎會的家臣不為趙簡子推車，他扛著戟一邊走路，一邊悠閒地唱歌。

趙簡子看到後很生氣，說：「我上這條坡路，家臣都出力幫助推車，唯獨你虎會不幫忙推車，扛著戟一邊走路一邊唱歌。你身為家臣，根本不把家主放在眼裏，這是什麼意思？」

虎會說：「這是侮辱家主。」

趙簡子說：「身為家臣侮辱家主，該當何罪？」

虎會說：「身為家臣侮辱家主，罪該死上加死。」

趙簡子問：「什麼叫死上加死？」

虎會說：「自己被處死，老婆、孩子也被處死，就叫死上加死。」

趙簡子說：「虎會，你既知罪，就先來幫助推車吧，回去以後再處置。」

虎會說：「主公，您聽說過身為主君侮辱臣下的事嗎？」

趙簡子說：「古語說君叫臣死，臣不敢不死。身為主君侮辱了臣下，又會怎麼樣呢？」

虎會說：「身為主君侮辱了他的臣下，那麼足智多謀的人就不會為他出謀劃策，能言善辯的人就不會為他出使他國，能征善戰的人就不會為他拚命戰鬥。」虎會說到這裏停了一下。

趙簡子說：「你繼續說下去。」

虎會說：「足智多謀的人不出謀劃策，國家就危險了；能言善辯的人不出使他國，與他國邦交就斷絕了；能征善戰的人不拚命戰鬥，邊境就要遭到侵犯。」

趙簡子說：「說得好啊！」

從此，趙簡子不再讓家臣做苦力活了，趙簡子還為有官位的人擺酒設宴，與家臣們一起飲酒，並把虎會當成貴賓，加以款待。

無論是君還是臣，都應該互相尊重，只有君主尊重臣下，臣下才能竭盡才智輔佐他。

曹彬對付小人

曹彬是北宋的開國名將，為人誠實，寬厚仁義，他很善於選用將領，史上評價他「氣質淳厚」。其實曹彬對付小人也有一套自己的方法。

有一次，宋太祖趙匡胤任命曹彬為主將，率軍征討南唐。臨行前太祖給了他一把尚方寶劍，說：「副將以下，不聽命者斬之。」接著又問曹彬還有什麼要求。曹彬說，請皇上恩准，調用田欽柞將軍擔任另一路的前敵指揮官。這一請求讓他的手下感到很奇怪。因為大家都知道，這個田欽柞既貪婪又狡猾，喜歡爭名奪利，最讓人討厭的是喜歡在背後打小報告。為

什麼要把這樣的人弄到軍中呢？這樣的人大家躲都來不及呢。

曹彬事後曾對心腹言明其中道理：此番南征，時間會很長，任務十分艱巨，需要朝中群臣的全力支援，自己領兵在外，若朝中有人不斷進獻讒言，這很可能會壞了大事，而這個田欽柞就很有可能會是這樣一個人。要防他，最有效的方法就是把他放到自己的眼皮底下，將他派到戰場，分他點功名，封住他的嘴。再說我還有尚方寶劍呢，他掀不起風浪。

經他這麼一說，心腹才明白曹彬的深遠用意，連稱高明。

明槍易躲，暗箭難防，對付小人一味地躲避不是上策，最有效的辦法是將其納入自己的掌握之中。

自以為是

艾子有打獵的愛好。

他養了一條獵狗，這條獵狗非常能捉兔子。艾子每次出去打獵，必定要讓牠跟隨著自己。每次捕捉到兔子後，艾子必定會掏出兔子的心肝，讓牠飽吃一頓。所以獵狗每次捕捉到兔子，就會搖著尾巴注視著艾子，喜滋滋地等待著艾子餵牠。

有一次，艾子出去打獵，這天兔子很少，獵狗的肚子早已餓得咕咕叫。忽然，看見兩隻兔子從草叢中跳出來，獵鷹飛過去追擊，兔子很狡猾，拐著彎奔逃。獵狗奔過去，猛地一撲，卻誤捕到獵鷹，把獵鷹咬死了，兔子趁機逃跑。

艾子連忙跑過去把死鷹撿起來，心疼得沒辦法說，獵狗卻又像從前那樣搖著尾巴沾沾自喜地走來，兩眼瞅著艾子，等待著餵給牠東西吃。

艾子盯著獵狗痛罵道：「你這條糊塗的狗，竟然還在這裏自以為是哩！」

人犯錯誤在所難免，但犯了錯誤不認識錯誤，反而將其當做功勞，那就不能容忍了。

列子家貧

戰國時期有個思想家叫列禦寇，人們尊稱他為列子。

列子家庭貧困，有一次家中缺糧，已經有好些天沒吃過一頓飽飯了。靠著他的妻子挖野菜充飢，夫妻二人餓得面黃肌瘦。

列子挨餓的事被鄭國宰相子陽的一個門客知道了。這個門客對子陽說：「列禦寇是個有道德的賢人，居住在相國您執政的鄭國都城裏，卻窮困不得志，餓得面黃肌瘦，相國您就要落個不重視賢才的名聲了！」

當時的社會風氣，各國的掌權人都千方百計地籠絡有才能的人士。鄭國宰相子陽也不甘落後，他聽到門客說了列子挨餓的事，雖然並不瞭解列子的為人如何，但也要博取一個重視賢才的美名。於是，子陽就派官吏給列子家送去一車糧食。

列子聽到有車馬的聲音，出來一看是位官吏帶著一車糧食停在門口。列子問明官吏的來意，就拜了兩拜，謝絕子陽贈送的糧食。官吏只好把糧車帶回去，向宰相子陽報告。

官吏走後，列子回到屋裏。他的妻子捶胸頓足地埋怨他說：「我聽說當了有道德的人的妻子，都過得安逸快樂。現在您餓得面黃肌瘦，相國關心您，贈送給您糧食。您卻謝絕相國的好意，不接受糧食，難道不是命裏註定要受窮挨餓嗎？」

列子笑了笑，對妻子說：「鄭相並不瞭解我。因為聽了別人的話而贈送給我糧食，到他怪罪我的時候，也會因為聽信別人的話而懲治我。這就是我不接受他饋贈的原因啊！」

妻子並不理解列子的意圖，又嘮嘮叨叨地說：「看你的窮命樣，從來也沒有發達過。別人想巴結相國還巴結不上呢，你卻把相國的一番好意拒絕了！」

列子說：「接受人家的饋贈，當人家有難時，你不以死報效，是不義的人；如以死報效他，是為無道義的人而死，這難道是講道義嗎？」

後來，人民果然起來造反，殺死了宰相子陽，列子因為沒有受子陽的收買，免去了一場殺身之禍。

「吃人嘴軟，拿人手短。」接受他人饋贈時要堅持原則，不可無原則地隨便接受饋贈。

宣王好射

齊宣王喜愛射箭，在他王宮的牆壁上掛滿了各式各樣的雕弓。

每次他射箭的時候，雖然使出了吃奶的氣力，但也只能拉動三石的軟弓，可是他最愛聽別人讚美他臂力過人，能用硬弓。而且大臣們也都是獻讒之輩，每天都圍在宣王身邊不是說「大王神射」就是說「即使是后羿再生，也不可與大王媲美」之類的話。而宣王每次聽到這些讚美的話，都會給說這些話的人以賞賜。

每逢酒宴之後，宣王就會取出那張雕花角弓，大喝一聲，拉成滿月，頓時，文武百官都高聲喝彩，高呼：「大王神力！」

宣王得意地把角弓傳給左右大臣，讓他們分別試一試。大臣們握著弓，齜牙咧嘴地拉開一半，就裝作無論如何也拉不動的樣子，都紛紛嚷著「腰痠」，有的喊「臂麻」，然後一齊嘖嘖驚嘆道：「這張弓不下九石，除了大王，我等凡夫俗子怎麼能拉得動？」

宣王聽到這些讚美的話以後，顯得更高興了，於是撫著髯鬚，哈哈大笑。

雖然宣王只能拉得動三石的弓，可是他卻永遠認為自己能夠拉動九石的弓。

違反客觀事實，用假象欺騙自己，往往就是錯誤和失敗的開端。

固執是禍

　　西元221年，劉備正式在蜀中稱帝，定都成都，年號為章武，百姓都稱劉備為「先主」。

　　先主自從二弟關羽被孫權殺害以後，每天都是以淚洗面。由於思念關羽，又想著光復漢家天下，所以好幾天都沒有進食，面容逐漸消瘦，後來在諸葛亮的勸諫下，才肯吃飯，身體也逐漸好了起來。

　　過了兩天，先主上朝聚文武議事。先主痛哭流涕地說：「朕自從與二弟關羽、三弟張飛桃園結義以來，一直同甘共苦，現在，朕做皇帝了，正準備和兩弟共用天下，誰想二弟竟被孫權所殺，朕若不報此仇，死後有什麼臉面見雲長？」說罷，掩面大哭。

　　丞相諸葛亮上奏：「臣以為不可，現在三分天下，魏、吳三年都不曾進兵，他們是怕萬一打不贏，那就有損自己的實力，如果三國有一國打了敗仗，那麼其他兩個國家就會一同攻打那個國家，所以，其他兩國都在等待時機，陛下千萬不可因仇恨而妄動干戈，其中利害還請陛下明察。」

　　先主低頭不語，將軍趙雲又奏道：「國家之仇，是公；兄弟之仇，是私。國賊是曹操而不是孫權，陛下應該率領精兵討伐曹操，到時，百姓們一定都拿著糧食以迎王師；倘若陛下興兵東征孫權，路途險阻，況且有大江為屏障，恐怕不好拿下，請陛下明察！」

　　其他的大臣們也都紛紛諫阻，先主稍微有點回心轉意，就在先主回心轉意的時候，車騎將軍張飛哭著跑進金鑾殿，一進殿內就跪下對先主說：「陛下現在做了皇帝，早就忘了以前桃園結義之情了吧？二哥被孫權所害，陛下卻不為二哥報仇。」說罷，就放聲大哭。

　　先主嘆了一口氣，說道：「朕怎麼會忘記以前的盟約呢？只是無奈百官勸阻。」

　　張飛說道：「他人怎麼知道昔日之盟呢？」說完又哭。

　　先主也哭著憤憤地說道：「朕決定三日後起全國之兵為二弟報仇，

一本書讀懂中國大智慧

再有勸諫者斬。三弟，你趕快回去準備一下，三日後出兵伐吳，你為先鋒。」

張飛說道：「臣領旨，三日後，定將吳軍殺盡，才能夠雪我心頭之恨。」

可是，當天晚上張飛也被害了，這使得先主更痛心發誓：不踏平東吳，誓不還國。先主令關羽的兒子關興和張飛的兒子張苞為左先鋒，令老將黃忠為右先鋒，大興蜀兵70萬，又借得羌兵5萬，共75萬，號稱百萬大軍，浩浩蕩蕩向東吳開來。吳將看到這樣的氣勢早嚇得屁滾尿流了，一連十幾場仗都輸給了蜀兵，孫權嚇得膽都快破了，後來有人向孫權推薦了一員叫陸遜的將領，統帥十萬精兵用火燒連營的計策把先主打敗了，75萬軍隊被打的崩潰而逃。

先主回到白帝城更是感嘆不已，每天憂心忡忡，積勞成疾，不久就駕崩了。

講義氣，「為朋友兩肋插刀」本是一件讓人敬佩的事情，但是不能意氣用事，要多聽聽別人的意見。

東施效顰

西施是戰國時期越國有名的美女，她患有心痛的毛病，發病時總是用手按住胸口，緊緊地皺著眉頭。人家看到她這副病態的表情，覺得另有一種嫵媚的風姿，顯得尤為美麗。

鄰居有一位東施，相貌雖然奇醜無比，卻不甘示弱，她看到西施的動作很美，也模仿西施的病態表情：用手按住胸口，緊緊地皺著眉頭，還自以為與西施一樣美麗。

可是看見東施這副模樣的人，幾乎沒有一個不作嘔的。

不知別人好在哪裡，不顧自身條件如何，只在形式上模仿，往往會弄巧成拙，適得其反。

不說人之過

春秋時期，晏子手下有個官員叫高繚。他在晏子手下做了三年的官，一直以來都很小心，為人也非常謹慎，為官三年從來沒有犯過錯。

可是突然有一天，晏子沒有任何原因就把他辭退了。

晏子左右的人覺得很奇怪，對晏子說：「高繚為你做事已經三年，從來沒有辦錯事，你不給他獎勵倒也就罷了，可是還要將他辭退，似乎太過分了吧。」

晏子說：「我是一個不中用的人，正如一塊彎彎曲曲的木頭，必須用墨斗來彈，用斧頭來削，用鉋子來刨，才能做成一件有用的器具。每個人都會有自己的毛病和缺點，但是如果別人不給予提示的話，自己是看不到的。但是高繚呢，他在我身邊足足三年，看見我的過錯，卻從來不說，這對我有什麼好處？所以，我就把他辭退了。」

一個正直的人應該既不諱疾忌醫，也不專做「好好先生」，而應勇於正視自己的錯誤。

得隴望蜀

三國時，漢中太守張魯想自立為「漢中王」。

曹操知道後，非常氣憤，於是率兵四十多萬征討，曹操手下謀士、名將不計其數，所以一路上過關斬將，非常順利地打到漢中。

眼看著城池就要被攻下，但是城中將士萬眾一心，攻打了很長時間，仍沒有成效。

長史荀攸獻計：「張魯手下有一個貪官，名叫楊松，若給予一些金銀，再讓他為內應，肯定能夠把城攻下。」

曹操便依計而行，結果真的把張魯打敗了。將士們都很高興，主簿司馬懿獻計：「今漢中已平，然尚有劉備、諸葛亮虎踞兩川，倘領兵來犯，

吾勢危矣。今我軍心正齊，銳氣正盛，不若趁兩川民心未穩，領我得勝之兵討之，一舉可定也。此計甚妙，唯大王察之。」

曹操說：「此言差矣，劉備雄才，諸葛亮之智，兼有兩川之地，民心已服，羽翼已成矣，急切不可下。再者，西蜀之路崎嶇不平，若勝則可，若敗，吾軍無一可逃矣！」頓了一下又說道：「人苦不知足，既得隴，複望蜀耶！」

知足者常樂，切不可不自量力，貪念過重。

齊景公求雨

春秋時期，有一年齊國發生大旱，好長時間旱情也沒有解除。

齊景公特別犯愁，他招來眾大臣商議說：「天不下雨已經有好長時間了，莊稼不能生長，老百姓將要挨餓了。我讓人算了一卦，卦上說鬼魅在高山大河中作怪。寡人打算向民間徵收些錢財，作為祭祀靈山的費用，眾愛卿以為怎麼樣？」

眾大臣不敢提出反對意見，都默不作聲。

這時候，宰相晏嬰站出來對景公說：「這樣做不可以！」

齊景公說：「以前你口口聲聲讓我關心民眾疾苦，現在天旱得這麼嚴重，我祭祀求雨，難道不是關心百姓嗎？你為什麼說不可以？」

晏嬰說：「祭祀靈山沒有什麼益處。那靈山本來是以石頭為身軀，以草木為頭髮。長期不下雨，它的頭髮都枯焦了，它的身體都發燙了，它不想得到雨水嗎？它如果有辦法早就讓天下雨了，可見它也沒有辦法，祭祀靈山有什麼用處呢！」

齊景公說：「不然的話，我要祭祀河伯，你看可以嗎？」

晏嬰說：「也不可以。君王您再想想看，河伯是把黃河水當做國家，把魚鱉當做臣民的。天不下雨，河水下降，百川乾涸，它的國家就要滅亡了，它的臣民就要死光了，它能不著急嗎？天不下雨，它也沒有辦法，祭

祀河伯會有什麼用處呢？」

齊景公說：「我該怎麼辦呢？」

晏嬰看到齊景公著急的樣子，為了安慰他，讓他心理得到平衡，就順水推舟地說：「君侯您實在覺得過意不去的話，就從宮殿裏搬出來，睡在露天地裏，與靈山、河伯共同憂慮，或許就能下雨。」

齊景公就聽了晏嬰的話，搬到野外去住宿。

說來也巧，三天以後下了一場大雨，齊國的旱情解除了，百姓也能安心種莊稼了，舉國上下一片歡喜。

齊景公高興地說：「好啊！相國的話可真靈驗！」

晏嬰並沒有說什麼，只是為自己的一番話使齊國的老百姓減少了一筆額外負擔而感到高興。

在自然災害面前，不應該迷信，否則只會勞民傷財。

諸發使魏

戰國時期，越國有個名叫諸發的人出使魏國，來到魏國的朝堂上，贈送給魏王一枝梅花作為進見的禮物。

魏國的朝臣中有個人名叫韓子，他看到諸發剪短頭髮，身上刺著花紋，感到怪裏怪氣的，心中就有些不舒服。於是他回過頭來對朝堂上的眾大臣說：「哪裡有用一枝梅花當禮品，贈送給擁有萬輛兵車的大國君王的呢？這分明是瞧不起我國，讓我替諸位羞辱他一番！」

韓子企圖給諸發難堪，就站出來說：「我們大王有命令：對戴著帽子的客人，我們就以禮相見；對不戴帽子的客人，我們就不予接見！」

諸發是一位能言善辯的使臣，看到對方不懷好意，故意製造外交麻煩，就據理力爭。他說：「我們越國也是周天子的封地，只是沒有被封到北方的冀州、兗州的土地，而被封到了大海的邊上，在外部邊疆地區居住。可是蛟龍又與我們爭奪土地，因此我們剪短頭髮，身上刺著色彩斑斕

的花紋，用來模仿龍子龍孫的樣子，為的是避免水神的侵襲。長期以來，已經形成了一種風俗習慣。現在貴國命令我戴上帽子就以禮相見，不戴帽子就不予接見，是什麼道理呢？」

韓子說：「這叫入鄉隨俗嘛，因為戴帽子是我們這裏的風俗習慣啊！」

諸發反唇相譏道：「假如貴國派使者到我國去，我國君王命令：『客人剪短頭髮，身上刺上花紋，才能以禮相見，否則的話不予接見！』貴國的使者將怎麼辦呢？」

韓子被諸發問得面紅耳赤，張口結舌，無言以對。魏國的文武百官也都覺得諸發的回答有理有據，有條不紊，不失大國使臣的風度。

諸發接著又說：「如果貴國認為這樣做妥當，那麼我就借頂帽子晉見；如果貴國認為這樣做不妥，那麼就請不要改變我國的風俗習慣！」

魏王聽到諸發的話，覺得諸發不愧為大國使臣，能維護自己國家的尊嚴，韓子無知多事，沒有受命就對使者發難，險些破壞了兩國的關係。於是，魏王披上衣服，出來接見諸發，對他十分客氣，熱情地款待了他，並下令把韓子驅逐出朝廷。

在與人交往中，要懂得尊重對方的風俗習慣，才能贏得他人的尊重。

戲妃

楚莊王和群臣喝酒，一陣風把蠟燭吹熄了，這時有人趁機拉了楚王寵妃的衣服，寵妃也拉扯掉了那人的帽帶。

妃子對楚莊王說了這件事，為了不揭穿這個人，楚莊王便說：「趁蠟燭熄滅時，大家玩一個遊戲，每個人立刻把帽帶扯去，並且丟在地上。」

群臣都把帽帶拉斷丟在地上。點上蠟燭後，自然分不出是誰拉了妃子的衣服，群臣繼續喝酒助興。

幾年後，楚國和晉國打仗，有一個勇敢的武將在前線殺敵，每次都

能打勝仗，楚莊王覺得很奇怪，平常也沒對他特別好，怎麼甘願出生入死呢？

一問之下，才知道這個勇敢的武將就是當年拉寵妃衣服的人，為了感激楚莊王的恩德，因此奮勇殺敵。

勇敢的武將拯救楚國於危難之際，後來，楚莊王便封他為護國大將軍。

聰明的人，會將敵人變成朋友；只有頭腦簡單的人，才把身邊的朋友統統變成敵人。

晏子贖越石父

春秋時期，齊相晏子出使晉國，路過一個叫中牟的地方，看見一個人頭戴破帽子，反穿皮襖，身背飼草，正坐在路邊休息。

晏子一眼就看出他是一位有修養的君子，於是就派人問他：「你叫什麼名字？從哪裡來？」

那人回答說：「我是齊國人，名叫越石父。」

晏子就把他叫到跟前問道：「為什麼來到這裏？是不是家裏遭到什麼不幸？」

越石父說：「我在中牟賣身為奴，看見了使者路過，打算跟您回國。」

晏子問：「為什麼要賣身為奴？」

越石父回答說：「由於飢寒交迫，我便賣身為奴了。」

晏子問：「當奴僕幾年了？」

越石父回答：「已經三年了。」

晏子問：「可以贖身嗎？」

越石父回答：「可以。」

晏子便把左邊拉車的馬解下來，用這匹馬把越石父贖買下來，並與他

一起坐車回國。

回到相府，晏子沒跟越石父告辭就進了自己的房間。越石父很生氣，要與晏子絕交。

晏子派人傳話說：「我不曾與你結交，談何絕交？你當了三年奴僕，我今天看見了才把你贖買回來，我對待你還算可以吧？你怎麼可以恩將仇報？說什麼絕交？」

越石父說：「一個自尊而且有真才實學的人，受到不知底細的人的輕慢，是不必生氣的；可是，他如果得不到知書達理的朋友的平等相待，他必然會憤怒。君子不因為對人家有恩而輕視人家，也不因為人家對自己有恩而向人家屈服。我當了三年奴僕，卻沒有人理解我。現在您把我贖買回來，我認為您理解我了。先前您坐車，不跟我打招呼。我以為您是一時疏忽了。現在您又不向我告辭就直接進入屋門，這與把我看做奴僕是一樣的。既然我還是奴僕的地位，就請再把我賣到原來的地方去吧！」

晏子聽了越石父的回話，走出來，請求和越石父見禮。晏子說：「以前我只看到了客人的外表，現在理解了客人的內心。我聽人說過：考察他人行為的人不助長人家的過失，體察他人實情的人不譏笑人家的言辭。我可以向您道歉，您能不拋棄我嗎？我誠心改正錯誤的行為。」晏子命令人把廳堂打掃乾淨，用酒席盛情款待越石父。

越石父說：「我聽說過，最高的尊敬不講究形式，用尊貴的禮節待人不會遭到拒絕。先生以禮待我，我實在不敢當。」

晏子於是就把越石父奉為上賓。

只有以禮待人才能結交知心朋友，幫助人也不要以恩人自居。

莊王禁欲

春秋時期，有一次，楚國令尹子佩請楚莊王赴宴，楚莊王爽快地答應了。子佩在京台將宴會準備就緒，就是不見楚莊王駕臨。

第二天子佩拜見楚莊王，詢問他不去赴宴的原因。楚莊王對他說：「我聽說你在京台擺下盛宴。京台這地方，向南可以看見料山，腳下正對著方皇之水，左面是長江，右邊是淮河，到了那裏，人會快活得忘記了死的痛苦。像我這樣德行淺薄的人，難以承受如此的快樂。我怕自己會沉迷於此，流連忘返，耽誤治理國家的大事，所以改變初衷，就沒有去赴宴。」

古往今來，凡成大事者，必能主宰自己的欲望，有欲望並不可怕，關鍵是不要被欲望牽著鼻子走。如果你不能主宰自己的欲望，那麼，你最好遠離那些令你迷惑的對象。

鼓聲

趙匡胤經由陳橋兵變，黃袍加身，當上了宋朝開國皇帝。但仍有很多割據勢力沒有歸順大宋朝。為了平定江南，趙匡胤派大將軍曹翰率軍出征。曹翰這個人性情暴躁、粗野，嗜酒如命。

這一年，曹翰率軍渡過長江，直闖廬山寺。寺裏的和尚聽說曹翰來了，都嚇得躲了起來，只有一個叫緣德的老和尚留了下來。

曹翰來到寺裏，只見緣德禪師閉目靜坐，既不起身迎接，也不作揖行禮，就像什麼事情也沒發生一樣。曹翰見了，非常惱怒，他拔出長劍，大聲喝道：「老和尚，知道我來了，為何不出來迎接，難道你沒聽說過有殺人不眨眼的曹翰將軍嗎？」

緣德禪師依然穩坐在那裏。突然，他睜開眼，直瞪著曹翰：「我為什麼要迎接你呢？難道你沒聽說過有不怕死的和尚嗎？」

曹翰性情剛烈，對那種怕死的懦夫是非常鄙視的。他見緣德禪師一點也不害怕，反倒有了幾分敬意，於是改變了說話的口氣，他用較和善的態度問道：「老禪師，難道這廟裏只有你一個人嗎？應該還有其他和尚吧？你把他們都叫回來吧！」

緣德禪師見他口氣軟了，就回答說：「寺院裏有規矩，集會時都敲鼓，聽到鼓聲，他們就會回來啦。」緣德禪師用手指了指前方的一面大鼓，又說道：「看見那個鼓了嗎，你自己去敲吧！」

曹翰走過去，拿起鼓槌，使勁地敲了起來。鼓聲很大，卻不見一個和尚回來，曹翰感到很奇怪，問道：「我已經敲響了鼓，為什麼沒有一個人回來呀？」

緣德說：「聽你敲的鼓聲，兇狠而不慈善，透著一股殺氣，所以他們聽到鼓聲也不敢回來。」說完，他起身將曹翰手中的鼓槌拿了過來，在鼓上輕輕地敲了幾下。那聲音細柔和善，沒過多久，躲藏起來的和尚都陸續回來了。

對人以誠，人必以誠對你；對人以暴，人必以暴對你。

糟糠之妻不下堂

東漢光武帝時，司空宋弘品行端正，博學多才，深受光武帝的賞識。

後來，光武帝的姐姐湖陽公主的丈夫死了，按照漢朝的制度，公主可以在朝中任意挑選一位大臣，作為自己的丈夫。經過一段時間的觀察，她選中了品貌端正的宋弘。

光武帝感到事情非常難辦，但是為了姐姐，還是把宋弘召進宮，讓姐姐坐在屏風後。宋弘行完君臣之禮以後，光武帝開始切入主題。

「我聽說人高貴了就要忘掉自己的朋友，富裕了就要休掉結髮妻子，不知這種做法是否可取？」光武帝問宋弘。

「我也聽說貧賤之交不可忘，糟糠之妻不下堂。」宋弘委婉而堅定地回答。

坐在屏風後面的湖陽公主聽了此話，只好打消了這個念頭。

「貧賤之交不可忘，糟糠之妻不下堂。」的意思是說：人在貧窮時結交的朋友永遠都不要忘記，最早娶的老婆永遠都不要嫌棄。一個人應永遠

不忘那些與自己共患難的人，因為有了他們的支持與幫助，自己才能克服困難，渡過難關。

孔子聞言識曾晳

有一次，曾晳、冉有、子路、公西華和孔子在一塊談論各自的志向。

孔子問他們：「假如現在有人請你們出仕，你們會怎麼辦呢？」

子路對軍事十分感興趣，聽了孔子的話，立即說道：「如果有一個小國，國內只有一千輛兵車，且位置夾在幾個強國之間。外有強敵，內有天災人禍，如果讓我去治理，三年以後，就可以變得人人有勇氣，國家也可以強盛起來。」

孔子微微一笑，不置可否。轉身問冉有：「你的想法是怎樣的呢？」

冉有說：「如果給我一個小國家，它的面積只有縱橫六七十里或者五六十里，我只需三年時間，就可以讓人民豐衣足食，至於修明禮樂倫理道德，就只能等賢人君子來處理了。」

孔子聽了冉有的話，臉上毫無表情，又問公西華。公西華說：「我願意做個小司儀。當然並不是說我的品德修養已經可以勝任小司儀之職，我至少可以藉此多多地向他人學習為官的禮儀。」

孔子望望公西華，欲言又止，轉頭再問曾晳。

曾晳說：「我想我的生活應該是這樣的。當暮春三月之時，穿上春天的衣服，陪著五六位成年人、六七個小孩子到郊外踏青，來到沂水旁看雲觀天，到沂水裏洗澡，然後在舞雩臺上吹吹風，一路歡笑，踏歌盡興而歸。」

孔子長嘆一聲，說：「曾晳的主張正合我的本意啊！」

學生們相互看看，莫名其妙。

曾晳講的是一種率性而為的生活方式。為人處世，當時時自律，然而自律並不等於屈己，並不等於讓人違心地去做自己不願意做的事，更不是

自我壓抑，虛偽造作，而應時時處處順應個性，無拘無束地展現真我。

為王之道

春秋戰國時期，唐易子是當時一個著名的學問家。

一次，齊宣王向唐易子詢問捕鳥的方法：「捕鳥時什麼最重要？」

唐易子回答說：「要想捕到更多的鳥，慎重地設下圈套最為重要。」

齊宣王疑惑地問：「為什麼要慎重地設圈套呢？難道像選址或天時等都不重要嗎？」

唐易子有理有據地回答說：「因為人如果想一次捕獲足夠多的鳥，必須要選擇鳥群出沒的地方設套，群鳥用許多隻眼睛看人，可是人只用兩隻眼睛看鳥，所以設圈套必須慎重。」

齊宣王聽後，不禁說道：「原來如此，聽你這麼說，這和治理天下是同樣的道理。君王用兩隻眼睛看國家，而百姓卻用無數隻眼睛看君王，所以我這個當國君的也必須慎重。你這是在用捕鳥之技來勸諫我啊！」

其實我們每一個人的一言一行，都時刻處於千百萬雙眼睛的監督之下。所以，必須謹言慎行，才能贏得廣泛的讚譽和擁戴。

醜惡有什麼可愛的呢

春秋末期，尹綽和赦厥是趙簡子手下兩個比較重要的大臣。

一天，趙簡子說：「赦厥可以說是最愛我的！他從來不在眾人面前批評我。尹綽正好相反，老喜歡在別人面前指出我的缺點，真讓我沒面子。」

尹綽聽了這話，就對趙簡子說：「赦厥從不說你的過錯，是因為他連你的醜惡也愛上了，根本不去留心你的過錯；而我呢，常常發現你的過錯，請你改正，這樣做是因為我絕不愛你的醜惡，醜惡有什麼可愛的

呢？」

在很多情況下別人指出你的醜，並不是要醜化你，恰恰是為了使你美。虛心接受別人的批評，才會有所進步。

特長

戰國時的公孫龍是個能說會道的人，他經常帶著弟子去各國遊說諸侯。他曾經對弟子說：「沒有特長的人，我是不願意和他來往的。」

一天，一個穿著破破爛爛，腰裏繫著麻繩的人來見公孫龍。他說：「我想跟隨先生學習，先生願意收留我嗎？」

公孫龍問他：「你有什麼特長？」

「我的嗓門特別大，喊一聲一里之外都能聽見。」

「嗓門大也能算特長？」公孫龍的弟子們覺得很可笑。

公孫龍轉身問弟子們：「你們之中誰的嗓門有這麼大？」弟子們互相看看，都搖頭。

「那麼，就收下你做我的弟子吧。」公孫龍對那人說。

幾天後，公孫龍要去燕國見國王，遇到了一條很寬的河，有條船在河的對岸。弟子們紛紛大聲地喊船過來，但對岸一點也聽不見，公孫龍就叫那個嗓門大的人喊，結果喊了一聲船家就聽見了，把船划了過來。

公孫龍說不和沒有特長的人來往，其實等於是說和所有的人來往，因為每一個人都各有長處，就看你能不能發現他的特長。

給螳螂讓路

齊莊公要到郊外去打獵，正準備上馬車，發現車輪前有一隻蟲子舉起前臂，要與車輪搏鬥。

「這是什麼蟲呀？」齊莊公問趕車人。

趕車人回答說：「這種蟲叫螳螂，牠總以為自己很厲害，只知道前進不知道後退，現在要與車輪搏鬥，真是不自量力。」說完準備趕車前進，把那隻螳螂軋死。

「慢著！」齊莊公制止了趕車人，「這蟲子是個勇士啊！如果牠是個人，必定是天下最勇敢的人了。」就命令車伕把車子退回去，給那隻螳螂讓路。

後來，齊國的士兵們聽說了這件事，就議論說：「國王連勇敢的蟲子都那麼尊重，更何況是勇敢的人呢。」從那以後，齊國的士兵打起仗來，都勇猛無比。

要讓別人瞭解你，行動比說教更有效。

趙簡子涕泣

春秋時期，趙簡子有個家臣名叫周舍。這是一個剛正不阿的人。

有一次，他有事找趙簡子，可是趙簡子嫌他卑微，不肯接見他，於是他就在趙簡子的門前站了三天三夜，不肯離去。

趙簡子派人問他：「你有什麼事要見我？」

周舍說：「我要做一個正直敢言的家臣，筆上飽蘸墨汁，手拿簡牘，跟在您的身後，觀察到您的過錯就記錄下來。每天都有記錄，每月都有成果，一年以後就能見到實效。」

在中國古代，歷朝歷代都有設置史官的制度，帝王的一言一行，史官都隨時記錄，然後作為祕密檔案封存起來，作為後世修史的資料，帝王在世時無權閱讀。由於害怕被後世稱為昏君，所以帝王都很注意自己的一言一行。

趙簡子知道周舍要效法古代史官，記錄自己的言行，覺得這樣沒有什麼不好，於是便同意了周舍的請求。

從此以後，趙簡子在宮廷內或外出，都與周舍在一起，而周舍也跟在

趙簡子後面形影不離，隨時記錄趙簡子的一言一行。

但是沒過多久，周舍就死了，趙簡子難過得就像死了兒子一樣傷心。

後來，有一次趙簡子與眾大夫喝酒，喝到興致正濃的時候，趙簡子突然流淚哭泣起來。

眾大夫都很驚訝，他們離開了席位，向趙簡子請罪說：「不知我等所犯何罪？使主公傷心，還請主公明示。」

趙簡子說：「諸位大夫都沒有罪。」

眾大夫更加莫名其妙，又問：「既然我們沒有罪，那主公是有什麼煩心事？或者是別的國家侵犯我國？可是不對呀，並沒有任何國家侵犯我國呀！究竟是誰得罪了主公呢？不妨說說，我們也好為您分憂！」

趙簡子說：「我想起我朋友周舍說過的話，不由得暗自悲傷起來。」

眾大夫問：「周舍說了什麼？」

趙簡子便把周舍的話重複了一遍：「千張羊皮不如一隻狐狸腋下的毛皮值錢，眾人隨聲附和不如一個正直之士剛直不阿有益。從前，商紂王由於大臣沉默不語而使商朝滅亡，周武王由於有剛直不阿的大臣而使周朝興盛。」

然後，趙簡子又說，「自從周舍死了以後，我再沒有聽到誰批評我的過錯了。我大概離滅亡不遠了，因此我就哭了起來。」

眾大夫都感到很慚愧。

有遠見的政治家應該學會聽取不同的意見，接受對自己的批評，不能被隨聲附和的人所包圍。

晏嬰勸主

春秋時代，當了30年齊國大臣的晏嬰，是位著名的政治家。《左傳》中關於晏嬰的記載頗多，比如說，晏嬰經常勸齊景公要愛民，但齊景公卻總是擾民。

有一次，齊景公強令工人造大台，鬧得齊國民不聊生，眾百姓苦不堪言。正巧晏嬰出使回來目睹了這一情景，他馬上進言齊景公不要造台，齊景公總算同意了。晏嬰卻不急於回家，而是立即趕到工地，催促工人加快動作，稍有懈怠，就以鞭子抽打。晏嬰罵累了、打累了，這才回家。他剛離開工地，齊景公的傳令官就到了，下令停止施工，工人解散，可以回去和家人團聚了。工人一聽此令，齊聲歡呼，好像遇到大赦一般，高高興興地趕回家去了。

晏嬰這樣做，是故意把「賢名」讓給君王，把「惡名」留給自己。孔子對他大為欣賞，說他既糾正了君王的過失，又使百姓感受到了君王的仁義。

每個人都難免有犯錯的時候，巧妙地讓別人從尷尬中走出來，是高超的學問，也是一種機變的本領。

道法自然

春秋戰國的思想家莊子，有一次，太陽已經升到半空了，他仍然長睡不醒。

忽然，門外有人駕車而來，輕叩莊子的房門。

原來是楚威王久仰莊子大名，欲將他招進宮中，輔佐自己完成圖霸天下的事業。因此，他派了幾位大夫充當使者，帶著厚禮來聘請莊子前去楚國擔任卿相。

使者不敢驚醒莊子，於是站在門外等候。大約半個時辰後，莊子才慢悠悠地開門出來。

使者拱手作揖，說明來意，呈上禮單。

不料莊子並不看禮單，反而仰天大笑，說：「千金是重利，卿相是尊位，請轉告威王，我不能去朝廷做官，感謝他的厚愛。

「你們應該都見過君王祭祀天地時充做犧牲的那頭牛吧！牠本來在田

野裏生活得自由自在，但一旦被選做了祭品後，雖然得到很好的照料，但倘若牠不想當祭品，還有可能嗎？還來得及嗎？

去朝廷做官，就和這頭牛一樣了。天下的君主，在他勢單力孤、天下未定時，往往招攬海內英才，禮賢下士。一旦奪得天下，便為所欲為，視民如草芥，視功臣為敵手。

你們說，去做官又有什麼好結果？放著大自然的清風明月、荷色菊香不去觀賞消受，偏偏費盡心機去爭名奪利，豈不是太無聊了嗎？」

使者見莊子對於世情功名的洞察如此深刻。也不好再說什麼，只得快快告退。

莊子宣導的「無為」，是「無為而治」的「無為」，在名利問題上，要拿得起，放得下，一邊享受著名利，一邊又不為名利所困擾羈絆。否則人豈不成了名利的奴隸？

子孔專權

春秋時期，有一位鄭國國君即位時，年齡很小，不能處理國家大事，權力都把持在卿大夫手裏，這些人常常為了自己的私利，互相爭鬥個沒完沒了。

後來，國家發生了大亂，國家實權落在了一個叫子孔的人手裏。他喜歡專權弄勢，自以為既然自己把持了國家的大權，就該一切都聽他的。於是他與各位大夫訂立了一份盟約，盟約說，一切都要聽子孔的，旁人不得干預朝政。

這些大夫看見子孔這樣專橫獨斷，都感到憤怒，並不甘心順從子孔。子孔知道後，就想誅伐那些不滿不順者。

子產得知這樣的情況後，急忙出來制止，他說：「不能冒犯眾人的憤怒啊，專橫獨斷的欲望是不可能得逞的，如果把既要冒犯眾人的憤怒，又要讓專橫獨斷的欲望得逞這兩個方面合在一起，來使國家得到安寧穩定，

這種做法是非常危險的。

「不如把盟約燒掉，來安撫眾人，這樣您獲得了一直想要的專橫獨斷的欲望，眾人也得到了安寧，難道這樣不可以嗎？專橫獨斷的欲望是不可能得逞的，冒犯了眾人就會導致禍患，您一定要聽從我的勸告。」

子孔聽說了子產的話後，仔細想了想，認為子產說得對，就接受了子產的建議，為了讓遠近的人都能看到，子孔就在倉庫的門外把那個盟約燒掉了，這樣就慢慢地消除了眾人的憤怒。

「眾怒難犯，專欲難成」，這是顛撲不破的真理，古今中外的歷史為我們提供了無數的經驗教訓。

得饒人處且饒人

東漢末年，有一個叫王烈的人，當時正值董卓把持朝政的時候，很多人推薦他去做官，王烈都沒有答應。

後來，他跑到了遼東這個偏遠的地方去避難，自己製造農業器具，還把周圍的老百姓聚集起來。他穿著布衣，吃著粗糙的飯食，生活十分儉樸。當許多人不能忍受的時候，他卻樂在其中。

有一天，在王烈居住的村子裏，一個偷牛的賊被牛的主人抓住了，這個偷牛的賊趕緊說：「我是一時糊塗，才做了這樣的事，我在這裏向你賠罪，希望你放過我，我以後再也不做這樣的事了。」

主人聽了他的話後，認為他說得很誠懇，就把他放了，對他說：「今天的事我就不再追究了，你可不能再做這樣偷偷摸摸的事情了。」

偷牛的賊非常感激主人能夠寬恕他，說：「承蒙你的寬宏大量，我還有一個請求，你能不能別把這件事情告訴王烈呢？」主人答應了。

但是，後來還是有人把這件事原原本本地告訴了王烈，但王烈不但沒有責怪這個偷牛賊，反而送給他半匹布。

別人看了很不理解，就問王烈：「這個偷牛賊，害怕你知道他偷牛這

件事，你反而還送布給他，這是什麼原因呢？」

王烈說：「這個偷牛賊已經知道悔過了，他怕我知道這件事，表明他知道了羞恥，凡是知道羞恥的人，善良之心就會產生。我送給他布就是勸他為善。」

王烈果然沒有說錯，後來，這個偷牛賊確實做了不少的善事。

俗話說，得饒人處且饒人，允許人犯錯誤，也應給人改正錯誤的機會，這才是治病救人的有效辦法。

剛正不阿的吳良

東漢時，齊國臨淄人吳良，剛開始的時候只是在地方上當一個很小的官吏。

有一年，過春節時，他和他的一些同僚一起去給太守拜年，其中有個叫王望的人，對太守極盡諂媚之言，說：「在我們這兒，多年來一直受到盜賊的騷擾，長期聽不到雞鳴犬吠的聲音。但自從您來到這個地方上任以後，五年來，開闢了很多的土地，盜賊也都絕跡了，百姓每年都五穀豐登，這些都是您治理有方的結果，所以在過年的時候，我們大家都來給您拜年。」聽了他的話，同去的很多官吏都隨聲附和。

只有吳良例外。他突然站起來對太守說：「王望是個奸佞小人，他說的全是諂媚之言，沒有一點根據，我們這個地方現在仍有不少的盜賊，老百姓生活貧困疲憊，完全不是王望所說的那樣！」

本來聽了王望的話，太守很高興，現在經吳良這麼一說，就立即收斂起笑容，覺得吳良說得有道理，賜給他禮物，後來又升了吳良的官。

有個叫王蒼的人，很敬重吳良的為人，就向當朝皇帝推薦他，說：「國家最重要的是得到治國之才，臣子最重要的也就是向國君推薦人才，吳良這個人敦厚固執，工作正直，為人廉潔，謹慎而恭敬，做什麼事都事必躬親，節儉而又安於貧窮，不貪財，不求利。正是國家所需要的啊！」

果然，直到晚年，吳良仍然堅持著剛正不阿的氣節。

做人要有氣節，吳良就是這樣一個有氣節的人，並且直到晚年仍然堅持不渝。那些逢迎拍馬、諂媚弄權之人，可能會一時得意，但那些剛正不阿，一身正氣的人，卻終生受人尊敬。

晉獻公滅虞

春秋時期，晉獻公向虞國送上寶玉名馬，請求向虞國借路去討伐虢國。

虞國的大夫宮之奇對國君說：「俗話說，『脣亡則齒寒』，虢國和虞國互為屏障，相互依存，不能互相把對方當成禮品送給別人。晉國現在可以從我們這裏借道把虢國滅掉，不久以後就可以把我們滅掉。」

虞國的國君卻說：「我與晉國是本家宗親，他是不會害我的。」

宮之奇解釋說：「本家宗親的關係是靠不住的。按理來說，晉國與虢國的關係比我們還要親近，但是結果怎麼樣呢？晉國還不是照樣要去消滅它！」

可是虞國國君還是聽不進去，他說：「我供給鬼神的祭品一向很豐富。我會得到鬼神的保佑的。」

宮之奇說：「鬼神並不完全滿足人的欲望，祂是有所選擇與有所憑藉的。這種選擇與憑藉就是看一個人是否有德，然後才決定是否來保佑他。一個無德的人，神怎麼會來保佑他呢？沒有了德，百姓不會和睦，鬼神也不會接受他的供品。所以說，鬼神所憑藉的就是看人是否有德。進一步來說，晉國取得了虞國與虢國，他們推行德政，以此來祭祀鬼神。難道鬼神會不接受嗎？」

固執的虞國國君仍然沒有聽他的勸告，堅持給晉國借路。晉滅掉虢國後，回來時就順道攻打虞國，虞國國君只好牽著名馬、抱著玉璧前去投降。

理性地看待自己，不要被別人左右，或是被別人利用，不然吃虧的總會是自己。

散財結客

高歡從洛陽城回家之後，就將家財全部散盡來結交四方的朋友。

他的一些親戚故舊見到他這樣，都很奇怪，問道：「你為什麼要這樣做呢？」

高歡回答說：「我到了洛陽，看到京師的侍衛軍士，成群結隊地去焚燒將軍張彝的住宅，朝廷害怕動亂，竟然不聞不問。國家政事到了如此地步，未來的情勢可想而知，錢財怎麼可能永遠守得住呢？」

從此以後，高歡就立下了澄清天下的大志，後來成為東魏的丞相，位極人臣。

天下許多慘劇，都因為捨不得錢而發生；天下許多好事，都因為捨得錢而做成。要成大事者，就不要吝嗇錢財，今朝施予，以後收穫的更多。

屠羊說拒賞

春秋時期，楚昭王喪失了國土，逃亡在外，屠羊說也跟著他一起逃亡。後來，楚昭王返回楚國，要獎賞當時跟隨他一起逃亡的人，賞賜到屠羊說時，他說：「當年大王喪失了國土，我也失去了殺羊的工作，現在大王返國，我也可以繼續殺羊。那我的爵祿已經恢復了，又有什麼可獎賞的呢？」

昭王聽說後，就傳令手下：「強制他接受！」

屠羊說卻回說：「大王失去楚國，不是我的過失，所以我不該接受懲罰；大王返回楚國，也不是我的功勞，所以我也不敢接受獎賞。」

於是昭王對手下說：「那麼，讓他來見我。」

屠羊說又說：「楚國的法律規定，必定要有重賞大功的人才得覲見，現在我的才智不足以保護國家，勇敢也不足以消滅敵人。吳國軍隊入侵郢都，我畏懼危難而躲避敵人，並不是有意追隨大王。現在大王要廢毀法約來召見我，這並不是我所希望傳聞於天下的事情。」

昭王對楚國將軍司馬子綦說：「屠羊說的地位雖然很卑賤，但他所說的義理卻很高深，你替我將他請來擔任三公的職位。」

屠羊說知道後說：「我知道三公的職位，比殺羊的鋪子高貴；我知道萬鐘的俸祿，比屠羊的報酬豐厚；但是，我怎麼可以貪圖爵位俸祿，而使我的國君得到濫賜的惡名呢！我不敢接受，希望能回到我殺羊的鋪子裏去。」

屠羊說終究還是拒不接受封賞。

認清自己的能力，不貪慕不屬於自己的東西，才是值得人們尊敬的人。

私恩與公法

漢順帝某年，蘇章被任命為冀州刺史，他在審理積案的時候，發現收受賄賂的清河太守，正是他以前最要好的朋友。

一天晚上，蘇章備下酒菜，請來那位老朋友。兩人一邊喝酒，一邊暢敘舊情，十分愉快。

這位清河太守的心裏，原來是十五個吊桶打水，七上八下，摸不透蘇章對自己犯罪採取什麼態度，這下好像石頭落了地，他長吁一口氣，得意地說：「人家頭上只有一頂青天，獨獨我頭上有兩頂青天啊！」

蘇章正色道：「今晚我蘇孺文請你喝酒，是聊盡私人舊誼，明天冀州刺史開堂審案，卻是執行公理正法。」

第二天，蘇章正式開堂，果然對這個清河太守按刑法論處。

在友情與正義之間發生衝突時，要以維持正義為第一原則。

冒牌父親

程顥，北宋神宗時任晉城縣令。

當地富人張三的父親死了不久，就有一老翁走進他家對他兒子說：「我是你的親生父親。」張三的兒子很詫異，不知是真是假，便與老翁一起到縣衙，請求幫他分辨真假。

程顥問老頭是怎麼回事，老翁說：「我本是醫生，常出遠門為人治病，當時妻子生下兒子，家境貧困不能撫養，就送給了張家。」

程顥請老翁拿出憑據，老翁從懷中取出一個記事的冊子遞了上去，冊子上寫道：「某年某月某日，某人抱兒去張三翁家。」程顥詢問了張三的兒子和張三的年歲，然後對老頭說：「這個兒子出生的時候，張家人才四十歲，那時你就稱他為『三翁』了嗎？」老翁嚇了一跳，當即認罪，被程顥依法重懲。

做人要清醒，做事要明白。以理智來判斷所聽到的言語，則胸中自有主張；以品德的修養來摒絕私欲，則心境自然清明。

留母降子

宋太宗在位期間，党項酋長李繼遷時叛時降，經常騷擾西部邊境。有一回保安軍稟奏皇上說，已經抓獲了李繼遷的母親，宋太宗準備把她殺了，以警戒凶逆的人。

寇準當時任樞密大臣，太宗就單獨召他來商量。寇準退朝時，經過宰相府，呂端問寇準：「皇上告誡過你不將此事告訴我嗎？」寇準說：「沒有。」於是就將事情告訴了他。呂端說：「準備如何處置她呢？」寇準說：「要將她在保安軍北門外斬首，以警戒叛逆之人。」呂端說：「如果一定要這樣做的話，就不是恰當的計謀。」

說完，他立即入宮上奏道：「從前項羽打算油烹劉邦的父親，劉邦告

訴項羽：『如果油炸了我的父親，希望也分給我一杯肉湯喝。』做大事的人都是不顧念他的親屬的，更何況李繼遷是個叛逆之人呢？陛下今日殺了他的母親，明天是否就能捉住李繼遷呢？如果捉不住李繼遷，那只能結冤仇，更加堅定他反叛的決心。」

太宗說：「那麼應當怎麼辦呢？」呂端說：「以我的愚見，應該把她安置在延州，派人好好看視她，以此為誘餌招徠李繼遷，即使他不立即投降，也終歸可以牽制他的心，而他母親的生死操在我們手中。」太宗拍著大腿連聲說好。

後來李繼遷的母親老死在延州。而李繼遷死後，他的兒子終於向朝廷請求歸順，這都是呂端的功勞。

只有善待別人，你才能得到別人的尊重。以情動人，這是處理問題的有效方法。

釋車而走

春秋末期，齊國國君齊景公非常器重和依賴相國晏嬰，國中大小事情，都要向晏嬰請教，然後才可以定奪。

一次，齊景公到渤海灣去遊玩，正玩到興頭上，忽見一名侍者騎馬飛奔而來報告說：「大王，大事不好了，相國晏嬰得了重病，眼看要死了。恐怕您趕不上看他最後一眼了。」

齊景公聽到這個消息，下令馬上回京，他挑選了最好的馭手駕車，挑選了最好的馬匹拉車，急急忙忙地出發了。

在車上，齊景公不住地催促馭手：「快點，再快點！不然相國就會危險的！」雖然馬車跑得已經夠快的了，齊景公仍然覺得太慢，於是就把馭手推到一邊，索性自己拿起鞭子趕起車來。

這樣跑了一陣子，齊景公還覺得不夠快，怎麼辦呢，這個時候，心急如焚的齊國國君做出了一個驚人之舉，他乾脆跳下馬車，徒步奔跑了起

來，跑了一會兒，齊景公累得汗流浹背，上氣不接下氣。齊景公當然沒有馬跑得快了，他一心求快，結果反而更慢了。

齊景公見不行，只好又回到車上，讓馭手重新駕駛馬車往京城趕路，這個時候的齊景公才覺得，還是馬車走得快啊，假如自己趕車或者徒步跑回京城，還不知道要到什麼時候才能夠到達呢。

等回到京城以後，齊景公立刻馬不停蹄地奔向晏嬰的相國府，看到相國病危，他趕忙召御醫前來為晏嬰看病。

欲速不達，做事情必須要循序漸進，不能夠只追求結果而不顧過程，忽視過程的結果只能是把事情辦砸了，只有按照事物本身的特點來處理對待，才能更有效地應對，在最短的時間內用最適合的辦法解決問題。

揖讓救火

趙國有個叫成陽堪的人，有一次，他們家的房子著火了，因為房子很高，沒有梯子登不上去。火勢非常兇猛，必須馬上登上房頂救火。於是，成陽堪忙叫兒子成陽肭到奔水先生家去借梯子。

成陽肭平日裏飽讀詩書，對禮節之道爛熟於心。此時他不慌不忙地從衣櫃裏找了一件乾淨的衣服和帽子，照照鏡子，穿戴整齊，斯斯文文地邁著方步走了。

到了奔水先生家，主人迎了出來，他連作了三個揖，才緩步登上臺階，進到廳堂裏，安靜地坐在西邊柱子下的客人席位上，絲毫不提有關救火的事情。

主人見到成陽肭這樣從容不迫，彬彬有禮，落落大方，一種敬佩之心油然而生，便更加殷勤地招待客人。主人命令僕人擺上宴席，盛情款待成陽肭。席間主人特地獻上肉食，這是招待尊貴的客人時才有的，並向成陽肭敬酒。成陽肭起立，舉起酒杯，慢慢地喝下，並回敬了主人。飯桌上賓主進行了友好、客氣的交談，一頓飯吃了很長時間。

酒飯過後，奔水先生問成陽肭：「您大駕光臨，真令寒舍蓬蓽生輝，有什麼事需要我幫忙嗎？如果有的話，請儘管吩咐，能做到的話，我一定不會推辭。」

成陽肭這才開口說：「家門不幸，上天降禍到我家，發生了火災，我們家的房子著火了，烈焰正在熊熊燃燒，想要爬上高大的房屋去澆水滅火，肋下又沒長著翅膀，飛不到房上，一家人只能望著著火的房子哭喊。我們聽說您家裏有梯子，父親特遣我來，向您借梯子一用。」

奔水先生聽了，大吃一驚，這才知道他家著火了。俗話說水火不留情，怎能這樣不急不徐呢？奔水先生急得直跺腳，說：「你怎麼這麼迂腐！要知道，假如正在山上野餐，如果遇到了老虎，就必須趕快扔掉吃的快快逃命；在河裏洗腳看見鱷魚，就應該馬上丟掉鞋子逃命。現在你們家的房子已經著火了，這哪裡是你作揖禮讓的時候啊？我們趕緊去救火吧！」

說完，奔水先生命人抬上梯子，迅速往成陽肭家跑。可是，等他們到的時候。房子早已經燒成灰燼了。

我們為人處事，都要講實際，求實效，要會隨機應變。

三種不幸

春秋時期，狐丘丈人有一次對楚國令尹孫叔敖說：「即便是像你這種位高權重的人也有三種不幸，你有沒有聽說過？」

孫叔敖說：「沒有聽說過，能告訴我是哪三種不幸嗎？」

狐丘丈人告訴他：「你的社會地位越高，就越有人妒忌你；你的官爵越大，你的主上就會越提防你；而財富越多，就會有更多的人怨恨你；這就是富貴下面隱含的三種不幸啊！」

孫叔敖聽後，並不以為然：「你說得雖然有道理，但卻不一定是這種結局。如果我的地位越高，就越應該放低自己的姿態；官爵越大，就對自

己的行為愈加小心；財產越多，就越多地施捨給那些貧困的人。如果這樣做的話，是不是就可以將你所說的這三種不幸避免掉了呢？」

地位和官職固然會帶來一些副作用，但是如果我們用正確的態度和方式去處理它，不僅會避免隨之而來的弊端，反而會給自身和周圍都帶來更多的利益。

致富之道

春秋時期，齊國人國氏是一個腰纏萬貫的大富翁，宋國人向氏則是一個身無分文的窮光蛋，因此向氏就從宋國到齊國向國氏請教致富之道，國氏告訴向氏說：「我會偷。一年可以勉強糊口，兩年便可豐衣足食，三年便大有結餘。」

向氏並沒有問清底細，他領會錯了國氏所要表達的意思，返家後做起真正的強盜來。於是向氏就爬牆穿室，打家劫舍，沒多久便失風獲罪，逃捕亡命。日夜兼程再次來到齊國，抱怨國氏使他誤入歧途，身敗名裂，自己原來窮困還可以逍遙自在，現在卻只能亡命天涯，難免要受牢獄之災。

國氏聽完向氏的訴說後，不禁仰天大笑著說：「你竟然不知為盜之理嗎？天有時，地有利，我所盜的是天時地利；雨雲滂潤，山澤寶藏，陸盜禽獸，水盜魚鱉，山盜礦藏，生養滋息，源源不絕，最大的目標是人與天爭，役使自然。你所採取的手段，奪人財物，壞人居室；最大的目標，是人與人爭，結夥行兇，大家分贓而已。縱然僥倖得逞，也將造成天下大亂，民窮財盡。」

向氏聽後茅塞頓開，但已經鑄成大錯，一切都遲了。

利用天地之間、社會之中的機會和資源來致富是正當的舉動，而通過偷取詐騙別人現有財產來致富的行為則必然受到法律的制裁。

梁鴦飼養禽獸

周宣王時期，宮廷裏面有位擅長馴養鳥獸的差役，叫做梁鴦。經過他馴養的飛禽走獸，都和諧地生活在同一個庭院之中，既沒有相互爭鬥，也沒有彼此殘殺。

周宣王對他十分讚賞，但同時又怕梁鴦的飼養技術失傳，於是就派近臣毛丘園到梁鴦那裏去學習。

梁鴦對毛丘園說：「我不過是個地位低賤的奴僕，哪裡有什麼絕技能傳授給您。不過為了避免大王說我有意向你隱瞞技術，不妨談談我養虎的經驗。

動物你順著牠，牠就喜歡；你逆著牠，牠就發怒。這是有血氣動物的本性，老虎也不例外。然而牠們的喜怒難道是無緣無故爆發的嗎？當然不是，這是由於不順著牠們而觸犯了牠們的緣故。

因此我從來不給老虎活的動物當食物，就是擔心牠捕殺活物的時候會發怒。同樣也不給牠大塊的食物，以免牠撕裂食物的時候會動氣。因此只要瞭解老虎的飢飽，不要使牠發怒就行了。

反過來說，我同樣也不會過分順從讓老虎過於高興。因為牠高興過後就會發怒，暴怒過頭又常轉為高興，這兩者都是不可取的。如今我對牠們心不存順逆，牠們也就把我當成自己的同類，所以願意生活在我的庭院之中而不再羨慕深山老林了。這都是在馴養中順應自然規律的結果啊！」

我們可以從梁鴦養虎的經驗中領會出應對世事的訣竅。凡人的天性，都是順之則喜，逆之則怒。

樂羊食子

樂羊是戰國時魏國的一員名將，魏文侯三十八年，他被任命為大將軍，率軍攻打中山國。在樂羊的帶領下，魏軍節節勝利，不久，就將中山

國都城圍得跟鐵桶似的。

中山國眼看抵擋不住，就捉來了樂羊的兒子，把他殺了，煮了一鍋肉羹，派人給樂羊送去，想動搖他的決心。誰知樂羊不但不悲傷，反而神色坦然地喝了一杯肉羹。中山人見樂羊攻城之意這般堅決，軍心更加混亂。

魏文侯知道後說：「樂羊是為了我，才吃自己兒子的肉。」

而堵師贊卻說：「連自己兒子的肉都吃的人，又有誰的肉他不敢吃呢？」

最後，樂羊終於攻克了中山國，為魏文侯在古長城一帶開闢了廣闊的疆域。但魏文侯雖然獎賞了他，卻從此懷疑他的忠心了。

任何事物的發展都有一定的界限，超過了這個界限，就會使事情走向反面。

負荊請罪

戰國時期，藺相如在趙國為相。由於在出使秦國索回和氏璧的事件中立下大功，趙王讓他擔任上卿之職，位置比趙國戰功赫赫的名將廉頗還高。

廉頗聽說藺相如的官職高於自己，很不服氣。心想：我帶兵出生入死，為趙國保境安民發揮了重要作用，而藺相如只不過是出使秦國費了一番口舌而已，有什麼資格做的官比我還大呢？於是，廉頗逢人就說：「我以後遇見藺相如，一定要好好羞辱他一番。」

有人將廉頗的話告訴了藺相如，於是藺相如就不再與廉頗見面。每當要參加早朝時，想到要見到廉頗，就常常聲稱自己有病不能前去。

有一次，藺相如出門，遠遠地望見廉頗騎馬向自己走來，馬上叫駕車人繞道而行。就這樣，廉頗想羞辱藺相如，卻一直沒有機會。

藺相如手下的人看不過去了，就對他說：「您這樣一味地躲避著廉將軍，不是太軟弱可欺了嗎？我們作為您的下屬，也因此而感到羞恥，因此

我們向您請求辭職。」

藺相如聽完後，站起來問他們道：「你們看廉頗比得上秦王嗎？」

眾人回答道：「似乎比不上秦王。」

藺相如又說：「秦王作為一國之君，威風八面，我尚且敢當著他的面在朝堂之中大聲叱責他，羞辱他的群臣。我雖然很愚笨，秦王尚且不怕，難道偏偏害怕廉將軍嗎？我考慮的是，強大的秦國之所以不敢侵犯趙國，只因為有我和廉頗在。如果我們兩虎相鬥，必有一死。我這樣做，是以國家安危為重，將個人私仇放在一邊。」

這些話逐漸傳到了廉頗耳中，使他感到十分慚愧。於是，他解衣露體，背上背著荊條，親自到藺相如家裏去向他請罪。藺相如一見，馬上將廉頗扶起：「老將軍這又是何必呢，只要你我二人同心協力，趙國就會強盛。請罪的話，再也休提。」

從此以後，廉藺二人結為刎頸之交，誓同生死。

想與極難相處的人相處，就要展現你的智慧及忍讓氣度。如果讓對方發現你的優點，進而產生敬佩之心，他還會樂於與你交友的。

罰人吃肉

五代十國時期，有個唐朝後裔叫李載仁，為了逃避戰亂跑到了江陵高季興那裏，做了個觀察推官。他生性迂腐，行動緩慢，從不吃豬肉。

有一次，他將要接受上司的召見，剛上馬時，就聽說家裏有兩個僕人打架了。李載仁大怒，叫人立即從廚房裏拿來大餅和豬肉，讓打架的人當著他的面吃下去，並且警告他們說：「以後如果再打架，還要在豬油裡加上酥油來重重地懲罰你們！」

每個人的喜好是不相同的，萬萬不可把自己的好惡強加於人，這樣不但沒有作用，而且還會鬧出笑話。

樑上君子

東漢時期，有個叫陳寔的飽學之士，他品行端正、道德高尚，因此很受當地人的敬重。陳寔不僅自己自覺自律，對兒孫們的要求也相當嚴格，常常找各種機會教育他們。

有一年，陳寔所在的地方發生了洪災，很多人因此無家可歸，四處逃亡，可也正因為這樣，弄得盜賊四處橫行。

有一天晚上，有個小偷溜進了陳寔家裏，剛準備動手時，發覺有人來了，小偷在慌亂之中只好爬到房樑上躲了起來。

來的人正是陳寔，他一抬頭就看見了樑上的一片衣襟，他心裏馬上明白了家裏進賊了。他一點都不驚慌，也不趕緊喊人來抓小偷，而是從容不迫地把晚輩們全都叫起來，將他們召集到外屋。

接著陳寔十分嚴肅地對晚輩們說：「品德高尚是我們為人的根本，在任何情況下，我們都應該對自己高標準、嚴要求，不能夠因為任何藉口而放縱自己、走上邪路。有些壞人，並不是天生如此，而是因為不能嚴格要求自己，慢慢地養成了不好的習慣，後來想改都改不過來了，這才淪為了壞人。比如樑上的那位君子，就是這種情況。我們可不能因為一時的貧困而丟掉志氣、自甘墮落啊！」

樑上的小偷聽了陳寔的話大吃一驚，才知道自己早就被發現了。同時，他又為陳寔的話所感動。小偷越想越覺羞愧，就翻身跳下梁來，向陳寔磕頭請罪說：「您說得太好了，我知道錯了，以後再也不做這樣的事了。」

陳寔聽後和藹地說：「看你的樣子，並不像個壞人，也是被貧窮所逼的吧。以後要好好反省一下，要改還來得及。」說完，他又吩咐家人取來幾匹白絹送給小偷。

當別人犯錯時，我們不要一味地去批判，而是要給予對方自我反思的機會。更重要的是，我們要講究方式，講究說話辦事的技巧，使對方能夠

發自內心地接受。

放火與點燈

宋朝年間，有個人名叫田登，平時與人交往十分挑剔、苛刻。後來，他當官做了郡守，架子更大、脾氣更凶了，在老百姓面前擺架子擺得更過分。

他最忌諱別人對他直呼姓名，甚至不准百姓在講話和文章中用到和「登」同音的字，誰有觸犯，毒打勿論。於是，舉州軍民只好把與「登」同音的字，都換個說法，比如「蹬」字，只能說「跳」，「登高」只能說「上高」。這還不算，老百姓用得最多的一個「燈」字，也被換成「火」字。

元宵節來臨，城裏照例要放彩燈，田登為表示與民同樂，假惺惺地允許老百姓進城觀燈，便傳下命令，可以放花燈三天。可是他手下的人怎麼敢寫「放燈」呢？想去想來，只好寫出了這樣的公告牌：「郡守傳下令來，按傳統習慣，州裏放火三天。」

百姓見了一片譁然，都氣憤地說：「只許州官放火，不許百姓點燈，這是個什麼世道！」

官民之間有著地位上不可逾越的鴻溝，統治階級與人民的階級對立和等級差別是不可調和的，甚至從小小的「燈」與「火」兩個字上也如此鮮明地反映出來了。

天子之怒與百姓之怒

秦國把韓魏滅了以後，安陵君還有五十里領土。秦國為了更快地將其霸占，謊稱用五百里的土地去換五十里，遭到安陵君的拒絕。

安陵君害怕秦王一怒之下來攻打他的領土，於是派唐雎出使秦國。

見了秦王，唐雎不慌不忙地說：「我國的土地是我國君主從他們祖先那兒繼承下來的，因此得把它守衛好，就算是拿一千里的土地來交換，我國君主也不敢答應，不要說僅僅五百里了。」

秦王沒有回答，而是問唐雎：「你看過天子發怒嗎？」

「還沒聽過。」唐雎答道。

「天子一發怒，能讓成千上萬的人丟掉性命，上千里的地方血流成河。」秦王得意地說。

「大王可曾看過百姓發怒？」唐雎反問。

「老百姓發怒嘛，無非是摘下帽子，脫掉鞋子，用腦袋在牆上亂撞亂碰罷了，除了這些，難道還會有其他的舉動不成？」秦王笑著說道。

唐雎於是說：「大王說的只是少數軟弱之人，並不能代表多數百姓！專諸刺王僚，聶政刺韓傀，要離刺慶忌，這些重大的刺殺行動，能夠很好地顯示出老百姓發怒的威力，這三位都是俠義之士，是老百姓中的大丈夫。現在把我唐雎算在內，就有四個人了。如果大丈夫當真發怒，眼看著就會有兩個活人當場送命，五步之內鮮血直流，滿天下戴孝，今天就是這樣！」

說罷，唐雎按住腰間的長劍，站了起來。

秦王嚇得面如死灰，趕忙起身向唐雎道歉：「先生請坐！是我錯了，我現在終於明白了，韓魏兩個大國都被我們滅了，而你們安陵這樣的小地方卻依然存在，就是因為有先生這樣的俠義之士啊！」

人是社會中的人，無論個人的力量有多麼強大，只要與大多數人為敵，都只能是自取滅亡。

志在四方

子高來到趙國遊歷，他和平原君的兩個門客鄒文、季節相處得很好，經常在一起談天說地，針砭時弊。

後來，子高要離開趙國，準備回魯國時，他的各位朋友都來向他送別。送別過後，鄒文、季節又送了三天。

分別時，鄒文、季節淚流滿面，但子高卻只是拱手作了作揖就走了。上路以後，子高的弟子很疑惑，問子高說：「先生與那兩位朋友關係很好，他們有依戀不捨的真情，為不知何時能見面而感傷得眼淚縱橫。而先生卻高聲說話，只是拱了拱手，這恐怕不能說是對朋友感情很深吧？」

子高回答說：「剛開始時，我還以為他們兩人都是大丈夫，現在才曉得他們與女人差不多。人生在世，應志在四方，又怎麼能像鹿或豬那樣老是圍聚在一塊呢？」

那弟子又問：「這樣看來，那兩位是不是就不應該哭泣了呢？」

子高回答說：「這兩位都是好人啊，他們有仁慈之心，但是在去留、決斷問題上，就做得不夠了呀！」

志當強毅，意當慷慨，四海為家，這是大丈夫立身處世應有的氣節。而如果留戀於鹿豕般的團聚親熱，沉湎於兒女般的卿卿我我，優柔寡斷，肯定是成不了大事的。

解不開的結

有個魯國的怪人，他用繩子繫了兩個結送給宋國的國王，這兩個結非常難解。宋王於是通告全國：「只要是能解開這兩個結的人，寡人都會重重賞賜。」

消息一出，馬上就有很多好奇的人來解這兩個結，但是這些人誰也解不開。兩個月之後，來了一個年輕人，他解開了一個結，另一個他解了一會兒就放下了。

宋王覺得很奇怪，就問他：「你為什麼不解了？」

年輕人說：「不是我不解，這個結本來就是解不開的，就算繫結的人自己來，也無法解開。」

宋王不信，就拿著那個結去問繫結的怪人。怪人說：「是的，這是個解不開的結，這個結是我做的，我自然知道它解不開，而那個年輕人沒有做它也知道它解不開，可見他的技術比我還要高明。其實，知道這個結不可解，也就是找到了這個結的答案。」

知道可以做的就去做，知道不可以做的就要放棄。懂得放棄，也是一種智慧。

囊螢和映雪

晉朝的時候，有個窮書生名叫車胤，家貧買不起燈油，夜裏讀書，就捉螢火蟲裝在紗袋裏照明。還有一個人名叫孫康，冬天常常站在雪地裏，利用白雪的反光讀書。

於是，這兩個人苦學的名聲被人們到處傳頌，大家都把車胤和孫康作為學習的典範。

有一天，孫康去拜訪車胤，正好車胤不在。

孫康問家人：「主人到哪兒去了？」

家人回答：「到河邊捉螢火蟲去了。」

過了幾天，車胤回拜孫康，只見孫康背著雙手閒站在庭院中。車胤問：「你怎麼不讀書呢？」

孫康仰頭看天說：「我看今日這個天色，不像要下雪的樣子。」

「名」和「實」應該是相符的。千萬不能只圖虛名，不名實際，否則只會是笑料一樁。

裝老虎

有個楚國人，他家養的家禽家畜總是被狐狸偷去，他十分生氣，想盡

了一切辦法想把這害人的東西捕獲，都未能成功。

後來，他聽人說，老虎是百獸之王，狐狸見了老虎就會嚇得趴在地上，一動也不敢動。

他想：「總不能抓隻老虎來替我看家吧。」但轉念一想，「做隻假老虎說不定也管用。」

於是，他就抱著試試看的心理，請人用老虎皮做成一隻假老虎，放在窗子的下面。到了晚上，狐狸又來了。進了院裏，一抬頭，看見一隻大老虎站在面前，狐狸大叫一聲，嚇得暈了過去。看到自己這麼輕而易舉地就制伏了狡猾的狐狸，楚國人十分高興。

過了幾天，又有一頭野豬去他的地裏吃莊稼。楚國人就把假老虎放在草叢裏埋伏起來，叫兒子拿著鋒利的長矛守住路口。野豬進來後，他就大叫起來，野豬嚇得往草叢裏逃，一見老虎害怕得腿都軟了，掉頭往路上跑，被守在路口的兒子一矛刺死了。

楚國人因此非常得意，便認為用假老虎可以降伏天下所有的野獸。有一天，山野裏發現了一個像馬一樣的動物，這個楚國人竟披著虎皮去追趕牠。

沒想到那個像馬的動物叫駮（傳說中能食虎豹的猛獸）。駮一看有老虎，並不害怕，撲上去與之搏鬥，結果把這個楚國人咬死了。

一切方法使用起來都得看對象。對象變了，方法也要改變。用一成不變的方法去應付一切，遲早會失敗。

恃勝失備

明朝時，有一個強盜，他有一次與一個人打架。兩個人拿出武器來剛剛交鋒時，強盜將事先滿含在口中的水突然噴到了那人的臉上。那人突然受驚，強盜趁此機會，用刀子一下就戳穿了那人的胸膛。

後來，又有一個身強力壯的人碰到了這強盜，他已經知道這個強盜噴

水的方法。等到雙方交手時，強盜故技重施，但水一噴出口，那漢子就用長矛將他的頸刺穿了。

世界是紛紜複雜的，生活是變動不居的，不同的情況當以不同的法子應對。像這強盜那樣因循守舊，以不變應萬變，怎麼能不失敗呢？

高價馬鞭

唐朝時，有一個在集市上賣鞭子的人，他的鞭子要價五萬。當別人還價五十時，他就會笑彎了腰；還價五百時，他就會小小地發脾氣；給他五千時，他就會大發雷霆，一定要五萬才肯賣出。

有個富家子弟，到集市上去買鞭子，花了五萬將這條鞭子買了下來。他將鞭子拿回來後就在別人面前誇耀。有個人拿來一看，發現那根鞭的鞭梢捲縮而不舒展；鞭把歪斜不正；纏在鞭上的皮筋纏來繞出，不相銜接；鞭的節頭腐朽墨黑，沒有紋飾；用指甲一掐，指甲都陷進去了；拿到手裏輕飄飄的，像揮動著沒分量的東西一樣。

於是那人問他：「你為什麼要花五萬塊的大價錢來買這根鞭子呢？」

富家子弟回答說：「我喜歡這根鞭子又黃又有光彩，而且賣鞭的人也說好。」

那人聽後，就叫僕人燒水去洗那根鞭子，只見那根鞭子很快就失去了光澤，呈現出蒼白色。原來那黃色是用梔子染成的，光澤是塗蠟而成的。

富家子弟見此情形很不高興，但他還是把鞭子拿去用了三年。後來一次出門到東郊，在長樂阪下與別人搶道，馬兒相互踢咬，富家子弟便用鞭子使勁抽打，結果鞭子斷成六截。馬還是不停地踢咬，富家子弟最後被摔下了馬，受了傷。再瞧那鞭子，裏面空洞洞的，沒有一點特別的地方。

我們看問題要注意內容和形式，謹防那類「金玉其外，敗絮其中」的人和物，他（它）們好看不好用，徒有其表，是不可倚重的。

秦人好古

秦朝時，有個讀書人，他非常喜歡收藏古物，只要遇上他喜歡的古器，無論別人要價多少，他都會將其買下。

有一天，有一個人拎著一領破席來到他家，對他說：「當年魯哀公曾設席賜座請教孔子，這就是孔子當年坐過的那領席子。」讀書人聽後，十分高興，便用城牆附近的田地換下了這領席子。

過了一些時候，又有一個人拿了一根古杖來賣給他，對他說：「周文王的祖父太王為逃避狄人的侵擾，在離開邠地時所拄的就是這根拐杖，它的年代比孔子坐過的那個席子還要早上幾百年，你看你拿什麼東西來和我交換呢？」讀書人聽後，便把家中所有的錢財都給了他，買了拐杖。

幾天以後，又有一個人拿了一隻破碗前來，對他說：「你前些時候買的席子和拐杖，都還算不上古老。你看我這個碗，它是上古夏桀時造的，年代已經不能再遠了。」讀書人為了得到這個破碗，就讓出自己所住的房宅，將這個碗買了下來。

他散盡家財買了三件古物，同時也弄得沒有吃的，沒有穿的。但他的好古之心依然如故，始終不肯放棄這三件古物。

於是，他便披著哀公的席子，拄著太王的手杖，拿著夏桀時的破碗，沿街乞討，口裏還說：「各位好心的父老鄉親，誰有太公的九府古錢，請施捨給我一文吧！」

愛好古物未嘗不可；收藏古董，也是無可厚非的。但像那位秦人一樣嗜古、頑固不化，盲目地跪拜在古人的腳下，就十分可笑、可悲了。

攜技去越

春秋時期，魯國京城裏住著一對夫妻，男的編得一手好草鞋，女的織得一手好麻布，夫妻倆兢兢業業，日子過得還算不錯。

他們經常聽人說越國那個地方是魚米之鄉。

有一天，這對夫妻收拾了家什行李，準備搬到越國去生活。鄰居看見了，對他們說：「搬到越國去，就怕你們會窮得揭不開鍋。」

夫妻倆不高興地說：「瞧你說的，我們會編草鞋，會織麻布，又省吃儉用，不發財才怪呢！」

鄰居說：「草鞋是幹嗎用的？穿的，可是越國都是水鄉，越人從小就光著腳板走路，不用穿鞋。麻布是幹嗎用的？做帽子用的，可是越國時有暴雨，越人各個蓬頭披髮，從不戴帽子。」

夫妻倆一聽，愣愣地問：「真的？」

鄰居笑著說：「當然是真的。你們的手藝固然不錯，可是到一個用不著這種手藝的國家，不窮得揭不開鍋才怪。」

一切知識、才能、技藝都要符合實際的情況，要做到學以致用，學用結合。

孟母教兒

孟子是孔子學說的繼承人,後世稱他為「亞聖」。他能夠取得這樣的成就,和他母親的教育是分不開的。

孟子幼年喪父,母親帶著他艱難度日。當初,離他家不遠的地方有塊墳地,他經常看到埋葬死人的事,孟子看什麼學什麼,便和小朋友一起,玩起了挖墳坑、抬棺材、埋死人一類的遊戲。孟母看這樣不行,於是將家搬到一個新的地方。

他們住到了一個靠近集市的地方,那裏都是些競相牟利的商人,討價還價做買賣,鄰居是整天殺豬宰羊的屠戶,街口上賣假貨的小販滿嘴謊言……孟子又對商人的那一套賺錢的辦法有了興趣,便學著商人的樣子做起了經營買賣的遊戲。孟母想這樣下去也不行,就又搬了家。

這一次,她的家靠近一所學堂。看到的是讀書人,聽到的是讀書聲。孟子開始學習禮儀,漸漸懂得禮貌並力求上進了。孟母覺得這是正經路子,就在這兒長住下去了。

後來，孟子進學堂讀書了，孟母就教育他一定要好好學習。

有一次，還沒到放學的時間，孟子就溜了回來。正在織布機前織布的孟母見到這種情形就停手問道：「怎麼這麼早就回來了？」

「我在那裡坐不住，老想著出去玩！」孟子回完話後，轉身就要往外跑。

孟母一把拉住了他。她拿起剪刀，把已經織得很長的一匹布攔腰剪斷了！孟子愣了，呆呆地看著母親，覺得不可理解。

孟母嘆了一口氣，緩緩地對兒子說：「我織的布，一下子從中間剪斷，就沒用了。你不好好讀書，半途而廢，不就相當於我把這匹沒有織完的布剪斷嗎？沒上完課就回來，也是不能學成才的，織布、讀書都是一個道理！」看著剪斷的布匹，望著母親慈祥的面容，孟子明白了堅持不懈方能成才的道理。從此以後，孟子再也不偷懶了，並且開始專心讀書了。

父母在給孩子提供一個好的環境的同時，也不能忽視對孩子的教育。

鐵杵磨針

據說李白小時候很貪玩，不愛讀書，也不求上進。有一天，他書讀到一半，心煩意亂，又打呵欠，又伸懶腰。看看屋裏沒人，他就悄悄溜出門去，跑到小河邊玩耍。

走啊，走啊，他看見小河邊上蹲著一個老婆婆，手裏拿著一根鐵棒，在石頭上一個勁地磨呀磨呀。

李白很納悶，便走上前問道：「老婆婆，你在做什麼？」

老婆婆回答：「磨針。」

「真的？」李白很吃驚，「這麼大一根鐵棒，怎能磨成針呢？」

老婆婆笑呵呵地說：「小孩子，鐵棒總是越磨越細，只要我下定決心，天天磨，還怕磨不成針嗎？」

李白聽了，若有所悟，連忙轉身跑回家，翻開書本，一遍又一遍地讀

起來。

從此，他再也不貪玩，不怕苦，發奮學習。後來，李白成了歷史上一個偉大的詩人。

「天才在於勤奮」，李白的成功即在於此。他在《戲贈杜甫》中寫道：「借問別來太瘦生？總為從前作詩苦。」可見這位「詩聖」的才能也不是天生的。

山海關的「一」字

明朝萬曆年間，北方的女真族人常常騷擾邊境。皇帝為了抗禦強敵，決心重新整修萬里長城。當時號稱天下第一關的山海關，卻因年久失修，其中「天下第一關」的題字中的「一」字，已經脫落多時。

為了恢復山海關的本來面貌，萬曆皇帝廣邀天下書法名家前來題字。一時間，名士彙聚，但是沒有一人的字能夠表達天下第一關的原味。皇帝於是再下詔，只要能夠中選的，就能夠獲得最重的賞賜。經過嚴格的篩選，讓人意想不到的是，最後中選的竟是山海關旁一家客棧的店小二。

在題字當天，會場被擠得水洩不通，官家也早就備妥了筆墨紙硯，等店小二前來揮毫。只見這個店小二抬頭看著山海關的牌樓，捨棄了狼毫大筆不用，拿起一塊抹布往硯臺裏一蘸，大喝一聲：「一！」十分乾淨俐落，立刻出現一個絕妙的「一」字。

旁觀者一看，莫不給予驚嘆的掌聲。有人好奇地問他能夠如此成功的秘訣。他被問之後，久久無法回答。後來勉強答道：「其實，我想不出有什麼秘訣，我只是在這裏當了三十多年的店小二，每當我在擦桌子時，我就望著牌樓上的『一』字一揮一擦而已。」

原來這位店小二的工作地點正好面對山海關的城門，每當他彎下腰，拿起抹布清理桌上的油污之際，剛好這個視角，正對準「天下第一關」的「一」字。因此，他不由自主地天天看、天天擦，數十年如一日，久而久

之，就熟而生巧、巧而精通，這就是他能夠把這個「一」字，臨摹到爐火純青、惟妙惟肖的原因。

在任何崗位上，只要抱著熱忱、專注的態度去做，就必然會成為精英。因為熱忱，所以能夠投入強大的動力與能量；因為專注，才能心無旁騖勇往直前；也更因為熱忱與專注，才能達到專業與精通的境界。

斷機誡夫

樂羊子年輕的時候家裏很貧窮，常常揭不開鍋。有一次，樂羊子在路上拾到一塊金子，高高興興地拿回家交給妻子。妻子卻正顏厲色地說：「我聽說有志氣的人不飲盜泉之水，廉潔的人不食嗟來之食，何況用拾來的財物玷污自己的操行呢？」樂羊子聽罷滿面羞愧，就把金子遠遠地丟到野外去了。

這件事給樂羊子很大的觸動，他便離家去遠方求學。一年以後，樂羊子帶著行李又回家來了。妻子很驚訝地問他出了什麼事情。羊子笑嘻嘻地說：「離別日久，我太思戀你了。」

妻子一聽，臉色變了，拿起刀子走到織機前說：「我一絲一縷，不停地織，才織就這匹布。如果從中割斷，便前功盡棄。讀書也靠滴水成河，時刻覺得自己還學得不夠，才能成功。你中途而歸，不就和割斷這匹布一樣嗎？」

樂羊子被這番話深深感動了，馬上又離家遠去。他發憤讀書，整整七年沒有回家。

「書山有路勤為徑，學海無涯苦作舟」，只有艱苦學習，持之以恆，才能獲得預期的成就。

愛書的人

春秋時期，有一個叫王壽的人，十分喜愛書，藏書非常豐富。那時候的書，多是人工抄寫在竹片上，再以繩連接起來的。他為了讓自己有更多的材料抄書，就在自家房前房後種滿了竹子，形成了一片竹林，並在門前的池塘裏種了許多蘆葦。他每天所有的時間除了吃飯睡覺，都用來借書抄書看書。家裏一院小房，除了他住的地方外，已經被書全部占滿了。

為了防止書被蟲蛀蝕，他會經常將書搬出去晾曬一遍，同時還要翻檢看有沒有脫落的文字，有就及時補上。40多年來，王壽孤身一人過著這種自以為充實的生活，以苦為樂。

由於母親去世了，王壽必須趕回老家去處理喪事。他隨身帶了五冊書，準備途中抽空看看。

王壽已不年輕，五冊竹簡的重量也不輕，結果沒走多久，他就感覺體力有些不支，不得不停了下來，坐在路口休息，並隨手抽出一冊書來讀。

這時有個叫徐馮的隱士剛好從這路過，見他帶著這麼多書，就問他：「敢問是王壽先生嗎？」

「你是誰？怎麼會認識我呢？」王壽問道。

徐馮就向他作了自我介紹，王壽也曾聽說過他，就把自己此行的目的告訴了他，並說自己不惜負重，全為了在旅途中讀書充實自己。

「無用。」徐馮聽了嘆口氣說。

王壽聽得一愣。呆呆地望著徐馮，不知他說的是什麼意思。

徐馮看了看他，笑著說道：「書是記載言論和思想的。言論和思想又由人的勤奮思考而產生，所以藏書的多少並不能成為衡量人的學識標準。我原以為你是聰明的人，為什麼不去思考問題，形成思想，卻要背著這累人的東西到處走呢？」

王壽聽了，恍然大悟，他謝過徐馮後，當場燒了自己所帶的書，輕身前行。

書能夠為我們帶來知識，在讀書的過程中，我們要學會思考，不可為讀書而讀書，否則就會被書所累。

周谷畫虎

古時候，有個叫周谷的畫師非常會畫虎，方圓幾百里的人都來買他畫的虎。

後來，買周谷的「虎」的人越來越少了。他一問才知道，有一個外鄉人也來到了這裏畫虎，他畫的虎比周谷的更加逼真。於是，周谷混在人群裏，去看那個外鄉人畫的虎，果不其然，那人畫的虎不光外表像，而且還透出一股靈氣。

周谷回到家中，便收拾行李離開了故鄉。

三年後，周谷突然回來了，他回到家中，就畫了一幅《下山虎》送到那個外鄉人家裏。外鄉人見到這栩栩如生的老虎就如同真虎一般立在自己面前，脊梁骨陣陣發寒。趕緊前往周谷家中，欲拜周谷為師。

人們很奇怪，問周谷為什麼三年不見，回來便能把虎畫得如此好了呢？周谷說：「外鄉人千里迢迢來到這裏以畫虎為生，肯定不會將技巧傳授給別人。所以我就跑到深山裏，天天觀察老虎的生活，記下牠們的一舉一動，時間長了，畫出的老虎自然就形神兼備、栩栩如生了。」

如果從他人那裏瞭解到自己的不足，不可以有嫉妒心，反而要更加努力地去學習，可以使自己超越原來的自己，同時也能獲得別人的尊重。

抄襲的呈文

東漢時期，有個富有的人非常想當官，因為當官不僅威風，而且還可以藉權力多弄些錢財。於是他狠了狠心，拿出一大筆錢去賄賂一些官員，果然如願以償，得到了一個在太守衙門裏當屬官的職位。

他穿上官服，戴上官帽，趾高氣揚地走來走去，心裏非常得意。

這個人得意了沒幾天，就碰上了難辦的事：有一篇奏事的呈文必須由他寫，然後交給太守審閱。他一直過著十分優裕的生活，根本就不曾認真學習，這回要叫他寫呈文，可給他出了一個難題。

這個人心裏非常著急，愁得吃不下飯、喝不下水。他妻子見他這樣，就給他出主意說：「隔壁的李四讀過書，認識很多字，你去求他幫你寫一篇，不就行了？」

「對呀，我怎麼沒想到呢？」這個人高興地叫道。

他趕忙跑到李四家，央求李四說：「老兄啊，有件事想請你幫忙！你也知道我沒認真讀過書，根本就不會寫呈文，要是太守怪罪下來，我的烏紗就不保了！」

李四聽了搔搔後腦勺，想了想說：「我也很想幫你，但是這種文章我實在是不會寫。這樣吧，我聽說很多年前有個叫葛龔的人，他的奏事呈文寫得很好，你就去照他寫的抄一篇吧，這樣做應該不會有問題。」

這個人聽了大喜過望，急忙趕回去翻找書櫃，功夫不負有心人，他終於找到了葛龔寫的文章。這個人像獲得了寶貝一樣，迅速地抄了起來，沒有改動一個字。到最後，他抄順了手，竟然忘了改呈奏者的名字，將「葛龔」二字也抄上了。

第二天，他把呈文交給太守，太守看了，氣得吹鬍子瞪眼，一句話也說不出來，當即就罷免了他的職務。

學問是不得半點虛假的，不懂就不要裝懂，否則，遲早有一天會被揭穿的。

歧路亡羊

春秋戰國時期，著名的思想家楊朱的鄰居養了很多羊。有一天，鄰居家走丟了一隻羊，他請了很多人去幫他找羊。還嫌人數不夠，又來請楊朱

的僕人去幫忙。

　　楊朱覺得奇怪，就問鄰居：「你不過跑丟了一隻羊，為什麼要這麼多人去找呢？」

　　鄰居說：「岔路太多了，所以追的人就要多一些。」

　　等到找羊的人回來以後，楊朱就問鄰居：「你家的羊找到了沒有？」

　　鄰居嘆了口氣說：「丟了，找不到了。」

　　楊朱問：「那麼多人去找，怎麼會找不到呢？」

　　鄰居說：「人多，岔路更多！每條岔路上又有岔路，找羊的人都不知道走哪條路好，最後沒辦法，只好回來了。」

　　聽了這話，楊朱好幾天都沉默不語，沒有笑容。他的學生就問他：「丟了一隻羊，也不是什麼大事，再說羊又不是您的，您怎麼整天悶悶不樂呢？」

　　楊朱說：「不是為了羊的事，我由這件事想到我們的求學。如果我們求學的人不肯專心致志，學東西總是東學一下西學一下，就會像在岔路口找羊一樣，結果一無所獲。」

　　岔路太多，羊就跑丟了。做事也是這樣，雜念太多就做不好事情了。

孔子訓子貢

　　子貢是孔子的學生，由於他的家庭條件比較優越，在跟著孔子學習了一段時間後，覺得求學太辛苦，自以為該學的知識已經學得差不多了，就對孔子說：「老師，我認為我學得已經差不多了，請您讓我現在離開，前去輔佐明君，稍事休息一下吧。」

　　孔子見子貢對學業有些懈怠、自滿了，覺得如不及時加以勉勵，勢必會因此而使他半途而廢。

　　於是孔子就耐心地開導說：「你想停止求學，這怎麼可以呢？你難道沒有見詩中說的嗎？『天天和悅恭敬，事事小心謹慎。』你能做得到嗎？

伴君如伴虎，你以為就那麼容易嗎？輔佐君王的學問大得很，怎麼能用這種方式休息呢？」

子貢又問老師道：「那麼我把孝敬父母當做休息的方式行嗎？」

孔子說：「你沒見詩中說的嗎？『孝子做事周到細緻，永遠做那感人的好事。』你能做到嗎？侍奉父母不光是噓寒問暖，三茶六飯，要和禮儀、修養結合起來才行。你以為就那麼容易嗎？侍奉父母的學問大得很呢，怎麼可以當做休息的方式呢？」

子貢說：「那麼我就把和妻子相處當做休息的方式吧。」

孔子說：「沒見詩中說的嗎？為媳婦做個好榜樣，叫哥哥、弟弟跟著學，治家和治國沒有多大區別，你能做到嗎？正人先正己，你以為就那麼容易嗎？和妻子相處的學問大得很呢，怎麼可以用來休息呢？」

子貢又說：「那我就把交友當做休息的方式吧！」

孔子又說：「沒見詩中說的嗎？『朋友之間的關懷愛護，不能超過禮儀和法度。』你能做到嗎？交友但不結黨營私，親密但不喪失自己的人格，規諫但不損害對方的自尊，你以為就那麼容易嗎？交朋友的學問大得很呢，怎麼可以把它當成是休息呢？」

子貢見左也不成，右也不成，不禁焦急地問：「那麼照老師的說法，我豈不是連歇一會的機會也沒有了嗎？」

孔子鄭重其事地說：「有啊！當人們發現有一座新墳孤零零地立在那兒，像個小山，又像一隻鼎似的，那就是該休息的時候了啊！」

學習是永無止境的，而怕苦怕累的人終究會斷送學業。

孔子訓誡子路

子路姓仲，名由，是孔子的學生。他長相英俊，好勇多力，反應機敏。

一次，孔子問他：「你有什麼愛好呢？」

子路隨口答道：「愛好佩戴長劍。」

孔子不滿意他的回答，反問道：「那麼學習怎麼樣呢？」

子路說：「學習？那有什麼益處？」

孔子說：「學習的益處是很大的！眾所周知，沒有諫臣，國家就會滅亡；讀書的人沒有朋友，就不會有人來校正過失；馴服狂奔的野馬，就不能放下鞭子；箭要百發百中，離不開輔正弓弩的器具；鋸木頭必須打墨線，才能鋸得筆直；做人只有善於聽取各種意見，才能博採眾長。

愛好學習，不恥下問，做任何事都會順利、成功；詆毀仁德之人，厭惡讀書人，幾乎等於對他們施用刑罰。所以，正人君子一天不學習就要落後呀！」

子路對孔子所說的不以為然，反駁道：「南山的竹子，沒有人來砍削它，不是照樣長得筆直嗎？把竹子砍了當箭用，不是照樣能穿透皮革嗎？你說學習有什麼用？」

孔子接過他的話說：「把竹箭修一修，裝上羽毛，或者削一削，削成尖頭，不就會變得更加鋒利嗎？」

子路這回理屈詞窮了，向孔子行禮致敬說：「學生接受老師的教誨。」

只要善於學習，不斷修煉提高自己，一個人就會變得含蓄內秀，氣質也就會高雅起來。

天道酬勤

曾國藩是中國歷史上最有影響的人物之一，然而他小時候的天賦卻不高。有一天，他在家讀書，一篇文章重複不知多少遍了，還在朗讀，因為他就是背不下來。這時候來了一個賊人潛伏在他的屋簷下，希望讀書人睡覺之後撈點好處。可是等啊等，就是不見他睡覺，還是翻來覆去地讀那篇文章。賊人大怒，跳出來說：「這種水準讀什麼書？」然後將那文章背誦

一遍，揚長而去！

賊人是很聰明，至少比曾國藩聰明，但是他只能成為賊，而曾國藩卻成為受人欽佩的人。

偉大的成功和辛勤的勞動是成正比的，賊人聰明，不見經傳，曾國藩天賦不佳，卻勤奮。日積月累，從少到多，奇蹟就可以創造出來。

三個比喻

晉平公對大臣師曠說：「我現在已經七十歲了，總覺得自己學問不夠，雖然很想讀書學習，但年紀太大了，再學已經晚了。」

「晚了嗎？」師曠說，「晚了就點上蠟燭呀！」

「我和你說正經的，你卻和我開起玩笑來了。」

師曠說：「我做臣子的，哪敢和您開玩笑呢？我的意思是說，一個人如果在少年時好學，他的前途就像早晨的太陽一樣輝煌燦爛；壯年時好學，就像正午的太陽，還有半天的好時光；到了老年，就不過是蠟燭的火焰了，蠟燭的火焰雖然不怎麼明亮，但總比在黑暗中摸索好呀！」

學習總是有用的，因為知識總能給我們帶來光明。

老翁捉蟬

孔子在周遊列國時，一次，他帶領學生走到一片樹林跟前，看到一位駝背的老翁用一根長竿子在樹上捉蟬，不一會兒就捉了不少，顯得非常容易。

孔子於是走到老翁面前說：「您可真是靈巧啊！您捉蟬怎麼這麼容易呢？有什麼訣竅嗎？能不能向您請教一二呢？」

老翁見孔子是位讀書人，又彬彬有禮，於是就停止了捉蟬，高興地和

他交談了起來。他對孔子說道：「捉蟬的確是有訣竅的。首先要把捉蟬的竿子拿穩，竿頭的黏膠要對準蟬的翅膀，在將要貼近蟬翅時，則要快速地送竿。

這些技藝看似簡單，但都要好好練習。當初練的時候，我也經歷了一個相當艱苦的過程，為了拿穩竿子，我起初練了五六個月，竿頭放著兩個圓的丸子，使手臂伸出來紋絲不動，這兩個丸子掉不下來，然後再去捉蟬，蟬跑掉的就很少了。

後來練到竿頭可放三個丸子，捉到的蟬就更多了。

再後來練到竿頭可以疊放五個丸子而掉不下來，再去捉蟬，則無往而不獲，就好像在地上拾取一樣容易了。」

孔子聽到這裏，插話說：「真是不容易啊！難怪您有這樣的功夫呢！您站在樹下，就像粗壯的樹樁；您伸出的手臂，就像挺拔的樹枝，穩健而有力量，如此專心怎會捕不到蟬呢？真是功夫不負有心人啊！」

老翁微笑著接下去說：「捉蟬的時候，還必須高度集中注意力。在我捉蟬時，雖然天地那麼大，萬物那麼多，而我卻什麼都不想，只注意蟬的翅膀。我不去左顧右盼，不因紛雜的萬物而分散對蟬翼的注意，因此怎麼會捉不到蟬呢？」

孔子聽了捉蟬老翁的話，不住地點頭稱是，又轉過頭來對身後的學生們說：「今天這位老翁真是給大家上了一堂課啊！你們聽到了吧，學習知識，磨練本領，都要有這種吃苦精神，都要集中運用自己的心智！這位捉蟬老翁真是一位世外高人。」

世間各門學科都是相通的。連捉蟬這樣看似簡單的事情，也包含著這麼多的技巧和苦功，可見學習知識就更加不容易了。因此，無論做什麼工作，不下一番苦工夫是不行的。

孔子學琴

春秋時期，有一名很有名的樂官師襄子，很善於彈琴、擊磬。孔子曾拜他為師學琴，孔子學習時，非常認真，一邊學還一邊思考，並不自以為是。

開始的時候，他向師襄子學了一支曲子，練了十來天，還在不停地練，絲毫沒有停下來的意思，師襄子見了，對他說：「差不多了，如果只學一支曲子，不會有什麼大的進步，再學一支曲子吧！」

孔子卻回答說：「我才學會了譜子，還沒有掌握它的技法，現在就放手太可惜了。」

過了一些日子，師襄子見孔子已基本上掌握了曲子的技法，彈奏得如行雲流水，就對孔了說：「技法你已經掌握了，這回可以學習另一支曲子了。」

但孔子認為還不行，說道：「我還沒有體會出這支曲子所表現出來的思想感情呢！再繼續揣摩一段時間吧！」

又過了一些時候，師襄子告訴孔子說：「你已彈出了感情，頗有一些功夫了，現在可以學習新曲子了。」

孔子又說：「我還弄不清作曲子的是什麼樣的人呢！」

於是又繼續練下去。

就這樣，過了好長時間。

有一天，孔子高興地跑來對師襄子說：「我已經瞭解曲子的作者了。黑黑的面孔，高高的身材，兩眼仰視，一心想著以德服人，感化四方。我想這支曲子描繪的是周文王吧，除了周文王，還能有誰呢？」

師襄子高興地說：「一點不錯，這支曲子正是《文王操》啊！」

做學問不但要有廣度，而且還要有深度，只有真正鑽研進去了，才能有超乎尋常的收穫，進而悟出許多真知灼見。

熟能生巧

宋朝的時候有個叫陳堯咨的人，他善於射箭，同時代的人沒有能比得過他的。因此，他常把自己比成古代的神箭手養由基，自稱小由基。

有一天，他正在自己家花園裏練箭，有個賣油的老翁走過來，只見那老翁放下油桶，站在籬笆牆外看熱鬧，陳堯咨見有人觀看更來了勁兒。

他擺好靶子，搭箭上弦，又步拉弓，只聽嗖的一聲，箭正中紅心。接著他又射了十幾支箭，箭箭都很準。他本以為老翁會拍手叫好，誰知老翁只是拈著鬍鬚微笑，不發一詞。

陳堯咨心裏有氣，便上前問道：「你懂射箭嗎？看你的表情，我的箭術似乎還不怎麼高明。」

老翁說：「我不懂射箭，不過這也沒什麼了不起，只不過手熟罷了，我看你的手法練得還不夠熟。」

陳堯咨怒道：「你怎麼能輕視我的箭術呢？」

老翁解釋道：「我不會射箭，只會賣油，就拿我倒油的技巧來說明射箭的道理吧！」

說完，老翁拿出一個油葫蘆放在地上，又取出一個帶孔的銅錢放在葫蘆嘴上，然後用勺舀起油往葫蘆裏倒。一勺一勺把葫蘆都灌滿了，油從銅錢眼裏通過，銅錢上卻沒沾上一點油。

陳堯咨看了之後，拍手叫好。

賣油翁笑了笑說：「我覺得這沒什麼了不起的，只不過是練得手熟罷了，並不值得驕傲，這與古時莊子『庖丁解牛』和『輪扁斫輪』的道理沒什麼兩樣。」

陳堯咨聽了賣油翁的話，頓覺非常慚愧。

隔行不隔理，不論做什麼，只要用心做，只要時間長了，都能由熟而巧，但即便是成了某種技能的高手，也不應該自傲和矜誇，因為學海無涯，藝無止境。

所樹非人

春秋時期，魏文侯在位的時候，有一個叫子質的人因為做官犯了罪，文侯罰他永世不得踏入魏國半步。

於是，子質不得不離開魏國北上謀生，輾轉來到了趙國。

他進見趙簡子並說：「我算是看明白了，從今以後，我再也不對別人施恩德了。」

簡子說：「為什麼呢？」

子質憤憤不平地說：「魏國殿堂上的士、卿由我培養提拔的占一半，朝廷裏的大夫由我培養提拔的占一半，邊境守衛的人由我培養提拔的也占一半。誰料到如今殿堂上的士在君主面前說我的壞話，朝廷裏的大夫用法律威嚇我，邊境守衛人拿著武器攔擊我，我已經心灰意冷了，所以我不再對別人施恩德了。」

趙簡子說：「唉！您的話錯了。打個比方吧，如果春天栽種桃李，夏天就可以在桃李樹下乘涼，秋天就可以吃到桃李樹的果實。但是如果春天栽種蒺藜，夏天就不可以採摘它的葉子，秋天也只能得到它長成的刺啊。由此看來，結什麼樣的果實在於栽種什麼樹。現在您所培養提拔的人不對啊。所以君子應該事先選好對象再培養提拔。」

「種瓜得瓜，種豆得豆。」對人才的培養提拔應該慎重。

申子請罪

申不害是戰國時期有名的思想家，在韓國當了15年的宰相。

有一天，國君韓昭侯憂心忡忡地對他說：「實行法治真是不容易啊！」

「這有什麼不容易的？」申不害振振有詞地說，「執行法制，首先要賞罰分明，不徇私情，有功的人才給賞，有才能的人才封官。而您呢？雖

然制定了法律，卻經常私下接受那幫親戚寵臣的請求，徇情枉法，卻要讓別人去執行法律，那當然就不容易了。」

昭侯紅著臉點頭說：「承蒙先生指教，從今以後，我知道應該怎樣執行法律了。」

過了一些日子，申不害的堂兄來到京城，想謀個一官半職。申不害就到國君面前說情，想討個官銜。

韓昭侯低頭不語，好一陣才說：「這好像不是先生一向所教給我的吧？我是違背先生的教訓，開個後門破壞法制呢？還是聽從先生的教訓，不開這個後門呢？」

申不害聽了滿面羞慚，伏地請罪。

只有執掌權柄和宣導法令的人以身作則，才能創造良好的法治環境。

一鳴驚人

春秋時期，楚國的儲君楚莊王在登基後，為了觀察朝野的動態，也為了讓別國對他放鬆警惕，當政三年以來，沒有發布一項政令，在處理朝政方面沒有任何作為，朝廷百官都為楚國的前途擔憂。

楚莊王不理政務，每天不是出宮打獵遊玩，就是在後宮裏和妃子們喝酒取樂，並且不允許任何人勸諫，他通令全國：「有敢於勸諫的人，就處以死罪！」

楚國主管軍政的官職是右司馬。當時，有一個擔任右司馬官職的人，看到天下大國爭霸的形勢對楚國很不利，他就想勸諫楚莊王放棄荒誕的生活，勵精圖治，使楚國成為繼齊桓公、晉文公之後的諸侯霸主。然而，他又不敢觸犯楚莊王的禁令，去直接勸諫。他絞盡腦汁也沒有想出使楚莊王清醒過來的辦法。

有一天，他看見楚莊王和妃子們做猜謎遊戲，楚莊王玩得十分高興。他靈機一動，決定用猜謎語的辦法，在遊戲歡樂中暗示楚莊王。

第二天上朝，楚莊王還是一言不發，這位右司馬陪侍在旁。就在莊王準備宣布退朝的時候，他給楚莊王出了個謎語，說：「臣在南方時，見到過一種鳥，牠落在南方的土山上，三年不展翅、不飛翔，也不鳴叫，沉默無聲，這隻鳥叫什麼名呢？」

楚莊王知道右司馬是在暗示自己，就說：「三年不展翅，是在生長羽翼；不飛翔、不鳴叫，是在觀察民眾的態度。雖然沒飛翔，但是一旦飛翔起來就能高飛雲天；雖然沒鳴叫，但是一旦鳴叫起來，那聲音一定驚人。我知道你的意思了。」

楚莊王覺得大臣們要求富國強兵的心情十分迫切，自己整頓朝綱，重振君威的時機已經到來。半個月以後，楚莊王上朝，親自處理政務，廢除十項不利於楚國發展的刑法，興辦了九項有利於楚國發展的事情，誅殺了五個貪贓枉法的大臣，任用了六位有才幹的讀書人當官參政，把楚國治理得很好。

國內政局好轉後，便發兵討伐齊國，在徐州打敗了齊國。又出兵討伐晉國，在河雍地區，同晉軍交戰，楚軍取得勝利。

最後，在宋國召集諸侯國開會，於是楚國便代替了齊、晉兩國，成為天下諸侯的霸主。

不鳴則已，一鳴驚人，那些平時不露聲色、大智若愚的人在關鍵時刻往往能做出驚人之舉。

洛陽紙貴

西晉時期，有一名大文學家名叫左思，他年輕時家境貧寒，周圍的鄰居、身邊的朋友都看不起他。

由於左思刻苦學習，長大後在文學方面有了很深的造詣，他用了整整一年時間，寫成《齊都賦》，又雄心勃勃，準備創作一篇《三都賦》。

當時，正巧他的妹妹左芬被選進宮廷，左思便把家搬到京城，要求做

秘書郎，以便獲得更多的資料。為了搜集歷史知識，他還遊歷古城舊都。他經常夜以繼日，絞盡腦汁，庭院牆邊到處擺放著筆墨，偶得佳句，就連忙記在紙上。

當時的大文學家陸機來到洛陽，也準備寫一篇類似《三都賦》的作品，聽說有個叫左思的年輕人正在寫，不禁拊掌大笑。對別人說：「那個凡夫俗子要是能寫成《三都賦》的話，也只配拿來蓋我的酒罈子。」

整整十年過去了，一篇雄渾精深的《三都賦》終於寫成，但是並沒有引起世人的重視，傳抄者寥寥無幾。

左思十分懊喪，他想：這一定是別人看我官卑職小，因人廢言。於是他求見當時名儒皇甫謐，呈上文稿。

皇甫謐讀罷，拍案叫絕，當即寫了題序。

左思再去拜見中書侍郎張載、大學者劉逵，請他們分別為賦寫了注解。一經名家認可，文人學士們便蜂起撰文頌揚，司空張華對賦文作了更高的評價，連陸機也嘆為觀止，就此擱筆。

《三都賦》重新發表時，舉國轟動，富貴人家到處請人謄錄抄寫，紙張供應頓時緊張，洛陽紙價為之飛漲。

「貨」固然要好，卻也不可小看了名家效應，這故事對當今的商家當有所啟示。

造父學駕車

西周時期，有個叫造父的人，他很想學習駕車。當時有個叫泰豆的人，他是國內駕車技術最好的人，於是造父就拜泰豆為師，向他學習駕車技術。

但是三年過去了，泰豆也沒告訴他如何駕車。造父用更加謙虛謹慎的弟子禮節侍奉老師，泰豆這才告訴他：「古詩中說：『要做個好工匠，必須先學會編簸箕；要做個好鐵匠，必須先學會做皮襖。』你先觀看我快步

走，你必須走得像我一樣快，然後才可以手握六匹馬的韁繩，六匹馬便可以駕馭了。」

造父說：「謹遵先生教導。」

泰豆把造父帶到院子裏，然後就把木樁子埋在院子裏的地上，每根木樁的橫截面，僅僅能容下一隻腳，每隔一步的距離設置下一根木樁，一根根木樁排成一條路。泰豆在木樁路上快步行走，反覆走了好幾次，一次都沒從木樁上跌下來。

泰豆讓徒弟也學習在木樁上行走，造父跟隨著泰豆在木樁上行走，三天時間，就把泰豆的行走技巧全部學會了。

泰豆感到很驚訝，說：「你真是很聰明！學習得多快啊！」

造父說：「學走木樁，與學駕車有什麼關係呢？」

泰豆說：「剛才你走木樁，得力於腳，腳又順應心的指揮。把這個道理推廣到駕車上來，使馬韁繩和馬嚼子協調一致，讓車子走得平穩，透過對馬嚼子的控制使馬車的快慢速度適中。正確的法則在心中，控制馬拉車的節奏由手來掌握。這樣，內心懂得駕車的法則，對外又能適應馬的脾氣，因此就能做到進退如同木匠的墨線一樣筆直，轉彎就能合乎圓規矩尺的要求；上道跑遠路，力氣也用不完。這樣，你就能掌握駕車技術！」

造父問：「這就能成為最好的駕車手了嗎？」

泰豆解釋說：「你要牢牢記住，馬嚼子、馬韁繩、手和心之間的關係是：讓馬嚼子、馬韁繩的控制和手的操縱協調一致，手的操縱又順應著心的指揮，這樣就可以不用眼睛看，不用鞭子趕，心裏悠然自得，身體端正不歪，六匹馬的韁繩有條不紊，24隻馬蹄踏在路上不出差錯。做到這樣，車輪和馬蹄不論到達崎嶇的山路，還是平坦的原野，都是一樣的，也就不覺得有什麼危險了。這就是我全部的駕車技術！」

後來，造父果然成了周穆王最優秀的駕車手。

做任何事情都需要有很扎實的基本功，只要基本功扎實，做事情便能得心應手。學習知識更是如此。

輪扁論讀書

齊桓公坐在堂上看書。堂下有一位名叫輪扁的工匠正在斫著木頭做車輪。他看見國王在那裏專心看書，不覺好奇心動，就放下斧頭，走上前去問桓公道：「請問大王看的是什麼書？」

「孤看的是聖人的書。」桓公答道。

「聖人還活著嗎？」

「早就死了。」

「那麼。」輪扁說道，「大王所讀的書，不過是古人的糟粕罷了。」

桓公突然變色道：「寡人讀書，你這個做木工的怎敢妄加議論！有道理講出來，可放過你，講不出道理，絕不饒你性命。」

「好吧，」輪扁從容答道，「就我製造車輪這門手藝來看，斫木為輪，要把輪子做得又牢固結實，又圓轉靈活，就得有一種極熟練的技巧。譬如輻條和車轂之間的榫接，寬了雖然容易插入，但鬆而不固，緊了雖然堅固，但無法插入，因此榫眼必須斫得不差分毫，這種功夫只能靠得之於心，應之於手。

這種熟練技巧只能在長期的工作實踐中養成，我不能用單純口授的方法傳給我兒子，我的兒子也不能不經過實踐而把它繼承下去，因此，我今年70歲了，還得在這裏做車輪。由此類推，聖人已死，留下幾本書，也已成為過去的東西，難道大王所讀的，不是古人的糟粕嗎？」

知識如果僅從書本上得來，而沒有一定的實踐，就算不上真正有用的知識。

鑿壁偷光

西漢時，有一位著名的學者，名叫匡衡。

匡衡年輕的時候，家裏非常貧窮，甚至連蠟燭都買不起，一到夜晚，

屋裏就漆黑一團，伸手不見五指。

匡衡很好學，也很想讀書，但是沒有亮光，怎麼辦呢？

他見隔壁人家點著蠟燭，就在牆壁上悄悄地鑿了一個小孔，讓微微透過洞口的燭光映在書上，就這樣，他常常學到深夜。

有個大戶人家，目不識丁，但是為了滿足虛榮心，家裏有很多藏書，但是他從來都不看。

匡衡聽說後，就上他家去做傭工。每天起五更，睡半夜，辛勤地工作，卻不要一個工錢。

主人家很奇怪地問他要什麼，他說：「只要能讀遍你家的藏書，我就滿足了。」

主人很感動，就把書借給他讀，匡衡就這樣勤奮讀書，後來成了西漢有名的學者，在漢元帝在位時還做過丞相。

環境和條件不是學習的決定因素，人的內因最重要，不能藉口學習條件不好而不努力學習。

項橐難孔子

春秋時期，孔子乘著馬車周遊列國。

一天，來到一個地方，馬車突然被一座小孩用土做成的「圍城」攔住了，圍城內外一群孩子正玩得歡快，根本沒有避讓馬車的意思。孔子十分生氣，大聲地責怪他們：「喂，小孩，你們看見了馬車為什麼還不躲開呀？」

孔子的話音剛落，只見從人群中站出一個眉清目秀的小孩，他眨了眨眼睛，回答道：「你是誰呀，怎麼這樣和我說話呢？」

孔子的門生子貢上前喝道：「快讓開，車裏面坐的是當今天下大儒孔老夫子。」

那孩子故作不解地說：「我聽說您孔老先生上曉天文，下知地理，中

通人情。可是我見您卻並不怎麼樣。因為從古到今，只聽說車子躲避城，那裏有城躲避車子的道理呢？」

孔子愣了一下，不知怎麼回答，就找個藉口問道：「你叫什麼名字？」

小孩不卑不亢地回答道：「我叫項橐。」

孔子為了挽回面子，就詰項橐道：「你的嘴很厲害，我想出個問題考考你。請問什麼山上沒有石頭？什麼水中沒有魚？什麼花沒有枝？什麼火沒有煙？」

項橐答道：「土山沒有石頭，井水沒有魚，紙花沒有枝，螢火沒有煙。」

孔子大驚，這孩子真是智慧過人。

誰知那小孩突然反問道：「你的問題我已經答完了，現在輪到我來考你了。請問——鵝和鴨為什麼能浮在水上？鴻雁和仙鶴為什麼善於鳴叫？松柏為什麼四季常青？」

孔子答道：「鵝和鴨浮在水面上，是因為牠們的腳是方的；鴻雁和仙鶴善於鳴叫，是因為牠們的脖子長；松柏四季常青，是因為它們樹心堅實。」

項橐馬上大聲反駁道：「錯了！龜鱉能浮在水面上，是因為牠們腳是方的嗎？青蛙善於鳴叫，難道是因為牠們脖子長嗎？竹子四季常青，難道因為它們樹心堅實嗎？」

學識淵博的孔子，竟然被聰明的項橐駁得啞口無言，只得拱手連聲道：「後生可畏，後生可畏！」

生活是最好的課堂，知識就在我們身邊，只有勤於觀察，善於發現，我們說起話來才會言之有理，言之有據，不會犯下片面偏頗的錯誤。

傷仲永

北宋時候，撫州金溪地方有一戶方姓人家，他家世世代代都是農民，家境十分貧寒，一家人加起來也不認識幾個斗大的字，後來他們生了個小孩，起名叫方仲永。

方仲永五歲那年，忽然哭嚷著要筆墨紙硯。他的父親感到很奇怪，就到附近讀書人家去借來一套。

方仲永趴在飯桌上，鋪開大紙，揮筆寫下了四句詩，還在下面署上了自己的名字。詩的內容是孝養父母，團結同族。方仲永的父親十分高興，便拿給村中的老秀才看，老秀才看後，連連稱好，說這小子了不得。之後，便有很多讀書人喜歡出題考方仲永。只要有人給他出題，讓他作詩，方仲永很快就能做出來。眾人讀了，都覺得他寫的詩道理通順，文采斐然。

這一來，神童的名聲便在四鄉傳揚開來。鄉里人都想見識一下神童，於是他家經常是車馬盈門。有些富豪人家重金迎請，讓他當堂賦詩。他的父親認為有利可圖，十分高興，便天天領著兒子四處向別人求討財物，而不讓兒子繼續學習上進。

王安石在京城做官，很早就聽說了方仲永的名聲。

有一年，他回到娘舅家，看見仲永已經有十二三歲了。王安石很感興趣，便叫他即景賦詩。方仲永搔了許久腦袋，才勉強寫出一首，與從前相比，顯然遜色了不少。

又過了數年，王安石再次回到娘舅家，順便問到方仲永，娘舅對他說方仲永已經不會做詩了，而且現在也不做了。王安石聽到後，替方仲永感到惋惜。

天資只是給兒童提供了學習和實踐的先天條件，如果沒有後天的培養和本人的艱苦努力，任何天才都是不能成功的。

石勒讀漢書

十六國時期，後趙皇帝石勒是羯族人。小時候，他的家鄉鬧饑荒，他和家人走散後，曾經給人做過奴隸和傭人。

歷盡苦難的石勒，召集了一群流亡的人民，組成一支隊伍投降了劉淵的漢國，逐漸成了漢國的一員大將。

石勒從小沒有受過漢族文化教育，大字不識一個。他擔任大將以後，漸漸懂得要成就大事，光靠武力不行，於是就依靠一個漢族士人張賓，採納了許多政治措施。他還收留了一批北方漢族中的貧苦讀書人，成立了一個「君子營」。

石勒透過這些能人賢士的輔佐，逐漸建立起了自己的政權，史稱「後趙」。

石勒自己沒有受教育，但是卻十分重視讀書人。他做了後趙皇帝後，命令部下，凡捉到讀書人，不許殺死，一定要送回來，讓他自己處理。他聽從張賓的意見，興辦學校，要他部下將領的子弟進學校讀書。他還建立了保舉和考試的制度。凡是各地保舉上來的人經過評定合格，就選用他們做官。

石勒挺喜歡讀書。他自己不識字，就找一些讀書人把書講給他聽，一邊聽，一邊還隨時發表自己的見解。

有一次，他讓人給他讀《漢書》，聽到有人勸漢高祖封已滅六國貴族的後代的歷史。他就說：「唉！劉邦採取這樣的錯誤做法，還怎麼能夠得天下呢？」講書的人馬上為他解釋，後來由於張良的勸阻，漢高祖並沒有這樣做。石勒點頭說：「這才對啦。」

由於石勒重用人才，在政治上比較開明，後趙初期出現了興盛的氣象。

知識就是力量，在當今社會尤其如此。沒有科學知識的人，在知識經濟的現代社會就難以生存。

越人造車

越國原本沒有車，有個越國的遊客在晉國、楚國的郊野裏得到一輛廢棄的車。那輛車的輻條已經腐爛，輪子已經折斷，車轅也毀了，可以說這輛車子沒有一處是好的。

然而，這個越人非常高興，因為他終於見到了車。越人的家鄉從來沒有車，他就用船把這輛破車運回越地，並在眾人面前誇耀。來看車的人都聽信了他的誇耀之辭，以為車本來就是這個樣子的，於是，模仿這個車的形狀造車的人越來越多。

後來有一天，晉國、楚國的人見到越人做的車，便嘲笑越人笨拙，造出的車簡直是一堆垃圾。越人以為晉、楚的人是在欺騙自己，根本不予理睬。

後來，敵兵侵犯越國領土，越人駕著破車抵抗敵人，車破了，越人大敗。

在學習過程中，要及時發現錯誤，並立即改正。如果一味堅持錯誤執迷不悟，就會一敗塗地。

賢者當為愚者師

有一次，子夏和孔子一同出遊，途中，子夏想瞭解一下孔子對其他弟子的評價。於是子夏問道：「老師，顏回這個人怎麼樣？」

孔子認真回答道：「顏回喜好仁義，樂善好施，安貧樂道，這是他比我強的地方。」

子夏又問：「子貢這個人又怎麼樣呢？」

孔子說：「子貢行俠仗義，英勇頑強，不畏強暴，這是他比我強的地方。」

子夏又問：「子張為人怎麼樣？」

孔子說：「子張處事冷靜，不苟言笑，老成持重，這些方面他比我強。」

子夏聽後，感到困惑不解，便問道：「他們個個都比老師強，那為什麼他們都來做老師的弟子呢？」

孔子啟發他說：「顏回雖然樂善好施，至仁至義，但有些優柔寡斷；子貢能言善辯，但遇事衝動急躁，他雖然不畏強暴，勇敢堅強，但卻做不到忍讓退避，遇事總好逞強，得理不饒人；子張雖然矜持冷靜，老成持重，但卻不能隨機應變，顯得生硬呆板。

我具有一些他們所不具有的品德，即使把他們四人的長處，合在一起來與我交換，我也不會同意的。這就是他們來做我的學生的原因。」

人各有所長，孔子說：「三人行必有我師焉」，學習別人的長處，克服自己的短處方為上策。

顏回學划船

有一次，顏回請教孔子道：「我曾經在波濤洶湧的渡口過河，我發現那些划船的人掌舵的技術非常熟練，他們在那波峰浪尖之上，仍然是神色自若，似乎一點兒都不害怕。於是我就去問划船的人：『划船的技術可以學到嗎？因為我也想像你那樣熟練地駕船，遨遊河中。』

「他說：『可以。一個會游泳的人很快就會學會了，擅長游泳的人是有划船的天賦的。如果是一個能在水底潛泳的人，即使他以前不曾見過船，也只需稍加操練就可以馬上駕船便划。』

「我問原因，他卻不告訴我。我想向您請教，這是為什麼？」

孔子說：「我們沒有划過船，因此只能在口頭上論一論這件事。

善於游泳的人容易學會划船，因為他不在乎水。潛行水底的人第一次看見船便能划，那是因為他不怕被水淹沒。他的心中早已沒了水，他把船傾覆看做是車向後倒退，既不恐懼，也不驚慌，隨隨便便，順其自然。就

好像外在的東西不存在一樣，這叫做心志堅定，不為外物所移。

同樣的道理，投擲東西的時候，如果投擲出去的是瓦片，那麼你就會毫不惋惜，自由發揮，而專心於投擲的技巧，因為瓦片一文不值。如果投擲出去的東西是銀鉤，你內心便會有所不捨，因為銀鉤很值錢；如果投擲出去的東西是金塊，你便會十分痛心。

其實每次投擲的技巧都是一樣的，人之所以有顧慮，是因為為外物所困惑。若重視外物，本身的技巧必然會變得拙劣。

你學划船，便與此同理，不要把水看做水，不把船看做船，隨心所欲，要不了多久，你就會學會。」

不以外物所影響，心無旁騖，堅持下去，定能學會一切技巧。

因材施教

孔子有一次和他的學生們談論，子路問他：「聽到了好的意見，就應該馬上照著做，這樣做對嗎？」

孔子聽後，馬上嚴肅地對他說：「不行，你還有父親和兄長，怎麼能自以為是地做事呢？在你做事之前，你應該先聽聽長輩的意見。」

幾天以後，孔子的另一位學生冉有也問了孔子同樣的問題。

這一次，孔子卻立即表示贊同，他說：「對呀，如果聽到了好的意見，就不應該有遲疑，要馬上照著做起來才對。」

孔子的另一位學生公西華知道了這件事後，感到很疑惑，就問孔子說：「子路問您『聽到好的意見，就馬上照著做嗎』？您對他說：『有父兄在，不能自以為是地做事。』

可冉有問您同樣的問題，您卻說：『應該馬上照著做。』為什麼先生對兩個人的回答恰恰相反呢？我對此不明白。」

孔子對他解釋說：「冉有為人精細，平常做事畏首畏尾，謹小慎微，顧慮重重，我要鼓勵他勇往直前，所以要求他一聽到好的意見，就馬上學

著做起來。而子路則不同，他很勇敢，勇敢得過了頭，就會近似魯莽，喜歡爭強好勝。所以我要使他冷靜一點，穩重一點，多聽聽長輩的意見，懂得適當地退縮也很重要。」

公西華聽了孔子的解釋，非常佩服孔子因材施教的能力。

教育學生，不能一概而論，要注意區分他們資質、稟賦、天分、性情的不同，在仔細加以分析的基礎上因人而異，區別對待，才能使他們都進步。

王羲之練字

東晉大書法家王羲之小的時候，練字非常刻苦。他練字用壞的毛筆，都堆得跟小山似的，人稱「筆山」。他經常洗毛筆和硯臺的水池，時間久了水也全變黑了，於是人們稱之為「墨池」。

長大以後，王羲之寫的字已有一定功底了。但他仍然堅持每天練字，有時候竟連吃飯也忘了。

有一次，丫鬟送來了他最愛吃的蒜泥和饅饅，催著他吃，他卻好像沒有聽見一樣，繼續埋頭練他的字。丫鬟無奈，只好去告訴他的夫人。

當夫人和丫鬟來到書房的時候，看見王羲之正拿著一個沾滿墨汁的饅饅往嘴裏送，弄得滿嘴烏黑。她們忍不住笑出了聲。原來，王羲之邊吃邊練字的時候，眼睛還盯著字，錯把墨汁當成蒜泥蘸了。

夫人心疼地對王羲之說：「你要保重身體呀。你的字已經寫得很好了，為什麼還要這樣苦練呢？」

王羲之抬起頭，回答說：「我的字雖然寫得不錯，可那都是學習前人的風格。我要有自己獨創的風格，自成一體，那就非下苦功不可。」

經過一段時間的艱苦摸索，王羲之的書法終於形成了一種妍美流利的新風格。王羲之成為中國歷史上傑出的書法家之一。

生活的富有並不意味著學識、知識的富有；生活的貧困並不意味著學

識、知識的貧困，關鍵在於是否好學。好學不是追趕時尚的學法，而是全身心投入地學，天長日久，堅持不懈地學，學到最深境界是入迷入癡，方有成就可言。

活字印刷術的發明

活字印刷術是中國的四大發明之一，它是由宋人畢昇發明的。

畢昇是杭州一家印書作坊的工人。開始時，他在作坊裏學刻字，就是把一個個漢字刻在木板上，這被稱為雕版印刷術。他刻的字，又整齊又漂亮，作坊裏的人都很尊重他。

但畢昇總認為這種印刷術有很多不足，總想將其改進一番。事情是這樣開始的：

有一次，作坊裏要趕印一本書，但是一位刻字工人在一塊整版上刻錯了一個字，這樣，這一個整版就報廢了。畢昇認為：「因為一個字錯了，一個整版都被扔棄了，不但耽誤了工期，而且也浪費人力和物力，如果整版上的每個字都是活的，那麼，刻錯了一個字就可以隨時換了，而不用浪費整個版啊！」

他又進一步想到：「書一印完，版子就沒用了，要是用一個個單個的字來排版，印完一本書，拆了版就可以排別的書，不是又省時、省力又省錢嗎？」於是，畢昇開始試著刻木頭的活字，但效果並不很理想。

有一次，畢昇去看一個開窯廠的朋友，他看見工匠們正在製坯燒窯，製作陶器，畢昇由此受到啟發。他學著窯廠工匠製作陶坯的樣子，先用泥土做成一個個小型長方體，把頂端切平後像刻圖章一樣刻上一個個單字，然後放到窯中去燒，使每一個字都像小巧玲瓏的小瓷磚一樣，燒好後，他又把每個字按韻排列好，以便查用。

每到印書時，他就將需要的字一個個揀出來，按書稿的要求一行一行排在鐵板上，周圍用鐵框壓緊。這樣，就做好了一個活字版。

可是，這種活字版仍然有毛病。就是印書印多了的時候，字就「活」了起來擺不平整，有的字印出來了，有的字模模糊糊的看不清，甚至印不出來。

他又進一步研究起來，改進了組版的方法。為了使每一塊活字版形成平整堅固的整體，版子周圍除了用鐵框外，預先還在鐵框上放一些松脂、蠟等黏合材料。他將鐵框放在火上烘烤，黏合材料就熔化了，這時，他趁熱用木板把那些活字壓平，冷卻後，平整的活字就牢牢地固定在鐵框裏。

印完後，畢昇再將鐵板烤熱，松脂和蠟熔化了，他就可以將活字一個個拆下來，保存好，以備再用。活字印刷術也就由此而來。

並非一切都靠思想，你還必須付出實際行動。實踐才能出真知，因此，要敢於實踐。光想不做、光學不用都於己無益！

食魚無反

春秋時期，齊景公到已經滅亡了的紀國的土地上遊覽。

看到紀國的廢墟上到處瓦礫遍地，野草叢生，狐兔出沒，烏鴉亂飛，一片破敗荒涼的景象，讓人目不忍睹。

齊景公坐車正要離開這裏，忽然有一個侍從舉著一隻金壺獻給齊景公，齊景公問：「這麼貴重的壺是從哪裡得到的？」

侍從說：「從廢墟中拾到的，不敢據為己有，特意獻給君侯觀賞。」

齊景公接過金壺，打開壺蓋，往裏邊一看，發現壺中有用朱砂寫的文字，這是兩句銘文：食魚無反，勿乘駑馬。

齊景公看後稱讚說：「太好了！銘文中有這樣的話。『食魚無反』，是討厭魚的腥味，就不把魚翻過來繼續吃；『勿乘駑馬』，是討厭劣馬跑得不快不遠，就不要騎乘。」

齊景公認為自己解釋得很好，因而流露出得意之情。

這時，宰相晏嬰說：「大王差矣，臣以為不是這個意思。」

一本書讀懂中國大智慧

齊景公見晏嬰反對自己，心中不高興，便問：「那你說是什麼意思？」

晏嬰回答說：「『食魚無反』，是留著魚的下一面不吃，為的是不要耗盡民力；『勿乘駑馬』，是告誡君王不要把無德無才的大臣安置在自己身邊！」

齊景公不相信晏嬰的解釋，於是反問道：「紀國既然有這麼好的銘文格言，為什麼滅亡了呢？」

晏嬰回答說：「紀國的滅亡，是有原因的。我聽說過，賢德的君王治國有方，把施政綱領、措施寫成文字，懸掛在街巷的大門上，讓民眾遵守。可是紀國有好的治國銘文格言，卻把它寫在金壺裏，不讓民眾知道，國家怎能不滅亡呢？」

齊景公點頭稱讚說：「還是相國見解高明！」

好話是不能只掛在嘴巴上的，要行動起來，才能得到想要的結果。

不鼓不陳列

春秋時期的宋襄公，一向以仁義標榜自己。

西元前638年，宋襄公率領本國軍隊討伐鄭國，在泓水之濱與精銳強大的楚軍遭遇，一場血戰正在醞釀之中，宋軍先到一步，已經排成戰列，劍拔弩張。此時，楚軍兵馬還在亂糟糟地渡河。

宋軍司馬子魚一見，勸宋襄公說：「主公，楚軍在船上不便攻打我們，我們就趁此良機，放火箭燒他們的船，殺他們的兵，楚軍一定大敗。」

宋襄公不同意，說：「寡人聽說有道德的君子不殺害受傷的人，不抓白頭老者，不乘人之危，推人於險。楚軍還未站穩就打，這違背仁義！」當子魚還想再勸宋襄公時，楚軍已經渡過河了，以至宋軍錯失了良好戰機。

等楚軍渡過了河，還在排列陣勢，聲音喧呼可聞時，子魚又勸宋襄公說：「趁他們混亂的時候攻打他們，他們一定沒有防備，我軍必然會取得大勝。」

宋襄公還是不同意，說：「這也不是君子的作為，你不要破壞我的好名聲。」子魚氣得不知該說什麼好，在這雙方劍拔弩張的關鍵時刻又不好和宋襄公理論，於是又錯失了一次絕佳的戰機。

結果楚軍一切就緒，向宋軍發起了猛烈的攻擊，宋軍本來實力就不如楚軍，宋襄公又不肯倚仗有利時機攻打楚軍，結果宋軍大敗，棄械逃跑，宋襄公也狼狽不堪，而且還受了傷。

我們要學會活學活用，不要死守教條，死抱書本。書本是死的，腦子是活的，隨著時間、地點的變化，同一件事情的處理也要求用不同的方法，切不可像宋襄公一樣愚昧。

更珍貴的東西

魯國有個叫叔山無趾的人，他曾經因為犯罪而被砍去了腳趾。

有一次，他用腳後跟走路去見孔子，孔子對他說：「你行事不謹慎，先前因犯罪而弄成了殘障，雖然現在來找我了，但怎麼來得及呢！」

無趾回答說：「我只是因為不懂世故，而沒有小心保全我的身體，所以失去了腳趾。現在我來這裏，是因為還有比我的腳趾頭更珍貴的東西，我要盡全力保護它。天，沒有東西不被它覆蓋；地，沒有東西不被它承載，我將您看得像天地一樣寬大，哪知道竟連您也是這樣的人！」

孔子聽後，趕緊說：「是我見識淺陋，請你進來，講講你的見識。」但無趾卻轉過身，頭也不回地走了。

孔子接著對弟子們說：「你們要努力學習啊！無趾是個犯過罪被斷去腳趾的人，尚且知道努力學習，以彌補先前犯下的錯誤，沒有犯罪記錄、德性完美無缺的人，更應該努力維護！」

凡事都有改過遷善的機會，怕的是自我設限，不肯努力，越錯越深。

紀夫人解難題

有一次，乾隆要紀曉嵐撰一句科場匾文，要將乾隆垂愛賢才、考官為國選拔賢能、並且鼓勵舉子讀書上進的三重命意，一併蘊涵其中。

紀曉嵐聽後，立即擬出了幾句，可是乾隆聽了都不滿意。紀曉嵐只好接著搜腸刮肚地思索，可是想來想去，卻連自己滿意的都想不出來，這一急將汗珠也急出來了。

乾隆一見，假裝發怒道：「朕給你一天時間好好想想，要是還想不出來，朕要將你削官為民。」

紀曉嵐只好唯唯諾諾地退出朝來，一回到家，他就搬書查典，絞盡腦汁地思索，可仍然想不出一條好語。

眼見天色已晚，紀曉嵐還在書房忙碌。他的妻子馬月芳一見，料知他必是遇上了什麼難題，於是親到書房來詢問緣由。

紀曉嵐長嘆一聲，將事情原原本本地告訴了夫人，誰知夫人聽完，卻咯咯地笑道：「你真是聰明一世，糊塗一時，現成之語，為何不用呢？『天子重英豪』這一句，豈不恰當無比嗎？」

紀曉嵐一聽，立即喜出望外，覺得再沒有比這更合適的了。第二天上朝，紀曉嵐就將這句話獻給乾隆。乾隆果然大喜。原來這是人們熟知的一首詩中的句子，詩云：天子重英豪，文章教爾曹；萬般皆下品，唯有讀書高。用了這頭一句，下面這三句之意，自然就聯想起來。皇上所限之意，也盡在其中了。

接著，乾隆又問紀曉嵐是怎麼想出來的，紀曉嵐不敢隱瞞，如實相告。乾隆一聽，打趣道：「愛卿學識超群，全在你勤學好問，得益於有眾多師友。只是今日朕方才知曉，愛卿原來還是夫人馬氏一門生啊！」

紀曉嵐正色回答道：「古人云：『聖人無常師。』道之所存，師之所

存也！」

乾隆聽後，不禁連連點頭。

我們身邊的每一個人都可能成為我們的老師，所以在學習中，一定要不恥下問，以一種虛懷若谷的態度向身邊的人學習。

二人學弈

有一個名叫弈秋的人，他的棋藝在當時是全國獨一無二的。他有兩個徒弟，雖然他們的智商旗鼓相當，但是學習的態度卻完全不一樣。

其中一個人專心致志，集中精力聽弈秋講課。按老師教的方法來下，進步很快。另一個人則不是這樣，表面上來看他好像也在聽老師講，其實卻心不在焉。這個時候他的心思根本不在學棋上，早就飛到別的地方去了。他在心中想像著有一隻天鵝從遠處飛來，自己正準備拉弓來射這隻天鵝。

結果，兩個人的學習效果也是大不相同。前一個徒弟成了弈秋棋藝的傳人，後一個徒弟什麼也沒學會。

無論做什麼事，只要心思集中，專心致志，就能做好。如果三心二意，整天心猿意馬，那就什麼事都做不好。

江淮大儒

清朝嘉慶年間，凌曙出生在江蘇江都一戶窮困人家，雖然他十歲時曾進過私塾讀書，可是只念了一年多的書，就因為經濟原因而被迫休學了。

他為了賺錢貼補家用，只好去當童工。凌曙雖然已經休學，但是只要一有空間，他就將曾經讀過的書，在心中一遍又一遍地默念。但是他不明白其中的意思，一直苦思不解。

當時剛好鄰居有一戶富貴人家，為兒子請了老師，凌曙就每天晚上蹲在教室外面，偷聽老師講課。沒多久，被那位老師發現了，就要將他趕走，不准他再來聽課。

凌曙並不因此而氣餒，他省吃儉用攢下一些錢，到書店裏買些舊書回來，利用晚上夜深人靜的時間自修苦讀，加倍用功求知。

數年之後，凌曙不但靠自修將書讀通了，還辦起私塾，教起學生。他一邊教書，還一邊不斷自修，最後終於成為當時著名的學者，後人尊稱他為「江淮大儒」。

就算沒有良好的環境，只要是不氣餒、不輕易放棄自己，立定志向，不斷努力奮發上進，就一定能夠為自己開創出一條成功的道路。

祖瑩之才

祖瑩是北魏時期范陽（今河北淶水）人，他從小就非常聰明而且喜歡讀書，八歲時即能背誦《詩經》、《尚書》，十二歲時入中書省求學，被人稱為「聖小兒」。

祖瑩念書從小就不需別人督促，總是自動自發，經常念書念到深夜。父母不准他看書看那麼晚，就把他的燈火收了起來。但祖瑩為了能夠繼續在深夜裏讀書，就在尚有餘燼的爐子裏偷偷放置幾塊炭，等父母就寢以後，在爐子裡加上乾樹枝，讓火重新燃起來，利用火光來看書。

後來這個方法還是被家人發現了，但他勤奮好學的事蹟也因此而聲名遠播。

當時學堂的一位中書博士非常欣賞祖瑩的才華，因此想試試他的學問，就要他第二天上午為同學講解三篇《尚書》。事出突然，祖瑩只能在當晚準備，他一直讀到深夜，最後疲倦了才睡著。

第二天早上，祖瑩不知道天已經亮了，同學急忙叫醒他，他匆忙起來，隨手拿起書本就趕去上課。到了課堂之上才發現拿錯了書本，他已經

不可能再返回去拿了。

他只好定下心來，一字不漏地將《尚書》背誦出來，又逐句將內容作了解釋，意思都講得非常清楚明白。老師上前讚許他的時候，才發現桌上放的竟是《曲禮》，於是對他更佩服了。後來祖瑩為孝文帝所賞識，任命為太學博士。

要想擁有扎實的學問，經年累月用心苦讀就是唯一方法。學問是最大的財富，自己所擁有的真才實學，是任誰也偷不走的。

吳下阿蒙

三國時期，吳國有一位將軍叫呂蒙，他自幼貧窮，沒讀過什麼書，只能苦練武功，後來為孫權所重用。

孫權有一次對他說：「你現在是一位將軍，應該多讀點書，以增加自己的學問才對。」

呂蒙回答：「我軍務繁忙，恐怕沒有時間讀書。」

孫權告訴他：「又不是要你成為滿腹經綸的學士，你只要多看些前人留下的經歷之類的書籍就可以了。你說你事務繁多抽不出時間，想想漢光武帝吧！他在戎馬生涯中，還不是照樣手不釋卷？你為什麼就不能呢？」

呂蒙聽了以後，開始發奮好學，有時他獨樹一幟的見解，連專家都甘拜下風！

後來魯肅前來和呂蒙商討事情，聽完他的解釋後，不禁拍著他的背說：「以前我以為你只懂得武功，想不到今日相見，你的學問變得如此淵博，看來你已不是昔日的吳下阿蒙了。」

呂蒙笑著說：「士別三日，當刮目相看。」

越是有地位的人，越是不能偷懶，一定要更加努力充實自己。所謂任重而道遠，就算沒有很多時間，但是如果能好好利用每天空閒的時間，不斷努力去學習，日積月累也會有成果。

兩小兒辯日

孔子到東方遊說，路上遇到兩個小孩子在爭論，就走上前去問道：「你們為什麼爭論呢？」

一個小孩說：「我認為太陽剛出來時離人比較近，而到了中午，太陽就離我們遠了。」

另一個小孩說：「我認為太陽剛出來時離人比較遠，而中午時離我們近。」

孔子很有興趣地問道：「你們能說說自己的理由嗎？」

一個小孩說：「太陽剛出來的時候，好像車的蓋篷那麼大；到了中午，它就只有盤子、碗口那麼大了。這不正是遠小近大的道理嗎？」

另一個小孩說：「太陽剛出來時，使人感到還有些涼涼的；到了中午，就像把手伸進熱水裏一樣熱，這不正說明近熱遠涼的道理嗎？」

孔子聽了他們的話，一時也判斷不出誰對誰錯。

兩個小孩笑著說：「誰說你知識淵博呢？」

一個人懂得再多，也有許多不知道的東西，因為知識是沒有窮盡的。

李賀作詩

唐朝時的著名詩人李賀，從小就有很高的文學天賦，他在七歲的時候，就能寫出很精彩的詩歌、文章，受到很多人的稱讚，被認為是小神童。儘管李賀非常聰明，但他仍然十分努力，不敢有絲毫的放鬆，他作文、寫詩都非常嚴肅認真，從不馬虎草率。

李賀在寫詩和作文時，總是十分注重搜集材料、積累心得、捕捉靈感，而且他特別注意觀察生活、實地考察。他每天早上都會騎著家裏那匹瘦馬外出遊覽，每每有了什麼見聞或心得體會，便當即記錄下來，裝進隨身帶的繡花錦囊之中。當太陽落山的時候，李賀再趕回家，到家常常已是

掌燈時分，家裏人早已吃過晚飯了。

李賀回到家，他母親心疼他，趕緊叫僕人端上熱過的飯菜，但是李賀仍然不忙著吃飯，而是將白天寫的那些草稿從錦囊中取出來，及時修改、整理，然後謄寫清楚，集中放入另一繡花錦囊之中，這才吃飯、休息。李賀天天如此、堅持不懈，只要不是因病或家裏辦重大的紅白喜事，他都從不停止這樣做。

一天晚上，待李賀回家做完這一切躺下睡著後，他的母親來到他的房間，取過錦囊將裏面的東西全倒出來，一看，竟都是些詩稿、筆記，除此以外，再沒有什麼其他的東西。他母親想到這孩子一向體弱多病，再看他倒床便睡的疲憊不堪的樣子，十分心疼又擔憂地嘆息道：「這孩子真是非要把心嘔出來才肯甘休啊！」

雖然李賀在很年輕的時候就去世了，可是他的很多詩作卻成為人們喜愛的傳世佳作，為了這些佳作，他真正是到了嘔心瀝血的地步。

李賀的故事告訴我們，天賦再好也一樣需要後天的勤奮努力。

生命的真義

｜第六章｜

天時地利人和

孟子有一次和弟子們一起討論怎樣才能在戰爭中獲勝的問題。

有一個弟子說：「我認為，要想打勝仗，必須要順應天時，即抓住有利的季節和天氣。」

另一個弟子馬上反駁說：「我認為天時並不重要，地利才是最重要的。有了高牆深池，並憑藉山川險阻，這樣才會攻必克守必固。」

說完，他看著孟子，認為孟子一定會稱讚他的看法。

孟子聽了他們的話，用手敲著大腿，慢慢說道：「你們倆說的都是次要的因素，還有一個關鍵的問題沒有抓住。從戰爭全局來看，抓住天時不如占據有利地形，地形有利不如全軍將士上下同心。這是個很簡單的道理。

比如，有一座地形有利的城池，在圍攻過程中，一定會出現許多合適的戰機，但終於沒能攻克，這就是天時不如地利；還有一座城池，地理形勢險要，城牆高且堅固，糧草充足，但軍心渙散，一聽到敵人來進攻，都

棄城而逃，這就是地利不如人和。

歷史上這樣的戰例是很多的。這個道理同樣可以用來治國，為什麼這樣說呢？保衛國家不必靠山川險阻，威行天下不必靠強兵利器。實行仁政的人，老百姓就會支持他；不實行仁政的人，就不會有百姓支持他，最後連親戚朋友都要背叛他，那他的江山也就完了。所以說，天時不如地利，地利不如人和。」

聽了孟子的話，學生們都佩服不已。

「天時」在今天看來應當是歷史潮流或機遇，「地利」指的是地理優勢，「人和」指的是人際關係融洽和諧。要想成就一番事業，這三者缺一不可。

呆若木雞

古時候，有一種名叫鬥雞的賭博遊戲，這種遊戲在各國的宮廷裏十分流行。帝王將相們在酒足飯飽以後，無所事事，常常用鬥雞來消磨時光，比賽輸贏，從中取樂。

春秋戰國時期，齊國的國王特別愛好鬥雞這種賭博遊戲，他雖然也飼養一些鬥雞，卻因為馴養得不好，總是失敗。於是齊王便下令張榜招募馴養鬥雞的能手。紀渻子是一個專職馴養鬥雞的專家，遠近聞名，他應召去給齊王馴養鬥雞。

紀渻子馴養鬥雞十天，齊王便迫不及待地催問說：「馴養成了嗎？」

紀渻子回答說：「還不行。這雞沒有什麼本領卻很驕傲，仗著傲氣，躍躍欲試。」

又過了十天，齊王又問：「怎麼樣？現在成了吧？」

紀渻子說：「還不行啊！牠聽到其他雞的叫聲，見到其他雞的影子，反應得特別迅速。」

齊王說：「怎麼，反應迅速還不好嗎？」

紀渻子說：「反應迅速，說明牠取勝心切，火氣還沒有消除。」

又過了十天，齊王再一次問道：「怎麼樣了？現在難道還不成嗎？」

紀渻子說：「現在差不多了。別的雞雖然鳴叫著向牠挑釁，牠好像沒聽到似的，神態自若，毫無變化。不論遇到什麼突然情況，牠都不驚不慌，一副呆頭呆腦的樣子，好像木頭做的雞，牠已具備了鬥雞的一切特性了！別的雞看到牠這副模樣，沒有敢與牠鬥架的，遇到牠掉頭就逃跑。」

齊王把這隻鬥雞帶到鬥雞場上，果然每鬥必勝。

有的時候，大智若愚，大巧若拙，將勝負置之度外恰恰可以取勝，成功之道在於養成良好的心理素質。

次非逃生

楚國人次非在別的國家得到一把寶劍，他準備把它帶回家鄉。回鄉途中乘船渡江，船到江心時，兩條蛟龍從水裏竄出，激起的水花像暴雨一樣落下來，次非問船夫：「在水裏遇到蛟龍，我們還能活命嗎？」

船夫害怕地說：「遇到一條蛟龍我們都活不了，更別說兩條了。」

一船人都嚇得發抖，癱軟在船上等死。次非從背上抽出寶劍說：「就算被蛟龍吞吃，也不過是成為江中腐朽的枯骨，今天，拚也是死，不拚也是死，我拿這把寶劍豁出去了。」說著跳到江中，與蛟龍搏鬥。

船上的人只看見江水像開了鍋一樣翻滾，在漫天的水花中看不清蛟龍，更看不見次非。最後，江中平靜下來，鮮血從水底一陣一陣地冒出，蛟龍的屍體也慢慢浮出了水面，最後，次非從水裏探出頭來，回到了船上，一船人因他的拚命而得救了。

面臨絕境的時候，與其受命運擺布，不如與命運抗爭到底。

曹劌論戰

西元前684年春天，齊國重兵進犯魯國。

當時，齊強魯弱，魯國大將曹劌與魯莊公坐一輛戰車來到長勺迎戰，到了長勺安營紮寨。

第二天，探子回報：齊軍旌旗森嚴，刀戟如林，一派殺氣騰騰，準備廝殺的樣子。

果然，齊將首先下令進軍。剎那間，鼓聲動地，殺聲四起。魯莊公正準備擂鼓出營迎戰，曹劌攔住說：「主公且少安毋躁，時機未到。」

齊軍數萬大軍衝到魯營寨前，見魯營沒有反應，好像沒有要出兵的意思，於是便平靜下來。稍過一陣，齊軍又戰鼓大作，可是曹劌仍阻止魯軍出戰。

待齊軍三鼓擂過，曹劌才回頭對莊公說：「時機已到，可以出擊！」

莊公下令擂戰鼓出寨迎敵，方才魯國兵將見齊軍驕橫的氣焰，早就憋著滿腔怒火，此時一聽戰鼓擂響，便如同下山猛虎一般，吶喊著掩殺過去。齊軍猝不及防，頓時大亂，漫山遍野地潰逃。

魯莊公大喜，便下令追擊，曹劌又攔住說：「不行。」

說完後他跳下戰車，仔細觀察著泥地上齊軍的腳印和車轍，又站在車欄上遠眺一番，隨後說：「可以追擊了！」戰役結束，魯國大獲全勝。

班師回朝的路上，魯莊公向曹劌詢問得勝的原因。

曹劌回答：「打仗依靠士兵的勇氣，齊軍擂一鼓的時候，士氣正旺，第二鼓有所低落，第三鼓則精疲力竭，而我軍嚴陣以待，士氣卻逐漸充盈，所以能夠戰勝齊軍。同時，齊國是大國，其將領狡詐多端，我們要防備他們佯裝敗走，埋下伏兵，因此我要觀察一番，發現齊軍車轍狼藉，旌旗靡亂，這是真正敗逃的跡象，所以才下令追擊，將其一舉擊潰。」

審時度勢是勝利的根本，千萬不要盲目，要找到於自己最有利的時機。

所求何奢

齊威王八年（西元前349年），楚國大舉進犯齊國。齊王派淳于髡去趙國請救兵，攜帶黃金十兩、車馬十輛作為出兵的交換條件。

淳于髡接到大王的口諭之後仰天大笑，齊王莫名其妙，問道：「你嫌東西少了嗎？」

淳于髡忍住笑回答：「哪敢嫌少！」

齊王追問：「那你笑是什麼意思？」

淳于髡回答道：「臣想起今早遇到一個人的可笑行為，故覺得好笑，但絕無嘲笑王上之意。」

齊王問道：「今早有什麼可笑的事發生，給寡人講講。」

淳于髡回答：「臣今天早上在上朝的路上，經過田野，看見有一個農夫跪在路旁祭田，他舉著一隻小豬腳爪，端著一盅水酒，嘴裏振振有詞地祝願說：『土地爺啊，求你保佑，讓我五穀滿倉，豬牛滿圈，金銀滿箱，兒孫滿堂！』我見他手裏拿的這麼微薄，嘴裏要求卻那麼奢厚，所以越想越好笑。」

齊威王聽了很慚愧，便增加了黃金一百鎰（古代貨幣單位，一鎰約為二十兩），白玉十對，車馬百輛。讓淳于髡帶著這些東西到趙國求救。

趙王看到這些東西後，立即撥給齊國精兵十萬、戰車千輛星夜趕來齊國解圍。楚國得到消息，連忙撤兵回國去了。

付出得少，就不能幻想獲取巨大的收益。只有多付出，才能獲取高的回報。

兩虎相爭

戰國時期，陳軫來到秦國，秦惠王正好為一件事煩惱。當時韓、魏兩國互相攻打，打了一年也沒分出勝負，而且戰爭也沒有停止。

秦國是當時的一個大國，秦惠王想憑藉自己的實力來阻止這場戰爭，一是彰顯自己的實力，二是以阻止戰爭為藉口，乘虛消滅兩國。於是他就問左右的大臣，大臣們各執一詞，有的認為阻止這場戰爭好，有的認為不該阻止這場戰爭，惠王見眾官的說法不一樣，一時間不能決定，所以就想聽聽陳軫的想法。

陳軫聽秦惠王訴說完自己的煩惱以後，先不談這場戰爭，而是告訴秦惠王一則《兩虎相爭》的寓言故事：

從前，有個人叫卞莊子，以開旅館為業，因此人們也叫他館莊子，他還雇了一個小夥計。卞莊子為人喜好勇武，而且自己也很厲害，敢隻身同老虎搏鬥。

有一天，一個牧童跑來，對卞莊子說：「不好了！兩隻老虎正在爭吃我的牛呢！你快幫幫忙把老虎趕跑吧！」

卞莊子聽到後，渾身熱血沸騰，馬上就提著寶劍隨著牧童跑到山上。到了山上，只見一大一小兩隻老虎正咬住一頭牛，牛拚命地掙扎著。卞莊子二話不說，拔出寶劍就要去刺殺老虎。

這時，跑來的旅館小夥計一把拉住卞莊子說：「兩隻老虎正爭著要吃牛，吃到了甜頭，必然爭搶起來，爭搶起來必然互相搏鬥。所謂『兩虎相爭，必有一死』。死的那一隻肯定是小老虎。等小老虎死了以後，大老虎肯定也要受傷。到時候你刺殺那隻受傷的老虎，輕而易舉就可獵取。這樣一來，你只要刺殺一隻老虎，就可以獲得刺殺兩隻老虎的美名。」

卞莊子認為小夥計說得有道理，於是他們就站在那裏等著。

過了一會兒，兩隻老虎果然因為怎樣分食物的問題互相搏鬥起來，大老虎被小老虎咬傷了，小老虎被大老虎咬死了。這時卞莊子拿起寶劍刺死了受傷的大老虎，果然一舉兩得，獲得了刺殺雙虎的美名。

陳軫講完了故事，對秦惠王說道：「現在韓魏兩國相攻，一年也沒停止。這必然使大國受傷，小國滅亡。大王討伐受傷的大國，這不是一舉消滅了兩個國家嗎？這與卞莊子刺虎是同樣的道理。」

善於利用對方的內部衝突、問題，先坐觀成敗，然後就可一舉兩得，事半功倍。

望梅止渴

東漢末年，天下大亂。為了統一天下，平定不服從統治的諸侯，丞相曹操長年領兵討伐諸侯。

這年，曹操準備討伐張繡，可是又怕袁紹趁他出外討伐，乘虛攻打許都，想攻打袁紹，又有張繡、劉表牽制，所以左思右想，舉棋不定。這時謀士郭嘉獻計：「主公不如命徐州劉備為左將軍，呂布為車騎將軍，然後下旨讓二人北拒袁紹，主公再率兵南伐張繡、劉表。」曹操說：「好計，好計！就按郭嘉說的辦。」

於是，曹操統兵15萬討伐張繡。時值盛夏，驕陽如火，天乾氣燥，行軍路上都是荒山野嶺，遠離水源，找不到一滴水。兵士們個個都渴得有氣無力，隊伍漸漸七零八落，行軍速度越來越慢。

曹操騎在馬上，看到這幅情景，心中憂慮，皺著眉頭，忽然心生一計。只見他拿令旗指著前方大聲說道：「將士們，堅持一會兒，再往前走一段路，就有一大片梅子林，樹上結滿了青梅，酸甜可口，吃到嘴裏可以解渴。快點走啊！」

兵士們一聽，嘴裏立刻湧出了唾沫，頓時個個精神抖擻，走得飛快，及時到達了戰場，贏得了寶貴的作戰時間。

人有時能靠「望梅」來「止渴」，正如空想暫時可以安慰人心，即使是短暫的安慰，有時也能激起人們巨大的潛力。

紙上談兵

戰國時，趙國有兩位非常有名的將軍，一個是老將廉頗，另一個就是

大將趙奢。趙奢有一個兒子名叫趙括。

趙括從小熟讀兵法，談起用兵之策滔滔不絕，有時候和他父親討論兵法、陣法，就連趙奢也對答不上，因此趙括十分自大，認為天下沒有人可以與他匹敵。

但是趙奢十分瞭解自己的兒子，從來沒有認為兒子是一個大將之才，也從來沒有讚揚過兒子一句，並且常常擔心地說：「將來國家不叫趙括帶兵就罷了，如果叫他帶兵打仗，那麼葬送趙國的一定是他。」

西元前262年，秦軍大舉進攻趙國，兩軍在長平對壘，戰雲密布。當時趙奢已死，藺相如重病，趙國只好派老將廉頗坐鎮。

初戰幾次，趙軍稍有失利。但是廉頗畢竟在沙場上拚搏多年，經驗老到，他看到首戰失利，於是就改變了戰略，堅壁不出。

於是與秦軍的戰爭拖了三年，秦軍的糧草供應日見困難，卻仍然拿不下趙國一寸土地，秦國軍士們心裏都非常焦急，並且由於長時間地背井離鄉，都歸心似箭。將領們害怕再這樣下去，軍心渙散，銳氣將盡，那時候，恐怕要攻下趙國就只能是做夢了，這三年的時間和心血算是白白浪費了，於是主將就召集眾將和謀士商議。

一個謀士對秦軍主將說道：「我聽說，大將趙奢有個兒子叫趙括，此人自幼熟讀兵法，只可惜從未經歷戰場，只懂得紙上談兵，沒什麼才能。如果我們派人到趙國境內散播謠言，使趙國撤掉大將廉頗，換成趙括，那我們就勝券在握了。」

於是，秦軍主將便派遣間諜潛入趙國散布流言說：「秦軍誰都不怕，就怕趙奢之子趙括擔任大將。」

謠言傳入宮廷，趙孝成王正為戰事毫無進展而愁眉不展，便準備起用趙括。藺相如在病中聽說，連忙勸諫趙王切勿委趙括以重任，甚至趙括母親也上書趙王，告訴他趙括只會空談，難勝重任。但趙王固執不聽，撤回廉頗，任命趙括做了大將。

趙括一到前線，立刻擺出一副整軍經武的架勢，改變了戰略，撤換了不少將官，一時間弄得軍心惶惶，人心渙散。秦將白起探明這些情況，深

夜派出一支奇兵偷襲趙營，隨後佯裝敗走，趁機切斷了趙軍的糧道。趙括不知秦兵敗退有詐，揮師追趕，只聽一聲鑼鼓，斜刺裏殺出一隊秦軍，把趙軍攔腰切成兩半。就這樣，趙軍被圍困四十多天，就連樹皮草根都吃光了，軍心大亂。

趙括眼看熬下去也是活活餓死，便率軍突圍。但見旌旗蔽野，秦軍四面掩殺過來，趙括被亂箭射死，40萬兵將全軍覆沒。接著，秦軍包圍了趙國首都邯鄲。後因魏國信陵君率軍相救，趙國才沒有亡國。

學以致用，經得起考驗的理論才是成功的理論。學習知識，學習和實踐同樣重要。

宋之富賈

宋國有個人叫做監止子，他是一個非常有經濟頭腦的商人。

有一次，有人在大街上拍賣一塊價值百金的玉石，他看到那塊玉石晶瑩剔透，以他多年經商的經驗，他覺得那絕對是一塊上等的玉。

於是他也參加到了競拍的行列中，可是競拍的隊伍中的每個人都和他一樣識貨，而且和他一樣有錢，這樣他得到這塊玉石的機率就很小了。大腦轉得很快的他終於想到了一個好辦法。他拿起玉石觀看，假裝不慎失手，將玉石掉在地上摔壞了，照價賠償了一百兩黃金。

別的商人一看好玉給摔碎了，大家都為之可惜，都沒人要那塊碎玉了，這正合監止子的心意，他賠償了一百兩黃金以後，就拿走了那塊碎成兩瓣的玉石。

事後，監止子修理那毀壞了的部分，琢磨出一塊光彩奕奕的寶玉，賺得了千金，是他當時賠償玉價的10倍。

有時候要想勝，須先敗，敗非真敗，是以敗取勝，但要在勝敗之間做到進退自如，最後穩操勝券，須有敗中見勝的眼光、以敗求勝的權謀和敗中取勝的本領。

子夏勝肥

春秋時期，子夏和曾子都是孔子的學生。

有一天，兩個人在街上碰見。曾子上下打量著子夏，吃驚地問道：「老兄一向瘦骨伶仃，怎麼近來肥胖了這麼多？」

子夏得意地說：「我戰勝了，所以發胖了。」

「這是什麼意思？」曾子疑惑不解地問。

「過去，我在書房裏讀到堯舜禹湯的道德仁義，十分羨慕。可是當我走到街上看見世俗的富貴榮祿，心中也十分羨慕。兩種心思在我的胸中鬥個不停，未知勝負，所以我痛苦不堪，不思茶飯，人也瘦了。」

曾子好奇地追問道：「那現在誰戰勝了呢？」

「現在仁義戰勝了，所以你看，」子夏摸著自己的雙下巴，「我就發福了。」

勞身之事盡可不必勞心，勞心之事盡可不必勞神。高妙之人，勞身而不勞心，勞心而不勞神。

張良撿鞋

漢代名臣張良年輕時，一次在過石橋時見一位老人把自己的草鞋丟到橋下，老人叫張良去撿，張良出於對老人的尊敬撿回了草鞋。可誰料，他剛把鞋遞給老人，老人卻又順手將鞋丟到橋下，並再次讓張良去撿，於是，張良不厭其煩地撿草鞋。

這樣，一連三次，最後張良終於將草鞋恭恭敬敬套在了老人腳上。老人會心一笑，經過這件小事，老人看出了張良的道德操行，遂將聞名於世的《太公兵法》傳授給他。

此後，張良輔佐劉邦，為他出謀劃策，最終統一天下。

成功者能夠包容一切，往往有足夠的耐心與毅力去做好每一件小事的

人，最終都能走向成功。

秀才與鐵匠

清代初期，有一年正值趕考時節，一位秀才欲赴省城大考，偏偏在這個時候，有孕在身的妻子隨時可能臨盆。秀才心想：留她一人在家，萬一要臨盆，沒人照應，到時候可能要一屍兩命，再者也影響自己考試的心情，於是他便帶著妻子同行，希望能趕到省城之後才生產。

一路旅途勞頓，也不知是動了胎氣，還是孩子想早一刻出來，妻子竟在半途肚子痛了起來，眼看就要生產了。

沿途住家稀少，勉強前行了一段路，才找到一處人家，秀才急忙上前敲門。這戶人家以打鐵為生，剛巧鐵匠的老婆也正要生產。算來也是秀才的運氣好，現成的接生婆正好順道幫妻子接生。

過不多時，秀才的妻子和鐵匠的老婆各自安然產下了兒子，母子俱皆平安。兩個男嬰算來竟是同年同日且同一時辰生下的。

一轉眼，16年過去了，秀才和鐵匠的兒子都長大了，秀才的兒子繼承父業，考上了秀才。老秀才大喜之餘，想起鐵匠的兒子與自己的秀才兒子的生辰八字相同，想來此時必定也是個秀才了。

回想當年收容妻子臨盆之恩，秀才便準備了禮物，專程趕往鐵匠家中，欲向他道賀兒子高中之喜。

等到了鐵匠家中，只見老鐵匠坐在門口吸著旱菸，屋內一個年輕後生，赤著上身正忙著打鐵。秀才將禮物呈上，並問老鐵匠的兒子哪裡去了。老鐵匠指了指門內，說道：「喏，不就在那兒，哪裡也沒去啊！」

秀才詫異道：「是他？這可奇怪了。按命理說來，你兒子和我兒子生辰時刻相同，八字也一樣，理應也是個秀才才是，怎麼會……」

鐵匠大笑：「什麼秀才，這小子從小跟著我打鐵，大字也不識一個，拿什麼去考秀才啊！」

環境造就人的命運，要想改變自己的命運，首先要改變生存的環境。你若無法改變環境，那就試著改變自己。

樂不思蜀

三國時期，魏、蜀、吳各據一方，征戰不休，爭奪霸主的統治地位。其中，劉備管轄割據的地方稱為蜀。

劉備依靠諸葛亮、關羽、張飛等一批能幹的文臣武將打下了江山，他死後將帝位傳給了兒子劉禪。臨終前，劉備囑咐諸葛亮輔佐劉禪治理蜀國。劉禪是一位非常無能的君主，什麼也不懂，什麼也不做，整天就知道吃喝玩樂，將政事全都交給諸葛亮去處理。諸葛亮在世的時候，嘔心瀝血地使蜀國維持著與魏、吳鼎立的地位；諸葛亮去世後，由姜維輔佐劉禪，但是蜀國的國力還是迅速走上了下坡路。

一次，魏國大軍侵入蜀國，一路勢如破竹。姜維抵擋不住，終於失敗。劉禪驚慌不已，一點繼續戰鬥的信心和勇氣都沒有，為了保命，他赤著上身，反綁雙臂，叫人捧著玉璽，出宮投降，做了魏國的俘虜。同時跟他一塊兒做了俘虜的，還有一大批蜀國的臣子。

投降以後，魏王把劉禪他們接到魏國的京都去居住，使他和以前一樣養尊處優，為了籠絡人心，還封他為安樂公。

司馬昭雖然知道劉禪無能，但對他還是有點懷疑，怕他表面上裝成很順從，暗地裏存著東山再起的野心，有意要試一試他。有一次，他請劉禪來喝酒，席間，叫人為劉禪表演蜀地樂舞。跟隨劉禪的蜀國人看了都觸景生情，難過得直掉眼淚。司馬昭看看劉禪，見他正咧著嘴看得高興，就故意問他：「你想不想念故鄉呢？」劉禪隨口說：「這裏很快樂，我並不想念蜀國。」

散席後，劉禪的近臣教他說：「下次司馬昭再這樣問，主公應該痛哭流涕地說：『蜀地是我的家鄉，我沒有一天不想念那裏。』」這樣也許會感

一本書讀懂中國大智慧

動司馬昭，讓他放我們回去呀！」果然不久，司馬昭又問到這個問題，劉禪就裝著悲痛的樣子，照這話說了一遍，但又擠不出眼淚來，只好閉著眼睛。司馬昭忍住笑問他：「這話是人家教你的吧？」劉禪睜開眼睛，吃驚地說：「是呀，正是人家教我的，你是怎麼知道的？」

司馬昭終於明白劉禪確實是個胸無大志的人，就不再防備他了。

劉禪身為一國之主，居然樂不思蜀，甚至連想念故鄉都裝不出來，貪圖享樂而志向淪喪竟到了這種地步，實在可氣可悲。我們在任何情況下，都不應該放棄自己的理想，而要嚴格要求自己，志存高遠，不懈地奮鬥。

鉅鹿決戰

秦朝末年，天下紛亂，軍閥為了不同的利益相互混戰，其中，鉅鹿之戰至今仍被人們傳頌。

當時，趙王歇被秦軍圍困在鉅鹿（今河北平鄉西南），請求楚懷王救援。而秦軍強大，幾乎沒人敢前去迎戰。項羽為報秦軍殺父之仇主動請纓，楚懷王封項羽為上將軍。

項羽先派部將英布、蒲將軍率領兩萬人做先鋒，渡過漳水，切斷秦軍運糧通道。然後，項羽率領主力渡河。渡過了河，項羽命令將士，每人帶三天的乾糧，把軍隊裏做飯的鍋碗全砸了，把渡河的船隻全部鑿沉，連營帳都燒了，並對將士們說：「我們這次打仗，有進無退，三天之內，一定要把秦兵打退。」

項羽破釜沉舟的決心和勇氣，對將士發揮了很大的鼓舞作用。楚軍把秦軍包圍起來，個個士氣振奮，越打越勇。以一當十的戰鬥力，經過九次激烈戰鬥，活捉了秦軍首領王離，其他的秦軍將士有被殺的，也有逃走的，圍困鉅鹿的秦軍就這樣被瓦解了。

置之死地而後生，如果凡事怕危險而畏首畏尾，則永無出人頭地之日。唯有勇於面對現實，方能開創出一片新的天地。

心平氣和的劉銘傳

　　清廷派駐臺灣的總督劉銘傳，是建設臺灣的大功臣，臺灣的第一條鐵路便是他督促修建的。劉銘傳的被任用，有一則發人深省的小故事。

　　當初，李鴻章將劉銘傳推薦給曾國藩時，還一起推薦了另外兩個書生。曾國藩為了測驗他們三人中誰的品格最好，便約他們在某個時間到曾府去面談。

　　可是到了約定的時刻，曾國藩卻故意不出面，讓他們在客廳中等候，暗中卻仔細觀察他們的態度。只見其他兩位都顯得很不耐煩似的，不停地抱怨，只有劉銘傳一個人安安靜靜、心平氣和地欣賞牆上的字畫。

　　後來曾國藩考問他們客廳中的字畫，只有劉銘傳一人答得出來。結果不言而喻，當然是劉銘傳被任命為臺灣總督。

　　沒有耐心的人，必定缺乏堅毅持久、克服萬難的精神，自然成就不了大事。如果希望將來能有所作為，首先便須磨練自己的耐心和毅力。

兩個書法家

　　在清代乾隆年間，有兩個書法家，一個極認真地模仿古人，講究每一筆每一劃都要酷似某某，如某一橫要像蘇東坡的，某一捺要像李白的。自然，一旦練到了這一步，他便頗為得意。

　　另一個則正好相反，不僅苦苦地練，還要求每一筆每一畫都不同於古人，講究自然，直到練到了這一步，才覺得心裏踏實。

　　有一天，第一個書法家嘲諷第二個書法家，說：「請問仁兄，您的字哪一筆是古人的呢？」

　　後一個並不生氣，而是笑眯眯地反問了一句：「也請問仁兄，您的字究竟哪一筆是您自己的呢？」

　　第一個書法家聽了，頓時張口結舌。

人要從沒路的地方走出一條路來，而不要泯滅了自己的個性，一味地模仿別人。那樣只會迷失自我，最終連自己的命運都把握不了。

施氏與孟氏

戰國時，魯國有一個姓施的老人，他有兩個兒子，大兒子喜歡研習儒學，小兒子則愛好兵法。

學成後，大兒子憑著自己的淵博知識和一套以德治國的學說，去遊說魯王，得到魯王的重用，做了太傅。小兒子來到楚國，向楚王縱談用兵之道，楚王對他的見解大加讚賞，委任他為三軍司令。兩個兒子身居顯位，父親也跟著沾光，享盡榮華富貴。

施老的鄰居孟老，也有兩個兒子，恰恰與施家二子所學相同。孟家父子羨慕施家富貴，於是上門請教，施家把事情原委以實相告。

孟家父子一聽，事情原來是這樣簡單，為以前浪費時間而深感後悔。施家兒子能做到的，孟家絕不會更差！父子三人心裏很是興奮。

孟老的大兒子前往秦國，大談以禮治國的好處。秦王卻一句也聽不進去，哭笑不得地說：「當今諸侯混戰，強存弱亡，什麼能比富國強兵更要緊？照你的說法，用仁義治國，這不是叫我坐以待斃嗎？」說完便傳令衛士將孟家老大轟了出去。

孟老的小兒子來到衛國，勸說衛侯操練兵馬跟各路諸侯抗衡。衛侯不高興地說：「我的國家比較弱小，在大國征戰的形勢下得以保全。服從大國，愛護更小的國家，是唯一可行的策略，也是衛國平安無事的根基。如果修兵習武，大國以為我要挑戰它，小國以為我要吞併它，四面樹敵之後，我還能安穩地坐在這裏嗎？如果就這樣放你走，會讓其他國家以為我被你說動了心，而且你還會去遊說別的國家這樣做，我就要倒楣了。」

說完，衛侯下令砍掉了孟家小兒子的一隻腳，派人把他抬回家。

孟家兩個兒子回到家，父子相見，抱頭痛哭。想起施家出的主意，便

頓足捶胸，譴責施家父子欺騙了他們。

施老對鄰居的遭遇也很同情，連連安慰，勸住了他們的哭聲，同情地說：「我們鄰居多年，我哪裡會做這種傷天害理的事呢？請聽我說一說這禍福為何不同。一般說，一個人選擇的位勢好，做什麼都順當，位勢不對就什麼也做不成。你們的方法和我家相同，為何結果又和我不一樣呢？」

孟家父子迷惑地搖頭。施老接著說：「這是因為我們兩家所選的地方不同的緣故，絕不是行動上有什麼差錯。天下之事沒有固定的規矩，也永遠沒有不變的是非。從前需要的，也許今天棄而不用；今天棄掉的也許以後仍然需要。這種用或是不用，是沒有對與錯的分別的。順應時勢尋找良機，是不可缺少的智慧。如果不明白這一點，即便你們像孔子一樣淵博多才，像姜子牙一樣足智多謀，又怎能不四處碰壁呢？」

孟氏父子恍然大悟，臉上的怒氣一掃而光，誠懇地說：「我們全都明白了！」

施、孟兩家的不同遭遇，既是一個時代的產物，更是個人選擇的結果。人們在選擇自己的立足之地時，必須從實際出發，仔細進行調查研究，因地制宜，切不可輕信別人，或憑主觀想像，莽撞從事。

晉文公稱霸

春秋時期，晉文公即位後，馬上致力於操練民眾。第二年，文公想利用他們征戰。子犯說：「晉國戰亂多年，人民還不知道什麼是義，還沒有安居樂業。」

於是，晉文公加強外交活動，護送周襄王回國復位，回國後又積極為人民謀利益，人民開始逐漸關心生產，安於生計。

不久，文公又想用兵，子犯又說：「民眾還不知道什麼是信，而且還沒有向他們宣傳信的作用。」於是晉文公又征伐了原（小國名），約定三天內攻不下來就撤兵。三日後晉文公真的信守諾言，退兵三十里，向國內

外證明他的誠實和信用。

在這一系列行動的影響下，晉國的商人做生意不求暴利，明碼標價，童叟無欺，全國形成了普遍講信譽的好風氣。

於是晉文公說：「現在總可以了吧？」子犯說：「人民還不知貴賤尊卑之禮，沒有恭敬之心。」

於是文公用大規模的閱兵來表示禮儀之威嚴，設置執法官來管理官員。這樣一來，人民開始習慣於服從命令，不再有疑慮，這時才發動民眾征戰。城濮一戰，迫使楚國撤兵，解了宋國之圍，一戰而稱霸諸侯。

時機的到來，總是沒有規律可循。明智之人，總是無機則造機，有機則乘機，見機則藉機，左右逢源，事半功倍。

王含之死

東晉大將軍王敦去世後，他的兄長王含一時感到沒了依靠，危險一步步逼近，便想去投奔王舒。

王含的兒子王應則一直勸說他父親去投奔王彬，王含訓斥道：「大將軍生前與王彬有什麼交往？你小子以為到他那兒有什麼好處？」

王應不服氣地答道：「這正是孩兒勸父親投奔他的原因，江川王彬是在強手如林時打出一塊天地的，他能不趨炎附勢，這就不是一般人的見識所能做到的。現在看到我們衰亡下去，一定會產生慈悲憐憫之心；而荊州的王舒一向明哲保身，他怎麼會破格開恩收留我們呢？」

王含不聽，徑直去投靠王舒，王舒果然將王含父子裝入麻袋，沉到江裏。而王彬當初聽說王應及其父要來，悄悄地準備好了船隻在江邊等候，但沒有等到，後來聽說王含父子投靠王舒後慘遭厄運，深深地感到遺憾。

謹慎交友，外在的表現不能說明一切，德、行、處世才是交友的準則。

三兄弟的選擇

子產是春秋時期著名的政治家，他治理鄭國三年就取得了很大成效，一舉使鄭國成為當時的強國。善良的人都佩服他的教化，而邪惡的人都害怕他的懲罰。

子產有兩個兄弟，哥哥公孫朝，弟弟公孫穆，哥哥好酒，弟弟好色。

公孫朝的家裏酒壇上千，離他家很遠就能聞到濃烈的酒味。當他沉湎於酒中時，完全忘記了社會的興亡、自身的安危、親族的有無、金錢的得失……即便是把刀架到脖子上，他都不會感到恐懼。

而公孫穆家裏卻是另外一番景象：十數間房屋，充盈各色美女。他沉醉於美色，摒棄一切朋友親族的往來，甚至三個月才出門一次。每每見到周圍有女色過人，必想盡千方百計獲得了才甘心，否則便食不甘味。

子產對這兩個兄弟非常頭疼，不知該怎麼辦才能讓他們改邪歸正。他勸說兩兄弟道：「人之所以跟動物不一樣，是因為人有道德和智慧，如果你們兩個再這樣沉迷於酒色，恐怕危機很快就會到來。」

兄弟兩人說道：「你說的這些東西我們早就知道了。生命是很難得到的，而死亡卻很容易到來。以脆弱的生命面對冷酷的死亡，卻還要追求虛幻的社會名聲，難道不是最為愚蠢的事情嗎？人生一世，應該盡情追求感官的快樂。唯一應該擔心的是喝得太多仍不能盡興，身體不支而無法繼續，哪裡會考慮名譽的得失和生命的長短？」

人要用一種長遠的眼光來整體規劃自己的人生，並且要根據社會的需求來調整自己的欲望。而不要像子產的兩個兄弟那樣沉湎於酒色之欲。

直鉤釣魚

商朝最後一個皇帝紂王，是歷史上有名的昏君。他在位時，只知道自己享樂，根本不管人民的死活。他大肆建造宮殿，向民間搜刮金銀珍寶，

剝削人民的糧食。他和寵姬妲己日日夜夜在酒池肉林過著窮奢極欲的生活。此外，他還用各種殘酷的刑罰來鎮壓人民。

這時候，商朝西部的部落周卻一天天地壯大起來。周的首領周文王非常能幹，他生活節儉，禁止喝酒，不准貴族打獵、糟蹋莊稼。他鼓勵人民多養牛羊，多種糧食。他還虛心接納一些有才能的人，因此，一些有才能的人都來投奔他。

有一天，周文王坐著車到渭水北岸去打獵。在渭水邊，他看見一個老頭兒在河岸上坐著釣魚，奇怪的是他釣魚的鉤卻是直的，而且鉤子離水面還有三尺遠。文王看了很驚異，於是下了車，和他交談起來。

談話中，文王得知這位老者名叫姜尚，是一位很有才能的人，既精通兵法，又能治國安邦。他在這裏直鉤垂釣已有很長時間了，他不為釣魚而來，實則為釣人作準備。文王非常高興，認為他是奇高之士，於是盛情邀請姜尚出山幫助自己。姜尚也不推辭，立刻跟著文王上了車。

這位姜尚就是歷史上有名的姜太公，後人又稱太公望。他跟隨文王后，一面提倡生產，一面訓練兵馬。周的勢力越來越強大。到最後，姜尚終於幫助周滅掉了商朝，建立了周朝。

所謂「機不可失，時不再來。」我們能抓住機會的時間只有短短一瞬，但是必須用很長的時間作準備。只有這樣，我們才能不被機會拋棄，實現自己的人生價值和理想！

破罐不顧

東漢末年，有一個叫孟敏的人，一天他到市上買了一隻煮飯用的陶罐，在路上一不小心，罐子摔得粉碎。孟敏連看也不看一眼，逕自去了。

路人見了覺得很奇怪，走過去問他：「你的罐子破了，怎麼連看也不看一下呢？」

孟敏回答說：「罐子已經破了，看它又有什麼用呢？」

人不能總是糾纏在已發生的錯誤上，發現自己錯了，應該馬上改正，並仍然保持昂首前進的姿態。

區寄殺盜

區寄是唐朝中葉郴州地區的一個牧童，他既勤勞又勇敢，常常獨自一人外出放牛拾柴。一天，他在外邊放牛時，遇上兩個強盜把他綁架了，反背著手將他捆起來，然後用布蒙住他的眼，扛著他離開家鄉四十多里地，想到集市上把他賣掉。

一路上，區寄總是啼哭，渾身發抖，表現出非常害怕的樣子，強盜見了，認為他很好控制，不再把他放在心上。快到集市時，強盜便停了下來，將區寄扔在身旁，打開隨身攜帶的酒葫蘆，相對喝酒，喝得酩酊大醉。

之後，其中一個強盜因要去集市談買賣孩子的生意，就離開了，另一個則躺在地上睡起覺來。坐在一旁的區寄停止了哭泣，看著強盜漸漸睡著了，就使勁地往刀邊挪，好不容易挪到了刀邊，便把捆綁自己的繩子靠在刀刃上，用力地磨動，繩子很快就斷了。

接著，區寄拔出刀來，用盡全身力氣往強盜身上刺去，強盜哼都沒來得及哼一聲，就一命嗚呼了。

見這個強盜已死，區寄拔腿就跑。但這時，那個去集市談生意的強盜回來了，很快就追上了區寄，並打算要殺掉他。

區寄趕緊說：「與其做兩個主人的奴僕，還不如做一個主人的奴僕呢，你的同伙不好好待我，我才如此。你如果真能保全我的性命並好好待我，無論怎麼樣都可以。」

強盜盤算了很久，覺得他說得有理，於是重新將區寄捆綁得結結實實後，便隨即埋葬了那個強盜的屍體，然後便帶著區寄到強盜頭子那裏去。

很快，天就黑了，強盜便在集市上隨便找了家旅館，兩人住在一個屋

子裏。強盜醉意未消，很快便睡著了。

區寄於是自己轉過身來，把捆綁的繩子就著爐火燒斷了，即便將手燒傷了也不怕。然後拿過刀來殺掉了強盜。接著大聲呼喊，整個集市都驚動了。區寄說：「我是姓區人家的孩子，不該做奴僕。兩個強盜綁架了我，幸好我把他們都殺了，我願把這件事報告官府。」

很快，這件事情就轟動了鄉里，刺史認為他很了不起，便留他做小吏，區寄不願意。於是刺史送給他衣裳，派官吏護送他回到家鄉。

回到家後，區寄鄉里那些做搶劫勾當的強盜，都斜著眼睛不敢正視他，沒有哪一個敢經過他的家門，說：「這個孩子比秦武陽小兩歲，卻殺死了兩個賊人，怎麼可以靠近他呢？」

人的一生不可能一帆風順，總會遇到這樣或那樣的危險，面對突如其來的危險時，我們不要驚慌失措，而是要保持冷靜鎮定，靜覓時機的到來，等到有利時機一出現，便可充分發揮主觀能動性，使自己從危險中脫身而出。

王翦出征

戰國末年，秦國在滅掉了魏國以後，準備進攻楚國。

有一天，秦王在朝堂上問大將李信：「這次討伐楚國，你看需要帶領多少人馬？」李信回答說：「給我二十萬人馬就夠了。」

秦王又轉過頭來問老將王翦：「老將軍認為該帶多少人馬呢？」王翦答道：「需要六十萬人馬。」

秦王心想，這王翦是越老越膽小了。於是，秦王封李信為將軍，領兵伐楚。

李信領命，率二十萬大軍攻到楚國，卻遭到楚國大將項燕的拚死抵抗，結果大敗而還。秦王大怒，將李信革職查辦，然後備了厚禮去請王翦掛帥出征。

王翦自然要求秦王給他六十萬人馬，秦王滿口答應了。

大軍出發，秦王親自送王翦到灞上。這時，王翦對秦王說：「請賜給我一些上好的田園、美宅。」

秦王說：「將軍即將出發，何必擔憂貧窮呢？」

王翦說：「做大王的將領，有了功勞還是不能封侯，所以趁大王看重臣的時候，臣也及時藉此請求田園做子孫的家業罷了！」

王翦到達前方戰線之後，又前後派遣五位使者返回請求為他建一座花園，花園裏要有最好的魚池，魚也要最珍貴的。秦王都笑著照辦了。

過了幾天，王翦又託人送信給秦王，說他的孩子們現在仍無功名，請大王封他們一個官職，好為國家效力，再賜點金銀珠寶，以備不時之需。秦王認為王翦是個慈父，仍然按照他的要求辦了。

有人對王翦屢索封賞有點看不慣，就說：「將軍的請求，也太過分了吧。」

王翦說：「不是這樣。秦王心中憂懼，並且不信任別人，現在將全秦國的軍隊交付給我，我不多請求田宅做子孫家業，以表白自己心繫秦國的心意，只會令秦王因而懷疑我罷了！」

人生有太多的風險，聰明的人善於覺察到這種風險，並會採取有效的方法加以防範。

快刀斬亂麻

北齊第一個皇帝高洋，小時候雖然很聰明，但卻不外露，大家不瞭解他，只有父親高歡覺得他有獨特之處，高歡說：「這孩子在見識和謀略上都超過我。」

有一次，高歡想試一下兒子們的觀察力、判斷力、想像力、十指協調能力等，就給他們每人一團亂絲，讓兒子們理清楚。

其他的兒子手忙腳亂，拿著絲團上看下瞅，不知從哪裡下手。

這時，只見高洋抽出腰中寶刀，三兩下把絲團砍成幾段，還說：「對亂的無法解開的東西就必須斬斷。」

高歡聽後，連連點頭。

有哲人曾經說過：「想得好是聰明，計畫得好更聰明，做得好是最聰明！」要成功，就要不墨守成規，選定目標，先行動起來。

林類論生死

春秋時期，有一個叫林類的老頭，年近百歲，身體健康，膝下無兒無女，他給人的感覺總是快快樂樂的。

有一次，孔子去衛國，在路上遠遠地看見林類在田中拾穀穗，就對弟子們說：「那是個不一般的老人，你們可以問他。」

於是子貢上前去問：「老人家，你一個人在這裏拾穀穗，難道沒有什麼不快的事情嗎？你為什麼這麼快樂呢！」

老人慢悠悠地說：「有什麼會讓我不快樂呢？」

子貢說：「有人說，你年輕的時候，好吃懶做，苟且偷生，虛度光陰；長大以後，不學無術，沒有什麼建樹；現在你年老體衰，行將就木了，卻連照顧你的妻子兒女也沒有。這難道不值得擔憂嗎？」

林類聽完子貢的話，笑一笑說：「這正是我快樂的奧秘。年輕的時候不努力，沒有花費心力，使我生命旺盛，體魄強健；長大了與世無爭，欲望少，氣血沒有溢出體外，凡事想得開，心無牽掛，正是由於這個原因，所以我能長壽。難道長壽不讓人快樂嗎？我雖然沒有妻子兒女，將會不久於人世，但我仍然很快樂。」

子貢說：「長命百歲讓你快樂我還能理解，可你以死亡為快樂，我就不能明白了。」

林類說：「死和生是人生的兩件大事情。許多人貪生怕死，因為生時可以享受一切榮華富貴，死後就萬事皆空。

我卻認為，對人來說，死和生同樣重要，這就好比一去一來。人在這兒死了，卻又在那裏生出來了。人世間就是這樣生生死死輪迴不已。死是為了生，生是為了死。我們如果能把生死看透，生時優哉遊哉，死亡來臨時也坦然自若，那麼人生便會減去許多痛苦，並因此增加幾分快樂。

由此可見，那些千方百計延長生命推遲死亡的人不是很糊塗嗎？即使我今天死去，難道一定比活著差多少嗎？」

像林類這種安之若素，不怨天、不尤人的人，把人生中所遇到的一切事情都看成是順理成章，自然也就快樂無比。其實快樂的秘密不在外物，而在己心。

張佳胤擒盜

明朝時，張佳胤在滑縣當縣令。有兩個強盜任敬、高章詐稱是朝廷使者來見張佳胤。張佳胤心裏對兩人十分懷疑，但還是把兩人請到內堂。

進入房內後，兩人拿著匕首威逼張佳胤道：「我們聽說你的府庫裏有一萬兩銀子，希望你能借給我們一些。」張佳胤這才明白兩人是來搶劫的大盜。

張佳胤面對兩人架在自己脖子上的刀，毫無懼色，從容地對他們說：「滑縣不過是個小縣，縣裏的庫藏空虛，哪裡有你們剛才所說的那麼多金銀？」

任敬這時拿出一張紙來，將上面所記的庫存的金銀數目說了一遍。張佳胤也不爭辯，只是請求他們不要都拿走了，以免連累自己，然後反覆向兩人講明利害。

這時，兩人的口氣有些鬆動了。任敬說：「你總該給我們一千兩銀子吧。」

張佳胤再說道：「很好啊！但你們現在口袋裏能裝下這麼多銀子嗎？再說，你們又用什麼方法出去呢？」

於是兩人要求張佳胤為他們準備一輛大車，裝好銀子，然後讓張佳胤陪他們一起出去。張佳胤又說：「白天這樣出去畢竟不大方便，我看還是晚上出去吧。」

兩人也認為張佳胤講得有理。

張佳胤又說：「庫存的銀子容易辨認，對你們不利。城裏有很多富戶，我從他們那裏借銀子給你們，這樣，你們就沒有後顧之憂了。」兩人又認為張佳胤說得很對。

於是，張佳胤便傳縣吏劉相來見，對他說：「我遇上一件意外的事，如果被抓走恐怕會死的。現在這兩位朝廷的使者很幫忙，能讓我免於一死。我很感激他們，因此想拿出一千兩銀子答謝他們。就請你向城裏的富戶暫且借一些吧。」

劉相是個很有心計的人，立時便明白了是怎麼回事。接著，張佳胤親手寫了十個人的名字，叫他們每人拿一百兩銀子來。

劉相走後，張佳胤又從家裏拿出酒食來招待兩位大盜。不久，那十個人陸續來到了門外。

他們對張佳胤說：「我們因為貧苦，實在是拿不出那麼多銀子，現在每人奉上二十兩給大人。」

任敬、高章聽說銀子送到，並且一看來人的打扮都是有錢的富豪模樣，便不再懷疑。張佳胤卻怒道：「叫你們交一百兩銀子，為什麼只有二十兩？」

接著，張佳胤呼喚拿秤來秤銀子，他拿秤秤了好久，發現強盜開始稍微鬆懈麻痺了。這時，十個人中有一個人向前忽然跳起靠近強盜，刺死了一個，接著又把另一個強盜捆綁起來。前後不過十來分鐘，就把兩個強盜解決了。

原來，張佳胤叫來的這十個人並不是城裏的富戶，而是縣裏捕捉強盜的補快。

人的一生中，有許多事是難以預料的，其中隱藏的危機甚至會危及生

命，這時更需要機變，相時而動。否則，你就很難逃離厄運。

禍福無門

春秋戰國時期，魯國當政的季武子沒有嫡子，公彌為長子，但季武子喜歡悼子，想要立悼子為嫡子，而讓公彌從庶子之禮，地位在悼子之下。

季武子讓公彌做家司馬，也就是家臣。公彌不樂意，心中有怨氣，面上有怒色，閔子馬看到這種情況，就勸公彌說：「你不要這樣。禍福無常，都是人們自己招來的。你擔心的應是不孝，不要擔心失去地位。只要尊重父親的命令，怎麼能保證事情不會發生變化呢？如果你能孝敬父母，就能加倍地富貴。但如果奸邪不孝，禍患就可能比一般百姓還要嚴重一倍。」

公彌聽從了閔子馬的勸告，對父母早晚問候，非常恭順，而且對公務也十分認真。季武子非常滿意，讓公彌請自己喝酒。受到宴請後，季武子帶著很多貴重的飲宴器具到公彌家，酒後把這些貴重的器具都留給了公彌。公彌因此而富有起來，後來又擔任了魯襄公的左宰。

一個人命運的好壞，並不是由他人決定的，而是由自己的行動決定的。要懂得「禍福無常，唯人所召」的道理，才能把命運把握在自己手中。

楚王學箭

楚王從養叔那裏學得一手好箭，便立即出去打獵，想試試自己的技藝如何。

他帶著手下來到野外，讓人把躲在蘆葦叢中的野鴨子趕出來。一時間，嘩啦啦飛出來好些野鴨子，楚王搭箭欲射，忽然從他的左前方跳出一隻山羊。

楚王想，射中一隻山羊比射一隻野鴨子要划算多了，於是，就把箭頭對準了山羊。

可就在他準備射山羊時，又從右邊跳出來一隻梅花鹿。楚王又想，梅花鹿多罕見啊，山羊怎能跟牠比呢！又把箭頭對準了梅花鹿。

誰知楚王正欲放箭射殺梅花鹿時，卻看見前方的樹林裏一隻蒼鷹振翅飛向空中。楚王又想射蒼鷹。等到他要瞄準蒼鷹時，蒼鷹已經迅速地飛走了。他只好回頭來射梅花鹿，可是梅花鹿也逃走了。他又找山羊，山羊早就不知道跑到哪裡去了，連那一群野鴨子都無影無蹤了。

最終，楚王拿著弓箭比畫了半天，卻什麼也沒有射著。

有了確定的目標，應抓住目標不放，且不受外界的影響，就一定能達到目的。如若心猿意馬，這山看著那山高，最後，你什麼也得不到。為自己的人生立下一個目標，並堅定地朝著目標走下去，你就一定能夠成功。

蒯通勸韓信

秦朝末年楚漢相爭時，有個叫蒯通的謀士，他知道韓信手握重兵，就想說服他背叛劉邦，使天下形成三足鼎立之勢。

於是蒯通求見韓信，想透過相術相勸，說：「我懂得相人之術，可知將軍吉凶貴賤。」

韓信問他：「相人之術依據的是什麼？」

蒯通告訴他：「看人的貴賤在於他的骨骼，憂喜在於容顏，成敗在於決斷。從這三個方面來看相，保證萬無一失。」

於是韓信問道：「你看我怎麼樣？」

蒯通說：「從將軍的面相來看，最多不過是封侯，但是有危險，又不安全。從背相來看，你卻是大富大貴。」

韓信聽後不解，心想：竟有如此奇妙的事，面相與背相有這麼大的差異。就要聽他作進一步的解釋。

其實蒯通的真正用意是勸韓信背叛劉邦，在齊國自立為王。為此他從分析當時的形勢開始，對韓信講了一番道理。但韓信不為所動，認為劉邦對他有恩，自己不能忘恩負義。蒯通苦口婆心地勸說，韓信就是不聽。

蒯通還不死心，很誠懇地對韓信說：「事情的成功是困難的，而失敗卻是容易的，時機要得到是艱難的，失去它卻是很容易的。時機啊，時機，失去了就不會再回來了！」

後來，韓信由於沒有聽從蒯通的建議自立，果然被劉邦以「謀反」的罪名處死。

在人生歷程中，機遇是可遇不可求的。機遇到來時如果不能抓住，當斷不斷，則會反受其亂。

實心葫蘆

春秋時齊國有個名叫田仲的，是一位隱居的士人。有一位名叫屈谷的宋國人，來到田仲隱居的地方拜訪他，田仲以禮接待。

屈谷說：「久聞先生高義，自耕自食，不想依賴他人過活，我很欽佩。我這次帶來一個大葫蘆，堅硬如同石頭，皮厚而中心沒有空隙，願意把它送給先生。」

田仲說：「葫蘆之所以可貴是因為它可以盛放東西。現在您拿來的葫蘆皮厚而中間沒有空隙，它堅硬如石，難以剖開；況且它又是實心的，剖開了也不能盛物。我拿這個葫蘆沒有任何用處啊！」

屈谷說：「您說得很好，這個葫蘆確實沒用，我將把它丟棄。現在先生不依賴他人而食，也不為國家做事，對國家來說是一個沒有益處的人，不也像是實心葫蘆嗎？」

田仲聽了屈谷的話，長時間沒說出話來。

自食其力，只是做人的最低限度，為國為民為社會效力，才是做人的意義所在。

一本書讀懂中國大智慧

張耳能忍小憤

秦始皇統一六國時，張耳、陳餘都是魏國的名士，一貫主張抵抗秦國，秦始皇於是貼出告示，要以重金緝拿兩人。

於是，兩人改頭換面逃到了陳國，靠在衙門裏當裏監門生活。

有一次，一個官吏因為陳餘犯了過錯而鞭笞他，陳餘怒不可遏，就想起而反抗。這時，旁邊的張耳使勁踩了一下陳餘的腳，意思是讓他一定要忍耐。

後來，等那個官吏走了以後，張耳就將陳餘引到桑樹下面，數落他說：「當初我和你是怎麼說的？今天受到一點小小的侮辱，就想去為一個官吏而死嗎？」

陳餘聽了，立時面紅過耳，慚愧萬分。

於是，兩人發憤圖強，後來，張耳輔佐劉邦成了西漢的開國功臣，陳餘也成為趙王的重臣。

成大事者，應該忍得住眼前的屈辱，敢於和命運抗爭。

老鼠洞中的白銀

北宋時期的著名文人范仲淹，幼年喪父，生活相當貧窮。有一段時間，他在淄州長白山醴泉寺院讀書時，每天煮一鍋粟米粥，涼了之後分成四塊，第二天就著一點鹽水泡韭菜，早晚各吃兩塊。（「劃粥割韲」的成語也就來源於此。）

有一天，范仲淹正在廟裏讀書時，忽然看見有一隻白老鼠鑽進了地穴，他感到很好奇，於是動手將洞穴挖開，發現裏面竟有一甕滿滿的白銀。

當時范仲淹正缺錢用，這一甕白銀無疑可以極大地改善他的生活狀況。但范仲淹並沒有將這一甕白銀據為己有，而是堅守自己的道德準則，

仍然將這一甕白銀封存埋在原處。

後來，范仲淹中了進士當了官，他當年寄住的那個廟裏的和尚想修繕寺院，便找這位當年的老房客、如今的朝廷命官幫個忙。

但是，范仲淹為官清正，內無餘帛，外無盈財，也不會假公濟私，慷國家之慨，用公家的錢為自己裝門面。

范仲淹後來轉念一想，廟中的老鼠洞裏不是還有一甕白銀嗎？此時正好可以派上用場，於是他寫了一封書信將這件事告訴了老和尚。老和尚按他所指示的地點，果然挖出一甕白銀，解了寺廟的燃眉之急。

安於貧窮，不貪圖外財，是古今賢士的立身之本。

斷箭

春秋戰國時期，一位父親和他的兒子出征打仗。父親已做了將軍，兒子還只是馬前卒。又一陣號角吹響，戰鼓雷鳴，父親莊嚴地托起一個箭囊，裏面插著一支箭。父親鄭重地對兒子說：「這是家傳寶箭，佩帶身邊，力量無窮，但千萬不可抽出來。」

那是一個極其精美的箭囊，厚牛皮打製，鑲著幽幽泛光的銅邊；再看露出的箭尾，一眼便能認定是用上等的孔雀羽毛製作。兒子喜上眉梢，貪婪地推想著箭桿、箭頭的模樣，耳旁彷彿嗖嗖的箭聲掠過，敵方的主帥應聲落馬而斃。

果然，佩帶寶箭的兒子英勇非凡，所向披靡。當鳴金收兵的號角吹響時，兒子得意忘形，完全忘記了父親的叮囑，強烈的欲望驅趕著他呼的一聲拔出寶箭，試圖看個究竟。太震驚了，只有一支斷箭，箭囊裏裝著一支折斷的箭。

我一直帶著支斷箭打仗呢！兒子嚇出了一身冷汗，彷彿頃刻間失去支柱的房子，意志轟然坍塌了。

結果不言自明，兒子慘死於亂軍之中。

父親拂開濛濛的硝煙，揀起那支斷箭，沉重地啐一口道：「不相信自己的意志，永遠也做不成將軍。」

自己也是一支箭，若要它堅韌，若要它鋒利，若要它百步穿楊，百發百中，磨礪它，拯救它的只有自己。

毛遂自薦

西元前260年，秦、趙長平一戰，趙國四十萬人馬全軍覆沒。主將趙括也被亂箭射死，強悍的秦軍長驅直入，率兵重重包圍趙國首都邯鄲。

趙國危在旦夕，趙孝成王焦慮萬分，急忙委派他弟弟平原君到楚國去求救。趙國存亡，在此一舉。

事關重大，平原君準備帶二十個最精幹的文武人才同往。他在自己的數千名門客中橫挑豎揀，只選中十九名，還差一人，卻再也挑不出來了。

這時候，有個名叫毛遂的門客站出來，對平原君說：「請讓我跟您同去吧。」

平原君對這張面孔很陌生，問道：「先生來我門下幾年了？」

「三年了。」毛遂回答。

「三年？」平原君搖搖頭說，「不行。一個有才能的人處在世上，就好比把錐子裝進口袋，立刻可以看到錐尖從袋裏鑽出來。你來了已經三年，可是我從來沒有聽見有人稱讚過你，可見你不夠優秀，沒有什麼本事。你不能去。」

「不對！」毛遂爭辯道，「我從來就沒有能夠像錐子那樣放進您的口袋裏。要是早就放進口袋的話，我敢說，不光是錐尖露出口袋，就連整個錐子都會像禾穗一般挺出來。」

平原君想想，覺得毛遂的話也有道理，就決定帶他去了。同行的十九個門客，一開始都很輕視毛遂，但在一路的相處中，他們才發覺毛遂是一個不平凡的人。

果然，當趙、楚談判陷入僵局的時候，毛遂冒著生命危險，手按寶劍，挺身而出，在盛氣凌人的楚王面前慷慨陳詞，申明大義。他凜然的正氣使楚王驚異，精闢深刻的分析使滿朝大臣莫不嘆服。毛遂打開了新的局面，促使楚王和平原君當場締結盟約。不久，楚國和魏國的援軍兩路進擊，終於解了邯鄲之圍。

事後，平原君感慨地說：「毛遂以三寸之舌，勝百萬軍隊，他一到楚國，我們趙國的威望就大大提高。我觀察的人才不算少了，但竟然錯看了毛遂。」

不要總是等著別人去推薦，只要有才幹，不妨自己主動站出來，展現自己才能的同時，作出自己應有的貢獻。

摔琴成名

陳子昂是唐初的大文學家。他在少年時便來到京城長安，希望得到朝廷賞識，好從此邁上仕途。可是他在長安人生地不熟，長安又是人才薈萃之地，所以他遲遲沒有機會，心中十分苦惱。

有一天，他正在街上閒逛，看到一群人圍在某處。擠進去一看，原來是有個賣胡琴的人，他的胡琴要價一千緡。豪紳貴族們傳來傳去看著，沒人能夠辨別胡琴的優劣。這時陳子昂突然出現在眾人面前，他看了一下，對賣琴人說：「貨賣識相人，這琴不止千緡，我出一千二百緡，琴賣給我了。」

眾人愕然，於是圍住陳子昂，一定要他講出這琴的來歷跟好處。

陳子昂詭秘地一笑，說：「明天大家來宣陽里，聽我彈奏。」次日，大家如期前往。

到宣陽里一看，陳子昂已準備好酒菜，胡琴擺在桌前。等眾人聚齊後陳子昂便焚香彈了起來，邊彈邊唱。眾學子覺得不但琴聲優雅，而且唱詞新奇，格調高雅，於是打聽詞句是誰作的。

陳子昂捧著琴說：「我是陳子昂，四川人，作有文章一百卷，馳走京城，碌碌塵土，不為人知，此樂是低賤的樂工所演奏的，我怎能對這有興趣呢？」

說完，舉起琴來，一摔而碎。然後把自己的文章贈給在座的諸位。這樣，一日之內，他的名字就傳遍整個京城。

一個人有才華卻懷才不遇，這是很常見的事情。如何脫穎而出，引人注目，除了有才華外還要有創造、把握機會的能力。

楚童學齊語

戰國時期，孟子發現宋國的朝廷裏有不少奸佞小人圍著國王轉，給國王出的都是禍國殃民的主意，把國王弄得暈頭轉向，不知如何是好。

孟子非常反感這一現象，多次想勸說國王，但卻苦於一直沒有機會。

這一天，孟子對宋國大夫戴不勝說：「你想讓你的國王學好嗎？」

戴不勝說：「那是當然了。」

孟子說：「那就該多提拔重用正直的人。」

戴不勝說：「薛居州是個正直的人，讓他到宮廷中去做官。」

孟子說：「這還不夠。如果在宮廷中年齡大的、年齡小的、地位高的、地位低的都是薛居州那樣的好人，那麼國王與誰能做出壞事來呢？如果在宮廷中，年齡大的、年齡小的、地位高的、地位低的都是奸佞小人，那麼國王能和誰做出好事來呢？」在交談的時候，孟子對戴不勝講述了這麼一則寓言故事：

楚國一個官員想讓他的兒子學習齊國話。楚國在江南，那裏的人都說楚國話，齊國在山東地區，那裏的人都說齊國話。究竟找齊國人來教呢，還是用楚國人來教呢？這位官員始終拿不定主意。

有人建議他說：「還是找齊國人來教吧，那樣能學會地道的齊國話。」

這位官員於是就花高薪請來一位齊國人當老師，教兒子學習齊國話。

老師一字一句教得非常認真，學生學得也很努力。但是放學以後，他仍生活在楚國人中間，聽的、說的還都是楚國話。

學了一段時間，他也沒有學會齊國話。這位楚國官員氣得每天用鞭子打兒子，強逼著兒子說齊國話，但兒子還是說不好。

這位楚國官員嘆息著說：「錢也沒少花，工夫也沒少費，我這兒子還是學不會，真是朽木不可雕啊！」

有一個人又建議說：「還不如派人帶著他到齊國去住幾年，或許能學好齊國話。」

這位楚國官員就派人帶著兒子到齊國去。他們住在臨淄城的鬧市區，每天接觸的都是齊國人。

不到三年，這位楚國官員的兒子就學會了地道的齊國話，再讓他說楚國話他反而不會了。

人是環境的產物，在不同的環境中，人也會變得不一樣，正所謂「近朱者赤，近墨者黑」，因此選好環境尤為重要。

和氏璧

春秋戰國時期，在楚國有個名叫卞和的人，他在山中得到一塊璞玉，決定獻給楚厲王。他對厲王說：「我這裏有塊寶石，我要把它敬獻給你。」

楚厲王一聽是寶石，眼睛為之一亮，但又不能輕易相信，他就讓玉工對這塊璞玉進行鑑定。玉工鑑定後說：「這哪是寶玉，只不過是一塊石頭而已。」

楚厲王認為卞和是在欺騙自己，便砍掉了卞和的一隻腳。

楚厲王死，武王繼承了王位。這時卞和又想起了家裏的這塊寶石，他以為武王與厲王不一樣，就再一次來到王宮，要把寶石獻給武王。在宮

內，重複了上一次的言辭與過程，結果也相同，玉匠仍然說是石頭！這次武王也把他的另一隻腳砍了。

楚文王即位後，卞和就抱著他的璞玉在楚山下傷心地痛哭，哭了三天三夜，眼淚哭乾了，哭出血來。楚文王聽說此事，派人去楚山問卞和為什麼這樣，說：「天下被砍掉雙腳的人多得很，你何必哭得這樣傷心呢？」

卞和說：「我不是因為自己被砍了雙腳而傷心，我傷心的是這塊寶玉總被人說成是石頭，忠心耿耿的人卻被當成了騙子，這些才是使我真正感到傷心的。」

楚文王便命玉工琢磨加工這塊璞玉，發現真的是一塊寶玉，便給它取名叫「和氏璧」。

真理的出現總是從挫折和失敗中走出來的。掌握了真理、堅持它，不管遇到什麼，時間會證明一切。

郭君出逃

春秋時期，有一個叫郭的小國家，滅亡以後，郭君逃亡在外，他對他的車夫說：「我口很乾，想喝水。」

車夫一聽，就將身邊帶的清酒遞給了郭君。接著郭君又說：「我很餓，想吃點東西。」

於是，車夫又獻上乾肉和乾糧。

郭君很奇怪，問：「你從哪裡弄來的這些東西？」

車夫說：「是我儲存的。」

郭君又問：「你為什麼要儲存呢？」

車夫答道：「是為您出逃時路上充飢解渴準備的。」

郭君問：「你知道我要出逃嗎？」

車夫說：「知道。」

「那你為什麼事先不勸諫我呢？」

車夫回答說：「我勸諫您有什麼用呢？因為您喜歡聽奉承話，討厭別人說真話。我雖有勸諫的意思，但又擔心自己會比郭國先亡，因此我不敢。」

郭君一聽，臉色馬上變了，大怒道：「我之所以落得逃亡在外，究竟是什麼原因？」

車夫見狀，馬上改換了口氣說：「您逃亡在外，是因為您太賢明了。」

郭君又問：「賢明的人不被國人收留卻逃亡在外，這是為什麼呢？」

車夫答道：「天下沒有賢明人，只有您一人賢明，所以才逃亡在外。」

郭君聽後十分高興，伏在車軾上笑了起來，說：「哎，賢明的人為什麼受這種苦呀？」他感到全身疲憊，沒力氣，就枕著車夫的腿睡著了。於是車夫用乾糧枕在郭君頭下，偷偷地溜走了。

後來郭君死在野外，被虎狼吃掉了。

偏聽偏信，喜歡阿諛奉承，最終導致亡國，這就是郭君的下場。即使逃亡在外，郭君還不痛定思痛，發憤圖強，仍然喜歡戴高帽子，自欺欺人，最終落得拋屍野外的下場。這種教訓多麼深刻啊！

明辨的哲思

第七章

狐假虎威

在戰國七雄中，楚國是一個相當強盛的國家，不僅疆土廣大，軍事力量也非常強大。

有一次，楚宣王問左右大臣：「我聽說北方的國家都很怕我們國家的昭奚恤將軍，果真如此嗎？」

大臣們面面相覷，不敢出聲，生怕答得不好，冒犯了大王或得罪了大將軍昭奚恤。

這時，有個名叫江乙的大臣趨前答道：「我有一個故事，不知大王愛不愛聽？」

楚王點點頭，說道：「江愛卿有話請講。」

江乙於是緩緩道來：「從前有一隻老虎在森林裏到處覓食，牠已經好幾天不曾進食了，看到森林裏有一隻狐狸，於是牠迅速撲上去，不費吹灰之力就捉住了狐狸。只見牠得意地對狐狸說道：『我看你這下往哪裡跑？終於有肉可以吃了。』邊說邊忍不住流下口水。

狐狸雖然被抓，眼看就成為老虎的腹中物了，但牠一點都不慌張，並且在虎爪下叫道：『你竟然敢吃我！我是上帝派下來管理百獸的。你吃我就是違忤天意，大逆不道！』

老虎聽了不相信地說道：『你以為我是傻瓜，你讓我放了你，我吃什麼？再說了，我才是百獸之王，你一隻小小的狐狸怎麼能管理百獸呢？憑什麼要我相信你，能不能拿出證據？』

狐狸忙說：『你不相信？好，我帶你到百獸面前走一趟，看看牠們怕不怕我！』

老虎答應了，就跟在狐狸後面走。於是，狐狸神氣活現地走在前面，老虎東張西望跟在後面。

林中百獸遠遠看見老虎來了，嚇得一片驚叫，紛紛逃竄。老虎不知道百獸其實是畏懼自己而逃的，還以為真的是害怕狐狸，果然對狐狸佩服得五體投地，就放走了狐狸。」

說到這兒，江乙話鋒一轉，「如今大王把千里國土，百萬精兵都交給昭奚恤統轄，北方國家怕昭奚恤，其實只是怕大王您的雄厚實力，正如百獸只是怕老虎一樣。」

凡事要透過現象看本質，憑藉他人權勢嚇唬人的騙子是可憐又可笑的。

圍魏救趙

西元前354年，魏國大元帥龐涓率數十萬重兵包圍了趙國首都邯鄲，趙國苦戰一年，難以支撐。趙王向文武百官問計，有位大臣向趙王獻計：不如由趙王寫一封求救信，再備上金銀，然後派使者向齊國求救。

趙王想了想，也只能這樣了，於是急忙派使者向齊國求救，齊國國王接到信和財物後就派大將軍田忌和軍師孫臏率軍趕去趙國解圍，田忌隨即點兵準備來日向趙國進軍，軍師孫臏勸阻說：「要解開雜亂糾紛，不能握

拳不放，要解救相鬥之人，不可舞刀弄槍。避實就虛，給敵人造成威脅，邯鄲之圍便可自解。如今魏軍全力攻趙，精兵銳卒勢必傾巢而出，國內一定只剩下老弱兵丁。將軍不如輕裝疾奔魏都大梁，占據險要，擊其虛處。魏人必然放開趙國，回兵自救，這樣，我們便能一舉解開邯鄲之圍，又可乘魏軍疲憊之際，一舉殲之。」

田忌立刻按照孫臏的計畫進行。果然，魏軍得悉大梁被圍，慌忙回師。待人馬行到桂陵地面，齊軍蜂擁殺出，將魏軍打得丟盔棄甲，落荒而逃。

事物之間有著普遍的關聯，並相互制約和相互影響。如能抓住這種聯繫的主要節點，便可牽一髮而動全身。

田忌賽馬

孫臏是戰國時期的軍事家，他與齊國的將軍田忌很要好。田忌經常和齊威王賽馬，馬分三等，比賽時，以上馬對上馬，中馬對中馬，下馬對下馬。因為齊威王每一個等級的馬都要比田忌的強，所以田忌屢戰屢敗。

孫臏知道了，看到齊威王的馬比田忌的馬跑得快不了多少，於是對田忌說：「再與他比一次吧，我有辦法使你得勝。」

臨場賽馬那天，雙方都下了千金賭注。一聲鑼鼓，比賽開始了。孫臏先以下馬對齊威王的上馬，再以上馬對他的中馬，最後以中馬對他的下馬。比賽結果，一敗二勝，田忌贏了。

事物的質變，不但可以藉由量的增減而引起，而且可以在量不變的情況下，透過調整內部的排列組合而引起。

楚丘除賊

戰國時期，有一位楚丘先生去拜見齊相孟嘗君。孟嘗君熱情地接待他，並與他一起討論治理國家的辦法。楚丘先生講得有條有理，孟嘗君認為這是一位德才兼備的治國能人，準備委以重任。

正巧，齊國的邊城有盜賊出現。孟嘗君便向齊王推薦楚丘先生為將領，前去懲治盜賊。

楚丘先生穿上鎧甲，戴上頭盔，率領隨從前往邊城赴任。

他走出齊國都城的城門以後，望見了田邊的農夫，便上前問農夫：「麥子豐收了嗎？」

農夫回答說：「晴天、雨天不協調，收穫有三成，損失有三成。」

楚丘先生說：「既然如此，還能夠養家糊口嗎？」

農夫說：「收穫這三成，還不夠拿來供奉上面官府的呢，哪裡還有養家糊口的呢？」

楚丘先生聽了農夫的話以後，就掉頭返回齊國的都城。

隨從們很不理解楚丘先生的行動，就問道：「先生奉命懲治盜賊，還沒到齊國的邊城就返回來了，這是為什麼呢？」

楚丘先生說：「這恐怕不是你們所能知道的，我治理盜賊，不是治理那些已經成形的盜賊。對沒有成形的盜賊不加以治理，那麼已經成形的盜賊就會每天都增加。弓箭甲冑能使盜賊在武力上屈服，卻不能使他們內心屈服。譬如水吧，噴湧氾濫四處流淌，如果不去疏導它的上流，即使有堤防，也阻止不住它。不善於治水的人，愈是增加它的堤防，水愈是要沖毀它，不是白費力氣嗎？所以減輕賦稅，才是治亂的根本；招撫聚集流亡者，才是消除盜賊的根本。」

楚丘先生回來告訴齊王，請求免除賦稅，用這種辦法來治理沒有成形的盜賊。

齊王說：「很好！」於是齊王下令免除賦稅的十分之七。

不到二十天，齊國的流亡者都返回了家鄉，齊國境內的盜賊也沒有了。

解決問題，除了治標還要治本，從源頭著手，問題將不再成為問題。．

海大魚

戰國時期，齊威王的小兒子田嬰封號為靖郭君。他起初擔任齊國的將軍之職，在馬陵之戰中擔任主帥，與軍師孫臏配合，打敗魏國軍隊，迫使魏將龐涓自殺。因為立有戰功，田嬰被提拔為齊國的宰相。

後來田嬰因為位高權重，有些居功自傲。他為了發展私家勢力，要在薛地建造城池。他的賓客中有許多人勸諫他不要建造薛城，他聽了很生氣，對守門官說：「這些賓客們太煩人了！整天在我耳邊說東道西，我都聽膩了。從今以後，我不接見賓客，你也不要給他們通報！」

有一天，來了一個齊國人，對守門官說：「我只請求對靖郭君說三個字，多說一個字，就把我烹死！」守門官聽了他的請求，認為情況特殊，就向田嬰報告了。

田嬰心想：真有不怕死的人，反正他只講三個字，聽聽也無妨，就允許了。那個齊國人得到了田嬰的允許，就快步走進大廳，說：「海大魚。」說完這三個字，他再不多說一字，轉身就往外跑。

這三個字，讓田嬰聽得丈二和尚摸不著頭腦，於是就說：「請留下來！你到底想要說什麼呢？」

這個客人卻做出滿臉害怕的樣子，說：「小人不敢把生死當兒戲！」

田嬰說：「不要這樣，請你再接著說下去。」

這個客人見田嬰有些鬆動，就放開膽子說：「相國，您沒聽說過海裏的大魚嗎？」客人說到這裏又止住了，故意吊起田嬰的胃口。

田嬰此時更加好奇了，說：「海裏的大魚怎麼樣？你快說！」

客人說：「我怕越說越多，罪過越來越大。」

田嬰迫不及待地說：「我不怪罪你，你就放心說吧！」

客人這才說：「海裏的大魚，漁網不能捕撈牠，漁鉤不能鉤住牠；可是如果牠擱淺到陸地上，失去了海水，那麼螻蛄、螞蟻都能很得意地欺侮它。現在齊國，也就好比是相國賴以生存的海水，相國長期有齊國的庇護，還要建造薛城幹什麼呢？失去了齊國，就是把薛城築得像天一樣高，又有什麼益處呢？」

田嬰說：「聽君一席話，令我茅塞頓開。」於是田嬰就放棄了建造薛城的計畫。

辦事情要顧大局、識大體。一旦整體利益受損，局部利益也是保不住的。

鑿湖容水

王安石擔任宰相的時候，力圖變革，大力推行農田水利等新法。凡執行這條路線得力的人往往可以受到重用，因此前來出謀獻策的官吏不少。

一天，有位官吏上堂奏道：「把八百里梁山泊的水統統放光。然後墾成桑田，其利益不可小看啊。」

王安石聽罷，十分高興，連連讚賞。繼而，他沉思一陣，自言自語道：「可是這八百里湖水放到哪兒去呢？」

國子監老先生劉貢父恰好坐在旁邊，應聲答道：「這倒好辦，可以在旁邊另外挖鑿一個方圓八百里的大湖用來容水。」王安石聽罷，忍不住哈哈大笑起來。

我們在擬訂計畫、辦事情時，絕不能好大喜功、主觀片面，而應該全盤考慮，權衡利弊，尊重客觀規律。

衛玠問夢

衛玠是晉朝的一個很有才氣的書法藝術家。相傳他小時候就很愛思考問題。

有一天晚上他做了個很奇怪的夢。第二天，他把夢講述給樂廣聽，並問夢是從哪裡來的。樂廣是當時的名士，聽了便笑著說：「小傢伙，夢，是從想像中來的。」

「是從想像中來的，」衛玠聽得莫名其妙，反駁說，「不對，人的精神與形體相脫離了，才會做夢，怎能說是從想像中來的呢？」

「這是因為，」樂廣回答他說，「從來沒有誰會夢見自己駕著駟馬大車鑽進老鼠洞裏，也沒有人會夢見自己一邊搗齏一邊把鐵杵啃掉。懂嗎？這是因為沒有日間所想，便沒有夜裏所夢的緣故。」

衛玠聽得很疑惑，成天苦心思索，飯也不想吃，覺也不想睡，就生了一場病。

樂廣聽說了，很喜歡這個小孩的鑽研精神，便親自駕車到他家裏，把問題透徹地解釋給他聽。衛玠明白以後，病才逐漸好起來。

能孜之以求，以堅韌不拔的精神去鑽研，成功也就不遠了。

炒栗子

一次，遼聖宗巡視天下，發現一個叫蕭朴的臣子特別善於治理地方。在他的領地內，百姓安居樂業，每個人都是笑顏逐開，於是遼聖宗便將其叫來詢問其是如何施政的。

蕭朴非常謙恭地說：「臣下哪裡有什麼經驗啊！不過是在炒毛栗子。臣下授命之初，發現這裏盛產毛栗子，於是便想到如果將毛栗子炒熟，賣到別處，百姓也會有一筆小收入，於是就在同一個鍋裏炒，但卻發現了一個問題：小的熟了，大的還生著；大的熟了，而小的卻又糊了。後來臣下

265

就把大的和小的分開炒，只要火候掌握得好，都能炒得一樣香甜可口。所以，臣下辦任何事情，都像炒毛栗子一樣，既分清層次，又注意火候。除此之外，臣下別無他能了。」

遼聖宗聽了，哈哈大笑道：「你這哪裡是在炒毛栗子，分明是在教寡人治國之道啊！」

後來，遼聖宗就把蕭朴調到自己身邊。而蕭朴也不負聖望，無論大事還是小事都能做得恰到好處，因而也被升到了宰相的位置。

事無大小，行之以道。凡事抓住脈絡，掌握分寸，定能做好。

同樣的靴子

五代時，馮道與和凝同朝為官，兩人交情很好。

有一天，馮道穿了新買的靴子去拜訪和凝。和凝看見馮道的靴子和自己兩天前讓僕人去買回來的靴子一模一樣，便問馮道：「你的靴子多少錢買的？」

馮道舉起右腳，不慌不忙地說：「便宜得很，五百錢。」

和凝一聽就火了，當即給了僕人一巴掌，罵道：「一模一樣的靴子，竟然跟我說要一千錢？」

這時，馮道又緩緩舉起左腳說：「這隻也是五百錢。」

和凝一下子傻愣在原地，不知如何是好。

衝動會令你犯下很多不應該的錯誤，隨時保持冷靜，搞清楚來龍去脈後再下結論，才不至於落下笑柄。

有用和無用

莊子行走在山林間，看見一棵大樹，枝葉茂盛，但一些伐木工人卻坐

一本書讀懂中國大智慧

在樹下休息，並不砍那棵樹。莊子就問：「眼前就有一棵大樹，你們為什麼不砍呢？」

「大是大，卻一點用也沒有。」伐木工人說，「它長得彎彎曲曲的，做棟梁不合適，做傢俱也不合適。」

莊子感嘆道：「這棵樹因為形態不好，才得以享盡天年呀！」

下了山，莊子去拜訪住在山腳下的一位朋友。朋友見了莊子十分高興，便叫童僕殺隻鵝來款待莊子。童僕問道：「兩隻鵝，一隻會叫，一隻不會叫，殺哪隻？」

主人說：「會叫的留著看家，不會叫的沒什麼用，就殺牠好了。」

過了一天，莊子的學生就這兩件事很疑惑地問莊子說：「昨天在山林中看到的大樹，因為形態不好才得以享盡天年，現在，主人的鵝卻因為不會叫而被宰殺，在有用與無用這兩者間，老師您要選擇哪一個？」

莊子笑著說：「我將處在有用與無用之間。有用與無用之間，看起來好像近似於道，其實不然，所以還是難免有牽累。如果真能順乎自然而遨遊於世事之外，就不會這樣了。不受稱譽也沒有非議，應世時或顯現如龍或屈曲如蛇，跟著時勢變化，不願為了特定的目的而受限；處世時或進或退，與自然相和順，自在地遨遊於萬物的根源；主宰萬物而不被外物所役使，這樣哪會有什麼牽累呢！這是神農、黃帝治世的法則呀！

至於萬物的私情，人類的習慣對此就不是這樣了。有聚合就有分離，有成功就有毀損，有銳利就有挫傷，有尊貴就有被排擠，有有作為的就有有欠缺的，賢能的人會遭到算計，不肖的人也會被欺侮，所以怎能偏執於任一方呢？悲哀呀！學子們要謹記，只有順乎自然才是理想的境界呀！」

當我們以無用來看待一件事物時，必須知道自然造物不是只為了供人類役使，而是別有所用。而這無用之用的妙處正待人轉換立場去體會。

好人壞人

從前，衛國的國王很喜歡宮內的一個僕人。一天晚上，僕人的母親得了急病，一個老鄉連夜趕來把這個消息告訴了他。僕人急忙駕著國王的馬車去看母親，出宮的時候被衛兵攔住了。

僕人騙衛兵說：「國王命令我駕車出去辦事。」

後來，這件事被國王知道了，根據當時的法律，私自駕國王的馬車，是要被砍去雙腳的。國王不但沒有砍他的腳，還誇他說：「他為了母親，連砍腳都不怕，真是個孝子，真是個好人哪！」

又一次，國王帶著僕人在果園裏遊玩。僕人摘了一個桃子，咬了一口發現特別甜，就把這個桃子給國王吃，國王很高興地說：「真是個好人哪！吃到了好吃的，自己不捨得吃，卻留給我吃。」

十幾年後，不知為什麼，國王不再喜歡這個僕人了。有一次，僕人得罪了國王，國王把他罵了一頓後，怒氣還沒消，就對別人說這傢伙最壞。以前他假冒我的命令駕我的馬車出去，還把吃剩的桃子給我吃。

喜歡的時候就算是壞事也成了好事，不喜歡的時候好事也成了壞事，其實人還是那個人，事還是那件事，客觀事物不會因為人的好惡而改變它的性質。多從客觀的角度看問題，才有助於我們認清事物的真相。

逆境識顏回

孔子率眾弟子周遊列國時，有一段時間的處境非常悲慘。

有一次，孔子師徒被人困在陳國境內的荒野裏，糧食吃光了，連續七天沒吃飯，以至於孔子餓得昏昏沉沉地睡在車上。

孔子的弟子顏回為了救師傅，不惜拉下臉皮求乞於人，四處奔波，找來一點糧米，便趕緊拾柴燃火，燒起飯來。在飯快要煮熟時，鍋裏飄出的香味使孔子來了精神，不禁抬頭觀看，正巧，他看見顏回正在用手抓出一

把米飯填入口中。

過了不久，飯熟了，顏回首先盛來一碗，恭恭敬敬地捧給孔子。

孔子假裝沒看見顏回偷食之事，坐起來說：「剛才睡夢中見到我的父親，這飯若是乾淨的話，我想先用來祭奠一下他老人家。」

顏回聞言忙說：「不行，不行，這飯不乾淨。剛才燒飯時，有些煙塵落入鍋中，棄掉沾上煙塵的米太可惜，我便抓出來吃掉了。」

孔子聞言大吃一驚，深為自己錯怪了顏回而內疚不已，這才知道「顏回偷吃」的真相，十分感慨。

孔子當即把弟子們召到跟前，說：「所信者目也，而目猶不可信；所恃者心也，而心猶不足恃。弟子記之，知人固不易矣！」

從此，孔子更加信任顏回。

即使是自己親眼所見的事情，也還得加以仔細分析才能避免出差錯。眼睛看到的只是表象，如果僅憑對事對人的表象就妄下結論，有時也難免會出錯誤！

陽虎的報答

一個叫陽虎的人在魯國造反，國君命令說：「將所有的城門都關閉，抓住陽虎的人重重有賞，誰敢私自放走陽虎，就將他斬首示眾。」

於是，全城到處都在搜查陽虎。最後，陽虎被軍隊包圍了，走投無路，準備拔劍自殺。這時，一個把守城門的軍士對陽虎說：「天下廣闊無垠，我放你出去吧！」

於是陽虎右手拿著劍，左手提著戈，向那個軍士跑去。軍士打開城門，把陽虎放了出去。陽虎剛出城門，又突然跑了回來。

「你為何不走？」軍士吃驚地問。

陽虎一把抓住軍士，用鋒利的戈尖順著他的袖管抵住他。軍士憤怒地說：「我與你非親非故，冒著殺頭的危險放你出去，沒想到你反要害

我……」沒等他說完，陽虎手裏的戈已經刺中了他的肩膀。

魯王聽說陽虎逃走了，十分生氣，他命人查清了陽虎出逃的城門，把這個城門的守門軍士全都抓了起來，準備重重懲罰。

放走陽虎的軍士因為被陽虎刺了一戈，魯王以為他是跟陽虎搏鬥才受的傷，就重重地獎賞了他。這個軍士這才醒悟——原來陽虎回頭刺他一戈是為了報答他。

有些事情看起來是壞事，實際上可能是好事，比如說陽虎刺守門人一戈；有些事情看起來很好，實際上卻是壞事，比如說小人的阿諛奉承。所以，判斷事情的好壞不能草率下結論。

歐陽詢讀碑

唐代著名書法家歐陽詢在一次騎馬外出郊遊時，偶然發現了晉代大書法家索靖手跡的碑刻，便立刻下馬來看了一會兒。看完了覺得索靖的字很平常，沒什麼驚人之處。

他牽著馬剛離開石碑不遠，又不放心地回來看了一遍，這一次他覺得字寫得還不錯，有自己的風格，算得上是一位書法家。

等到他騎著馬走了好一段路的時候，覺得石碑上的字似乎還沒看夠，於是他策馬揚鞭又趕回來，仔細地欣賞起石碑上的字體來。這一次他越看越癡迷，深深地被索靖的書法所折服，在石碑前一坐就是三天三夜，依然不肯離去。

很多事情僅憑一眼是很難看出實際情形的，只有反覆地審視和琢磨後你才能得到真實的體會。所以，對於自己尚未熟知的人或事物，不要過早地作出自己的評判或論斷，這樣得出的結果即使正確，也會有所偏差的。

兼聽則明，偏聽則暗

魏徵是唐太宗時候的諫臣。他出身貧寒，從小到廟裏當了道士，後來又當了兵，做了官吏，一直升到朝廷的諫議大夫。魏徵人極聰明，又善於分析歷史經驗，出了很多好主意，因此唐太宗非常器重他。

有一次，唐太宗問他：「作為國家的君主，如何才能斷事正確、明白而不糊塗呢？人們辦錯了事又往往是什麼原因呢？」

魏徵回答說：「各方面的意見你都聽一聽，自然會得出正確的結論，如果你只聽一面之詞，那就會因為片面性而把事情辦錯。」

接著魏徵又列舉歷史上的很多事例，說明作為一個君主如果偏聽偏信，那將會造成多麼嚴重的後果。他說：「秦二世偏信趙高，而遭來望夷之禍；梁武帝偏信朱異，而自取台城之屏；隋煬帝偏信虞世基，而導致彭城閣之變。相反，如果多瞭解一些情況，多聽取些意見，就可以避免一些損失。比如堯帝經常詢問百姓，就掌握了有苗所做的壞事；舜帝也因經常瞭解下情，就知道了共工、鯀等人的罪過。因此聰明的君王不能堵塞了言路。」

我們認識事物，要從實際出發，實事求是地觀察、分析形成對事物的本質及規律性的認識；我們瞭解情況，聽取別人的意見，同樣要從實際出發，認真地聽取各方面的意見。

三人成虎

戰國時期，魏國大臣龐蔥和太子將被送到邯鄲當人質。

臨行前，龐蔥對魏王說：「現在有一個人說街市上有老虎，大王相信嗎？」魏王說：「不相信。」

「如果又有人來報告同樣的事，您信不信呢？」魏王說：「寡人半信半疑。」

「可是第三個人又來報告同樣的事情，您會不會相信呢？」魏王說：「寡人相信。」

龐蔥聽完，搖了搖頭，長嘆一聲，然後說道：「街上明明沒有老虎，然而三個人都說有，就成了有老虎。現在邯鄲離大梁（魏都）較街市為遠，而想誣陷我的人肯定不止三個人。如果有人說我的壞話，請大王明察！」

魏王安慰他說：「寡人不會輕信別人的議論。」於是，龐蔥和太子辭行，往趙國去，而毀謗的話果然紛紛傳來。魏王開始還不相信，後來竟也漸漸懷疑了。

後來，太子回國後，果然見不到魏王。

一天，魏王忽然想到龐蔥的話，才除去心中的疑慮，父子又相見。

即使對待同一件事，人們也會產生不同的看法，而正確的認識並不取決於持此種意見人數的多少，有時真理在少數人手裏。因此我們即使聽到大家都認可的一件事也要認真地分析，切不可輕信。

百聞不如一見

西漢漢宣帝時期，羌人入侵，攻城奪地，燒殺搶掠。宣帝召集群臣計議，詢問誰願領兵前去拒敵。76歲的老將趙充國，自告奮勇請求前往。他在邊界和羌人曾經打過幾十年的交道。

宣帝問他要派多少兵馬。他說：「我想親自到邊境看看，確定攻守計畫，畫好作戰地圖，然後上奏。」宣帝同意了。

趙充國帶領一支兵馬渡過黃河，遇上羌人的小股軍隊，一陣廝殺。捉到不少俘虜。兵士們準備乘勝追擊，趙充國阻攔說：「我們長途到此，不可遠追，如果遭到敵兵伏擊。就要吃大虧！」部下聽了，都很佩服老將的見識。

趙充國觀察了地形，瞭解到敵軍兵力部署，又從俘虜口中得知敵人內

部的情況。他這才制訂出屯兵把守、整治邊境、分化瓦解羌人的策略，上奏宣帝。不久，朝廷就派兵平定了羌人的侵擾，安定了西北邊疆。

這個典故非常深刻地闡述了實踐出真知的道理。生活中有條件親身實踐的事情，就應當親自去實踐，不經歷這樣的過程，就有得不到正確認識的可能性。

孔子索馬

春秋時期，孔子帶著他的弟子周遊列國。

有一回，他們的一匹馬跑進一戶農民的田地裏吃了人家的莊稼。農民十分憤怒，就把馬扣下了要求賠償。孔子一行人十分焦慮。

孔子的學生子貢去向農民求情，說了很多好話，甚至表示願意給農民一定的補償，也沒有把馬取回來。

孔子感嘆地說：「用別人不能理解的話去說服人，就如同讓野獸去享受豐盛的祭品，讓飛鳥去欣賞高妙的音樂。你們倆人背景差別太大，沒有共同的愛好，怎麼能不碰釘子呢？」

於是，他就派養馬的人前往。

馬夫見到農民，說：「你不是在東海耕種，我們也不是在西海邊旅行，我們既然碰到一起，我的馬怎麼能不侵犯你的莊稼呢？這是咱跟你老哥有緣分哪！」

農民聽了，立即眉開眼笑，十分痛快地解下馬，還給了他。

說話要分對象和場合，如果只會背誦書上的條條框框，不能用別人能理解的話來講清道理，即使是再高深的道理也沒有用。

曾參殺人

曾參住在魯國費城，有個和他同名同姓的人殺了人，被官府通緝。曾參的同鄉聽說了，慌忙跑去告訴他的母親說：「不得了啦，曾參在外面殺人了。」

曾母在窗下織布，頭也不抬地回答：「不可能！我兒子怎麼會殺人呢？」

說完還像往常一樣織她的布。過了一會兒，又有個人進來說：「不得了，曾參殺人了！」

曾參的母親還是繼續織她的布。過了一會兒，又有人慌慌張張地跑來說：「快跑吧，曾參殺了人！」曾參的母親害怕了，她丟下織布的梭子，慌慌張張地從後院翻牆逃走了。

俗話說，謊言說一百遍就成了真理。面對謠言，光有堅定的信念是不夠的，還要有明辨是非的智慧才行。

說大話

公孫龍愛說大話，有一次，他去拜見趙文王，說大話的毛病又犯了，他說：「我在南海見過一隻大鵬，牠的翅膀展開比烏雲還要巨大，輕輕扇動翅膀一飛就是九萬里⋯⋯」

趙文王聽得有些不耐煩，就打斷他的話說：「那隻大鵬，我沒見過。我還是告訴你一件趙國最近發生的事吧。在趙國的鎮陽，有兩個小孩，一個叫東里，一個叫左伯，他們一起在渤海邊上玩。一會兒，有一群大鵬飛過來，在海上翱翔。

東里急忙跳進海裏去捉大鵬，一下就抓住了一隻。渤海很深，但最深的地方也只沒到東里的小腿。東里回頭找裝大鵬的袋子，沒找著，就隨手把左伯的頭巾扯過來裝大鵬。左伯生氣了，就和東里打了起來。

東里的母親見他們打架了，就過來拉東里回家，左伯舉起太行山向東里扔了過去，沒打到東里，卻打到了東里的母親。東里的母親覺得眼裏進了沙子，就用指甲把太行山摳了出來，向西北方向一彈，太行山就斷開了，斷開的一截就是現在的恆山。你大概也見過吧？」

公孫龍聽了趙文王的話，十分難堪，站起來作了一個揖就告辭了。

光說大話是解絕不了實際問題的，只能哄騙無知的人，一旦遇到明白事理的人，就難堪了。

愛吃水果的梁王

梁王很喜歡吃水果，有一次，吳國派人送來一批橘子，他吃了覺得味道很好。於是，他就又派使者去吳國問還有什麼水果。吳國就給了他柑子，他吃了覺得味道更好。心想，吳國肯定還有更好吃的水果沒有給我。就派使者到吳國去暗地裏尋訪。

一天，梁王派出的使者看見一戶人家的院裏有一種果樹，結的果子像拳頭那麼大，顏色非常豔麗。

「可讓我找到了！」使者高興地說，「真漂亮啊！色彩這麼鮮豔，一定比柑子好吃得多。」

使者向那家人要，人家不給，使者就回去報告梁王說：「我找到一種美麗的水果，可惜人家不肯給我。」

「吳國人真是小氣！我就知道他們有更好的水果不捨得給我。」

梁王命令使者帶上很多錢去吳國買那種水果，使者買回來以後，梁王一看那豔麗的色彩，非常高興地問：「它叫什麼名字？」

「他們說叫香櫞。」使者回答說。

梁王剝開一嘗，立即酸得鼻子眼睛擠成一堆，舌頭直往後縮，牙齒也酸倒了，鼻涕一直往下流。

「渾蛋！你買的是什麼狗屁水果？」梁王把使者罵了一頓。

使者又去責怪賣給他水果的吳國人。吳國人說：「我們吳國最好的水果就是橘子和柑子了，香櫞好看但酸得不能吃，你光看外表，也不問好吃不好吃，這能怪誰呢？」

要瞭解事物的真相，光看外表是不行的。

會走的石獅子

古時候，滄州有一座寺廟靠近河岸，廟的山門已經塌進河裏，門口的一對石獅子也一起掉入了河中。

過了十幾年，有個和尚積攢了一大筆錢，想要重修這座廟宇，於是派人下水去撈那對石獅子，但卻怎麼也找不到。他們以為石獅子被水沖到下游去了，就划著幾條小船，拉著鐵耙，沿著河來回找了十幾里，還是沒有找到。

有個教書先生就說：「你們也不動腦子想想，石獅子又不是木片，怎麼會被河水沖走呢？石獅子那麼沉，河沙那麼軟，石獅子落在河沙上，自然是越陷越深，最後被河沙埋住了。沿著河往下游找，那不是胡鬧嗎？」

「有學問的人到底不一樣。」大家都認為他說的很有道理。於是準備在石獅子落水的地方，把泥沙挖開來找。

一個老者見了，笑著說：「不對，石獅子肯定不在這裏。」

「不在這裏，那麼在哪裡？」

「應該在上游。」老者說。

「石獅子不被水沖到下游去也就罷了，怎麼還會逆流而上呢？難道它會走路不成？」

大家認為老者的話一點道理也沒有，不再和他多說，就在石獅子落水的地方挖起來。挖了半天，費了很大的工夫，還是沒有找到石獅子，於是有人跑去找到老者，說：「你說石獅子在上游？」

「不錯！」

「為什麼呢？」

老者說：「石獅子很重，而沙子很鬆軟，水沖不動石獅子，就會在石獅子下面形成漩渦，漩渦會把石獅子前面的沙沖出一個坑來，這個坑會越沖越深，沖到石獅子大半懸空時，石獅子就會朝前翻滾下去，像這樣，水再沖，石獅子就再翻滾，慢慢地石獅子就逆流而上了。在下游找石獅子是胡鬧，在落水的地下找石獅子不也是胡鬧嗎？」

大家按老者說的，在上游尋找，果然在上游幾里的地方找到了石獅子。

石獅子被水沖走，聽起來最有道理，然而卻是錯誤的；石獅子逆流而上，聽起來很荒謬，但卻是對的。在處理問題時，不能根據經驗做想當然的判斷，而應該具體分析實際情況。

周瑜論勢

曹操攻下荊州之後，帶兵順著長江往下游推進，他給在東吳的孫權送去一封信，聲稱要以八十萬水兵和孫權在東吳決戰。

張昭等人對孫權說：「長江地勢險峻，但現在敵人與我們共同占有了，而且敵眾我寡，我們如何抵擋曹軍的幾十萬大軍呢？不如主動迎接他們。」

然而魯肅卻不這麼認為，他勸孫權把都督周瑜從鄱陽湖召回來。周瑜回來後，對孫權說：「曹操自稱漢室丞相，實際是漢室的奸臣。將軍駐守在江東，兵精將強，糧草充足，應當替漢室剿滅殘渣餘孽，曹操現在自來送死，怎麼能迎接他呢？請允許我來為你分析一下形勢。」

周瑜接著說：「現在，曹操尚未平定北方，馬超、韓遂還在關西一帶，這是曹操的後患；曹操捨棄了車馬，駕起舟船，來和東吳爭高低，再加上天氣寒冷，馬吃不上水草，中原的士兵從中原趕到這裏，在大江上作戰，水土不服，肯定是會生病的，這幾點都是用兵的大忌。我請求你撥五

萬精兵給我，保證大破曹操的軍隊。」

孫權聽罷大悟，他抽出佩刀砍下桌子一角說：「我和曹操這個老賊勢不兩立！有誰再敢說迎接曹操，就和這桌子一樣！」

後來孫權與劉備聯合終於在赤壁打敗了曹操。

人們看問題往往會被表面現象所迷惑，而看不到事物的本質，在事物發展的過程中，內在因數有著決定性的作用，看透了事物的本質，你就成功了一半。

魯國少人才

有一次，魯王驕傲地對莊子說：「我們魯國有很多有本事的學者。」

莊子說：「在魯國很少見到什麼學者。」

「不對呀！」魯王說，「魯國到處都是穿著學者服裝的人，怎麼能說很少看見呢？」

莊子說：「我聽說，學者頭戴圓頂的帽子，表示懂得天文；腳穿方形的鞋子，表示懂得地理；身上佩帶有缺口的玉環，表示明白道理，辦事果斷。其實，有這樣的本事的人不一定穿學者服裝，穿學者服裝的人不一定有這樣的本事。」

魯王不信，莊子又說：「不信您可以發布一個命令，凡是沒有這樣的本事又穿學者服裝的人，一律處死。看看情況會怎樣。」

於是魯王就發布了這樣一個命令，沒過五天，魯國就沒有人敢再穿學者服裝了。又過了幾天，才發現有一個人穿著學者服裝，站在宮殿門前。魯王把他招來一問，果然精通天文地理，談到國家大事，也很有見地。

莊子對魯王說：「魯國真正稱得上學者的不過只有這一人罷了！可以說是多嗎？」

有本事的不一定穿學者服裝，穿學者服裝的不一定有本事，觀察事物千萬不能停留在表面上。

師徒唱歌

戰國時期，宋國與齊國結下仇怨。宋國弱小，齊國強大。宋國不得不防備齊國的入侵。於是，宋王決定加強軍事訓練，來提高宋軍的戰鬥力，以備將來抵抗入侵的齊軍。

進行軍事訓練，必須建造一座訓練武士的大型武館。在建造這座大型武館時，因為工程浩大，工作繁重，為了活躍氣氛，宋王請來一名叫癸的歌手在施工現場唱歌。

歌手癸引吭高歌，歌聲嘹亮，穿雲破霧。走路的人都停下腳步，觀看歌手的形象，傾聽悅耳的歌聲；築牆的人受到歌聲的感染，紛紛抖擻精神，工作起來分外帶勁，也不覺得疲勞。

監工的官員看到這種情景，趕忙向宋王報告。宋王聽後很高興，就把歌手癸招來，誇獎一番，並給了他豐厚的賞賜。

歌手癸向宋王謝恩說：「謝謝大王的獎勵和賞賜。我唱歌的技巧和水準，離我老師還差得遠呢，我只是跟我老師學了一些皮毛，我的老師射稽唱得比我還好。」

宋王聽了，就派人把射稽招來。

射稽問：「大王，召我來有什麼事嗎？」

宋王說：「你的弟子推薦你，說你歌唱得比他還好。你到建築工地上一展歌喉吧！」

射稽說：「遵命。」

射稽來到建築工地，高聲歌唱，唱得也很好。宋王觀察一下周圍的情況，發現走路的人一邊走路，一邊聽歌，並不停止腳步；工作的人在不停地工作，卻露出疲倦的面容。這些都與歌手癸唱歌時的景象截然不同。

宋王說：「射稽唱歌的時候，走路的人不停步聽歌，工作的人覺得疲倦。這樣看來，射稽唱歌的水準不如歌手癸，究竟為什麼老師不如弟子呢？」

歌手癸說：「請大王分別測算一下我們師徒二人唱歌的時候，築牆時的工作效率。」

經檢查發現：歌手癸唱歌的時候，工作的人共築了四板牆。射稽唱歌的時候，工作的人共築了八板牆。再檢驗牆體的硬度，歌手射稽唱歌時，所築的牆體可達五寸；而歌手癸唱歌時，所築的牆體只有二寸。兩相比較，築牆效率的功效明顯可知。

凡事不能只看表面現象，應透過現象看本質，才能得出正確的結論。

大意失荊州

東漢末年，皇叔劉備在眾人的勸說下，自立為「漢中王」。

為阻止曹操威逼獻帝，劉備下詔命二弟關羽率領荊州兵進攻曹操。關羽接到命令後，當天就率領荊州兵五萬出發，臨走前，對荊州的守將說：「你在這裏多造一些烽火臺，或30里，或20里一個，一有敵情，白天則舉煙，夜晚就放火，我就趕回來了。如果有失，我要你的腦袋！」

守將說：「君侯放心，末將一定不負君侯所託。」

於是關羽就放心地攻打襄陽，三日之內就把襄陽給攻下了，然後又進兵樊城，守將曹仁抵敵不住，向魏王曹操求救，曹操便派大將于禁率領七支兵馬解樊城之圍，可是沒想到關羽有勇有謀，短短幾天的時間又把這七支軍隊全部殲滅，主將于禁也被俘虜。

曹操聽到這個消息，非常吃驚，本來就有頭痛病的他頭痛得更厲害了，上朝時對百官說道：「我向來知道關將軍有勇有謀，現在樊城危急，旦夕可破，一旦樊城攻陷，就直逼許昌，孤王準備遷都避避關羽的銳氣，你們以為怎麼樣？」

這時候有個人走出來對曹操說道：「大王不可如此，我有一條計能讓關羽退兵，劉備投降。」

曹操抬頭一看，原來是主簿司馬懿，於是就問道：「卿有何妙計，儘

x

歌手癸說：「請大王分別測算一下我們師徒二人唱歌的時候，築牆時的工作效率。」

經檢查發現：歌手癸唱歌的時候，工作的人共築了四板牆。射稽唱歌的時候，工作的人共築了八板牆。再檢驗牆體的硬度，歌手射稽唱歌時，所築的牆體可達五寸；而歌手癸唱歌時，所築的牆體只有二寸。兩相比較，築牆效率的功效明顯可知。

凡事不能只看表面現象，應透過現象看本質，才能得出正確的結論。

大意失荊州

東漢末年，皇叔劉備在眾人的勸說下，自立為「漢中王」。

為阻止曹操威逼獻帝，劉備下詔命二弟關羽率領荊州兵進攻曹操。關羽接到命令後，當天就率領荊州兵五萬出發，臨走前，對荊州的守將說：「你在這裏多造一些烽火臺，或30里，或20里一個，一有敵情，白天則舉煙，夜晚就放火，我就趕回來了。如果有失，我要你的腦袋！」

守將說：「君侯放心，末將一定不負君侯所託。」

於是關羽就放心地攻打襄陽，三日之內就把襄陽給攻下了，然後又進兵樊城，守將曹仁抵敵不住，向魏王曹操求救，曹操便派大將于禁率領七支兵馬解樊城之圍，可是沒想到關羽有勇有謀，短短幾天的時間又把這七支軍隊全部殲滅，主將于禁也被俘虜。

曹操聽到這個消息，非常吃驚，本來就有頭痛病的他頭痛得更厲害了，上朝時對百官說道：「我向來知道關將軍有勇有謀，現在樊城危急，旦夕可破，一旦樊城攻陷，就直逼許昌，孤王準備遷都避避關羽的銳氣，你們以為怎麼樣？」

這時候有個人走出來對曹操說道：「大王不可如此，我有一條計能讓關羽退兵，劉備投降。」

曹操抬頭一看，原來是主簿司馬懿，於是就問道：「卿有何妙計，儘

一本書讀懂中國大智慧

管說出來。」

司馬懿說：「劉備當年孤寡一人，漂泊多年一直沒有棲身之所，後來，孫權把荊州借給他，他竟然不還，現在關羽得勝，孫權必然不高興，大王只需派一名能言之人到孫權那裏說一下這其中的利害關係，孫權肯定會從關羽身後襲擊他，到時候，他腹背受敵，怎麼能不敗呢？」

曹操說道：「好主意，就按照你的話去辦吧。」

於是曹操派使者把書信交給了孫權，接到書信後，孫權便令大將呂蒙率三萬水軍奪取荊州，由於荊州有烽火臺，呂蒙就讓三萬將士全部都穿上白衣進城。

守城的將士問他們是幹什麼的，並且還搜身。

呂蒙騙守城的軍士說他們是做買賣的，由於路上遇到強盜，所以到荊州避難。另外還拿出很多的金銀珠寶給那些軍士，軍士們從來沒見過這麼多的寶貝，於是就放他們進了城。

進了城之後，他們悄悄地把烽火臺上的守軍全部殺死，致使烽火臺沒有發揮它的作用。一夜之間，荊州就易主屬於東吳了。

無論做什麼事情都不能大意，一定要把事情考慮周全以後才能做，牢記「大意失荊州」的警世之言。

聽於無聲

春秋時期，齊桓公與管仲謀劃討伐莒國，計畫還沒有實施，結果全城的人都知道了。

管仲說：「都城裏一定有一個無所不知的聰明人，不然的話，我們的計畫怎麼能提前就被全城的人知道呢？」

齊桓公說：「咦！聽你這麼一說，寡人想起來了，那天我們去看服勞役的奴僕時，有個拿著柘木杵夯土的人往臺上看，想必就是他吧？」管仲很認同齊桓公的說法。

於是，齊桓公命令都城內的人重新服勞役，不得由別人代替，否則將嚴懲不貸。

過了一會兒，東郭垂來到工地上。管仲說：「一定就是這個人。」管仲就讓人把他請進來。

管仲對他說：「你就是散布謠言說我們要討伐莒國的人吧？」

東郭垂說：「是的。」

管仲說：「我們沒有說過討伐莒國，你為什麼說我們要討伐莒國呢？我想問一下你是怎麼知道的呢？」

東郭垂說：「我聽說過這樣的話，『在上位的人善於謀劃，在下位的人善於猜測。』我是私下裏猜測的。」

管仲說：「我沒有宣布討伐莒國，你是憑藉什麼猜測的呢？」

東郭垂說：「我聽說在上位的人有三種表情：悠然自得，心情愉悅，是聽音樂時的表情；悲傷清靜，是居喪時的表情；興致勃勃，精神飽滿，是興兵時的表情。那天我看到君王站在高臺上，興致勃勃，精神飽滿，這就是興兵時的表情。君王張開口而不閉合，從口型上判斷是發『莒』字音，我知道是說莒國。君王舉著胳臂指點，指的是莒國的方向。我屈指數來沒有臣服於齊國的小國，只有莒國了。綜合上述推測，所以我說了這樣的話。」

管仲覺得他說的很有道理，並且很合乎邏輯，心想：天下恐怕再也沒有人像他這樣善於察言觀色了。

於是，他便把這些話告訴給了桓公，並請桓公重禮聘請他。

齊桓公便聽了管仲的話，用優厚的俸祿、尊貴的地位來禮待東郭垂。

細心的觀察與合乎邏輯的推理，對於正確的判斷具有十分重要的意義。

愛人與害人

春秋時期，楚共王率軍在鄢陵與晉兵血戰。

鏖戰正酣，共王的眼睛被晉軍的箭射中，疼痛不已，無法再戰，只得鳴金收兵。

大將軍司馬子反回到營帳，直嚷口渴要水喝。他的僕人隨軍多年，十分愛戴自己的主人，知道主人愛喝酒，馬上取出一壇酒來讓他解渴。

子反的酒癮很大，只要讓他一沾上，就很難停下來，這一次自然又喝得爛醉。

楚共王包紮完畢，準備復戰，派人去叫子反。子反醉臥在床，動彈不得，便推說心痛，不能出戰。

共王聽說了，心想：子反是我國大將，倘若有所偏差，那這仗不就敗了嗎？於是就親自去探望，一揭開帳幃，就聞到濃烈的酒臭，頓時大怒：「今日激戰，寡人身受重傷，指揮全軍便依靠你了。誰知道你卻這樣胡來，你是準備亡國嗎？你還能率領兵士嗎？算了，這個仗也打不成了。」

於是，楚共王撤回軍隊，司馬子反因貽誤軍機而自殺。

利與弊並不是個人主觀願望可以決定的，不懂得掌握實際時間、環境和條件，有利人之心也可能結出害人之果。

魯廟裏的怪酒壺

孔子帶著他的弟子瞻仰魯桓公宗廟，在案桌上發現了一隻形狀奇怪的酒壺。

孔子問守廟人：「這是什麼酒器？」守廟人回答：「是君王放在座右作為銘志用的酒壺。」「啊，我知道它的用處了！」孔子回頭對弟子們說，「快取清水來，灌進這個酒壺裏。」

弟子舀來一大瓢清水，徐徐注入酒壺，大家都屏息靜氣地看著。只

見水注入不多時，壺身開始傾斜了；接著當水達到壺腰時，酒壺卻又重新立得端端正正的；再繼續灌，水剛滿到壺口，酒壺就砰的一聲翻倒在案桌上。大家都覺得莫名其妙，一齊抬頭看著孔子。

孔子拍手嘆道：「對啊，世上哪有滿而不覆的事物啊！」

子路問：「老師，請問這個酒壺虛則傾，中則正，滿則覆，其中可有道理？」

「當然有！」孔子對大家說，「做人的道理也和這個酒壺一樣，聰明博學，要看到自己愚笨無知的一面；功高蓋世，要懂得謙虛禮讓；勇敢孔武，要當做還很怯弱；富庶強盛，要注意勤儉節約。人們常說的不偏不倚，取長補短，也就是這個道理。」

一切事物無不存在著一個「度」——事物的界限、分寸、火候。它反映了事物質和量的關係。量變在一定限度內不改變事物的性質，但超過一定限度，就會引起質變，甚至走向反面。

顧左右而言他

春秋時期齊宣王治理國家時，齊國非常富有，路不拾遺、夜不閉戶，一派繁榮景象。宣王非常得意，認為自己治國有方。

有一天，當時的一位偉大的政治家、思想家孟子來到了齊國，去拜訪宣王。宣王對他很尊敬，雖然如此，但還是想炫耀一下自己的政績。

於是，宣王便問孟子：「先生來時可見到我國的氣象？」孟子答道：「稟大王，貴國一派繁榮景象，我已經看到了。但是我有幾個問題感到非常疑惑，想請教大王。」

宣王得意地說：「先生有什麼問題儘管問。」

孟子對宣王說道：「您有一個臣子把妻室兒女託付給朋友照顧，自己到楚國去遊玩。等他遠遊回來的時候，卻發現他的妻室兒女在挨餓受凍，對待這樣的朋友，應該怎麼辦呢？」

齊王說：「和他絕交。」

孟子說：「假如管刑罰的長官不能管理他的屬下，那應該怎麼辦呢？」

齊王說：「撤掉他。」

孟子說：「假如在一個國家裏國君的治理實行得很不好，那又該怎麼辦呢？」

齊王回過頭來左右張望，把話題扯到別處去了。

「當局者迷，旁觀者清。」一個人由於主觀成見和私心雜念，有時對別人身上的缺點看得很清楚，卻往往會對自己的缺點錯誤認識不清。

床頭捉刀人

東漢末年，匈奴使者遠道來到洛陽。魏王曹操準備接見他，但是他覺得自己生得又矮又醜，不足以使來使威服。於是在朝中挑選了儀表堂堂的崔季珪，讓他穿戴自己的衣冠，假充魏王，高坐大堂之上，自己則打扮成一個衛兵，按著腰刀，立在床頭的一旁。

會見很順利地結束了。曹操便派密探去打聽使者對魏王的印象。匈奴使者驚嘆地說：「魏王氣宇軒昂，果然是名不虛傳。可是他背後握刀立在床頭的侍衛，依我看，這才是一個了不起的英雄！」

曹操聽後，大吃一驚，立刻派人在半路上刺殺了那個使者。

僅從外表和氣度來判斷一個人是遠遠不夠的，應該透過一貫的行為舉動來洞察內在本質。

心不在馬

趙襄王向王於期學習趕車的技術。學了不久趙襄王認為自己已經掌握

了這項技術，便與王於期進行了一場比賽。在比賽中，他換了三次馬，但是每次都落在了後面。

趙襄王認為自己的失敗是因為王於期沒有把技術全部傳授給自己，便埋怨說：「先生，怎麼你教我趕車，還留了一手啊？」

王於期回答說：「我已經把技術全部教給您了，是您運用的不對呀！趕車最要緊的是要把馬套在車上套得舒適妥帖，趕車人的注意力要集中在調理馬上，這樣才能跑得快，跑得遠。但是，在今天的比賽中，您落在後面的時候，就只想追上我；跑在前面的時候，又生怕被我追上。其實把馬引上大道賽跑，不是領先就是落後。可是您無論領先還是落後，注意力都集中在我的身上，哪裡還顧得上調理馬呢？這就是您落後的原因啊！」

趙襄王聽了這番話後，恍然大悟。

無論處理什麼事情，都要把精力集中在該處理的事情上。如果分散了精力，自然就不能成功。

季咸相面

東周時，鄭國有一個很善於相面的巫師季咸。

他能預知人的生死存亡、禍福壽夭等，十分靈驗，周圍信奉的他人很多，很有名氣。

列子見到這樣的情形非常吃驚，旋即十分佩服。回來告訴他的老師壺子：「我以前以為您的理論和學問是世上最高深的，現在我才知道，季咸比您還高一籌呢！」

壺子聽了弟子的話，看著他說道：「我只告訴你道的表面，還沒有講到實質，你怎麼就妄下結論呢？如果只有雌鳥而沒有雄鳥，怎麼能生出小鳥來呢？只有淺薄的人才容易被人看透心思。你明天把季咸叫來，讓他也給我相相面。」

第二天，列子陪季咸來見壺子。

壺子一句話也不說，季咸相完面後便出了門，悄悄對列子說：「你老師大限已到，挨不了幾天啦。」

　　列子回到屋裏，痛哭流涕地告訴壺子，誰知壺子卻笑著說：「不要怕，剛才我給他看的是土一般的面色，心境寂靜，止而不動，所以他看到的是我閉塞生機的樣子。明天你再把他請來，讓他看看我又是什麼樣。」

　　第二天，列子又把季咸帶來。季咸看完壺子面相後，告訴列子說：「幸虧你老師遇上了我！他已經有了些生氣，你不必擔心。」

　　列子又忙進屋把這些話告訴壺子。

　　壺子依然笑著說：「剛才我給他看的是天地間的生氣，我排除一切私心雜念，一線生機從我腳後跟生起，直到頭頂。他剛才看到的就是這一線生機。過些時候你請他再來！」

　　又過了一天，列子又請季咸來給壺子相面，季咸看完後疑惑地對列子說：「你的老師恍恍惚惚的，今天沒法看明白，改日再來吧。」

　　列子進屋把這些告訴了壺子，壺子說：「我剛才給他展示的是沒有任何跡象的虛空境界，所以他弄不明白，明天你請他再來！」

　　次日，季咸又被請來了。他剛走進屋，看到壺子的面色，便大叫一聲，轉身就跑。

　　壺子也大叫列子：「快去追上他！」

　　列子莫名其妙，聽了老師的話，拔腿就追。

　　季咸像丟了魂似的，拚命奔跑，列子追趕不上，只得回來，他對壺子說：「季咸跑得太快了，我追不上他！究竟您給他展示的是什麼啊？」

　　壺子說：「剛才我讓他看的是我的根本大道，但還沒完全展示出來，他就跑了。我只是想逗逗他而已，讓他無法猜測，就像草遇風披靡，水隨波逐流。所以，他剛看我一眼就被嚇跑了。」

　　人只要掌握了「道」，就能掌握事物的規律，他人再大的本事也不過是「小術」而已。

煮魚

春秋時期鄭國的宰相子產，是一位很有名的政治家。

有一次，有人送給子產一條活魚。子產就叫他的僕人把魚放到池子裏去。結果這個僕人把魚拿出去偷偷煮著吃了，然後回去告訴子產說：「魚我已經放了，剛放下時牠呆呆地不動，一會兒，牠就顯出很得意的樣子，一甩尾巴鑽進深處去了。」

子產高興地說：「找到合適的地方了！找到合適的地方了！」

那僕人走出來說：「誰說子產聰明？我早已把魚煮著吃了，他還說：『找到合適的地方了！找到合適的地方了！』」

做事不調查研究，偏聽偏信，即使是聰明人，也免不了要上當受騙犯錯誤。

鄭燮改詩

清代著名書畫家和文學家鄭燮，又稱「鄭板橋」，為「揚州八怪」之首。

鄭燮出身書香門第，自幼聰明伶俐。十歲的鄭燮還在縣城讀私塾時，就已深受老師的喜愛。

一天，老師帶鄭燮外出春遊。師徒倆沿著一條小溪漫步，一路上春風拂面，花繁樹青，風景十分優美，兩人心情也十分愉悅。走了一會兒，他倆就在一座小橋邊坐下休息。

突然，鄭燮喊了起來：「老師，您看，水中有個死人！」

老師一看，果然有一具女屍漂浮在水面上。只見那女子身穿紅色外衣，仰面朝天，散亂的頭髮隨波浮動，粉紅的容顏還未變色，看來是剛淹死不久的。老師是心地善良之輩，吟了一首詩：

二八女多嬌，風吹落小橋。

三魂隨浪轉，七魄泛波濤。

鄭燮聽後，沉思不語。老師看到後，問他：「你覺得這四句詩怎麼樣？」

鄭燮在老師目光的督促下，抬頭反問道：「老師，你認識這個少女嗎？」

老師不解地搖了搖頭。

「那您怎麼說她『二八女多嬌』，正好是十六歲呢？」

老師點了點頭。

鄭燮又說：「老師既不知她的來歷，又怎知她是被風吹落河中的呢？又怎麼能看見她的三魂七魄隨波浪起伏呢？」

老師聽後，不住讚許。旋即問道：「那麼依你看這首詩應該怎麼作呢？」

鄭燮說道：「學生姑且一試，還請老師多多指點。「說罷即吟道：

誰家女多嬌，何故落小橋？

青絲隨浪轉，粉面泛波濤。

老師聽了，連連點頭，說：「改得好！改得好！」

年輕人通常具有懷疑和叛逆精神，不畏權威，思想大膽，敢於創新，這固然是很好的。但是必須注意的一點就是，我們的懷疑必須有理有據，如果只是為了懷疑而懷疑，毫無根據地去懷疑和否定一切，就會成為虛無主義者。

楊布打狗

戰國時，有個人叫楊布，在他們州裏也算是小有名氣。

有一天早晨，楊布穿著一件白布褂子上街買東西。忽然下起了陣雨，楊布就脫下外衣，穿著裏面的黑衣回來了。

走到家門口，他養的一隻大狗彷彿看見陌生人似的，對他齜牙咧嘴，

汪汪狂吠。楊布見了無明火起，拾起一根燒柴的棍子，追上去要揍牠。

他的哥哥楊朱從裏屋跑出來一看，說道：「不要打牠，你怎麼能怪狗呢？如果是你的狗出去時一身白毛，回來時變成了一身黑毛，你能夠不奇怪嗎？」

真象總披著假象的外衣，千萬不要被假象迷惑，學會識別假象，遠離假象。

疑心之禍

東漢末年，曹操刺殺董卓不成，反而被董卓派人到處追殺，他為了逃命而東躲西藏，當他逃到河南成皋時，遇到了父親的老友，於是此人好心留他暫住一宿。

到了傍晚時分，曹操忽然聽見屋子後面傳來陣陣磨刀的聲音，他心想此人一定是想殺了他向官府領賞，於是先下手為強，動手將此人一家八口全部給殺了。

事後他才發現，此人磨刀是為殺豬來招待他，而他竟因自己一時起的疑心，而犯下殺人滅口的大錯。

對尚未發生的事情切莫以自己的想法預設立場，說不定那是不會發生的事。疑心生暗鬼，懷疑會使事實蒙上陰影，讓人失去理智以致作出錯誤的判斷。

司原氏打獵

從前，有一個喜愛打獵的人，名叫司原氏。有一次他在夜間打獵時，發現了一隻鹿，於是準備射鹿。這隻鹿聽到野地裏傳來的聲音，突然警覺起來。當牠看到司原氏正拉弓搭箭瞄準自己的時候，馬上朝東面方向跑

了。司原氏知道在大黑天鹿跑不快，於是並不氣餒，跟在後面緊緊追趕，並且一邊追趕一邊大聲地喊叫，試圖以此驚嚇鹿。

就在這時，從西面來了一夥追趕豬的人。他們聽到司原氏的喊聲，以為是東面也有人在堵截這頭豬，於是就跟著喊叫起來。

可是司原氏並不知那夥人在喊叫什麼。他看到那邊喊叫的人很多，心想必定也是在追趕獵物，這個獵物一定會比鹿大很多，於是他就放棄了自己追趕的鹿，朝眾人喊叫的方向跑去，並且在半路上找了個地方隱蔽起來。那夥人叫著喊著從司原氏隱蔽的地方跑過去了。

過了一會兒，司原氏竟然發現離自己不遠的地方有一頭渾身白色、肥肥胖胖的笨獸。他十分興奮，以為自己得到了一頭吉祥的珍貴動物。司原氏撲上前去把牠捉住，然後帶著這吉祥的野獸回了家。

司原氏拿出家中所有精、粗食料來餵養這頭珍貴的獸，希望過幾天能夠賣個好價錢。這頭獸也十分親近司原氏。

牠一見到司原氏便搖頭擺尾，朝司原氏發出可愛的「哼哼」聲，因此司原氏越發喜愛牠了。

沒過幾天，刮起了狂風，下起了暴雨。暴雨淋在這頭白獸身上，將附著在牠身上的白色泥土全都沖刷掉了。司原氏仔細一看，才發現牠原來竟是自己家裏丟失的老公豬，而今卻被司原氏當做寶貝從外面帶回了家裏。看到這頭老公豬，司原氏欷歔不已。

如果我們做事情不動腦筋，只是追隨別人的想法和意見，那麼就有可能最終一事無成。

食雞之貓

一個越國人為了捕鼠，特地弄回一隻擅長捕老鼠的貓。這隻貓擅長捕鼠，但也喜歡吃雞，結果越國人家中的老鼠被捕光了，同時雞也所剩無幾了。

他的兒子想把吃雞的貓弄走，父親卻說：「禍害我們家的是老鼠，老鼠偷我們的食物咬壞我們的衣物，挖穿我們的牆壁，損壞我們的傢俱，不除掉牠們我們必將挨餓受凍，所以必須除掉牠們！沒有雞大不了不吃雞罷了，離挨餓受凍還遠著哩！」

有時我們為了排除關鍵性的危險，不得不接受另一種危害，所謂兩害相權取其輕。社會上的競爭往往也是以將傷害減到最低，而得到最大利益為目標。當同時存在兩種危害時就要懂得分出輕重，當機立斷將損失降到最低。

詹何釣魚

楚國人詹何，是一位釣魚高手，他有著與眾不同的釣魚技術：他的釣魚線只是一根單股的蠶絲，釣魚鉤是用如芒的細針彎曲而成，而釣魚竿則是楚地出產的一種細竹。憑著這一套釣具，再用剖成兩半的小米粒作釣餌，用不了多少時間，詹何從湍急的百丈深淵之中釣出的魚便能裝滿一輛大車！回頭再去看他的釣具：釣魚線沒有斷，釣魚鉤也沒有直，甚至連釣魚竿也沒有彎！

楚王聽說了詹何竟有如此高超的釣技後，十分驚奇，便派人將他召進宮來，詢問其垂釣的訣竅。

詹何答道：「我聽已經去世的父親說過，楚國過去有個射鳥能手，名叫蒲且子，他只需用拉力很小的弱弓，將繫有細繩的箭矢順著風勢射出去，一箭就能射中兩隻正在高空翱翔的黃鸝鳥。

父親說，這是由於他用心專一、用力均勻的結果。於是，我學著用他的這個辦法來釣魚，花了整整數年的時間，終於完全精通了這門技術。每當我來到河邊持竿釣魚時，總是全身心地只關注釣魚這一件事，其他什麼都不想，全神貫注，排除雜念，在拋出釣魚線、沉下釣魚鉤時，做到手上的用力不輕不重，絲毫不受外界環境的干擾。

這樣，魚兒見到我魚鉤上的釣餌，便以為是水中的沉渣和泡沫，於是毫不猶豫地吞食下去。因此，我在釣魚時就能做到以弱制強、以輕取重了。」

無論做什麼事情，都需要專心致志，一絲不苟。只有用心，才能做到事半功倍，取得顯著的成效。

文彥博抗命斬奸

宋朝曾有一起轟動一時的誣告大案。邊將劉平與黃德和兩人素來不和，黃德和就羅織罪名向朝廷告黑狀，說劉平投降了敵人。此事純屬無中生有，黃德和知道肯定經不住調查，就賄賂朝中權貴，又暗中送給知情人平奴金帶一條，讓他做假證，想把劉平置於死地。結果此事還沒有經過細緻調查，劉平一家二百多口就糊裏糊塗地被補入獄了。

二百多口人危在旦夕，朝野上下都為之轟動。知情人暗中一傳，大家都知道了這是個冤案。真是人人切齒，個個扼腕。後來朝廷對此事也有所耳聞，於是，就派殿中侍御史文彥博到河中審理此案。此事本不難查，文彥博到了河中，很快就使真相大白，把黃德和與平奴抓了起來。

誰知黃德和朝中關係複雜，他又花了很多銀兩疏通關係，還真是立竿見影，沒過幾天，朝廷就派新御史來接手審理，調文彥博回京待命。新御史到任，要求文彥博辦理交接手續，把大印交出來。文彥博義正詞嚴地說：「朝廷是擔憂案子辦得不好，才派你來接印，現在案子已真相大白，一點疏漏都沒有，你還是早點回去吧。」

新派的御史沒有完成任務當然不會輕易就走，於是他與文彥博爭執起來。文彥博說：「這個案子是我經手辦理的，如果出了什麼疏漏，我文彥博甘願承擔罪責。」硬是把新派的御史給頂了回去。

新派的御史一走，文彥博馬上把黃德和與平奴從監獄裏提出來，就地正法了。人一死，黃德和的同黨怕自己也受牽連，也就逐漸收斂。而且事

情牽涉朝廷命官，又確實找不出翻案的紕漏，這件事也就不了了之。文彥博為了給劉平昭雪而違抗君命的清名不脛而走。後來憑藉自己的才能，文彥博官至宰相。

在很多重大問題上，我們一定要當機立斷，絕不能拖泥帶水，否則一旦疏忽，後果就會不堪設想。

韋詵擇婿

唐玄宗時，裴寬曾做潤州參軍，當時潤州刺史韋詵的女兒已經到了談婚論嫁的年齡。韋詵一心要為女兒找一個德才兼備的女婿，但卻久選不中。

這天，韋詵正為女兒的事情煩惱，不知不覺間走到女兒的二層繡樓上，登樓遠望，忽然看見一個人在花園中埋東西。

韋詵覺得奇怪，就派人去打聽這個人是誰，回來的人告訴他說：「這就是裴參軍，非常仁義，從不願接受賄賂，害怕汙了家門。恰好有人饋贈給他一塊鹿肉乾，交給他就走了，他不敢自欺，所以就將那東西埋掉。」

韋詵聽了點頭表示讚許，對裴寬的為人讚嘆不已。於是有意將女兒許給裴寬。

為了再考察一下裴寬，韋詵還設了一計，他命手下人去請裴寬喝酒。席間兩人談得很投機，韋詵對裴寬說：「你功勞很大，我準備為你置辦一所宅院，以供你居住。」

裴寬聽完，慌忙放下手中的酒杯，跪在韋詵面前，說：「大人，輔助您是我的職責所在，並沒有什麼功勞，您又何必賞賜我呢？」

韋詵繼續說道：「這是我偷偷送給你的，別人並不知道，以後我還要你幫我多斂些錢財。」

裴寬一聽，神色大變，厲聲道：「我原以為您是一個清官，不想您也是如此貪婪，我現在就請求辭官。」

韋誡看裴寬果真清廉，大笑道：「裴寬，你是個人才，我只不過是想考察你一下，我決定把女兒嫁給你了。」裴寬又驚又喜。

結婚那天，韋誡用帳子遮住女兒，讓她看看裴寬。裴寬又高又瘦，穿著碧色衣服。韋誡族中的親戚都笑他，叫他「碧鸛」。韋誡則一臉嚴肅地說：「愛自己的女兒，必然將她許配給賢良的公侯做妻子，怎麼可以以貌取人呢？」

果然，裴寬不負岳父期望，後來當上了禮部尚書，成為中國歷史上有名的賢臣。

決定一個人前途發展的決定性因素是他的為人，而非他的衣著、相貌。我們對人對事，都不應僅停留在外表，因為它只反映了這個人或事目前的狀態，要想抓住本質，必須進行精心的分析、判斷，才能作出正確的決策。

幼女配老翁

艾子有個老朋友名叫虞任，生下個女兒剛滿兩周歲，長得玲瓏可愛。艾子見了十分喜歡，便為自己的兒子訂婚。

虞任也挺高興，問：「你的愛子幾歲啦？」

「四歲。」艾子回答。

「什麼！」虞任沉下臉來，「你想要我的女兒嫁給一個老頭子嗎？」

艾子丈二和尚摸不著頭腦。

虞任恨恨地說：「你還裝糊塗！你兒子四歲，我女兒兩歲，你兒子足足要比我女兒大一倍年紀。倘若我女兒20歲出嫁，你兒子就已經40歲；要是不幸再耽擱到25歲出嫁，你兒子就已50歲啦，你不是想叫我女兒去配一個老頭子嗎？」

在錯誤的前提下，只能推出錯誤的結論。把暫時的、偶然的現象，認做必然的、永久的規律，也一定會犯類似的錯誤。

宓子賤論過

宓子賤是孔子的弟子，有一次，他的一個朋友帶了一個客人來拜訪他。

客人走了以後，宓子賤對這個朋友說：「你帶來的這位客人別的都好，就是有三個錯誤：他剛見到我就笑，說明他輕慢和不懂規矩；言談中從不提起自己的老師，是一種對師門的叛逆行為；剛見面，交情還不深，就推心置腹地說一大堆話，這就是稀裏糊塗了。」

那客人聽說後，為自己辯駁道：「我一見你就笑，說明我坦蕩無私；談話中不提到我的老師，是為了打通師門之間的隔閡，以便交往；交情不深而敢說心裏話，是對朋友忠誠和信任啊。」

認識一個人並不容易，僅據一時一地的言談舉止，就對別人妄加批判，誤解別人的本意，這反而顯出自己的淺薄。

鐘響磬鳴

唐朝年間，洛陽附近的一座古寺中發生了這樣一件事：一個和尚的禪房裏的銅磬，白天黑夜，常常會自己響起來，聲音低沉、幽遠，像老年婦女的夜半哭聲。

和尚很害怕，以為是冤鬼妖邪作祟。一聽到磬響，他就嚇得魂不附體，臉色慘白，很快就病倒了。他請來江湖上的術士，想方設法來制止磬響之聲，結果，銅磬還是經常自鳴。和尚的病也一天比一天重了。

有個叫曹紹夔的人，與和尚的交情很好，他來探視和尚的病情時，和尚就把銅磬自鳴，法師也無可奈何的事情說了一遍。曹紹夔便留在禪房裏，仔細觀察這口自己會響的銅磬。

不一會兒，寺廟裏敲擊齋鐘，磬又自動地發出了響聲。和尚叫起來，指著銅磬，嚇得渾身哆嗦，閉眼合十，不斷地念著「阿彌陀佛」。

曹紹夔聽了一會兒這奇怪的響聲，又到禪房外沉思。清風送來了遠處鐘樓的鐘聲，聲聲入耳，恰與銅磬的節奏相合。他反覆觀察，發現鐘聲一停，銅磬的自鳴也消失了。這下，他心裏全明白了。

於是，曹紹夔對和尚說：「請你明天擺酒設宴，我來為你驅邪，讓這磬停止自鳴。」

和尚有點不太相信他說的話，但還是抱著一線希望，花了很大力氣準備酒宴來招待他。曹紹夔飲酒吃菜，談天說地，絲毫不提驅邪的事。

和尚暗想：「他真的通曉法術嗎？怎麼個捉法呢？」

曹紹夔酒足飯飽後，既不燒香，也不念咒，取來一把銼刀，「哧哧」地把磬銼了幾道豁口。說聲「好了」，轉身就走了。

和尚感到莫名其妙。可是，從此以後，銅磬再也不無緣無故地自鳴了。他非常納悶，又把曹紹夔請來，問到底是怎麼回事。

曹紹夔說：「你的這個磬與寺院的鐘頻率相同，因此那鐘敲響後，這磬就會產生共鳴，發出響聲。我把磬銼了幾個口子，音律變了，鐘響時它也就不能自鳴了。」

和尚聽了恍然大悟，病也隨之好了。

世上萬事萬物之間往往是有一定的關聯，都不是孤立的存在的。只有在這種關聯之中去認識事物，認識才會正確。

遠水不救近火

齊國和魯國是鄰國，但是魯穆公不但不去和齊國結盟，反而把自己的王子和公主紛紛送到遠離魯國的晉國和楚國去結親和做官，想在魯國遭難時，得到晉、楚兩國的援助。

有個叫犁的大臣對魯穆公說：「假如這兒有人掉進大河裏馬上就要淹死了，岸上的人都說：『越國人最善於游泳，快派人去越國求救吧。』大王，您說這人救得活嗎？」

魯穆公笑著說：「真傻啊，越國那麼遠，越人再善游泳，這個人也別想活命。」

「那麼，」犁又問，「如果魯國京城發生大火災，有人對您說：『海裏的水最多，快派人到海邊運水來救火。』大王認為能行嗎？」

「不行，不行，」魯穆公說，「等海水運到，京城早就燒成灰燼了。」

「是呀，」犁說，「這就叫做『遠水不救近火』，現在晉、楚兩國雖很強盛，但遠離魯國，魯國一旦有難，就會像遠水救不了近火一樣。而齊、魯相鄰，不與齊國結交，實在危險啊！」

在解決問題時，需要客觀分析，理智地尋找最便捷有效的解決方法。

魯侯養鳥

春秋時期，有一年刮了很大的海風，本該寒冷的冬季反倒變得溫暖了。

各類動物都有躲避自然災害的本性。一些生活在海上的禽鳥，就紛紛從海上飛往陸地。

有一天，一隻海鳥飛到魯國都城曲阜的東門外，一直停留了三天，也沒有飛走的意思。這件事情被魯侯知道了，於是魯侯親自把牠迎接到祖廟，並設宴款待，為海鳥演奏《九韶》古樂來取樂，準備了牛、羊、豬三牲來作為牠的膳食。

這隻海鳥見到這樣的場面，見到這種食物，頭暈目眩，憂愁悲傷，肉不敢吃一塊，酒不敢喝一口。過了三天，海鳥就死掉了。

這是因為魯侯是在用他自己享樂的方式來養鳥，而不是用鳥的生活方式來養鳥。人們只有良好的主觀願望，不一定會有良好的客觀效果。辦事違反客觀規律，必然會把事情弄糟。

郭橐駝種樹

郭橐駝，不知道他原來叫什麼名字。他從小得過佝僂病，脊背隆起，彎著腰走路，好像駱駝的樣子，因此同鄉人都喊他「橐駝」。

郭橐駝聽到這個諢名後，說：「很好嘛，用這個名字來稱呼我十分恰當。」於是就捨棄了本名，自稱「橐駝」了。他的家鄉在豐樂鄉，在長安的西郊。

郭橐駝的職業是種樹，凡是長安有錢有勢的人家修建觀賞遊覽的園子，以及那些賣水果的人，都爭著迎請供養他。他栽種的樹，或者移植的樹，沒有一株不存活的，而且長得粗壯茂盛，果實結得又早又多。其他種樹的同行雖然羨慕，偷偷地模仿，但總是趕不上他。

有人請教他，他說：「我並不能使樹木長壽並且使它不斷繁殖，只不過是順著樹木的生長規律而使它按照自己的習性生長罷了。

大凡植樹都要遵守這樣的規律，它的根部要舒展，培樹的土要平整，土壤最好用原來的，填的土要踏結實。這樣種好之後，就不要再搖動它了，不要再為它擔心了，也不必特地再去看管它了。

移栽的時候要像撫育親生子女一樣，種好後要像扔棄東西一樣。這樣，樹的生長規律就可得以保全，生長習性就可獲得延續。

因此，我只是不去妨礙它的生長罷了，並沒有訣竅叫它長得又茂盛又粗壯呀。只是不去耗損它結果實的力量罷了，並沒有辦法叫它的果實結得又早又多呀！別的種樹人則不是這樣，樹根蜷曲而換用新土，所培之土不是多了就是少了。

有人不是這樣做，卻對樹愛惜得太過分，擔憂得太多，早上去看看，晚上去摸摸，已經走開了又重新返回來看看，甚至還用指甲掐破樹皮來查驗它是枯死還是活著，用手搖動樹根觀看培土是鬆還是緊了。這樣，樹木的本性一天天地受到損害。雖說是愛護它，實際上是在摧殘它；雖說是關心它，實際上是在傷害它。所以他們種的樹都比不上我。其實，我又有什

麼本事呢？」

問他的人又問道：「把你這種樹的道理移用到官員治理民政上，行不行呢？」

郭橐駝說：「我只知道種樹罷了，治理民政不是我的職業。但是我住在鄉下，看到長官們喜歡頒布繁雜的政令，看起來像是愛惜百姓，可是結果卻給百姓帶來災難。

從早到晚，公差大聲叫嚷，官府催我們耕地，鼓勵我們種植，督促我們收莊稼，早點把我們的蠶繭抽成絲，儘快紡紗織成布，撫養好我們的孩子，餵養好我們的雞和狗。不一會，又敲鼓擊梆召喚大家。

我們這些平民百姓常常顧不得吃飯，要去應酬官吏；忙這些都忙不過來，我們又怎麼能發展生產、安居樂業呢？這樣看起來，官員治理民政這個行業跟我們種樹這個行當大概差不多吧！」

辦任何事情都要遵循事物的客觀規律。認識客觀規律，掌握客觀規律，按客觀規律辦事，才能夠把事情辦好。

為社稷忍羞

趙簡子是春秋末年晉國的六卿之一。

他臨終前留下遺囑，要將趙無恤立為繼承人。

有位臣僚名叫董閼於的問他：「歷來都以長子繼位，無恤是庶出又非長子，怎可以立後呢？」

趙簡子回答說：「我把自己的一群兒子都考慮過了，只有無恤為人能顧全大局，能為國家忍受羞辱。」

趙無恤繼位以後，有一天，他在宮殿請晉國的另一個大貴族智伯喝酒。智伯倨傲無禮，酒席間百般侮辱趙無恤，可是趙無恤呢，他不但不發怒，而且還勸智伯「別生氣，別生氣」，但是智伯不知好歹，竟當著無恤家那麼多下人的面打了無恤兩個響亮的耳光。

左右侍臣都按捺不住怒火，要無恤把智伯殺了。無恤勸住他們，說：「先君立我為後，說過我能為社稷忍辱，我怎能因小失大而去殺人呢？」

過了10個月，智伯倚仗自己強大，向無恤勒索領地，無恤沒有答應。

智伯惱羞成怒，重兵將無恤圍困在晉陽，又決汾水灌城，大有一口吞吃之勢。但是趙無恤沒有認輸，也沒因此失去信心，仍然頑強禦敵。

第二年，他聯合晉國的韓、魏二卿，分兵出擊，將智伯軍隊徹底擊潰，形成了「三家分晉」的局勢。在慶賀勝利的宴席上，趙無恤將智伯的頭顱骨做成酒器，勞軍痛飲。

「為社稷忍羞」，可以是團結別人的一種方法，也可以是對付敵人的一種策略。

煮酒論英雄

東漢末年，群雄爭霸。到處都是戰火紛紛，當時劉備任徐州刺史，由於劉備對百姓非常愛護，所以百姓都稱呼他為「劉使君」。

後來呂布被董卓餘黨追殺逃到徐州，劉備很熱情地接待了他，而且還收留了他，但是呂布是個反覆小人，他不但不感謝劉備收留他，而且還把徐州占為己有，派兵追殺劉備。

為了躲避呂布，劉備就逃到許昌，暫時投奔了曹操。

曹操見劉備氣宇軒昂，談吐不凡，於是就收留了劉備，並且還在獻帝面前保奏他為左將軍、宜城亭侯。

因為劉備是漢景帝的後人，又是漢獻帝的叔叔，所以皇帝就稱呼他為「皇叔」。

曹操非常器重劉備，也聽說過很多關於他多次戰敗黃巾軍的英雄事蹟，於是就跟他非常友好，但是，暗地裏也提防著劉備。

有一天，曹操邀請劉備到丞相府後花園去喝酒。劉備應邀到了後花園和曹操坐在院子裏賞花，花園裏有一棵梅子樹，樹上的梅子都青了，曹操手指著梅樹對劉備說：「看到這棵梅子樹，我就想起去年率兵征討張繡了，那時候天氣非常熱，而且所有將士身上帶的水都已經喝完，軍士非常口渴，嘴唇都乾了，可是離有水的地方還有很遠的一段路程，為了讓將士

們忘記口渴，所以我就高聲喊道：『大家再加把勁往前走，前面有很大的一片梅林，到了那裏大家就可以吃到酸酸的梅子了。』軍士們想著梅子的酸味，口中生津，於是就不渴了，今天看到這梅子不可不嘗。」

劉備說：「丞相神武，要是換成別人，他肯定不會想到這麼好的辦法。」

曹操大笑：「使君言重了。」說完就吩咐奴僕熱兩杯酒端上來，他們一人一杯，邊喝著酒，邊吃著梅子。

曹操問劉備：「使君常年在外征戰，必定知道這天下英雄，請使君試著說一下！」

劉備說：「我見識少，實在不敢妄言。」

曹操又說：「使君不必過於謙虛，有什麼就說什麼。」

劉備就說道：「有一個人，他家四世三公，而他自己也雄霸一方，河北袁紹算英雄嗎？」

曹操說：「袁紹好勇無謀，我早晚滅了他，不算英雄，使君再說。」

「袁紹的弟弟袁術兵精糧足，虎踞一方，可算英雄？」

「袁術只不過是繼祖上之名，我以後肯定剿滅他，不算英雄。」

「有一人血氣方剛、年輕有為，江東孫伯符可是英雄？」

「孫策有勇無謀，我早晚破他，不算英雄，使君再說。」

劉備又說道：「荊州劉表、益州劉璋、漢中張魯、徐州呂布這些人可算是英雄？」

曹操不耐煩地說：「不是，不是，這些都是守家之鬼，我早晚興兵滅了他們。」

劉備說：「那除了這些人以外，我真的不知道了。還請丞相明示！」

曹操笑著說：「天下英雄，只有使君你和我兩個人而已。」

劉備聽到這話，嚇得把手中的筷子都掉地下了。正好這時天上打雷，劉備彎腰撿起筷子，並對曹操說：「一雷之威，乃至於此。」

曹操說：「使君乃是天下英雄，還怕打雷嗎？」

劉備說：「雷是上天發怒，怎麼能不害怕呢？」

於是，劉備輕輕鬆鬆地就把失手掉筷子的事情給掩飾過去了，同時也讓曹操不認為自己是英雄，為以後的三國鼎立奠定了基礎。

有時候，退讓也是一種計謀，如果能很好地運用，也會取得成功。

二桃殺三士

春秋時期，齊景公養了三個勇士，因為他們不懂得君臣大義和朝廷禮儀，以至於讓眾大臣及景公對他們產生了反感，所以齊景公想除掉他們，但是他們力大無比，而且武藝很好，沒有人能夠近他們的身，所以一直也沒有好辦法。

晏子為齊景公出了個計策，賜給三個勇士兩個鮮桃，讓他們比功勞。誰的功勞大誰吃，晏子的意思就是想讓他們自相殘殺。

於是，景公把他們三個宣上殿來，然後叫奴僕用盤子端出兩個鮮桃給他們，並對他們說：「三位愛卿，你們都是寡人深愛的勇士，寡人想獎賞你們，可是今日奴僕們在後花園裏摘桃子，只有兩個，寡人想把它們獎賞給你們三個當中功勞最大的兩個人，你們開始比自己的功勞吧！」

勇士公孫接說：「當年主公在狩獵時遇到兩隻猛虎，我一一將牠們擒殺，才救得主公一命，像我這樣的功勞，完全可以獨自吃一個鮮桃，不與別人分吃一個！」說著抓起一個鮮桃，站起身來就要吃。

勇士田開疆說：「當年主公被敵軍圍困，我一人手持兵器兩次打退敵軍，才救出主公。像我這樣的功勞，也可以獨自吃一個鮮桃，不與別人分吃一個！」他也抓起一個鮮桃站起身來就要吃。

兩個鮮桃都被人抓走了，另外一個勇士古冶子說：「我曾經跟隨君王渡過黃河，一隻黿魚咬住左驂馬，把牠拖進砥柱山下的旋渦裏，我就潛入河水下面，逆流追出百步遠，又順流追趕了幾里遠，擒獲黿魚而殺死牠。左手抓住左驂馬的尾巴，右手提著黿魚頭，像仙鶴一樣躍出水面。渡口的船夫都說：『黃河水神出來了！』他們仔細一看，原來是我舉起的黿魚

頭。像我這樣中流砥柱的功勞，也可以單獨吃一個鮮桃，不與別人分吃一個！你們兩個人為何不把鮮桃放回到原處！」古冶子說著抽出劍來，拉開決鬥的架勢。

公孫接、田開疆說：「我們的勇武不如你，功勞趕不上你。我們毫不謙讓地抓起鮮桃，是貪婪的表現。既然都這樣了，如果我們還不死，就太不知羞恥了！」

於是公孫接、田開疆就把兩個鮮桃放回原處，然後拔劍自刎了。

看到這種慘烈的場面，古冶子說：「你們兩位都死了，唯獨我還活著，這是不仁愛；用語言羞辱人家而誇耀自己，這是不道義；悔恨自己的行為而不去死，這是沒有勇氣。你們兩位都送回鮮桃，為保持氣節而自殺了，難道我會單獨享受兩個鮮桃嗎？」

於是，古冶子也自殺了。

看準對方弱點，利用對方的弱點，也可以鬥敗有勇無謀的對手。

曹沖秤象

東漢末年，獻帝無能，大權落入了曹操手裏，由於戰績顯著，從一開始的將軍到丞相，後來又封魏公，到最後獻帝封曹操為魏王，並且加九錫，九千歲，地位僅次於獻帝一人之下。

東吳的孫權害怕有朝一日曹操率兵攻打東吳，以報火燒赤壁之仇，於是就臣服了曹操。

為討好曹操，孫權送給曹操一頭大象。由於這種動物只有在南方的熱帶地區才能見到，中原一帶的人從來沒有見過這樣的龐然大物，所以這頭大象讓曹操感到非常驚奇。

曹操很想知道這頭大象究竟有多重，可是當時沒有這樣的大秤，怎麼辦呢？曹操召集文武百官共同商議，人人絞盡腦汁也想不出任何辦法。

這時，曹操6歲的小兒子曹沖從人群中鑽出來，對曹操說：「父王要

秤這頭大象，這有什麼難的？先把大象牽到木船上，水在船體上淹到哪裡就刻個標記，然後把象牽走，抬石頭到船上，壓到剛才的標記，再把石頭一塊一塊過秤，不就可以算出大象的重量了嗎？」

曹操聽罷，喜出望外，連忙命人照著兒子說的辦法做。

細心觀察微小事物，善於分析思考就能發現深奧的科學秘密，或者能在一些看來很平凡的科學領域產生重大的突破。

鼠屎斷案

三國吳主孫亮喜愛吃生梅子。一次，他吩咐太監去庫房裏取來蜂蜜漬梅。孫亮津津有味地吃著，忽然在蜜中發現了一顆老鼠屎。大家都嚇得面面相覷。太監連忙跪下奏道：「這一定是庫吏瀆職所致，請陛下治罪。」

庫吏被召到堂上。孫亮問他：「剛才太監是從你手上取的蜜嗎？」

庫吏戰戰兢兢地回答：「蜜是臣下交給他的，但給他時並沒有鼠屎。」

「胡說！」太監指著庫吏的鼻子，「鼠屎早就在蜜裏了，這是你欺君罔上！」

太監一口咬定是庫吏幹的，庫吏死不承認，說是太監放的。兩人在堂上爭執不下。

侍中官刁玄和張邠出列奏道：「太監和庫吏言語不同，難以決疑，不如押進監獄，一同治罪。」

孫亮環視眾人，說：「這個容易知道。」馬上吩咐衛兵當眾剖開鼠屎。

大家定睛看去，只見鼠屎外面沾著蜜汁，裏面卻是乾燥的。

孫亮哈哈笑著說，「要是先在蜜中，裏外都應浸濕，而今外濕裏燥，顯見是剛才放進去的。這一定是太監幹的事！你與庫吏有仇，故意嫁禍給庫吏，欲借朕之手替你除去庫吏。可是你卻故意侮辱朕，今日若不殺你，

世人都以為朕好欺負，左右武士將他拉出去斬首，以懲他欺君之罪。」

太監嚇得渾身哆嗦，連忙撲通一聲跪下，磕頭求饒，左右的人也感到十分吃驚。

只要深入調查研究，對各種現象進行細緻深入的分析，就能見微知著、察暗圖明，世界上沒有什麼事情是不可以搞清楚的。

半文錢的官司

清朝時候，枝江縣的縣令聽說杜老么聰明機智，深得民眾讚賞，很是嫉妒，一心想整治他一下，以顯示自己的才智在他之上。

於是縣令命人把杜老么找來說：「都說你聰明絕頂，本縣倒想試試你到底有多大能耐，你敢跟本縣打官司嗎？」

杜老么說：「跟您打官司得到荊州府，我孑然一身，連半文錢都沒有，怎麼能夠上路呢？」縣令見他神色黯然，毫無鬥志，以為是沒有膽量跟自己較量而找藉口，隨即說道：「你有半文錢就敢上路嗎？那好，來人哪，斬半文錢給他！」手下馬上就把一文銅錢斬成兩半。

杜老么接過半文錢立即就上路了。到了荊州府，杜老么狀告枝江縣令：「他身為百姓父母官，竟然將乾隆通寶劈為兩半，如此目無王法，膽大包天，即使不斬也應該先撤官！」

那縣令現在還自鳴得意呢，他還不知道自己上了杜老么的當。

對付那些居心巨測之人，就應該從其本身的言行去找漏洞，在證據確鑿的情況下，他再想抵賴恐怕也是無濟於事。

華佗拜師

東漢末年，7歲的華佗到一位姓蔡的醫生家去拜師學藝。見過師父之

後，華佗規規矩矩地坐在那裏靜聽老師的吩咐。

蔡醫生醫術精湛，前來拜師的人很多。蔡醫生想收一個聰明的孩子為徒，決定先考考他。

他把華佗叫到跟前，指著家門前的一棵桑樹提了一個問題：「你瞧，這棵桑樹最高枝條上的葉子，人搆不著，怎麼才能採下桑葉？」

「那就用梯子！」

「我家沒有梯子。」

「那我就爬上去採。」

「不，你能夠想出別的辦法嗎？」

華佗找來了一根繩子，在繩子上繫了一塊小石頭，然後將它往最高的樹枝上拋。繩子將那根樹枝拉了下來，華佗一伸手就把桑葉採下來了。

「好，很好！」蔡醫生高興地點點頭說。

過了一會兒，他們看見有兩隻山羊在庭院旁邊打架。幾個孩子去拉，都沒有將牠們拉開。

「你能夠讓那兩隻羊不再打架嗎？」

華佗圍著桑樹轉了一圈，拔了一把鮮嫩的綠草。他把草送到兩隻山羊的面前。這時，山羊的肚子也餓了，見了草就顧不得打架了。

「你真是個聰明的孩子，我很高興當你的老師。」

後來華佗成了一代神醫。

凡事善於運用腦筋，一切問題都會迎刃而解。若是知難而退，只會讓自己變得更加平庸。

殺身之禍

東漢末年，皇叔劉備與軍師諸葛亮率兵攻打漢中，守將曹洪、張郃節節敗退，數關失守，曹洪抵擋不住，求救於曹操。

曹操聞訊大驚，親率四十萬大軍至漢中迎戰劉備。雙方在漢水一帶屯

兵，形成對峙局面，又被諸葛亮伏兵十餘路前後夾擊，三軍銳氣殆盡，曹操進兵不能，退兵又怕人恥笑。

一日夏侯惇入帳問夜間號令。曹操一眼看見桌上那碗雞湯，心有感觸便說：「雞肋。」號令傳到當時的行軍主簿楊修那裏，楊修即讓隨行軍士收拾行裝，準備返程。夏侯惇不解，親自往楊修處詢問。

楊修說：「雞肋者，食之無味，棄之可惜。今進不能勝，退惹人笑，在此無益，來日魏王必班師。」夏侯惇聞之曰：「先生真是魏王心腹。」也下令所有軍士準備行裝，並告訴所有軍士來日必班師，免得大家到時慌亂，提前收拾。

曹操得知後大怒，以造謠惑眾、擾亂軍心的罪名把楊修殺了。

聰明固然是好的，但必須知道何時何地該如何使用你的聰明。有時即使真聰明，也要有所收斂。有道是：「木秀於林，風必摧之。」大智若愚才是一種大智慧。

以愚挫智

北宋初年，南唐臣服於宋朝。這年，南唐遣吏部尚書徐鉉作為進貢使者來進貢，照例要由朝廷派官員去作押伴使。

徐鉉、徐鍇兄弟和鐘陵人徐熙，號稱「三徐」，在江南名聲卓著。都以學識淵博、見多識廣、通達古今聞名於北宋朝廷，其中又以徐鉉的聲望最高。當時，北宋臣子們個個都因為自己的辯才不如徐鉉而生怕被選中。

宰相趙普也不知究竟選誰為好，就去向宋太祖請示。宋太祖說：「這事好辦，就交給我選人好了，你們去準備其他的。」

過了一會兒，宋太祖從自己的殿前侍衛中，挑出十個目不識丁的兵士，並指著其中一名相貌特別粗俗的說：「這個人就可以。」

在朝的官員都大吃一驚。趙普也不敢再去請示，就催促那人趕快動身，那位殿中侍者不知為什麼派他去做使臣，又得不到任何解釋，只好前

去執行命令。

徐鉉見來人相貌粗俗，等他一下船，就滔滔不絕，詞鋒如雲地講了起來。然而那侍衛全然不懂，徐鉉講得口沫亂飛，侍衛只一個勁點頭稱是。

徐鉉不瞭解他的深淺，愈發喋喋不休，極力與他交談。一連幾天，那人卻不曾與徐鉉論辯。徐鉉說得口乾舌燥，疲憊不堪，覺得淡然無味，也就不再開口了。

宋太祖派遣殿中侍者，是以愚困智。因為，以智者與智者較量，誰也不會服誰，而以愚者去應對智者，愚者無法理解，而智者也無所發揮。

智者郗超

南北朝時，郗愔在北府任司空職，桓溫忌憚他掌握兵權，一心想除掉他。一次郗愔寫了一封便箋讓人送給桓溫。這時他的兒子郗超聽說這件事，急忙追上正在路上的送信人，取出信來看到上面寫著「我要與您共同為王室出力，收復失地，重修園陵」等語句。

郗超將信帶回，代父親重寫一封，自稱身患舊病，不能忍受世間繁雜事務，希望得到一塊閒地，來頤養天年。桓溫看到信喜出望外，趁機派心腹擔任會稽太守。郗愔免受桓溫之害。

後來郗超病重時，收拾了一箱子書信文札，囑咐家裏人說：「我父親若悲哀太過，就把這些給他看。」

郗超死後，郗愔無法承受白髮人送黑髮人的哀痛，哭得死去活來，無法自製。家人就開箱給他看兒子的遺物，結果裏面全是郗超與桓溫謀劃叛逆的內容。郗愔看後氣得七竅生煙，罵道：「這個不肖的逆子，真是禽獸不如，他死得太晚了！」立即止住了悲聲。

郗超與桓溫暗裏勾結，但卻用計使父親免遭禍患，保全了父親的性命和名節，而且死後還能用辦法制止父親的哀痛，不能不說是務實而不慕虛名的智者。

王戎談李

王戎是魏晉時期的著名文學家，位列「竹林七賢」之一。

在他七歲時，曾跟許多小孩一起玩，看見路旁一棵李樹上長了許多李子，把樹枝都壓彎了。

許多孩子都挽起袖子和褲腿，爭先恐後地往樹上爬，可是王戎卻仍然站在原地不動。同伴們都覺得很奇怪，大聲地問：「王戎，你還待在那裏幹什麼，快點過來啊！」

王戎回答說：「這樹長在路邊卻有許多李子，這一定是苦李樹。」

同伴們試了一下果真如此，都對王戎的善思佩服得五體投地。

我們在面對誘惑時，千萬不要盲目地追求看似唾手可得的利益，而應該多用心，冷靜地分析，才能作出正確的選擇。

兩追曹軍

東漢末年，曹操頻頻攻打張繡，有一天曹操領兵撤退，張繡親自帶兵追擊。張繡的謀士賈詡勸告張繡說：「不能追擊，如果追擊，必定失敗。」

張繡認為自己兵力雄厚，不聽從勸告，執意追擊和曹軍交戰，果然大敗而回。

這時候，賈詡又對張繡說：「請主公趕快催促部隊再追上去，再交戰一定勝利。」

張繡相信了賈詡的話，就召集了被打散的士卒追擊曹軍，經過一番激戰，果然得勝回來。

張繡對此十分奇怪，忍不住問賈詡說：「我先前用精兵追擊他後退的部隊，您卻說一定失敗；回來後再用戰敗了的士卒追擊他打勝了的部隊，而您又說一定能打敗他們。結果全和您說的一樣，為什麼會這樣呢？」

賈詡說：「這很容易明白。將軍雖然善於用兵，但不是曹操的對手。他們的部隊剛撤走，以曹操的為人必然親自斷後；您的追兵雖然精銳，但因為我方主將既敵不過對手，對方的士卒也還精銳，所以我知道您一定失敗。曹操這次攻打將軍並沒有失策的地方，兵力沒有消耗完卻主動撤退，沒有乘勝追擊，一定是因為國內發生了變故；他們打敗了將軍頭一次的追兵之後，一定要輕裝急速行軍，僅僅留下幾位將領斷後。這些將領雖然勇敢，但不是將軍的對手，因此雖然是用被打敗的士卒再次追擊，卻一定會取得勝利。」

張繡於是心悅誠服。

所謂鬥智，就是準確判斷敵我雙方虛實，或避實擊虛，或「出其不意，攻其不備」。總之應該千方百計揚己之長，攻敵之短。

卦者識貴賤

五代時南唐的趙王李德誠鎮守江西，有一位算卦先生自稱對於世上眾人的貴賤，能一眼就分辨出來。

趙王讓幾個歌女與他的夫人在一起，穿戴打扮完全一樣，站立在庭院中，讓那位算卦先生來分辨這些婦女的貴賤。

那算卦人彎著身子進來說：「夫人頭上有黃色的雲。」那幾個歌女都不自覺地仰頭看夫人頭上，而唯獨夫人自己微微抬頭向上看。

算卦先生馬上就指出，那幾個歌女所注視的那一位便是夫人。

俗話說：「請將不如激將」。激將法是一種駕馭人、調動人的計謀手段。算卦先生在這兒用的則是一種反激法，就是運用激將法使人感情心念有所動。

巧探實情

春秋時期，楚成王將商臣立為太子，不久，他又想改立小兒子公子職。商臣聽說這件事後，不明白事情是否是真的，心急如焚。

於是，他就去問他的老師潘崇：「我要怎麼樣才能知道這件事是不是屬實呢？」

潘崇說：「您可以用酒食招待江芊（楚成王的妹妹，與楚成王關係密切），但對她表示不尊敬。」

商臣雖不是很明白，但是還是按照他的要求去做了，江芊見商臣不尊敬自己，發怒了，說：「你這個只配供人使役的下賤東西，難怪楚王想廢掉你而立公子職為太子啊！」

於是，商臣知道楚成王確實是要改立太子了。

話不用點明，透過旁敲側擊，就可以使知道內情的人向你說出你想知道的實情。

妙改佛像

南北朝時，佛教在中國大行其道。有一年，劉宋皇帝親自主持國都瓦官寺的鑄佛典禮，佛像高一丈六尺，要求必須在很短的時間內完成。

工匠們由於只忙著趕工期，並沒有先做個模型後再鑄，因此完成後立起來一看，佛像的臉竟鑄小了。工匠們一時都愣在那裏。

臉是佛像最關鍵的部位，比例一旦失調，那是很難看的，但要修補，又沒有時間了。一時間，眾工匠都不知道如何是好。

這時，大家想起了戴仲若，於是就去請他來幫忙。

戴仲若來後，圍著佛像轉了幾圈，端詳了半天，說：「你們並沒有把臉鑄小，而是把肩鑄寬了，如果把肩部削減一些就合適了。」

眾工匠半信半疑，但又別無良策，只好照戴仲若說的去辦，把肩頭燒

紅，用錘子敲進去一些，然後立起來一看，那佛像果然比例勻稱，臉一點也不顯得小了。

退一步，海闊天空。有時候，後退一步，從另一個角度去找突破口，反而很容易找到解決問題的方法。

劉鄩金蟬脫殼

五代時，晉王李存勖率大軍進攻魏縣。好戰的晉軍士兵，與後梁魏州駐軍劉鄩軍交戰了幾場，占了點便宜，便覺得梁軍軟弱可欺，愈發倡狂了。

後梁將軍劉鄩見李存勖將主力部隊調到魏縣，其老巢晉陽（今山西太原）必然空虛，可是公開撤軍勢必引起晉軍懷疑，便決定來個「金蟬脫殼」，將部隊秘密調往晉陽，去偷襲李存勖的老巢。

劉鄩首先讓士兵把毛驢牽到城牆上，訓練牠們像衛兵一樣來回走動。毛驢溫順而又聽話，很快就被訓練得達到了要求。劉鄩又讓士兵將餵馬的草紮成草人，綁在驢背上，在草人身上插好旗幟。這樣，毛驢馱著草人在城牆上來回走動。一天，李存勖派部下向魏州城叫罵、挑戰：「喂，南梁兵們，不要總把腦袋縮在褲襠裏，有種的出城來，我們再打一仗。」

可是，任晉兵怎樣辱罵叫戰，魏州城上卻不見一點聲息。李存勖從遠處看見城牆上有士兵打著旗子來回巡邏，以為城中劉鄩軍還在，不加懷疑。劉鄩見此計未被對方發現破綻，便把人馬全部撤走。就這樣，晉兵叫罵了幾天，也不見魏州城裏南梁軍有何反應。

過了兩天，李存勖軍的前哨發現城牆上雖有旗子晃動，但城裏卻毫無動靜，立即報告李存勖。這個情況開始引起了晉王李存勖的警覺，這究竟是怎麼回事？他感覺事情不妙，立即派人偵察，證實劉鄩已撤走兩天了。李存勖這才知道上了大當，他對部下說：「我早就聽說，劉鄩用兵，一步百計。果真如此。」

就這樣，李存勖的大本營在不知不覺中被劉郇搗毀了。

自古兵不厭詐，使用巧妙的辦法轉移敵人的注意力，然後「金蟬脫殼」，不失為一種妙計。

宇文憲詐取晉州

北周武帝宇文邕進攻北齊，統帥軍兵包圍了晉州，同時令宇文憲為先鋒配合圍晉戰役。宇文憲據守雀鼠谷，虎視晉州南北。宇文邕首先掃清晉州週邊，北克洪洞城，南陷永安城。為了能夠確保戰鬥勝利，他又派宇文純搶占千里徑，命永昌公宇文椿駐守雞棲原，宇文盛守衛汾水關。

北齊軍見晉州已經是岌岌可危，急派大軍前來解圍。他們兵分三路，一部萬餘人進擊千里徑，一部攻取汾水關，而北齊後主高緯則親率重兵強攻雞棲原。周、齊兩軍對峙展開了一場激烈的戰鬥。

宇文憲見齊軍攻勢兇猛，便對永昌公宇文椿說：「兵家最講騙術，你應秘密建造營壘，不許張揚，到附近砍伐柏樹，用枝幹做一些圓形草屋，以示為我軍駐扎營地。待我軍撤退後，齊兵定會產生疑惑，不敢及時追擊。」宇文椿聽從了宇文憲的計謀，一切按他的計畫照辦了。

不久，一場激戰又在雙方展開了。齊軍攻勢猛烈，周軍宇文盛告急。宇文憲急忙率軍援助汾水關。齊軍進攻不下，暫時撤退，宇文盛軍乘齊軍撤退之機、迅速追擊，斬獲齊兵多人。

汾水的戰鬥剛結束，宇文椿軍又報告說：「齊兵人多，逼得要緊。」宇文憲又火速援救雞棲原、兩軍會合後，同齊軍相持激戰，最後，宇文憲決定撤離雞棲原。

齊軍趁勢追到雞棲原附近，當時天色已晚，遠遠望去只見周圍一片幕帳，齊人盤算著兵營未動，周軍定有準備，因此疑惑不前。

第二天天剛亮，齊軍發起了總攻，他們小心翼翼地前進，等走近了才發現所謂幕帳原來是用柏樹造成的草屋，裏面空無一人，這時才知是上當

受騙了。但戰機已失，周武帝宇文邕已經攻下了晉州。

有道是：「兩軍對峙，智者勝。」智慧的力量是偉大的，它可以輕而易舉地戰勝數以萬計的兵馬。

計解秦圍

西元前259年，秦軍圍困趙國都城邯鄲。趙國貴族平原君回到趙國後，楚國派了春申君率兵來救趙國，魏國信陵君也假傳魏王的命令奪得晉鄙的兵權，前往救趙。援軍未到，而秦軍加緊圍困邯鄲，邯鄲危急，準備投降，平原君為此憂心忡忡。

邯鄲旅舍官吏的兒子李談對平原君說：「您不擔心趙國滅亡嗎？現在邯鄲的百姓用死人骨頭當柴燒，以給孩子烹食充飢，可以說是困苦至極了，而您的後宮還有一百多名婦女，她們身穿綾羅綢緞，廚房裏有吃剩的魚肉。兵士百姓武器都用完了，有人砍下骨頭做長矛戟，而您的寶器鐘磬仍然好好地保存著。如果秦攻破趙，您哪能有這些？如果趙國能夠得以保全，您還怕不能擁有這些嗎？您如果能將夫人以下的婦人編入士卒當中，分別做些工作，再把家裏所有的東西都拿出來犒勞困苦的士兵，在這關鍵之時，人們是很容易感激您的恩惠的。」

平原君聽後，覺得言之有理，於是就按李談的計謀做了，立刻有三千名勇士站出來，決心以死報國。他們跟著李談奔赴前線與秦軍英勇作戰，秦軍因而退卻三十里。適逢楚、魏援軍來到，秦軍便罷兵撤退了。

在別人最需要幫助的時候，如果你能伸出援手的話，他一定會因為你救助其於危難而感激你的大恩。

忠孝之人

楚國有個叫直躬的人，他的父親偷了羊，他把這件事報告了楚王。楚王把他的父親抓起來，準備處死。直躬對楚王說：「請大王允許我代替我的父親去死。」

楚王同意了他的要求。行刑那天，直躬對監斬的官員說：

「我父親偷羊，我告發了他，這是我的忠誠；父親要被處死，我來替他，這是我的孝順；如今忠誠孝順的人都要被處死，全國的人豈不是都要被殺掉了？」

監斬官把他的話告訴了楚王，楚王就把他放了。

既要忠，又要孝，還要活，要想三全其美，就得動動腦筋了。直躬的訣竅就是以理服人，以情動人。

放棄念佛

清末著名學者何梅谷的夫人特別信佛，每天都會對著客廳裏供奉的觀世音不停地口誦：「大慈大悲救苦救難觀世音菩薩」，每天從早到晚要念上一千遍，毫無半點停下來的意思。

夫人的這種做法讓何梅谷十分惱火，他認為夫人的這一切純屬自欺欺人，只不過是浪費時間而已。於是何梅谷和顏悅色地要求夫人不要再念了，但她不聽。

他又語重心長地跟她講道理，說這樣做既徒勞無功，又影響他人，但是她還是不聽。何梅谷無可奈何，誰叫她是自己的老婆呢？於是垂頭喪氣地回到書房中。

在房中，何梅谷經過一番冥思苦想，終於想到了阻止夫人念佛的辦法。

次日，吃過早飯後，何梅谷的夫人依舊在客廳裏念「大慈大悲救苦救

難觀世音菩薩」，何梅谷也不阻止他，仍然來到書房中看書。當他夫人唸得起勁的時候，他突然喊了一句：「夫人。」他夫人聽得，以為有事，便起身來到何梅谷的書房。只見何梅谷正正襟危坐，全神貫注地在看書，於是她以為自己聽錯了，關上房門又返回客廳。

夫人返回客廳再次唸佛，可剛唸得幾句，就又聽見何梅谷在房中喚「夫人」。他夫人再次站起來，可是走到書房發現和剛才的情景是一模一樣的，於是又返回來。這次屁股還沒坐穩，書房裏又傳來了「夫人」的叫聲，她只好又站起來，推開房門，見何梅谷仍繼續搖頭晃腦地讀他的書。夫人無奈只好返回，可是又聽見何梅谷喚她。

如此幾次，何梅谷夫人再也忍不住，對他嚷道：「沒完沒了，煩不煩人啊？」

何梅谷聽後慢條斯理地說：「我剛叫你幾遍，你就生氣了，你一天唸一千遍觀世音，菩薩難道就不煩嗎？祂一煩還會保佑你嗎？」

何梅谷夫人一聽，立時醒悟，從此再也不日誦千遍觀世音了。

在當今這個千變萬化的社會，面對擺在面前的一系列人生難題，運用智慧，常常可以出奇制勝，巧獲成功，也可以避免不必要的損耗和犧牲，順利地達到目標。

開門退敵

諸葛亮在陽平時，派遣魏延整合大軍向東進發，自己只留萬餘人守住陽平。

此時，司馬懿帶領二十萬大軍要與諸葛亮作戰。派出去的軍探回報司馬懿說：「諸葛亮城裏面兵力很少，力量很小，我們大軍進攻肯定可以取勝。」

諸葛亮也知道司馬懿大軍即將來到，怕他逼迫自己一戰，因此想要趕往與魏延的部隊會合。但由於距離遙遠，一定趕不到，將帥士兵都非常驚

恐，一時間人心惶惶，不知如何才好。

一天，諸葛亮的神色態度完全如平常一般從容自在，命令軍士將軍旗戰鼓藏起來，不可隨便出城，又命令將城門大開，四處打掃乾淨。然後自己坐在城門之上，面帶微笑，悠然撫琴，旁邊只有兩個小童陪伴。

司馬懿已經率領大軍到達城下，看到此番情景，一時間竟然不敢攻打。他一向認為諸葛亮為人謹慎莊重，現在突然展現兵力弱小，疑心有伏兵，於是率部眾往北到山間去。

第二天吃飯時刻，諸葛亮對參謀佐吏拍手大笑說：「司馬懿一定認為我素來膽小，此次大開城門，可能城裏有重兵埋伏，於是沿著山路離去了。」

軍探回報，情況果然如諸葛亮所說。後來魏延率領部隊與諸葛亮會合，情勢好轉。

司馬懿後來知道了，但已經失去了這大好時機，懊悔不已。

面對強敵時，不能一味慌張，而應運用智謀，擊退敵人。

老馬識途

春秋時期，齊桓公在燕國的請求下，派兵打敗了山戎國的侵略，隨後又率大軍直撲孤竹國。在滅了孤竹國以後，齊桓公下令回師齊國。

回程途中，由於時值隆冬，到處白雪紛紛，一片蒼茫。一天傍晚，齊軍將士到了一個名叫「迷谷」的地方，吃完晚飯，眾軍士們整裝出發，卻突然辨不清方向了。越往前走越黑，到最後便什麼也看不見了。眾人只得點起火把，像沒頭的蒼蠅一樣亂轉。

管仲見這樣也不是辦法，便叫士兵們生火取暖，在谷底待了一夜。

第二天天亮，眾兵士便急著要趕路，可是他們依然分不清東西南北，隊伍在山谷裏繞來繞去，好幾天也找不到出路。

眼看乾糧越來越少，天氣也愈發寒冷起來，齊軍很多人根本沒有過冬

棉衣，只好忍飢挨餓，在風中戰慄。

齊桓公問管仲：「如今該怎麼辦？」

管仲一時也想不到太好的主意，只好說道：「我看只有明天派些精兵順著我們從孤竹國來的路線找回去，然後帶我們走出這個谷，再想其他方法繞過去，現在積雪還未化，順著腳印一定能出去的。」齊桓公點點頭表示答應。

誰知，第二天凌晨竟下了一場雪，把之前留下的足跡給掩蓋了。齊桓公見此情景，不知道怎麼辦才好。

管仲想來想去，終於想到了一個好辦法，他對齊桓公說：「鴿子、蜜蜂不管飛離家門多遠，都會找到自己的家，老馬也有這種本領。」

齊桓公將信將疑地讓將士們挑出幾匹老馬，把牠們放開，幾匹老馬左繞右轉的，竟然真的將齊軍帶出了迷谷，找到了大道。

這時，齊桓公才長出一口氣，誇獎管仲無所不能！

只要對生活中的事情細心觀察，就會積累一些經驗。山窮水盡、進退無門時，這些經驗便湧出來凝成了智慧，當然，這也需要當事者有舉一反三、活學活用的能力。

假借外力

戰國時期，楚人甘茂曾經在秦國擔任宰相，但後來遭人誣陷，被迫從秦國逃跑。他準備向東逃到齊國去，剛出函谷關，他就碰到了謀士蘇代。

甘茂對他說：「您聽說過那江上貧苦的青年女子的事情嗎？」

蘇代說：「沒聽說過。」

甘茂說：「一群隱居在江畔的青年女子，她們自以為清高，而不跟出身貧賤的凡夫俗子接觸。這時有個家裏窮到沒錢點蠟燭的少女，無處投奔，而跟她們生活在一起。

可是過了不久，她們就決定把她趕出去，於是這個出身貧賤的少女就

對她們說：『就因為我家裏窮到沒錢點蠟燭，因此才經常到你們這裏來，幫你們打掃房間，並且為你們鋪席子、疊被褥。你們為什麼要吝嗇照在四壁上的一點點燭光，而一同決定要把我趕出去呢？再說我住在這裏對你們一點害處也沒有，反而對你們有許多幫助，你們又為什麼一定要把我趕出去呢？』

這些女子聽了這話，權衡利弊之後，都認為她說得對，一致同意將她留下來。

我以為自己也不是什麼了不起的人才，現在被迫從秦國逃亡，處境十分不妙，我也情願為閣下做些打掃房間、鋪坐席的事情，請您幫助我留在齊國。」

蘇代明白了甘茂的意思，他憐惜甘茂是個人才，於是答應幫他。

蘇代先西行到秦國，遊說秦國國君：「甘茂是個很有能耐的人，他在秦國受幾代人的尊重，對秦國情況十分熟悉。如今他離開了秦國，倘若他促使齊國聯合魏國、韓國，一起謀算秦國，恐怕對秦國很不利。」

秦國國君問蘇代：「既然如此，你說該怎麼辦呢？」

蘇代告訴他說：「您不如用重金厚禮去迎接他。他如果回到秦國，您就把他軟禁起來，以防後患。」

秦國國君隨即宣布賜給甘茂上卿的官職，派人特地到齊國去迎接甘茂。但是甘茂拒絕了秦國的邀請，繼續留在齊國。

這時，蘇代又去見齊國的國君，對他說：「甘茂在各國之中很有影響。現在秦國賜給他上卿的官職，專程來迎接他。

「現在您將用什麼禮節對待他呢？如果您不用他，他一定會回到秦國。如果他得到秦國國君的重用，對我們可就十分不利了。」

齊國國君對蘇代的這番話很贊同，立即賜給甘茂上卿的官職，用優厚的條件禮待他，使他留在了齊國。

在不同的人面前說不同的話，造成假象再用以迷惑對方，這就是蘇代的計謀之實質。

御史察奸

唐朝初年，李靖任岐州刺史時，安撫百姓，鼓勵工商業，把岐州治理得井井有條。

誰知李靖的一個仇敵在京城為官，誣告他謀反。唐高祖李淵於是派了一個掌管監督官員的御史來審理這個案子，並下旨一定要查個水落石出。

御史與李靖是多年的故交，深知李靖的為人，他心裏很清楚這是誣告。便邀請告密者一起去岐州。

在過了幾個驛站之後，御史假裝非常懊惱地對原告說：「壞事了，我昨晚把你的狀子給弄丟了，今天早上找了半天也不見蹤影，這下可怎麼辦啊？」

說完，御史還顯出非常驚恐的樣子，命令手下兵士用鞭子抽打隨行的官吏，責罵他們粗心大意。

原告一看狀子沒了，一時也沒有辦法。這時御史對他說：「不如你再重新寫一份狀子吧。」原告一想也對，於是很快又寫了一份狀子。

寫完之後，御史就把狀子拿走，回到自己的住處，拿出兩份狀子一對比，發現兩者內容大不相同。

御史即刻趕回京城稟告唐高祖。高祖大驚，於是把誣告李靖之人判處了死刑。

巧用計謀讓誣告者自露破綻，實在是高明。假象終究是站不住的。

巧計廢太子

宋太宗時，一次重陽節，皇帝在宮中遍請諸王，大擺酒宴。

但是太子楚王元佐卻不在受邀之列。元佐性情暴戾，半夜醒來時，發現自己未能參加宴席，一怒之下，竟把宮中的姬妾們全部關了起來，放火燒宮。太子東宮內外，慘叫聲震天。大火燒了三天三夜才熄滅。

太宗聽太監傳報了這件事後，心中氣極，猛拍御書案：「廢了他，廢了他！我要另立太子！」這時，寇準恰恰任鄲州通判，太宗知道寇準智計百出，於是偷偷召見他，摒退左右，向他問計道：「愛卿幫朕解個難題如何？」

寇準微笑道：「陛下儘管說來。」

太宗忙說：「東宮太子不守王法，暴戾兇狠，早晚會變成像桀紂那樣的暴君，我想把他廢了。但又擔心東宮的兵將會起來鬧事，因此深感不安。」

寇準獻上一計道：「三天之後的上午，請陛下令東宮太子去祖廟舉行儀式，讓他帶左右侍從一同前往。如此這般……」

說著，他輕鬆地一笑：「廢除太子，儘管只用一個太監的力量，也會馬到成功。」太宗聽後，連稱此計甚妙。

三天後，元佐心花怒放，帶著大群侍衛，耀武揚威地奔向祖廟。東宮內一片空虛，於是太宗悄悄派人去東宮搜查起來。一番忙碌，搜出很多兇殘的刑具，如用於割肉、挑筋、摘舌等的刑具。元佐乘興而歸，太宗派來的太監和侍衛早在門口迎接他。

元佐看到一大堆被搜出的違法罪證，無法抵賴，只好低頭認罪。當夜，太宗就下了一道聖旨，廢了他的太子之位。

古人云：「得道多助，失道寡助。」如果你沒有「道」，即使你是權貴之人，也不會有好的結局。

子胥破麥城

春秋時期，有一次吳國軍隊討伐楚國，伍子胥率一萬兵馬攻打麥城，當大軍行至麥城三十里處時，前面的探馬告知，楚將鬥巢率重兵在麥城堅壁築壘。

伍子胥當即命部隊停止前進，就地宿營。自己和兩名衛士換了便服，

出營勘察地形。

當他們來到一個村莊時，看見村中有一個人正牽驢磨麥，驢走磨轉，麥屑紛紛落下。伍子胥靈機一動，就想到了一條破麥城的計策。

他回來後，命令每個軍士於拂曉前準備一個裝滿沙土的布袋和一捆草。次日拂曉他又下令，每輛戰車都要帶很多亂石，違令者斬。等到天明，他把部隊分成兩路，一路往麥城西面，一路往麥城東面，在指定位置，按伍子胥規定的進度，用所帶石、土、草捆，築成兩座小城，以充當防禦工事。

東城狹小，像驢的形狀，叫它「驢城」；西城正圓，像磨的形狀，叫它「磨城」。楚將鬥巢聽說吳軍在城外東、西兩面構築奇形怪狀的工事，便急忙率軍前來搗毀，但「驢」、「磨」兩城早已構築完畢，屹立如堅固的堡壘。

鬥巢先到東城，城上插滿了旗幟，鈴聲不斷；鬥巢率兵攻驢城，相持不下，又聽說吳兵攻麥城，急忙回軍來救，又被磨城守兵掩殺一陣，敗至麥城。伍子胥在麥城下與鬥巢相迎，對他說：「你們已疲勞，暫且入城，明日再戰。」

鬥巢率兵入城時，伍子胥讓事先裝束停當的數十名士卒混入其中，夜半策應吳軍，攻下了麥城。

很多時候，靈機一動可以獲得一個好的辦法來解決自己的危機，只要我們仔細觀察周圍的事物，從而引發自己的想像，開動腦筋，終究會獲得收益。

唐太宗嫁女

文成公主是唐太宗李世民的養女，她才貌雙全，名揚天下。慕名來求婚的人絡繹不絕。

為了給文成公主招一門好親，唐太宗也很謹慎。但面對這麼多的使

團，怎麼選擇呢？唐太宗想來想去，最後決定讓求婚的使臣們比賽智謀，誰能聰明地解出難題，就把文成公主許配給他們的主公。

於是，唐太宗傳令各國使者都到皇宮內，解他設下的難題。

首先，唐太宗叫人牽出一百匹馬駒，一百匹母馬，讓使臣們指出哪匹小馬駒是哪匹母馬生的。印度、波斯等很多國家的使臣一看，都認為母馬是什麼毛色的，那麼牠生的馬駒也是那種毛色的。

結果大錯特錯。

這時，西藏贊普松贊干布派來的使者祿東贊不慌不忙地站出來，他讓人把母馬和小馬駒都分開，如此隔了一天後，再把母馬一匹匹地放出來。只見這些母馬一放出來，立即跑到小馬駒中間，那些馬駒看到母親來了，自然很親熱地撲上去吃奶。就這樣，很快把一百對母子馬分出來了。

太宗皇帝一見，連連誇讚祿東贊聰明。

接著，太宗皇帝又出了一題。他指著一根兩頭一樣粗細、光滑如長笛的檀木棍子，讓各國使臣分辨出哪頭是樹根部，哪頭是樹梢部。大家一看，都感覺無從下手，愣在那裏不知如何回答。祿東贊卻跑了過來，他用一根繩子拴在木棍中間，又把木棍放到水裏。他指著木棍向下沉的一頭說：「這一頭是根部。」又指著木棍向上浮的一頭說：「這一頭是樹梢部。」

唐太宗連連點頭，又出了第三個難題。他讓人拿出一顆玉石大珠子，珠子中間有一個如迷宮樣的九曲小孔，太宗讓使臣們用一根紅絲絨線把珠子穿起來。使者們一個個你看我、我看你，紛紛搖頭。

這時，又是祿東贊站了出來，他在地上捉了一隻螞蟻，用紅絲絨線把螞蟻拴住後，把螞蟻從珠子這端小孔內放進去，然後輕輕地向裏吹氣，推動螞蟻向前進。又在珠子那頭的孔眼上放上些蜜糖。接著就看見那隻螞蟻扭動著靈巧的身軀，努力向珠子裏爬去。沒過多久，那隻螞蟻終於帶著紅絲絨線從珠子另一端的小孔中爬出來了。

太宗皇帝見三道難題全被祿東贊順利地解開了，很高興地說：「祿東贊，有你這麼聰明能幹的使臣，你們的贊普松贊干布一定英明果斷，你這

就回去讓他來迎親吧。」

於是，歷史上就有了文成公主遠嫁西藏的佳話。

「世事洞明皆學問」。積累淵博的知識一方面靠傳習先輩的經驗成果，另一方面也來源於對生活的敏銳把握、細心觀察。不只書本和教科書中的知識才是知識，生活中的學問無處不在，只要勤於觀察，善於思考，同樣也能成為智慧通達的人。

趙咨答曹丕

三國時期，曹丕稱帝後，趾高氣揚，大顯威風。他派遣使者去江東，宣布封孫權為吳王，加九錫。東吳勢弱，孫權只好接受了。照例，只要接到加封的諭詔，應當派人謝恩。派誰去呢？選來選去，孫權選中了趙咨。

趙咨來到魏國，拜見曹丕。曹丕問道：「吳王是什麼樣的君主呢？」

趙咨昂然回答：「我主吳王秉承父兄大業，從鎮江東，是大智大勇仁義雄略之主。」

曹丕聽後，心中感到很不高興，但仍然裝作一副感興趣的樣子問道：「有什麼憑據呢？」

趙咨有禮有節地答道：「您既然有此問題，我就列舉幾件事。魯肅本是江東商人，出身平民之家，而今吳王重其人品才智，讓他掌軍政大權，這不是知人善任嗎？呂蒙出生於行伍，吳王拜他為上將軍，這不是任人唯賢嗎？俘虜了魏將于禁不殺他，這不是仁義嗎？攻下了荊州卻命令兵士不許傷害百姓，這不是明智嗎？僅此幾點，難道吳王不是雄才大略之主嗎？」

趙咨的話，不亢不卑，頭頭是道，柔中有剛。曹丕竟無話可答。過了一會兒曹丕又問：「吳王有學問嗎？」

趙咨說：「吳王選賢任能，胸有文采，廣讀書經，專心研究興邦濟國大計，乃一代文韜武略君主，絕非紙上談兵之人。」

曹丕又問：「吳王這麼能起用賢人，想對外出戰嗎？」

趙咨回答：「大國有征伐的雄兵，小國也有防禦的良策。」

曹丕突然冷笑一聲，問道：「趙先生，你說吳國怕不怕魏國？」

趙咨答道：「東吳有雄兵百萬，有長江天險，有豐足的糧米，怕誰呢？」

曹丕無話可問，便又同趙咨套近乎：「趙先生真是有文采，像趙先生這樣的人才，吳王府上有多少呢？」

趙咨答道：「吳中人才濟濟，多名士，多才子，多將領。像我這樣的人，只不過是很一般的。」

面對比自己強大的敵人，不能犧牲自己的原則，要做到不卑不亢。如果畏懼強敵，常常會自取其辱。所以，要有過人的智慧，隨機巧對，施展自己的才華，搶先在道理上站住腳，這樣才能鞏固自己的陣營，維護自己的立場。

完璧歸趙

趙惠文王得到了一個稀世之寶——和氏璧，這事讓秦昭襄王知道後，秦王便派使者帶著書信去見趙王，說願意拿出15座城來換那和氏璧。趙王趕忙召集大臣們商量對策。大家覺得，要是答應秦國的要求，恐怕上當；要是不答應的話，秦國很可能發兵攻打自己。討論了半天，依然沒有結果。再說，有誰會願意擔當答覆秦王的使者呢？

藺相如是宦官長繆賢的門客，他對大家說：「秦國用城換璧，如果我國拒絕他的要求，那麼錯在我國；我國交了璧而秦國不給城，那麼錯在秦國。依我看，寧可答應秦國，讓他們擔當不交城的罪名。」

「先生能當使者去秦國嗎？」趙王說。

藺相如說：「臣可以走一趟。秦國交了城，我就把璧留下；秦國不交城，我也會把璧完整地帶回來。」

於是，藺相如就作為趙國的使者出使秦國。

來到秦都咸陽，藺相如在章台向秦王進獻了和氏璧。秦王看完璧，高興地把璧傳給左右的臣子和美人們觀賞。藺相如在一旁待了很久，也不見秦王提起交換城的事，知道秦王沒有誠意，就走上前說：「這塊玉璧上有點兒小毛病，請讓我指給大王看。」

秦王就把璧還給了他。藺相如拿到玉璧後，向後退了幾步，靠著柱子，怒髮衝冠，說：「當初大王派使者出使我國，說是情願拿15座城來換這塊和氏璧。趙王於是誠心誠意地齋戒了5天，然後派我來到秦國為大王獻上玉璧。我們是多麼鄭重其事啊！可是大王的做法卻有失禮節，你不在朝廷正殿而是在一般的宮殿接見我，並且態度十分傲慢，拿了璧又傳給周圍的美女玩賞，故意戲弄我。我看大王根本就沒有誠意，所以才拿回了玉璧。大王要是進一步逼迫我的話，我寧可把我的腦袋和璧同時撞碎在這根柱子上！」說完高舉著璧，對著柱子就要摔。

秦王慌了手腳，一面連聲向他道歉，一面把管圖籍的官吏召來，在地圖上指出從某城到某城割給趙國。藺相如知道這是秦王耍的花招，就說：「和氏璧是稀世罕見的寶物。趙王送璧時先齋戒五天，大王您也應該齋戒五天，在大殿上設隆重的九賓大典，我才敢把和氏璧獻上。」

秦王無奈，只得答應，叫人把藺相如送到賓館去休息。

藺相如想，雖然秦王答應齋戒，但絕對不可能拿15座城和自己交換。於是就派自己的隨行人員，穿著破舊的衣裳，懷裏藏著和氏璧，從偏僻的小道偷偷地逃回趙國。

經過5天的齋戒後，秦王在朝廷中舉行了九賓大典的正式儀式，請藺相如上殿。當得知藺相如已讓手下人把和氏璧送回趙國時，就命令手下人將藺相如綁起來。

藺相如擺了擺手說：「慢，聽我把話說完，到那時再綁也不遲。天下諸侯都知道趙國弱、秦國強。如果秦國真的能先將15座城割給趙國，趙國怎麼會為了一塊璧而得罪大王呢？我知道我欺騙了大王，難逃一死，就請用大刑吧！不過，我的話還是請大王和您的大臣們仔細想想。」

一本書讀懂中國大智慧

秦王想：「即使把藺相如殺了，也不能追回和氏璧，反而會加深兩國的衝突，倒不如把他放回去。」

後來，秦國沒有把城割給趙國，趙國也沒有把和氏璧送給秦國。

藺相如回到趙國，趙王拜他為上大夫。

當我們在工作、生活中遇到強敵時，不要被對方的氣勢所壓倒，只要我們臨危不懼，保持清醒的頭腦，就一定能想出打敗敵人的辦法。如果我們畏懼退縮，首先在心理上就處於劣勢，打敗對手的勝算就很少了。

曹瑋破敵

宋真宗時，曹瑋在邊境戍守。有一次，與敵人交戰，開戰不久，曹瑋就取得了小小的勝利，敵人很快逃走了。

曹瑋探知敵人已經逃得很遠了，就讓部下驅趕著從敵軍那裏搶掠來的牛羊輜重慢慢而行，軍隊行軍散漫不整，看起來就像是一群只懂分贓的烏合之眾。

諸將不解，對曹瑋說：「這些牛羊對我們沒有用處，驅趕著行走，還連累我們受罪，不如將其拋棄，把軍隊整飭好後往回走。」

曹瑋置之不理，仍然指揮軍隊漫不經心地往前走。

敵人知道這一情況後，認為宋軍軍紀不整，可以襲擊，於是回軍準備再戰。

曹瑋聽說敵軍前來，並不慌亂，反而命令部隊更加緩慢地行軍，直到走到一個地形有利的地方，才停止前進，等候敵軍。

等到敵人迫近了，曹瑋派人對他們說：「你們從遠處而來，肯定非常疲勞，我不想在你們疲勞時襲擊你們，請你們先休息人馬，然後再戰。」

敵人的確疲憊不堪，聽曹瑋這樣說，都很高興，於是解甲下馬安心休息。

過了一段時間，曹瑋又派人對敵人說：「你們已經休息好了，可以決

戰了。」

於是，雙方各自布陣廝殺，宋軍以逸待勞，將敵軍打得大敗而逃。

事後，部將們都對曹瑋的做法感到很不理解，曹瑋解釋說：「敵人去而復返，一來一回差不多有百里。我早知敵人已非常疲勞，所以故意驅趕牛羊慢慢而行，裝出貪圖財貨的樣子，來誘騙敵人。如果在敵人來勢兇猛時決戰，勝敗還很難預料。遠行的人，如果稍微休息，會更加疲勞，以致立起身來都難。因此我讓他們先休息後決戰，這時敵人銳氣已盡，我再指揮部隊攻擊，敵人必然支援不住。」

眾將聽了，都對曹瑋的智謀佩服不已。

有時，生活中的一些經驗，也可以成為制勝的關鍵。

晏子智鬥楚王

春秋時期，齊國的宰相晏子雖然身材矮小長相醜陋，卻飽讀詩書、才高八斗、學富五車、為人機智。

有一次，晏子出使楚國。當楚王得知晏子要來到楚國的京城時，挖空心思，好不容易想出了一個辦法，想利用晏子身材矮小的特點侮辱他，於是令人在京城城門旁邊挖了一個小洞，讓管禮賓的小官帶晏子從此洞進城。

晏子一行人到了，楚國管禮賓的小官按照事先設計的方案，領他從小門進去。晏子不進，看看周圍等著看笑話的人群，十分驚訝地說：「哎呀，今天我恐怕來到狗國了吧？怎麼要從狗門進去呢？」楚國管禮賓的小官被說得面紅耳赤，只好引他從大門進了城。

晏子走進楚宮，楚王腆著肚子，高高地站在臺階上，傲慢地瞟了晏子一眼，問道，「你們齊國難道就沒有人了嗎？」

「臣不知大王這『無人』是什麼意思？」

楚王說：「寡人想知道你國中有多少人？」

晏子從容地回答：「齊國都城臨淄有七八千戶人家，房屋一片連著一片，街上行人肩膀擦著肩膀，腳尖踩著腳跟，張開衣襟就像烏雲遮天，揮把汗水有如暴雨滂沱，怎麼能說齊國沒有人呢？」

楚王拉長了臉哼了一聲，又問：「既然這樣，你們齊國怎麼單單派你出使呢？就派不出比你更強的人來嗎？」

晏子笑嘻嘻地答道：「怎麼派不出呢？可是我們齊國委派大使是有規矩的，有才幹的賢人派去見有才幹的國王，無能之輩才派去見無能的國王。我晏子是齊國最無能的一個使臣，所以就被派來見您了。」

遇到那些傲慢無禮的人，不要姑息遷就，應該運用智慧心平氣和地對他們還以顏色。

王僧虔評字

在南北朝時，齊高帝曾與當時的書法家王僧虔一起研習書法。有一次，高帝突然問王僧虔說：「你和我誰的字更好？」

這個問題比較難回答，說高帝的字比自己的好，是違心之言；說高帝的字不如自己，又會使高帝的面子掛不住，弄不好還會將君臣之間的關係弄得很糟糕。

王僧虔的回答很巧妙：「在大臣中，是我的字寫得最好，而在國君之中，則是陛下的字寫得最好。」

皇帝就那麼幾個，而臣子卻不計其數，王僧虔的言外之意是很清楚的。

高帝領悟了其中的言外之意，哈哈一笑，也就作罷，不再提這事了。

在許多場合，有一些話不好直說，或不能直說也無法明說，於是，旁敲側擊、繞道迂迴，就成為人們所採用的妙法了。

阮籍避禍

阮籍是魏晉時期的著名文學家，位列「竹林七賢」之一。他所處的時代異常混亂，變故層出不窮，互相傾軋、互相陷害的事件時有所聞。

阮籍眼見世事渾濁，自己既沒有肅清的能力，又不能離群索居，所以只好放縱地飲酒，讓滿腔的理想、滿腔的怨憤，從酒杯中發洩出去。因此，別人都把他視為酒徒，認為他不會有什麼心計，也就不算計他了。阮籍也從不談論政事，只是借酒度日，消極地生活。

當時的權臣司馬昭看中了阮籍的女兒，想把她娶來做兒媳婦。阮籍哪肯與權貴打交道，但是又不敢正面拒絕，所以終日耽於酒中，借酒裝瘋，大醉幾十天，不來見司馬昭的面。司馬昭不知阮籍是有意躲避，所以在屢至不得見的情況下，只好打消了娶阮籍女兒為兒媳婦的念頭。

鐘會是個大奸臣，想陷害阮籍，因為司馬昭老是庇護阮籍，鐘會分外眼紅，好幾次鐘會都想用時事考問阮籍的態度，想從阮籍的話中找出漏洞，借機陷害他。但是阮籍有他的保身之道，那就是時常酩酊大醉，借酒裝瘋，避而不答。這樣，鐘會想陷害他的目的始終未能實現。

對和自己有利害關係的人既不能針鋒相對，又不能曲意逢迎，這時最好的辦法就是將自己置身事外，暫避風頭。

王羲之巧諫「放糧」

王羲之是東晉時期的著名書法家，尤其是他的草書，在當時已經遠近聞名，一字千金。有的人為了能得到他寫的字，不惜出重金購買，有的甚至偷竊。

有一年春節，王羲之寫了一副春聯貼在門上，但很快就被人偷走了，接著他又寫了幾副，依然都被偷走了。眼看到了年三十晚上，王羲之賭氣寫了一副「福無雙至，禍不單行」的對聯貼在門上。他心想：這樣的對

一本書讀懂中國大智慧

聯，總不會有人再偷吧！

到了年初一，這副對聯果然沒有被偷。於是王羲之又續上了下半句春聯，合起來是「福無雙至今日至，禍不單行昨日行」。大家看後，齊聲稱讚王羲之才思敏捷。

不久後，王羲之被朝廷任命為右軍將軍。這年，琅邪郡一帶大旱，土地乾裂，莊稼顆粒無收。窮人到處逃荒要飯，貪官污吏卻見死不救。王羲之憤然寫了奏章，騎上快馬，進京見皇帝。

到了京城，王羲之獻上奏章，又為皇帝奮筆疾書。只見他筆走龍蛇，飄逸瀟灑，特別寫到「放糧」二字時，更是行雲流水。皇帝大為讚賞：「啊，放糧——寫得好，好！」話音剛落，王羲之擱筆叩頭謝恩：「吾皇萬歲，臣今領旨去琅邪放糧。」

皇帝金口玉言，覆水難收，只好默認，封王羲之為放糧的欽差。王羲之將計就計，當天就打著「奉旨放糧」的大旗，急急匆匆地回到了琅邪放糧賑災。災民們感激不盡，紛紛頌揚王羲之。

被動地等待機會會讓人漸失進取的意志，而聰明的人更善於為自己創造機會。

鄉下人的志向

有個鄉下人談論自己的志向，說：「我要是有一百畝稻田就心滿意足了。」

鄰居聽了，心生嫉妒，便說：「你要是有一百畝田，我就養一萬隻鴨子，吃盡你的稻子。」

於是，兩人就為一些不著邊際的事情爭鬧不休，相互扭打著前去衙門告狀。他們不認得衙門，經過一座學堂，見是紅牆大門，就廝打著走了進去。正好有個秀才在大堂上踱方步。他們以為是縣官老爺，便跪在地上，各訴狀情。

秀才搔搔頭皮，說：「這樣吧，你們一個買起田來，一個養起鴨來，待我做了官，再給你們審理這件案子。」

一個人要想成功，應該腳踏實地，從眼前的每一件小事做起。把頭腦中的想法當成現實，還要誇誇其談，爭論不休，則是虛妄的表現。

暗度陳倉

秦朝被推翻後，企圖獨霸天下的項羽，知道最難對付的敵手是劉邦，便故意把巴、蜀和漢中三個郡分給劉邦，封他為漢王，以漢中的南鄭為都城，想把劉邦關進偏僻的山裏去。而把關中劃作三部分，分給秦朝的降將章邯、司馬欣和董翳，以便阻塞劉邦向東發展的出路。項羽自封為西楚霸王，封地九郡，占領長江中、下游和淮河流域一帶廣大肥沃的地方，以彭城為都城。

劉邦懾於項羽的威勢，不得不暫時領兵西上，開往南鄭。劉邦在前往南鄭的途中，接受謀士張良提出的建議，把一路走過的幾百里棧道全部燒毀。一是為了便於防禦，二是為了迷惑項羽，使他以為劉邦真的不打算出來了，從而放鬆對劉邦的防範。

劉邦到了南鄭，拜蕭何推薦的韓信為大將，請他策劃向東發展、奪取天下的軍事部署。韓信提出先取關中，打開東進的大門，再向東發展，奪取天下。

西元前206年，韓信擬訂了東征的計畫後，命令樊噲、周勃等帶領大隊人馬去修棧道，限三個月完工。可是燒毀的棧道接連有三百多里，高低不平，地勢險要。修了沒幾天，就摔死了幾十人。修棧道興師動眾，鬧得雞飛狗跳，一下就把興兵東征的警報傳到了關中。

守在關中西部地區的雍王章邯，一面派探子去打聽修道的情況，一面調兵遣將去擋住東邊的棧道口。他聽說漢王拜的大將原來是曾經鑽過人家褲襠的懦夫韓信，漢王的將士們都不服氣，修棧道的士兵和工人天天有逃

走的。他認為幾百里棧道要修好多年，因此，對劉邦和韓信的這一行動根本不重視。

就在章邯高枕無憂的時候，忽然有一天，傳來急報說：「漢軍已經攻入關中，陳倉被占。」原來，韓信表面上派兵修復棧道，裝作要從棧道出擊的姿態，實際上卻和劉邦率領主力部隊，暗中抄小路襲擊陳倉，趁敵不備，取得了勝利。這就叫做「明修棧道，暗度陳倉」。漢軍隨即攻占了雍地、咸陽。章邯兵敗，只得自殺。

沒多久，翟王董翳、塞王司馬欣先後投降。不到三個月時間，關中就變成了漢王劉邦的地盤。

當自己的實力沒有敵人強大時，不要一味正面反抗，可以先麻痺敵人，再暗自積蓄力量，然後瞅準時機，爭取最後的勝利。

巧言救父

齊景公平時十分喜愛一棵大槐樹，常常在樹下吟詩觀賞，流連徘徊。

但是這棵大槐樹生長在宮牆外邊的集市路口，經常有來來往往的路人經過。為了避免大槐樹受到破壞，齊景公派一個叫衍的人日夜守護大槐樹，還在樹旁豎立了一塊木牌，上面寫著告示：「碰撞槐樹的受刑，損壞槐樹的處死。」

從此，齊國京城的人每次路過大槐樹都會遠遠地繞開，只敢遠遠地朝大槐樹觀望，生怕不小心觸犯了景公頒布的刑法，遭受刑罰。

一次，衍喝醉了酒，碰傷了槐樹。齊景公聽說此事後，大發雷霆，立即傳令將衍逮捕，要將他處死。

衍突遭大難，女兒婧想到親愛的父親即將遭遇的悲慘境遇，心情十分焦灼，便急匆匆來到相國的官府裏，拜見晏子。

晏子見她面色灰敗，神情憔悴，覺得很奇怪，心想：這個小女孩年紀輕輕，怎麼愁容滿面，看起來有滿腹心事啊？便問道：「婧啊，你有什麼

事？」

　　婧女緩慢而沉痛地回答道：「我爸爸叫衍，是個平民。這兩年，他覺得我們國家風雨失調，糧食歉收，百姓生活艱難，心裏很是痛苦，便在昨天私自向名山神水祭祀，虔誠地祈禱神靈能保佑我們國家連年豐收，國富民安。不料多喝了一些酒，神智失控，一不小心損傷了大王心愛的大槐樹，觸犯了刑法。

　　現在大王要處死我爹爹，這樣我就成為孤兒。我個人受點委屈倒是小事，可是大人您想一想，要是大王真的這樣做，不但會有損於國家法制的尊嚴，也會降低君王的威信的。別國的人聽了，不就會嗤笑我們齊國制定法律，看重樹而看輕人，愛樹而害人嗎？」

　　晏子聽了，不住地點頭，連聲喝彩道：「有道理，有道理。」不等送走婧，就驅車直往王宮，拜見齊王，勸諫道：「身為一國之君，是應該與民同樂，與民同憂的。可是現在您因為個人的喜好，就宣布『碰撞槐樹的受刑，損害槐樹的處死』，這個刑罰是不夠恰當的，它傷害了人民，是會被天下人嗤笑的呀！」

　　齊王恍然大悟，當即下令赦免衍，取下告示木牌。

　　齊國京城的百姓紛紛豎起大拇指，讚揚婧說：「婧女小小年紀真是了不起啊！她既挽救了父親的生命，又幫助國家維護了法律的尊嚴。」

　　在危急時刻，聰明的人是不會驚慌失措的，而是會搜尋一切自救的辦法。

第九章

妙語的智慧

一樣

戰國時期，有人問墨子：「你總是說人們應該互相愛護，世上的人也沒有因此得到你什麼好處；我不講什麼互相愛護，世上的人也不曾受到我什麼壞處。所以，你只是嘴上說說罷了，實際上沒有一點作用。這樣，不見得你好在哪裡，也不見得我不好在哪裡。」

墨子說：「比如有一家的房子被火燒著了，張三打算提了水去救火，而李四卻打算拿些油澆在火上，讓火燒得更旺些。他們兩人的想法，雖然還在頭腦裏，都還沒有變成行動，可是你說說看，這兩個人哪個對，哪個不對呢？」

那個人回答說：「當然是張三對，李四不對啦。」

墨子說：「我和你，不也像張三李四一樣嗎？」

有了好的想法才會有好的行動，想法是行動的基礎。

少說廢話

墨子有個學生叫子禽，有一次，他問老師：「多說話到底有沒有好處呢？」

墨子回答說：「話說得太多，是沒有什麼好處的。池塘裏的青蛙，整日整夜地叫啊叫，弄得口乾舌燥，但是從來也沒有人去感激牠。而報曉的雄雞，每天只是在天亮時叫上兩三遍，人們卻對牠很注意，因為聽到雞叫，大家就知道天快亮了。所以話一定要說到有用處，廢話還是少說為好。」

廢話太多的人，就算說出了有用的話來，也容易夾在一大堆廢話裏被人忽略掉。說廢話，不僅浪費自己的時間，也浪費別人的時間，愛說廢話的人是不受歡迎的。

膽戰心驚的猴子

有一次，莊子對別人說：「你見過猿猴嗎？牠們在高大的樹林裏能夠快速地攀爬，靈巧地跳躍，十分自由，就算后羿、逢蒙這樣的神箭手也拿牠們沒辦法。但是到了多刺又矮小的灌木叢中，牠們就會變得縮手縮腳，左顧右盼，十分緊張。這並不是牠們身手不靈活，而是牠們所處的環境不利，不能充分地施展才能的緣故啊！」

一個人的本領雖然重要，但如果沒有合適的環境，再大的本領也發揮不出來。

安知魚樂

莊子和惠施在池塘邊散步，水裏的魚時而悠閒地漫游，時而輕快地追

逐。莊子看了很久，搖搖頭感嘆道：「這些魚多麼快樂啊！」

「你又不是魚，怎麼知道魚快樂呢？」惠施反駁道。

莊子回答說：「你又不是我，怎麼知道我不知道魚快樂呢？」

「我不是你，所以我不知道你，而你不是魚，所以也不知道魚呀。」惠施有點得意。

「想想你剛才說過的話吧，」莊子微笑著說，「你問我不是魚怎麼知道魚快樂，說明你不僅知道我不是魚，還知道我不知道魚是否快樂。看來，你還是挺知道我的嘛！既然這樣，我當然也就知道魚了。」

莊子很會辯論，但他卻是一個不主張辯論的人，他認為爭論對人的智慧並沒有什麼好處，真正的智慧是在靜靜地思考中獲得的。這場關於魚的辯論可以說莊子贏了。

楚王葬馬

楚莊王酷愛養馬，他給那些最心愛的馬披上華麗的綢緞，把牠們養在金碧輝煌的廳堂裏，讓牠們睡清涼的席床，吃美味的棗肉。

有一匹馬因為長得太肥而死了。楚王命令全體大臣致哀，準備用棺槨裝殮，按大夫的葬禮禮儀隆重舉行。左右大臣紛紛勸諫他不要這樣搞，楚王非但不聽，還下了一道命令：「凡是為葬馬的事向我勸諫的，一律殺頭。」

優孟聽說了，闖進王宮就號啕大哭。楚莊王吃驚地問他為什麼哭，優孟回答：「那匹死了的馬啊，是大王最心愛的。像楚國這樣一個堂堂大國，卻只用大夫葬禮規格來辦馬的喪事，未免太不像話。應使用國王的葬禮規格才對啊！」

楚王說：「照你看來，應該怎樣呢？」

優孟回答：「我看應該用白玉做棺材，用紅木做棺槨，調遣大批士兵來挖個大墳坑，發動全城男女老幼來挑土。出喪那天，要齊國、趙國的

使節在前面敲鑼開道，讓韓國、魏國的使節在後面搖幡招魂。建造一座祠堂，長年供奉牠的牌位，還要追封牠一個萬戶侯的諡號。這樣，就可以讓天下人都知道，原來大王把人看得很輕賤，而把馬看得最貴重。」

楚王這時終於恍然大悟，知道這是優孟在含蓄地勸諫他，便說：「我的過錯就這樣大嗎？好吧，那你說現在應該怎麼辦呢？」

優孟答道：「事情好辦，依臣之見，用灶頭為槨，銅鍋為棺，放些花椒桂皮，生薑大蒜，把馬肉燉得香噴噴的，讓大家飽餐一頓，把牠葬到人的肚子裏。」

有時正面直接勸說是沒有什麼作用的，而「將欲廢之，必固興之」這一方法，是首先值得考慮的。

晏子論罪

齊景公酷愛打獵，非常喜歡餵養捉野兔的老鷹。

有一次，景公外出打獵，叫大夫燭鄒把鷹放出去抓獵物，結果燭鄒不小心，逃走了一隻老鷹。景公知道了大發雷霆，命令將燭鄒推出去斬首。

晏子走上堂，對景公說：「燭鄒有三大罪狀，哪能這麼輕易就殺了？待我公布他的罪狀再處死吧！」景公點頭同意了。

晏子指著燭鄒的鼻子，說道：「燭鄒，你為大王養鳥，卻讓鳥逃走，這是第一條罪狀；你使得大王為了鳥的緣故而要殺人，這是第二條罪狀；把你殺了，讓天下諸侯都知道大王重鳥輕士，這是你的第三條罪狀。」

然後晏子回頭對景公說：「主公，臣已經將燭鄒的三條罪說完了，大王現在可以將他處死了！」

景公臉紅了半天，才說：「不用殺了，我聽懂你的話了。」

在進行勸說、溝通的時候，既要觀點正確，又要注意方式方法，有時候間接的方式比直接的批評要有效得多。

一本書讀懂中國大智慧

獐鹿之辨

北宋時有個名人，他既是詩人又是當時的丞相。他就是王安石。他有一個兒子叫王雱，從小就很聰明。

在王雱只有幾歲的時候，有個南方來的客人送給他家一頭獐，一頭鹿，一籠關起，放在客廳裏。

王雱從來沒見過這兩種動物，感到很新鮮，整個上午都在客廳裏玩。

客人見他玩得很起勁，就開玩笑地對王雱說：「別人都說你人小確聰明，我來考考你怎麼樣？」

王雱說：「先生請講。」

客人說：「我問你，哪頭是獐？哪頭是鹿？」

王雱看了半天，明明不懂，但卻振振有詞地回答道：「這還不簡單？獐旁邊的那隻就是鹿，鹿旁邊的那隻就是獐。」

客人聽了，感到十分驚奇。

在遇到難題時，可以發揮自己的聰明才智，避重就輕，巧妙回答。

詆毀機智避禍

清乾隆年間，杭州的南屏山淨慈寺有個和尚叫詆毀。此人聰明機靈，心直口快，喜歡議論天下大事，對朝廷多有不敬之詞。

乾隆皇帝對此早有所聞，巡視江南來到杭州時，為找麻煩懲治他，於是喬裝改扮成秀才來到了淨慈寺。

乾隆隨手從地上拾起一塊劈開的毛竹片，指著青的一面問詆毀：「老師父，這個叫什麼呀？」

按照一般的說法，顯然叫「篾青」。詆毀正準備答話，驀然，從乾隆的言談舉止中意識到了什麼，腦子裏馬上閃出：「篾青」的諧音不就是「滅清」嗎？於是，眼珠一轉，答道：「這叫『竹皮』。」

乾隆原以為詆毀會答「篾青」，這樣他就能以對清朝政府不滿的罪名，立即處罰他，不料被詆毀巧妙地繞過去了。乾隆不甘心就此甘休，隨即將竹片翻過來，指著白的一面問詆毀：「老師父，這個又叫什麼呢？」詆毀心裏想，若回答「篾黃」，則正中乾隆的計策，因「篾黃」與「滅皇」同音。於是詆毀答道：「我們管它叫『竹肉』。」

乾隆皇帝的這一招又以失敗而告終了，他心中不快卻又不好發作，而機智的詆毀和尚則躲過了殺身之禍。

對於那些有意要傷害自己的人，一定要見機行事，不能落入對方的圈套。

十里桃花萬家酒

唐朝有個詩人名叫汪倫，他年輕的時候家住在安徽涇縣桃花潭邊的小鎮。他十分仰慕當朝的大詩人李白，只可惜無緣相識，一直想尋個機會親睹一下「詩仙」的不凡風采並交個朋友。

有一次，碰巧李白遨遊名山大川到了皖南。汪倫尋思：有什麼方法能夠結識李白呢？

他忽然間想起李白生平有兩大喜好：一愛喝酒，二愛桃花。於是他靈機一動，給李白寫了封邀請信。信上說：「先生好遊乎？此地有十里桃花。先生好飲乎？此地有萬家酒店。」

李白接到這封信以後，覺得正合他的心意，於是欣然趕到桃花潭來見汪倫。

兩人寒暄後，李白說：「我是特地來觀十里桃花，嘗萬家酒店的酒的。」

這時候，汪倫才告訴李白：「十里桃花說的是十里之外的桃花潭，萬家酒店是指潭西一個姓萬的人家開的酒店。」

李白聽罷，才知自己上了汪倫的當，大笑不已，並稱讚汪倫聰敏。

李白在汪倫家盤桓數日，臨別之時，李白感激汪倫一片盛情，特作了《贈汪倫》絕句一首相贈。

汪倫利用李白愛桃花愛喝酒的特點，用暗含歧義的話，讓李白始料不及，乖乖地「上當」了。

不死之藥

一天，有一個人拿著剛剛研製成的「不死之藥」來拜見楚王。負責通報的官吏拿著此藥進宮通報，另一位官吏攔住問：「這藥可以吃嗎？」通報的官吏說：「可以。」於是這個官吏將藥搶過去吃了。

楚王知道後大怒，要殺死這個搶藥吃的人。這位官吏從容地說：「我問那個通報的人『這藥可吃嗎』，他說『可以吃』，我才將藥吃了。所以，我沒有罪，罪在那個通報的官吏。而且那個官吏說我吃的是讓人不死的藥，如果大王您殺死我，那就不能算是『不死之藥』了。可見，是那位獻藥的人在欺騙大王。大王，您現今要殺我這個無罪的臣子，來證明那人欺騙大王，不如放了我啊！」

楚王一聽他說得頭頭是道，又都合情合理，於是赦免了他。

吃藥的官吏利用小聰明，把責任巧妙地推給了別人，讓楚王也無可奈何。

一副對聯

蘇東坡年少時寫了一副對聯：「識遍天下字，讀盡人間書。」

其父蘇洵看見後，不禁為孩子感到擔心，小小年紀就如此狂妄自大，自滿自得，如何能夠虛心求得上進呢！可是撕掉對聯，肯定會刺傷孩子的自尊心。他沉思了片刻後終於想到一個好法子……

一日，當蘇東坡再次看到這副對聯時，他臉紅了。原來對聯變成了：「發憤識遍天下字，立志讀盡人間書。」

蘇東坡深深體會到父親的用意，從此改變了自己的態度，終於取得了非凡的成就。

抓住對方的心理，用巧妙的辦法，讓他人自己意識到錯誤，才能更有效地促使其改正。

說話的藝術

朱元璋做了皇帝以後，有很多以前的窮朋友想憑藉這種關係來求得官職，有些人直接把從前在一起的一些惡作劇或不太光彩的事情全部說出來，以為這樣就可以使皇上懷念舊情而重用自己，結果不是被轟走，就是被推出斬首。

但是，有一個小時候在一起玩的伙伴卻憑著一張巧嘴得到了朱元璋的重用。他也不遠萬里前來拜見皇上，皇上問他有什麼事要稟報。他向皇上行過大禮，然後不慌不忙地說：「萬歲，曾記否？當年微臣隨駕掃蕩廬州府，打破罐州城，湯元帥在逃，拿住豆將軍，紅孩子當關，多虧菜將軍。」

朱元璋聽了非常高興，這個伙伴既把小時候在一起偷豌豆、煮豌豆的事情說了出來，又顧及了自己的面子和尊嚴。當時在煮豌豆的過程中，罐子不小心被打破了，自己只顧搶豆吃而被紅草葉哽住，幸虧得到了這位好伙伴的幫助，才用菜葉把紅草吞嚥下了肚子。

於是，朱元璋馬上封他為御林軍總管。

說話是一門藝術，話說得好，說得得體，才會讓人接受，才會贏得好人緣。

范縝駁斥因果報應

魏晉南北朝時，王子蕭子良和范縝發生了一次爭論。

蕭子良篤信佛教，大肆宣揚因果報應的思想，而范縝卻極力否定這一套騙人的鬼把戲。

有一天，兩個人又在一起討論信仰問題。

蕭子良質問范縝道：「你從來不相信因果報應之說，那麼為何有人富貴一生，有人滿腹才華卻終生不得施展以至於潦倒一生，默默無名？」

范縝靈機一動，指著庭前開花的樹，巧妙地打了個比喻：「世界上本來沒有什麼因果報應，所謂神佛鬼道、生死輪迴和因果報應都是騙人的理論。好比門前的這棵樹，它開滿了無數的花朵，這些花朵同出一根，本來沒有什麼區別。但如果狂風吹來，這些花就會隨風而落。有的花瓣飄向廳堂，落在廳堂床席這些乾淨雅致的地方；有些則穿過籬笆，落到茅坑那樣污穢不堪的地方。花瓣還是花瓣，只不過它們的落腳點不一樣罷了。

就像您生在帝王之家，我生在平民之家一樣，貧富貴賤在我們身上有著天壤之別。但不一定就是因為您前世積德行善、恤貧憐苦而註定今生享受榮華富貴；而我前生就做了什麼見不得人的事，註定要勞累受苦一輩子，這只不過是因為出生的巧合罷了。」

一席話說得蕭子良啞口無言。

與隨風而落的花兒相比，人同樣無法選擇出生的環境，但有最終天壤之別的結局，原因之一是有人沉淪於出生的環境，自甘墮落，認為命由天定；而有人奮發圖強，努力增強實力、尋找機會，以改變原有環境。

不以口才論人才

漢文帝到上林苑的虎圈去看虎，對虎圈管理員的口才很賞識，要提拔他為上林苑負責人。張釋之上前說：「陛下認為絳侯周勃這人如何？」

文帝說：「是位智者。」

又問：「東陽侯張相如如何？」

文帝又說：「也是位智者。」

張釋之說：「這兩位智者說話，經常張口結舌，結結巴巴，哪像這位管理員一張口就喋喋不休，能說會道呢？秦朝時候的刀筆吏，爭相比賽看誰說話辦事更敏捷幹練，卻從來沒有從人的角度考慮。這種壞風氣一直延續到了秦二世，整個大局也就四分五裂，不可收拾了。如今陛下僅僅因這個管虎圈的小官吏口齒伶俐就破格提拔，恐怕天下會從此追隨這種風氣，爭逞口舌之能，而沒有實際做事的人了。有道是上行下效，陛下不可不慎重考慮啊！」

最後文帝沒有提拔那個小吏。

獅子如果只知道咆哮，還不如馬蜂的毒針厲害；立論高遠而不去實施，還不如踏踏實實地埋頭做事。

忠臣與直士

曾經有人問魏明帝時的楚郡太守袁安：「已故的內務大臣楊阜忠言直諫，你為什麼從來不稱讚他是忠臣呢？」

袁安回答道：「像楊阜這樣的大臣只能稱『直士』，算不得忠臣。為什麼說他只是一個『直士』呢？因為作為臣子，如果發現人主的行為有不合規矩的地方，當著眾人的面指出他的錯誤，使君王的過失傳揚天下，反而給自己撈了個耿直之士的名聲，這不是應有的做法。已故的司空陳群學問、人品樣樣都好，對問題有獨到的見解，但他與其他大臣見面時，從來不議論皇帝過錯，只是上奏章指出哪些事做錯了，哪個缺點必須改，有批評，有建議，而同僚們卻都不知道，因此後來人都稱讚他是一位德高望重的智者和真正的忠臣。」

能言者未必能行，能行者未必能言，言而無行不如行而不言。

白馬非馬

公孫龍是趙國平原君的賓客，特別善於辯論。他有一個著名的觀點就是「白馬不是馬」。

一天，有個客人來見公孫龍，問他：「白馬為什麼不是馬？」

公孫龍反問他：「可以說馬是白馬嗎？」

「好像不能這樣說。」那人遲疑地搖了搖頭。

公孫龍說：「既然不能說馬是白馬，又怎麼能說白馬是馬呢？」

「可是，白馬明明是馬呀！」

「不一樣，」公孫龍說。「白馬是由白色和馬兩部分組成的，牠不僅含有馬，還含有白，所以既不能說白馬是白，也不能說白馬是馬。」

那人總覺得「白馬不是馬」這樣的說法有點不對頭，可是又說不過公孫龍，只好搖搖頭走了。

語言永遠也不可能全面地反映事物，很多時候，實實在在地去感受事物比根據語言去瞭解事物，要更容易接近事物的本質。

惠施的比喻

惠施覲見梁王時，有人對梁王說：

「其實惠施沒什麼本事。你看他說話，就知道用比喻，如果不用比喻，他一定沒法把事情說明白。」

「是呀！他就知道用比喻。」梁王想了想說。

第二天，梁王見了惠施，就說：「你以後說話請直截了當地說好了，不要說那些比喻了。」

惠施說：「如果現在有個人不知道『彈』是什麼樣的，就來問你。而你告訴他說，『彈』，就是『彈』那樣的。他能明白嗎？」

「這樣說，他當然不能明白了。」

「那麼你告訴他，『彈』，是一種射擊用的東西，它的形狀像把弓，它的弦是用竹子做的，這樣說他能明白嗎？」

「應該能明白了。」

惠施說：「用別人知道的比喻他不知道的，目的是要把事情說得更明白，現在你不讓我用比喻我怎麼能做得到呢？」

梁王說：「你說得有道理！」

善於運用比喻的人，能用簡單的話說清複雜的問題。

鼓盆而歌

莊子的妻子死了，惠施去安慰他。一進門，就見莊子披頭散髮，光著腳丫坐在棺材上，手裏拿著一個瓦盆，一邊敲一邊放聲歌唱。惠施吃驚地問他：

「你的妻子和你在一起生活了這麼多年，還為你生兒育女，如今去世了，你不哭也就算了，為何還要敲盆唱歌呢？」

莊子說：「她剛死的時候，我心裏難過極了。可是後來我想明白了，人本來是宇宙中的氣凝聚而成的，氣的凝聚和分散就像四季的變化一樣，是很自然的事。她死了，不過是回到原來的狀態，如今她已經安睡在天地之間，我又有什麼好哭的呢？」

一說完，莊子繼續敲盆唱歌。那歌聲彷彿是痛惜妻子的離去，又彷彿是為她回到自然的懷抱感到欣喜。

痛哭可以表達深情，歌唱同樣也可以。莊子並不是一個無情的人，只不過他睿智的目光善於發現事物的另一面，從喜中看到憂，從憂中看到喜。

行不在服

墨子是戰國時期的一位偉大的政治家和思想家。

有一天，墨子的弟子報告墨子說：「先生，外面有一個穿著儒生服裝的人求見。」

墨子說：「請他進來吧！」

一會兒，那個人跟隨墨子的弟子進來。他複姓公孟，信奉儒家學說，是孔子弟子的弟子，人們尊稱他為公孟子。

只見他頭戴著青布冠，穿一身儒生的服裝，腰帶上還插著笏板。

他洋洋自得地問墨子說：「請問先生，作為君子是穿上某種服裝之後才有所作為呢？還是有所作為以後才穿上某種服裝呢？」

墨子回答說：「人有沒有作為，不在於他穿什麼樣的服裝，而在於他的行為如何。」

公孟子進一步追問：「憑什麼得知這樣的道理呢？」

墨子解釋說：「從前，齊桓公頭上戴著高冠，腰間繫著寬大腰帶，身佩金劍，手持木盾，他治理齊國，把齊國治理得很好；晉文公身穿粗布衣服，外套老羊皮襖，用熟牛皮繫掛著長劍，他治理晉國，把晉國治理得很好；楚莊王頭上戴著法冠還繫著絲帶，身上穿著的衣服十分寬大，他治理楚國，把楚國治理得很好；越王勾踐剪短頭髮，身刺花紋，他治理越國，把越國治理得很好。這四位君王，他們的穿著不同，但是都很有作為，建立的功業同樣顯赫。我憑這些懂得有作為的人不在於他們穿什麼樣的服裝。」

公孟子說：「講得好！我聽說：『讚賞好的主張而不儘快實行，是不吉祥的。』我願意脫去儒生的服裝，更換掉儒生的青布冠，再來拜見先生，可以嗎？」

墨子說：「不必了，請你就穿這身衣服與我相見吧。如果一定要丟棄笏板，更換青布冠，然後再與我相見，那麼不就等於說一個人有沒有作為

果然取決於他的穿著打扮了嗎？」

一個人的行為和穿著打扮沒有必然關聯，要有所作為，就不必刻意追求穿著打扮。

獵苑嫌大

春秋時期，齊宣王在位時，沉湎於聲色犬馬，成天飛鷹走狗，到處圍獵。

有一天，孟子來到了齊國，宣王接見了他。宣王問孟子：「寡人聽說周朝時文王也喜歡打獵，聽說他的獵苑足足圍了七十里，究竟有沒有這件事？」

孟子回答：「史書上是這麼記載的，確實有這回事。」

宣王吃驚地問：「難道真有這麼大嗎？」

孟子答道：「確實有那麼大，但是當時老百姓還嫌太小呢。」

宣王嘆口氣說：「唉，還是古時候的老百姓好啊！寡人的獵苑只圍了四十里，老百姓都嫌太大了，真不通情達理。」

孟子說：「文王的獵苑雖然方圓七十里，可是他允許百姓進去砍柴，進去捉野兔，並且還可以一起分享打來的獵物。文王和人民一同使用這獵苑，而這個獵苑也屬於人民。因此，人民嫌它太小，而您呢？」

頓了一下，孟子又緩緩說道：「實話告訴您，我初來齊國，膽戰心驚的，生怕觸犯了您的禁令，問明白了禁令才敢入境。聽說大王的獵苑，不准百姓砍柴拾草，不准隨意進出，殺死一頭麋鹿，就要判成死罪。這樣，不就等於在國內設下一個方圓四十里的陷阱火坑了嗎？人民嫌它太大，難道不合情合理嗎？」

宣王聽了，若有所思，過了不久，那些獵苑的禁令就被撤銷了。

為人民謀利，人民自然擁護。

身教重於言教

一天，老子告訴他的學生們說：「知曉道的人，就不要過多地進行言教了，敦促他們身體力行就可以了。對於不懂道或懂而做不到的人們，就需要經常反覆地施以言教：使他們杜絕私欲奢望的缺口，閉其想入非非的門戶；磨掉私妄的銳意，解脫那私欲的紛爭；使他們與道和諧共存，這就是道所期望的大同。」

人不得以個人得失而有親疏、利害、貴賤的取捨，只有能如此做的人，才能取得天下人的尊重。

君子能受窮

孔子周遊列國時，一次到了衛國，衛靈公就向孔子請教軍事作戰的事。孔子並不是不懂，但因為衛靈公問這個問題是要發動侵略戰爭，所以孔子就不答復他，第二天就帶著一大批學生離開衛國，到了陳國，結果斷了糧食，跟著他的學生病倒了一大片。

這時子路很不高興，頗有怨言，跑去對孔子說：「老師你天天講道德、學問，講了半天，結果怎樣？現在同學們都快餓死了。君子！君子竟然這麼貧窮。」

孔子說：「君子才能夠守窮。換句話說，要看什麼人才有資格受窮，只有君子才有受窮的資格。雖然處在貧困中，還是能夠信仰堅定，不動搖。如果是小人，則相反，一受窮什麼事情都可以做了。受不了窮就不算君子。」

如果自己做的是有意義的事情，即使一時生活窘迫也能夠得到心靈的愉悅，幸福感也會油然而生。而如果因為貧困就拋棄自己的理想和信念，那麼就算家財萬貫也毫無意義。

公孫儀不受魚

春秋時，公孫儀做魯國宰相。他自小喜歡吃魚，魯國的官員就都爭著買各種魚送上門去，公孫儀卻從不接受。有時別人偷偷放下一條魚在府門口，公孫儀也叫人掛起來，直至乾了也不吃。

他的弟弟問他：「你那麼愛吃魚，卻不接受別人送的魚，這是為什麼呢？」

公孫儀答道：「正因為我愛吃魚，所以才不能接受別人送的魚。因為一旦收下了魚，就得照人家的意願去辦事，那將違法亂紀。犯了法，就會被罷免宰相的職務。一旦丟了官，雖然想吃魚，又有誰再送給我呢？不收別人的魚，就不會因為貪贓枉法被罷官，雖然沒吃別人送的魚，卻能保證自己能有錢買魚吃。」

公孫儀能夠從一條魚反省到送魚者的用心，再從中看到隱藏其中的危險。看似平常的智慧，卻足令後世貪利亡身的蠢人汗顏。

管仲直刺君過

春秋時期，齊桓公剛即位時，任用管仲為相，君臣二人彼此尊重，配合得十分默契。

有一次，齊桓公對管仲說：「我對管理好國家總是沒有信心，因為我這個人有三大缺點。」

管仲問：「都是哪三大缺點呢？」

桓公說：「我愛好打獵，即便是天再黑，我也要到山林野地裏去，一直到找到野獸才停止，因此大臣們很難見到我的面，把政事都耽誤了。我雖然知道這是不好的，但總是無法克制自己。」

管仲聽了，說：「雖然這不是件好事，但還不要緊。」

桓公說：「我還喜好飲酒，經常不分白日黑夜，以至於諸侯使者都不

能當面致意，使他們都不滿意。我雖然知道這是不好的，但同樣無法克制自己。」

管仲說：「這也不要緊。」

桓公又說：「我還十分好女色，見到漂亮的女子我都想要，對女色的過分追求既傷了我的身體，又傷了我的德行。」

管仲說：「這也不要緊。」

桓公見管仲都說不要緊，以為他在敷衍自己，臉色大變，說：「我認為這三大缺點已經夠糟糕了，除了這三件事，難道還有什麼不可以的事嗎？」

管仲不慌不忙地回答說：「作為一個國家的君主，只有處事優柔寡斷和為政不勤勉才是不可以的。優柔寡斷則無人擁護，不勤奮則難以成事。」

桓公聽了，說：「這個問題太深奧了，我需要好好想想，我們改日再談吧。」

管仲說：「這就是為政不勤勉。現在就可以談，為什麼要改日呢？」

桓公覺得很慚愧，臉都紅了，他問管仲：「那我該幹什麼呢？怎樣才能做到為政勤奮呢？」

管仲說：「公子舉為人見識廣博，又很懂得禮儀，好學而又謙虛，可以派他出使魯國，因為他的性格同魯人契合；公子開方為人靈活而又精明，可以出使衛國；曹孫宿為人謙恭而又善於辭辯，正合乎楚國人的風格，可以派他到楚國去。」

桓公點頭同意，於是發布命令立即派出三位使者，辦完這些後，管仲才向桓公告辭。

作為一個國君，最大的缺點不是好玩，也不是好酒、好色，而是優柔寡斷和為政疏懶。如果一個君王不能雷屬風行，自主決策，而且耽於享樂不問政事，那國家的禍患也就埋下了。

鼻子上的白粉

莊子有一次去給別人送葬，專程繞道去老朋友惠施的墳墓看了看。莊子在墳邊默然地立了好一陣，淒然地對身後的弟子們說：「惠子走了，我就再也沒有好搭檔了啊！

過去有個郢地的人，他在自己的鼻尖上抹了一層薄薄的白粉。然後，他找來一個叫匠石的人，讓他用一把鋒利的大斧子把鼻子上的白粉砍去。這無疑是非常危險的，因為弄不好會把鼻子砍掉。

大家都勸郢人不要冒險，可是郢人只是笑笑，毫不在意地示意匠石動手。

匠石也不慌不忙，他拿起大斧，對著郢人的鼻子『嗖』的一聲劈了過去，一道白光劃過，大家睜眼一看，郢人鼻子上的白粉已蹤影皆無，而鼻子卻一點兒也沒受傷，大家都稱讚匠石斧劈白粉的高超技術。」

說到這兒，莊子停了停，又說：「後來，宋元君聽說匠石身懷絕技，便想見識見識。他派人找到匠石，在核實確有此事之後，請匠石再表演一次。

匠石說：『我倒是很擅長擺弄那把斧子，但要有合適的人與我配合才行。』宋元君忙要派人去找那個郢人，匠石卻無限傷感地擺擺手說：『不要去了，我那位鼻子上抹白粉毫無懼色的搭檔早已死了，有好搭檔才是最重要的，沒有好搭檔配合，我是不敢表演的呀！』

唉！自從我的老朋友惠施死後，我也失去了一個好搭檔，再也沒人與我相互辯論了，我覺得自己好像沒什麼話可說了。我的學術也沒有什麼進步了，唉，老朋友啊……」

弟子們聽了，都為莊子感到悲哀。

莊子本是一個達觀的人，妻子死了他竟然鼓盆而歌，表現得非常超脫，但面對好朋友惠施的死，他卻十分傷感。人生在世，知音難覓，有了知音應當珍惜才對呀！

快要乾死的魚

戰國時期，有一次莊子沒糧可吃了，就去河監侯那裏要糧食。河監侯說：「可以啊！等到年底我收完租糧後，再借給你三百兩銀子，你看怎麼樣？」

莊子餓得肚子咕咕直叫，他忍著飢餓，說：「昨天，我在來的時候，聽見路上有人在叫救命，我走過去一看，發現聲音來自乾涸的車溝裏的一條鯽魚，牠見到我，就對我說：『我本來是東海裏的魚，現在不幸落在了這個車溝裏，你能不能給我打一桶水來，救救我呢？』」

我說：『好啊！我這就去南方勸說吳國和越國的國王，讓他們將長江的水引來，那樣就可以救你了，怎麼樣？』鯽魚生氣地說：『我現在只要一桶水就能活命，等你引來了長江水，就只能到鹹魚舖子去找我了！』」

幫助別人一定要及時，雪中送炭總比錦上添花更可貴。

目不見睫

戰國時期，楚王準備派遣軍隊去討伐越國。莊子聽說後，就問他：「因為什麼原因你要去攻打越國呢？」

楚王回答說：「越國兵力很弱，國家也治理得一團糟，現在正是攻打它的好時候。」

「唉！」莊子說，「人有時候就像我們的眼睛一樣啊！」

「你的話是什麼意思呢？」楚王問道。

莊子說：「眼睛能夠看見幾百步以外的東西，卻看不見緊挨著它的睫毛。大王，請你想想，你的兵力真比越國強嗎？你以前跟秦國、晉國打仗都輸了，這不是說明楚國的兵力弱嗎？楚國的強盜在國內橫行霸道，官府不但不管，還和他們勾結在一起，這不是說明楚國治理得也是一團糟嗎？越國的弱點楚國同樣有，你卻還要去攻打越國，這不就像眼睛看不見睫毛

嗎？」

楚王聽了這番話，就不去攻打越國了。

發現別人的缺點容易，看見自己的缺點往往很難。

墨子說話有點笨

有一次，楚王問墨子的學生田鳩：「為什麼你的老師墨子事情總是做得很好，說起話來卻有點笨？」

田鳩說：「在說到我的老師之前，請允許我講兩個小故事。」

「請說。」

田鳩說：「有個楚國人到鄭國去賣珍珠，他用一種叫做木蘭的高級木料做了一個裝珍珠的盒子，又用貴重的香料把盒子熏出香味來，還在盒子上刻了精美的花紋，鑲上玉石和翡翠。結果鄭國人只買了他的盒子，卻沒有買他的珍珠。這真是善於賣盒子卻不善於賣珍珠啊！

當年秦伯把女兒嫁給晉國的公子時，挑選了七十個美貌的女子跟隨服侍女兒。到了晉國，晉國的公子卻喜歡上了那些侍女，新娘子反而被冷落了。這真是善於嫁侍女卻不善於嫁女兒啊！如今的人，一個比一個能言善辯，說起話來都喜歡使用華麗的詞語，結果別人只顧注意他精巧華麗的語言，倒把他話裏的意思給忘了。

墨子的學說，都是傳播古代的美德，講述生活的道理，用來啟發眾人。如果他把話說得過於華麗精巧，人們就會只注意他的文采，而忽略他的道理，如果這樣的話，就和楚人賣珠、秦伯嫁女一樣了，所以墨子說話不喜歡講究技巧。」

形式本來是為內容服務的，如果過分講究形式，就會掩蓋、損害內容。

孔子之賢

有一天，魯國大夫叔孫武叔在朝廷中對其他官員說：「別人都說孔子是大聖人，照我看來，他也沒什麼了不起的，他的弟子子貢就比他強。」

子貢聽說這件事後，就對人說：「這樣說就不對了，我怎麼比得上我的老師呢？拿房屋的圍牆來作比喻吧，我家的圍牆只能達到肩膀的高度，誰都可以看見裏面房屋的美好。而我的老師的圍牆卻有幾丈高，人們又找不著大門進去，那就看不見裏面宗廟的壯美和房舍的多種多樣啦。能夠找著大門進去的人不多，因此，叔孫武叔老先生那麼說，不也是很自然的嗎？」

別人都認為子貢說得很好。

後來，子貢聽說大夫叔孫武叔毀謗自己的尊師孔子，感到心裏很氣憤，就找到叔孫武叔說：「你不能這樣做！我的老師是毀謗不了的。別人的賢能好比是一座小山丘，還能夠超過，而老師的賢能卻好比太陽和月亮，是沒有辦法超越的。有人縱然想自絕於太陽、月亮，可那對於太陽、月亮又有什麼損害呢？只是看出他太不自量罷了！」

又有一次，有人對子貢說：「您對孔子那麼恭敬，是不是他真的比您強呢？」

子貢說：「君子說一句話可以表現他聰明，也可以說一句話表現他不聰明，由此可見，說話是不能不謹慎的。我的老師是不可趕上，如同上天不能用梯子一級一級地爬上去一樣。

我的老師如果當上國家的君主或得到采邑成為卿大夫，他要百姓站住腳跟，百姓便都自然站住腳跟；若引導百姓前進，百姓自然都跟著前進；若安撫百姓，百姓自然都會前來投奔；若動員百姓，百姓自然會同心協力。他老人家生得光榮，死得可惜，我又怎麼能趕得上他呢？」

人的靈魂和氣質決定了他的層次和追求。一個有人格魅力的人，總能事事如意。人格魅力是一個人成功的保證。具有良好的人格魅力，才能得

到別人的尊敬和幫助，從而讓自己的夢想早日實現。

變換角色

春秋時，鴟夷子皮在田成子的門下做隨從。田成子離開齊國到燕國，邸夷子皮背著符信跟隨在後。

來到望邑後，邸夷子皮問他：「你聽說過乾水溝裏的蛇的故事嗎？田成子說，沒有，並請他講述。於是，鴟夷子皮講道：「乾水溝裏的蛇，準備換一個新居，有小蛇對大蛇說：『你走在我前面，我跟在你後邊，人們看見我們是爬動的蛇，一定不會饒了你，不如我們相互糾纏，你背著我，這樣人們一定會把我奉為神君。』現在我外表醜陋而您卻很漂亮，要是您作為我的使者，人們一定會認為您是一個有萬輛兵車的大國國君。您要是作為我的主人，人們會以為您最多不過是一個有千輛兵車的小國君主。這樣看來，您還不如裝作我的舍人。」

田成子因此背著符信跟在鴟夷子皮後面。到了客舍，客舍的主人果然很恭敬地招待他們，獻給他們酒食。

考慮問題要從多個角度去思考，這個角度不行，換個角度也許就能夠達到很好的效果。

踴貴鞋賤

春秋時期，齊景公在位時，刑法相當殘酷，動輒就把人的雙腳砍掉，這種刑法在那個時候叫「刖足」。它是專門為懲罰那些忤逆、欺君的人設的刑法。

當時，社會上出現了一種職業：出售假腳，古代稱之為賣踴（踴，是供受刖刑的人穿的鞋子）。

有一天，景公召見了宰相晏子，想叫他換一換住所，對他說：「先生

是我國的宰相，位極人臣，當朝文武的楷模，可是您住的地方靠近市場，又狹小，又嘈雜，塵土飛揚，不能居住，就連一個五品的大夫的住所都比先生的住所大，不如寡人再賜你一個既清靜又大的住所吧。」

晏子拜辭說；「正因為臣是當朝宰相、文武百官的楷模，更應該以身作則，其他官員才能效仿。如果臣先住大宅、買良田，試問天下人還怎麼去以臣為楷模？這樣奢侈風氣會愈演愈烈，不僅耗費國庫錢財，也會增加百姓負擔。再者，這裏是我父親住過的地方，臣父原來也是宰相，臣的功德遠不及先父，這間住宅對我來說已經夠奢華了。再說，家靠近市場，早晚買東西方便，對我是很有利的。」

景公笑著說：「既然先生住在市場旁邊，想必應該知道市場的行情吧，你可知道最近物價的高低嗎？」

「當然知道。」晏子回答。

「那麼什麼東西賣得貴，什麼東西賣得便宜呢？」

「貴賤嘛，」晏子答道，「假腳供不應求，天天漲價，鞋子賣不出去，天天跌價。」

景公聽出了晏子的言外之意，臉色頓時變得很難看。

後來，齊國就不再濫用砍腳的酷刑了。

採用間接的勸說語言，雖然沒有直接點明主題，卻更深刻地揭示了本質，能收到更好的效果。

五種昏暗

春秋時期，晉國有位著名的樂師，叫師曠，字子野。他是個雙目失明的人，但是在晉國朝野很受重視。

有一天，晉平公閒暇無事，找師曠陪他在旁邊閒談。平公對師曠雙目失明很同情，他對師曠說：「樂師出生以來就沒有眼珠，太可憐了，你從來沒見過太陽是什麼形狀，雲彩是什麼顏色，你眼前是一片昏暗，如果寡

人能讓你的眼睛復明就好了。」

師曠說：「天下有五種昏暗，可是我的這種昏暗並不包括在內，並且我的這種昏暗比不上這五種昏暗中的任何一種。」

晉平公感到很奇怪，於是便問：「難道還有比雙目失明更昏暗的嗎？樂師說的寡人不明白，您說的這五種昏暗到底是什麼呢？」

師曠說：「我所說的自有道理，不知君侯有沒有興趣聽？」

晉平公說：「正好今天沒事。你細細說來，讓寡人聽聽，這第一種昏暗是什麼？」

師曠說：「群臣行賄受賄，追逐名利地位，百姓受害含冤，無處申訴，而君王卻不覺察，這是第一種昏暗。」

晉平公問：「第二種昏暗是什麼？」

師曠說：「忠臣不受重用，受重用的大臣不忠誠；才能低下者身居高位，不賢者居高臨下，凌駕於賢人之上，而君王卻不覺察，這是第二種昏暗。」

晉平公問：「第三種昏暗是什麼？」

師曠說：「奸臣欺詐，使國庫空虛，憑藉他們的小聰明，掩蓋他們的罪惡；賢才被放逐，奸臣顯貴，而君王卻不覺察，這是第三種昏暗。」

晉平公問：「第四種昏暗呢？」

師曠說：「國家貧窮，民眾疲困，上下不和；當權者貪財好戰，他們的欲望永不滿足，阿諛奉承的小人，在旁邊隨聲附和，而君王卻不覺察，這是第四種昏暗。」

晉平公問：「第五種昏暗呢？」

師曠說：「治理國家的根本辦法不明確，法律政令得不到貫徹執行，官員們風氣不正，百姓生活不安，而君王卻不覺察，這是第五種昏暗。」

晉平公說：「五種昏暗的危害是什麼呢？」

師曠說：「國家有了這五種昏暗而不出現危險的，還前所未有！我個人的昏暗，只是小昏暗，雖然我從出生就什麼也看不見，看到的只是一片漆黑，但是我卻能夠彈出最好的曲子，不但對國家沒有妨礙，而且還能為

大家帶來歡樂。」

　　一個人雙目失明了並不可怕，可怕的是思想上的昏暗。

蝸角之戰

　　戰國時期，魏惠王和齊威王結成同盟，約定兩國要互相幫助，共進共退，得天下後共分疆土。

　　可是沒過多久，齊威王背約，這使魏惠王十分憤怒，要派刺客去刺殺背信棄義的齊威王。

　　將軍公孫衍聽見了，認為這是可恥的事，就說：「大王是擁有萬輛兵車的大國君主，卻用一般老百姓復仇的辦法刺殺齊王，這實在是太不光彩了，我願意統率20萬大軍，替大王攻打齊國，俘虜它的人民，牽來它的牛馬，讓他們的國君內心憂愁，背上生瘡，然後消滅他的國家。在亡國出逃的時候，鞭打齊王的後背，打斷他的脊梁。」

　　魏王同意了公孫衍的建議。眼看一場大戰就要爆發，相國惠施不主張對齊國開戰，於是請來賢士戴晉人勸說魏王。

　　戴晉人向魏惠王說：「有種名叫蝸牛的小動物，大王您知道嗎？」

　　「是的，寡人當然知道。」

　　「從前有一個國家建立在蝸牛的左角上，叫做觸氏國；還有一個國家建立在蝸牛的右角上，叫做蠻氏國。這兩個國家，為了爭奪地盤，經常發生戰爭，死傷幾萬人，勝方追逐敗方的逃兵十五天才撤兵回來。」

　　「這應該是你虛構的故事吧？」

　　「不，請讓我來為您解答這個疑問。您推測天地四方有窮盡嗎？」

　　「沒有窮盡。」

　　「大王您應該知道，如果讓心神遨遊於無窮無盡的天地間，再回頭想想所能到達的地方，不是小到可有可無的程度了嗎？」

　　「是的。」魏惠王回答。

「在通達的國家有個魏國，在魏國中有個大梁城，大梁城中有大王，大王和蠻氏比起來，有什麼分別嗎？」戴晉人又問。

「沒有分別。」

戴晉人告辭後，魏惠王心中不暢，悵然若有所失。沒過多久就取消了討伐齊國的命令。

從宇宙的視野來看，各國君王與浩瀚的宇宙相比，極其渺小，沒有任何事值得耿耿於懷，好勇鬥狠只會兩敗俱傷。

國有三不祥

從前，齊國人將老虎和蟒蛇看做是不祥之物。

有一次，齊景公去野外打獵。爬上山頭後，他手持弓箭，去尋找獵物。突然一陣狂嘯，從草叢裏跳出一隻吊睛白額猛虎，嚇了齊景公一大跳，一夥人跌跌撞撞地扶著齊景公逃到山溝裏。

他們在山溝裏沒走幾步，又見一條水桶粗的青皮蟒蛇盤在岩石上，惡狠狠地不斷朝他們吐著毒芯。

受了兩次驚嚇，齊景公感到非常掃興，什麼也沒有捕捉到，就驚魂未定地返回了。回到宮中，齊景公急忙把晏子叫來問道：「今天寡人上山見虎，下溝見蟒，這怕是我們齊國的不祥之兆吧？看來下次外出還需要選擇一個黃道吉日啊！」

晏子回答說：「出門選擇吉日純粹是虛妄之言，大王不要被矇騙了，我也聽說一個國家確實會有不祥之兆，而且有三不祥，猛虎、毒蛇都不算在內。」

齊景公問道：「是哪三不祥？」

晏子回答道：「一是國家有了賢明的人才，而大王不去選拔，二是大王知道了有德才兼備的人，也不願錄用；三是大王雖然錄用了賢明的人才卻不肯信任他們。所謂不祥盡在於此，至於今天上山見虎，那是因為山是

虎的巢穴，下溝見蛇，那是因為溝是蛇的洞穴，這與國家興敗有什麼關係呢？怎能說是齊國的不祥之兆呢？」

齊景公聽了覺得非常有道理，在晏子的輔佐下，齊國的朝政有了很大的起色。

歷史告訴我們，不善於發現、使用和信任人才，甚至糟蹋人才，這對國家的損害是無法估量的。

苛政猛於虎

孔子坐著馬車路過泰山旁邊時，看見有一個婦女披麻戴孝，正伏在一座新墳上悲哀地哭泣著。孔子停下馬車，扶著車軾仔細地聽著，又叫子貢上前詢問情由。

子貢走到墳墓邊，問：「大娘，你哭得這樣傷心，必定是有深重的苦難吧？」

婦女抬起頭，抽泣著說：「這一帶有猛虎作惡，過去我的公公被老虎咬死了；後來我的丈夫也被老虎咬死了；現在，我的兒子又被老虎咬死了；我怎能不悲傷呢？」

孔子下車問：「既然老虎這樣兇惡，你們為什麼還不趁早離開這兒呢？」

婦女回答：「這兒雖然地方偏僻，但沒有繁重的賦稅。」

孔子沉默了一陣，對學生們說：「你們記住，苛政比吃人的惡虎還要兇猛。」

老虎要吃人，貴族官吏的橫徵暴斂也要吃人，甚至比老虎更厲害。這個故事生動、深刻地揭露了階級社會剝削壓迫的嚴重程度。

「真誠」的問題

春秋戰國時期的思想家孔子一生謙虛好學，不恥下問。

有一天，孔子很謙虛、誠懇地向一位道法高深的漁父請教什麼是「真誠」的問題。

漁父告訴孔子：「真誠是人性中最美好、最純潔的本性，不真誠就無法打動人心。所以，假裝哭泣的人雖然悲戚卻不哀傷，假裝發怒的人雖然嚴厲卻無威勢，假裝親善的人雖然微笑卻不和悅；真正的悲痛沒有出聲就能感覺到哀傷，真正的憤怒沒有發作就有威嚴，真正的親善沒有笑容也和悅。真情是發自內心的，神色與外表只是表象，只有從發自內心的真情才是可貴的。」

漁父接著具體說道：「將真誠情感體現在生活中，侍奉父母就是孝順，輔佐國君就是忠貞，飲酒自然高興，喪事自然悲哀。伺候父母以和順為主，輔佐君王以功名為主，飲酒以快樂為主，處喪以悲哀為主，功績的完美不局限於一種途徑。

侍奉父母使他們心情舒暢就行，其他的條件和形式都是次要的；輔佐君王以功勞落實為好，不在乎官的大小；飲酒快樂就好，不在乎酒菜的好與壞；處喪哀慟了就好，不拘泥於外在的禮儀。

外在的禮儀，是世俗人為的東西，真性是稟受於自然的，不會變易的。所以聖人效法自然而珍惜本真，不受世俗的約束；愚昧的人正好與此相反，他們不去效法自然而珍惜本性，平平庸庸而隨世俗變化。」

「精誠所至，金石為開。」生活中如果能以誠待人，別人也會以誠相待，使得人與人之間能夠心靈溝通，這樣遇見困難就會有人幫助，做事有成。

第十章
寓言的哲理

東郭先生

春秋時期，有個東郭先生要到中山國去。

他早晨起來趕著瘸驢馱著書在路上走。突然有一隻狼跑到他面前，伸長脖子可憐地望著東郭先生，哀求他說：「先生，現在趙簡子打獵正在追趕我，我眼看就沒命了。如果您肯把我藏到口袋裏，救我一命，您的恩德就好像讓死者復生，使白骨生肉了，我一定會報答您。」

東郭先生說：「啊呀！我私藏你這隻狼，觸怒了趙簡子我可是要犯死罪的，他可是趙國的相國。到時候，我連我自己的命都保不住，哪裡還能保得住你的性命呢？更不敢指望你報恩了！不過，看你怪可憐的，即使有禍，我也在所不辭。」

於是東郭先生就倒出袋子裏的書，把狼小心翼翼地往袋子裏裝，前邊怕碰了狼的下巴，後邊怕折了狼的尾巴，裝了三次才裝好。然後把口袋放到驢背上，牽著驢躲到路邊。

不一會兒，趙簡子帶著一群武士追來了，他看見狼突然失蹤就有些懷

疑，憤怒地拔出劍來砍斷車轅一頭，對著東郭先生罵道：「誰隱瞞狼逃跑的方向，就讓他和這車轅一樣。」

東郭先生急忙跪在地上說：「我早晨起來迷了路，怎麼會知道狼的蹤跡呢？您位高權重，我再愚蠢也不會隱瞞狼逃跑的方向。狼的本性貪婪狠毒，作惡多端，您除掉牠是大快人心的事呀。再說大路岔道很多，誰知狼從哪條路逃走了。」

趙簡子聽了，覺得東郭先生的話很有道理，便掉轉車頭走了。

過了一會兒，見趙簡子走遠了，東郭先生便把狼從口袋裏放出來，要牠趕快逃命。

狼得救了，卻一點也沒有像牠承諾的那樣報答救命恩人，反而咆哮著對東郭先生說：「現在我餓極了，如果吃不到東西餓死，那還不如死在獵人手裏呢。既然你救了我，那就救到底，請把你的身軀獻給我填飽肚子吧！」狼說著便撲向東郭先生。

東郭先生一邊和狼搏鬥一邊罵道：「你這個忘恩負義的狼，真是喪盡天良，我救了你一命，你不報答我就算了，竟然還恩將仇報！」眼看著東郭先生滿頭大汗就快支撐不住了。狼很得意，因為牠知道，東郭先生馬上就會成為牠的口中餐。

這時有個砍柴的老人經過，他看到這種情形，立即勸住了狼，問狼：「你為什麼要吃東郭先生呢？」

狼狡辯說：「他想把我裝到口袋裏悶死。」

老人又問東郭先生：「你為什麼要把狼裝進口袋裏？這就是你的不是了。」

東郭先生把剛才事情的經過對老人講了一遍，老人這才明白了一切，對狼說：「我不信，這麼小的口袋怎麼會裝下你這麼大的狼？」

狼為了證明自己有理，又鑽進口袋讓老人看。

老人連忙把口袋用繩繫住，然後拿起手中砍柴的斧頭將狼砍死，並對東郭先生說：「對害人的禽獸絕不能手軟。」

絕不能憐惜像狼一樣的惡人，因為他們害人的本性是不會改變的。

人為財死

永州地方的人都很會游泳。有一天，江水暴漲。有幾個人划著一艘小木船橫渡湘江，船到中流，被激浪打翻，大家都落進水裏，拚命向岸邊遊去。

其中有一位漢子在這些人當中的游泳技術是最高的，可是所有人都快到岸上了，他卻使出全身氣力，也游不了幾尺遠。

同伴奇怪地問他：「平日你最會游水，怎麼今天落到後面去了？」

他喘著粗氣回答：「我腰上纏著一千枚大錢，重得很，所以游不動啦。」

同伴說：「怎麼還不丟掉呢？」他不回答，只是搖著頭。

不一會兒，他筋疲力盡一點兒都游不動了。已經上岸的同伴對他大聲呼叫說：「你好愚蠢，你被金錢迷得太深了。命都顧不上了，還要錢幹什麼？」他翻著白眼，還是搖著頭。

最後，他沉下水底淹死了。

貪財好利的人，如果不覺醒回頭，最終是逃脫不了滅頂之災的。

以金贖屍

洧水洪水氾濫，有個富人渡河時淹死了。

有人撈到屍體，拖回家裏藏著。然後讓家人去對富人家的兒子說：「你爹的屍體現在在我家，如果想要的話，就帶著金子來贖。」

富家的兒子聽到以後，就趕緊派人拿著金子來贖，結果那家人說他根本就沒有誠意，嫌帶的黃金太少。於是不同意他們把屍體帶回去。

當時，他們村裏有一個智者，名叫鄧析，富人家的兒子就把這件事情

告訴鄧析，鄧析說：「不要慌，屍體是你爹的，只有你們要，別人要他又沒用，放心吧，他不會把屍體賣給其他人的。」

過了幾天，屍體開始腐爛發臭，藏屍體的那個人也發慌了，也來找鄧析。

鄧析對他說：「放心吧，別人是不會要那具屍體的，除了他家，沒有人會來買這具屍體的。」

就這樣，一家人不買，一家人不賣，結果，屍體腐爛了。

欲望要有度，欲望過盛，就會自尋煩惱，自招痛苦，甚至引來災禍。

屠夫遇狼

從前有一個屠戶在市場賣肉。有一天天色漸黑，屠夫挑著擔子從市場回家。肉都賣光了，竹筐裏只剩下一堆骨頭。

在經過一片荒丘的時候，他聽見背後有沙沙的聲音，回頭一看，有兩隻餓狼瞪著綠眼睛，齜著白牙，緊緊地跟著他。屠戶走，狼也走；屠戶停，狼也停。

屠夫嚇得心驚肉跳，連忙從竹筐裏丟出幾根肉骨頭，想把餓狼打發走。誰知一隻狼啃著骨頭停下來，另一隻狼仍然尾隨不捨。屠夫又丟出一根骨頭，這隻狼低頭大啃，後面那隻狼又舔著嘴巴追上來。沒過一會兒，骨頭就丟完了，兩隻狼見屠戶不再扔骨頭了，又並肩緊跟在他的後面。

屠夫急得渾身冒汗，唯恐狼從兩面夾擊，腹背受敵，那樣可能就沒命了。他急忙向四周打量，遠遠看見田野上有個打麥場，場上堆著高高的麥垛，像小山一樣。他慌忙奔過去，背靠麥垛，扔下擔子，手裏舉起明晃晃的割肉刀。

這一下，狼不敢輕舉妄動，只好用貪婪的眼光盯著屠夫。相持了好一陣，有一隻狼彷彿等不下去了，扭轉屁股遠遠走開了。另一隻狼蹲在地上，好像疲倦了似的，慢慢閉上眼睛，神態悠閒，打起瞌睡來了。說時

遲，那時快，屠夫看到狼沒有防備，唰地跳起來，衝到狼的跟前，一刀劈中狼頭，又接連幾刀，結束了這隻狼的性命。

屠夫鬆了口氣，轉身回去拿擔子剛想走，忽然發現麥垛裏面有東西在輕輕動彈。他悄悄繞到麥垛後面定睛一看，原來是先前走開的那隻狼正悄悄地拱進麥垛，身子已經進去一半了，只露出半截屁股在外。屠夫放下擔子，急忙上前，奮起一刀，將狼劈成兩截。

屠戶這時才醒悟過來：原來一隻狼佯裝瞌睡，誘他上當，為另一隻狼作掩護；另一隻狼則假裝遠去，其實想拱進麥垛，從背後襲擊他，多麼狡黠啊！

敵人是兇惡而狡猾的，與壞人周旋，必須萬分機警，不可掉以輕心。

負暄獻曝

宋國有一個農夫，在一個寒冷的冬天，由於他的貧困無比，一天不知道從哪裡找到了一塊碎麻布，於是就披著這塊碎麻布熬過了冬天。

來年開春，太陽暖洋洋地普照大地。農夫在田裏耕作，曬著太陽，感到渾身愜意，他不知道天底下原來還有廣廈溫室和絲襖狐裘。他越曬越得意，回頭招呼妻子說：「這般享受的辦法，別人一定還不知道，待我們去告訴國王，肯定會有重賞哩。」

當一個人囿於主觀感覺，看問題就有很大的局限性，往往容易沾沾自喜，驕傲自滿，淺嘗輒止。我們在工作和學習中應該力戒這種主觀片面的局限性。

曲突徙薪

有一客人到主人家拜訪，看到主人家爐灶的煙囪是直的，旁邊還堆積

著柴草，便對主人說：「應該把煙囱改為拐彎的，使柴草遠離煙囱。不然的話，將會發生火災。」主人沉默，沒有答應。

不久，主人家裏果然失火，鄰居們一同來救火，及時把火撲滅了。於是，主人殺牛置辦酒席，答謝鄰人們。被火燒傷的人安排在上席，其餘的按照功勞依次排定座位，卻沒有邀請提「曲突徙薪」建議的客人。

有人對主人說：「當初如果聽了那位客人的話，也不用破費擺設酒席，也不會有火患。現在按功勞邀請賓客，為什麼提『曲突徙薪』建議的人沒有受到答謝、恩惠，而被燒傷的人卻成了上客呢？」

主人這才醒悟去邀請那位客人。

能夠虛心聽取別人的意見和建議是很重要的。如果故事中的主人事先能少一些自以為是，聽取一下客人的意見，他就不會遭受如此慘重的損失了。

和尚安在

從前，有一個官府的差役押解一個犯罪的和尚向府城走去。走到天快黑了，他們就投宿到一家客店裏。犯罪的和尚一路都在尋找逃跑的機會，這時，覺得機會來了。於是他買來酒菜，與差役對飲，不久，就把差役灌得爛醉如泥。和尚迅速找來一把剃頭刀，把差役的頭髮剃光，然後把自己的和尚衣服脫下來，給差役穿上，自己卻穿著差役的衣服逃跑了。

第二天，差役醒來一看，呀，和尚不見了，大吃一驚，於是他屋裏屋外四處尋找，均無結果。這時他找到了一面大鏡子並照了照，看見了剃著光頭，穿著和尚服的自己的形象，立即大喜道：「謝天謝地，原來和尚在這裏！」可是轉而一想，又迷惑起來，「不對呀，那麼我到哪兒去了？怎麼不見我了呢？」

那些一直看不清自己的人，是沒有前途而言的。試想，連自己都看不清，人生，前途，命運，又該如何把握呢？

取勺嘗羹

有個人熬好一鍋菜羹，他用木勺舀了一勺嘗嘗，覺得味道太淡，就抓一把鹽撒進鍋裏，然後再嘗嘗木勺裏的羹，還是覺得太淡；於是再抓一把鹽投進鍋裏，又去嘗木勺裏的羹。

如此幾番周折，他把一大瓦罐鹽統統倒進了鍋裏，羹還是味淡如故。

事物總是在不斷發展的，正如鍋裡加了鹽的羹已經發生了變化，不再同於勺中的羹了。在客觀事物已經變化的情況下，仍然固執原來的觀念，頭腦僵化，用舊眼光來看待新事物，就會鬧出這種「取勺嘗羹」的笑話。

一葉障目

楚國有個人家境破落，他不去好好工作，反而整天想著能發一筆橫財。

有一天，他在《淮南方》（相傳為淮南王劉安編撰的一部方術之書，今已失傳）裏翻到這樣一段話：「螳螂捕蟬，全靠有樹葉給牠遮身，人要是得到那片樹葉，就可以隱身。」

於是，他丟下書，跑到樹林裏仰頭張望。好半天，總算發現有一隻大螳螂躲在一片樹葉背後，舉起雙臂朝蟬上去。他急忙攀上樹杈，伸手去摘那片樹葉。可是過於心慌，樹葉落到地上。地上本來就鋪著厚厚一層落葉，他無法分辨，只好乾脆把地上的樹葉統統掃回家，竟裝了滿滿幾大袋。然後他舉起一片樹葉，問妻子：「你看得見我嗎？」

妻子正忙著織布，回頭說：「看得見。你這是幹嘛？」

「不要你多管，」他換了一片樹葉又問，「還看得見我嗎？」

「看得見。」

從正午一直到日頭偏西，楚人不停地拿起樹葉問妻子。妻子實在厭倦不堪了，只好隨口回答：「看不見了。」

「真的？」

「真的。」

這一下，楚人高興極了，徑直朝市場跑去。市場上車水馬龍，十分熱鬧。他一手舉著樹葉，一手就去店舖上拿東西。手還沒有來得及縮回來，別人就怒喊著朝他撲來，將他扭送到縣衙門去了。

人的目光如果為眼前細小的事物所遮蔽，就會看不到全局或整體。這種主觀片面性的產生，往往因為沉湎於私利，被個人利益這片樹葉遮住了眼睛。

牛缺遇盜

從前有個讀書人名叫牛缺。有一天，他趕著馬車經過深山老林，突然聽見一聲呼哨，路旁閃出一群強盜，個個舉著明晃晃的尖刀，把他的車馬、銀錢統統搶走，連他的衣服也剝得乾乾淨淨。

強盜們走出幾步回頭看看牛缺，只見他端坐路邊，臉上非但毫無憂懼之色，反而顯出一副輕鬆得意的樣子。強盜們覺得很奇怪，問他：「喂，老子搶走你的錢財，刀也擱在你面前，你好像一點也不害怕，這是什麼道理？」

牛缺斯斯文文地回答：「車馬不過是給人坐的，衣服不過是遮蔽身體的，你們拿去與我何妨？聖人是不會用這些身外之物來損害自己的身心道德的。」

強盜們你看我，我看你，然後一齊哈哈大笑說：「我們雖然不曾念書，也聽說過這種不謀財利的人乃是世上聖人。像你這般聖人見了官府，定要告發我們這等不聖之人，不如先把你宰了吧！」說完一刀砍去，牛缺連哼一聲也來不及就喪命了。

在兇惡的強盜面前，既不敢於抗爭，也不善於抗爭，卻高談仁義，以清高自許，實在愚蠢可笑。

完美的弓

古時候有一個人得到別人贈送的一張弓，弓背由黑檀木所製，弓弦是鯊魚筋製成，這張弓射出去的箭又遠又準。因此他十分珍惜它。

這個人經常把弓拿在手裏把玩，有一天，他仔細欣賞著手中的弓時，突然覺得這張弓上好像缺了點什麼，看起來有些單調，暗淡。要是能讓它更顯眼些豈不是更好？他思忖著。

於是，他把這張弓送到一個很出名的工匠那裏，請他在弓背上雕刻上精美的圖案。工匠花了兩個月的時間，在上面雕了一幅完美的行獵圖。這個人高興極了，「還有什麼比一幅行獵圖更適合這張弓的呢？」他看著心愛的弓自言自語道。

他回到家，拿出箭來。「好久沒用過它了，可得好好玩玩。」他搭上箭，拉緊弓弦，「啪」的一聲，弓斷成了兩截。

世界上沒有絕對完美的事物。若你一定要讓某一件事情或某一個東西完美的話，你必定會付出更大的代價，而這個代價是得不償失的。

揠苗助長

有個宋國人，他的性子非常急躁，他總盼著田裏的稻子長得快些，一天，吃過早飯，他跑到田裏去看稻子長得怎麼樣。吃過中飯，他又去看，還用手量了量，發現稻子跟早上沒有什麼區別。

「怎麼不長啊？」他想。

吃過晚飯，天還沒黑，他心裏想著稻子，坐不住了，又去看了一回，發現稻子和早上還是沒什麼區別。

「怎麼才能讓稻子長得快些呢？」一個晚上他都在想著這個問題。突然，他想出了一個好辦法：「稻子不長，我把它們往上拔一拔不就行了嗎？」想到這裏，他從床上跳起來就往外跑，跑出門才發現天黑得什麼也

看不見。他只好回到屋裏，焦急地等待天亮。等呀等呀，天總算亮了，他飯也顧不得吃，就向稻田跑去。

把稻子一棵一棵地拔高，也不那麼容易，弄了一整天才做完，他筋疲力盡地回到家，告訴家裏人說：

「真累啊！不過田裏的稻子總算長高了不少。」

他的兒子聽他這麼一說，連忙跑到田裏去看。稻子確實高了不少，只是葉子都開始枯萎了！過了幾天，田裏的稻子全死了。

事物的發展自有它的規律，不尊重客觀規律，只能欲速則不達。

燕石珍藏

宋國有個蠢人，在梧台東面的燕山拾到一顆有彩紋的石子。他認為這是一塊寶玉，回到家裏，用丹黃色的絲絹包起來，一層又一層，足足包了十層。這樣他還不放心，又用雕花木盒裝起來，一個套一個，一連裝了十個木盒。

有個客人聽說後就對他說：「聽說你得到一塊寶玉，能不能拿出來讓我開開眼界？」

這個宋國人起先不肯，經不住客人再三請求，勉強答應了。他為了表示虔誠和慎重，事先就薰香沐浴，然後再戴上冠冕，穿上玄色的長袍，最後才恭恭敬敬地請出木盒子，一層又一層地揭開，亮出了那顆石子。

客人仔細看了他的寶貝後，捂著嘴笑彎了腰，後來實在忍不住，乾脆哈哈大笑起來。

「這是燕山下最常見的石頭，和破瓦片沒什麼兩樣。」客人一邊大笑一邊說。

宋國人頓時勃然大怒，認為別人是在眼紅他的這件寶貝而有意貶低。從此以後，他更加小心翼翼地把那顆石子珍藏起來。

無知不可怕，可怕的是無知加固執。無知的人還可以透過學習掌握知

識，增長智慧，無知又固執的人卻連學習也不可能。因為他不承認自己無知，自然也就認為沒有學習的必要。

棘刺雕猴

燕國的國王喜歡精巧的小玩意兒，有個衛國人來到燕國的王宮，自稱能用荊棘的刺尖雕刻母猴子。

燕王聽說竟有這般奇妙的技術，十分高興，就賞給他很多錢，請他在刺尖上雕刻猴子。過了一段時間，燕王把雕刻匠叫來問道：「猴子刻好了嗎？」

「刻好了。」

「快拿給我看看！」

雕刻匠說：「您想要看到它，必須半年不能入宮享樂，不吃酒肉葷腥，待到雨晴日出的那一天，在半明半暗的光線下，才能看到。」

燕王做不到這些，只好白白地養著雕刻匠而看不到猴子。鄭國有一個鐵匠聽說了這件事，就對燕王說：

「我是專門冶煉各種雕刻刀的，我知道要想在刺尖上刻東西，所雕刻的物體必須比刻刀的刀鋒大，才能雕刻，可是棘刺的尖端，連最鋒利的刀刃也容不下，這隻猴怎麼雕出來呀，您只要看看那位雕刻匠用的刀，就知道他能不能在刺尖上刻東西了。」

「說得好！」燕王把雕刻匠叫來說，「你在刺尖上刻猴子，用的是什麼工具呢？」

「用的是雕刻刀。」

「我想看看這把刀。」

雕刻匠說：「請讓我回家去取來。」於是，他藉這個機會慌忙溜走。

在現實生活中，形形色色的「棘刺之說」常常給人們帶來極大的危害。有些人可以無視客觀存在，不要任何事實根據，隨心所欲地吹出一串

串五光十色的肥皂泡，用來欺騙善良的人們，以售其奸。但是，吹牛皮、說謊話終究是要受到懲罰的。

狗猛酒酸

宋國有個賣酒的小販，做生意很公平，對待顧客也很有禮貌，他的酒很香，門前還掛著大大的招牌，上面寫著「頂風香十里」。可是，他的酒卻老是賣不出去。時間一長，酒都變酸了。

他很奇怪，就去村裏問一個老人：「我的酒那麼好，怎麼會賣不出去呢？」

老人想了想，問他：「你家的狗是不是很凶？」

「狗是很凶，」他說，「可是我的酒那麼好。」

老人說：「酒雖然好，可人們怕你的狗啊！村裏人喜歡叫家裏的小孩拿著酒壺去買酒，可是你家的狗見了生人就撲上去咬，誰還敢上你家買酒呢？」

很多事情往往就壞在人們不經意的小細節上，所以一定要格外注意。

守株待兔

宋國有一個農民。有一天，在田裏耕作的時候，看見一隻兔子從眼前飛快地跑過，正好撞在田邊的一個木樁上。兔子從木樁上彈回到地上，不動了。農夫走過去一看，兔子碰斷了脖子，已經死了。那個農民沒有費絲毫氣力，就得到一隻兔子，於是，拿回家煮熟了下酒，美美地吃了一頓。

自從吃了這頓兔子肉，這個農民就不想再耕種了。他每天坐在木樁旁邊，等下一隻兔子過來撞死，他等啊等啊，一天天過去了，他的田荒蕪了，可是再也看不見第二隻兔子來碰樹了。

世界上的現象，有經常重複出現的，也有只出現一次，絕難重複的；

前者受某種因果關係的支配，後者則完全是一種偶然、碰巧，它和事物發展沒有直接關係。

放著可靠的事情不做，卻把希望寄託在不可靠的事情上，結果只能是什麼也得不到。踏踏實實地做事，才會有收穫。守株待兔這種機會主義、等待主義的想法是非常不切實際的。

南轅北轍

有一個北方人，要到南方的楚國去。他從太行山腳下動身，駕著馬車朝北出發，一路上對大家說：「我要到楚國去！」

有人對他說：「你要到楚國去，為什麼不往南走卻往北走呢？難道你不知道楚國在南邊嗎？」

這個北方人回答說：「沒關係，我的馬好，跑得快！」

「你方向不對，馬跑得越快，不是離楚國越遠嗎？」

「我帶了足夠的路費，路上不用擔心沒有錢。」

「你帶的錢再多，方向不對，永遠也到不了楚國呀。」

那人仍堅持說：「沒關係，我的車夫有豐富的駕車經驗，長途跋涉也不會疲倦。」

別人說：「你方向不對，就不可能到達楚國。」

那人卻一意孤行，執意駕車往北去了。

一個人做事，如果方向不對，那麼，條件越好，努力越大，就越使他距離目標越遠。因此，我們在工作中，不僅要運用頭腦，還要以科學的態度尋找正確的目標。

鷸蚌相爭

一個陽光燦爛的日子，一隻大蚌慢慢爬上河灘，展開兩扇甲殼，十分愜意地曬著太陽。一隻鷸（一種水鳥）沿河飛來，看見河蚌裸露出肥白的身體，又饞又喜，飛過來啄河蚌的肉，河蚌把殼一夾，緊緊地夾住了鷸的嘴。鷸甩來甩去，怎麼也甩不掉河蚌。

鷸發怒地威脅說：「今天不下雨，明天不下雨，你就會曬死在河灘上！」鷸被夾住了嘴，說起話來含糊不清。

河蚌也對鷸說：「你的嘴今天拔不出，明天拔不出，你就會餓死在這裏！」

鷸蚌相持不下，爭得筋疲力盡。這時，有個漁翁提著漁網沿河走來，看見鷸蚌相持不下，便毫不費力地把牠們塞進了魚簍裏。

大敵當前，內部之爭應該讓位於敵我之爭，只有相互容讓，一致對外，才能保存自己，克敵制勝。也就是說，局部的利益要服從全局的利益，小道理要服從大道理。如像「鷸蚌相爭」，只會使「漁翁得利」。

截竿進城

魯國有個鄉下人扛著幾根竹竿去城裏出售。他把竹竿豎著拿，走到城門口，城門太矮，進不去；把竹竿橫著拿，城門太窄。還是進不去。

折騰了好半天，他累得氣喘吁吁，實在技窮智竭了。

過了一會兒，一個老頭走過來，用手摸著鬍鬚說：

「我雖然不是聖人，但一生經歷的事太多了，我吃的鹽比你吃的飯還多，過的橋比你走的路還多。告訴你，把竹竿一鋸兩段不就進去了嗎？」

「可是鋸斷就賣不出好價錢了。」

「總比你拿不進城好多了吧！」

鄉下人想想也覺得是個好主意，於是就照老頭說的，把竹竿鋸成兩

段，終於進了城門。

做事情要動腦筋，不能殺雞取卵，否則吃虧的是自己。

塞翁失馬

在靠近邊境的地方，住著一個愛好騎馬但技術不甚高明的人。有一天，他家的一匹馬忽然逃到塞外去了。親戚朋友都來安慰他。

「丟了馬，不一定就是壞事啊！」他父親卻說。

過了幾個月，那匹馬又跑回來了，並且還帶來了一匹匈奴的駿馬。親戚朋友聽說了，就來祝賀他。

「真是好運氣啊！」他們欣賞著那匹駿馬，讚嘆不已。

他父親卻說：「怎知道這不會變成一件壞事呢？」

家裏有良馬，他又喜歡騎，就闖出禍來了：有一次他騎馬的時候不小心摔了下來。摔折了胯骨，成了跛子。親戚朋友又都來慰問，他父親又說：「說不定這還是件好事呢！」

過了一年，匈奴兵大舉入侵。住在邊境的青年男子都被征去當兵打仗，最後十有八九都戰死沙場，他因為是個跛子，沒有被征去，結果父子二人都保全了生命。

事情總是不斷發展變化的，好事裏往往潛伏著壞事，壞事中也常常潛伏著好事；事物發展到一定程度，就會向它的對立面轉化，好事能夠變成壞事，壞事也能夠變成好事。因此，我們在成功時要注意失敗的隱患；失敗時要看到成功的希望。

杯弓蛇影

有位朋友到樂廣家做客，回去以後就生了一場大病。樂廣感到很奇

怪，便前去探望那個朋友。進了屋，只見他面黃肌瘦，躺在床上，樂廣關切地問他生了什麼病，他支支吾吾不願回答。

再三追問，他才說：「前次在你家做客，我拿起酒杯剛要喝，發現酒杯裏似乎有一條紅色的小蛇在游動，我很害怕，想不喝，又覺得這樣會不尊敬主人，於是閉著眼把酒喝了下去。回到家裏，就覺得肚子疼得厲害，飯也吃不下去，終於病倒了，身體一天比一天虛弱。家裏人請了許多大夫，用了各種方法都治不好。」

樂廣心想，酒杯裏是不會有什麼紅色小蛇的，可是這位朋友又分明看見了，這是什麼原因呢？

回到家裏，樂廣一直在想這件事，無意間一抬頭，看見北邊的牆壁上掛著一張紅色的弓。他突然明白了事情的原因。

樂廣馬上跑到那位朋友家，扶著他來到自己的客廳裏，問他在桌上的酒杯裏看見什麼。朋友一看，驚叫起來：「就是那條小蛇啊！」

樂廣說：「其實這是牆上那張弓的倒影。」

朋友看看酒杯，再看看雕弓，立刻恍然大悟，知道杯中小蛇原來是牆上的弓影，他的重病也頓時痊癒了。

當我們遇到奇怪的事情時，應該去調查瞭解，盡力弄清真相。不瞭解而又疑神疑鬼只能自尋煩惱。

城門失火

宋國的一個城門失火了。離城門不遠有一個小池塘，池塘裏的魚都把頭冒出水面，擠在一起看熱鬧，還七嘴八舌地議論：

「真好看！濃煙滾滾，越燒越旺。」

「瞧那些人慌的亂的，喲！連官兵都來了！」

「這城門還真夠禁燒的，燒了這麼久還沒倒。」

一條老泥鰍聽到上面吵吵鬧鬧，也從泥裏邊鑽出來看個究竟。一見城

門失火，老泥鰍擔心地叫起來：「哎喲！這下我們可糟了！」

看熱鬧的魚都把頭扭過來，看著這條大驚小怪的老泥鰍。一條胖頭魚粗聲粗氣地說：「嘿！老傢伙！胡說什麼呢？城門燒起來了，關我們魚什麼事呀？」

「就是，還能把池塘燒起來不成？」所有的魚都說。

「唉！」老泥鰍嘆息著說，「城門失火，真正倒楣的可能是你們呀！我嘛，鑽到泥裏去或許還能逃過這一劫。」說完，又鑽回到泥裏去了。

過了一會兒，那些看熱鬧的魚終於發現情況不妙了。人們紛紛拿著盆子和水桶來舀池塘的水去救火。等到火被澆滅時，小池塘的水也舀乾了。那些魚，有的被人撿了去，剩下的也都乾死了。

池塘雖然不會燒起來，但卻會因為救火而被人舀乾水。事物不是單獨存在的，事物之間總是有著千絲萬縷的關聯。

鄭人買履

鄭國有個人想去城裏買雙鞋。他拿尺量了量自己的腳，就把尺放在凳子上，帶上錢，鎖了門出去了。

他匆忙走到集市上，看中了一雙鞋子，突然想起把尺忘在家裏了，他對賣鞋的人說我沒帶尺不知鞋碼多大，我這就回去拿。說完就往回跑。

等他滿頭大汗地拿來了尺子，集市已經散了。忙了半天，鞋也沒買成。這時候，有人就問他：「你是給自己買鞋還是給別人買呀？」

「給自己買。」他回答說。

「你用自己的腳去試鞋子不就行了嗎？為何還要跑回去拿尺呢？」

「那可不行！」他說，「尺才是最標準的，我只相信尺不相信腳。」

只信教條，不顧實際是不可取的。相信教條，思想就會僵化，行動就要碰壁。

畏影惡跡

　　一個人害怕自己的影子，討厭自己的腳印，想擺脫它們，便快步跑起來。可是跑得越快，腳印越多，影子追得越緊。他認為自己跑得太慢，於是更加拚命地跑下去，最後精疲力竭累死了。

　　這個人不知道在陰暗的地方停下來，就不會有影子；靜止不動，就不會有腳印。真是太愚蠢了！要解決問題，首先必須懂得什麼是事情的根本，不抓根本而抓枝節，就不可能解決問題，反而會被問題壓倒。

畫蛇添足

　　楚國有一戶人家，有一次舉辦祭祖，由於這家人在村子裏的人緣很好，所以一說他家需要幫忙，鄰居們和村裏的鄉親們都紛紛來幫忙。主人為了感謝鄉親們的幫忙，就把祭祀用過的一壺酒賞給幫忙辦事的人喝。

　　客人們商量說：「一壺酒，這麼多人飲用，毫無趣味可言。我們每人畫一條蛇，誰先畫成，那壺酒就讓他一人飲用。」大家都同意了他的觀點。

　　於是畫蛇比賽就開始了。頃刻便有人畫完了，他拿起酒壺欲喝，看見眾人還沒有畫完，便自以為是地給蛇畫起腳來。正當他畫蛇腳的時候，另一個人把蛇畫好了。搶過酒壺一飲而盡，並譏笑那人道：「蛇是沒有腳的，你畫的根本不是蛇，你輸了。我先畫好，酒應歸我喝！」先畫完的人聽了後，後悔不已。

　　人們對一切事物的認識也是這樣。正確的認識是真實反映客觀現實的。客觀世界中沒有的東西，人們不應該憑自己的主觀好惡強加上去，不然，那與「畫蛇添足」有什麼區別？

邯鄲學步

燕國壽陵地方的人，走路的樣子八字朝外，搖擺蹣跚，十分難看。當地有個土生土長的小夥子聽說邯鄲人走路很好看，就跋山涉水前去學習。

小夥子風塵僕僕來到趙國首都邯鄲。果然，只見繁華的大街上，人人走路的姿勢都十分優雅，舉手投足都顯示著高貴的風度。小夥子自慚形穢，連忙跟著行人模仿起來。

學了幾天，越走越彆扭。小夥子想，一定是因為自己的惡習太深了，不徹底拋棄自己的老步法，肯定學不好新姿勢。

於是，這位小夥子從頭學起，每邁出一步都要仔細推敲下一步的動作，一擺手、一扭腰都要認真計算尺寸。他雖然廢寢忘食地學，還是沒有學會邯鄲人走路的姿勢，反而把自己原來走路的樣子也忘了個精光。當他要回燕國的時候，手足無措，只好在地上爬著回去。

一個人，最重要的是要有主見，不要盲目崇拜別人。固然，學習別人的長處，是為了彌補自己的短處，但是為了學習他人而把自己的長處丟掉，這是貽笑大方的事。

最甜的水

山腳下有一眼山泉，泉水潺潺地從泉眼裏冒出來，匯成一條小溪流向田野。

一個樵夫挑著一擔柴火經過泉邊停了下來，他捧起泉水喝了個飽，他覺得再沒有比這更甜的水了……放羊的牧童、耕地的農夫和進山打獵的獵人，他們也都這樣認為——這泉水是天下最甘甜的水。

有一個富翁，聽到這個消息後，立刻派人去打些山泉水回來。僕人將盛在精美的水壺裏的泉水，倒進琉璃杯中呈給躺在搖椅上的富翁。富翁喝了一口，沒什麼感覺；又喝了一口，眉頭皺了起來，把碗裏剩下的泉水潑

到地上。他大聲對僕人說：「這是最甜的水嗎？一點兒甜味也沒有，還是去把蜂蜜糖漿給我拿來吧。」

沒有嘗過飢渴的滋味，不會體會到食物與水的甜美；沒有經受過挫折與失敗，不會體會到成功的歡欣與滿足；未歷經苦難的人，不會懂得生命的價值和意義。

卜妻為褲

從前，在鄭縣這個地方，住著一個名叫卜子的人。

他平時很不講究穿著，經常是穿著一身破爛的衣服就出去了。

有一天，他還是和平時一樣穿著一條又髒又破的褲子去街上趕集，走到集上，很多人都在看他的破褲子，他自己覺得很難堪，於是便走進一家布舖買來一塊布，回到家叫妻子為他做一條新褲子。

卜妻量量尺寸，問他：「這條褲子做成什麼式樣啊？」

卜子隨口回答：「我能要什麼樣式的，就照老樣子做！」

妻子以為丈夫喜歡那種又髒又破的款式，尋思著：他是不是覺得穿這種褲子很舒服，而且一條褲子不夠穿，所以叫我再做一條？不管那麼多了，先按照丈夫的意思做好再說。

卜妻就認認真真地仿照老褲子的模樣，這裏戳幾個破洞，那裏抹一攤油，弄得皺皺巴巴、破破爛爛的。花費了不少工夫，總算完成了。

她把褲子捧到卜子面前，得意地說：「滿意吧？和老褲子一樣的樣式。」

說話一定要說清楚，馬虎不得。尤其是大事情，如果一句話沒交代清楚，很可能使自己傾家蕩產。

兩盲相詬

新市有個齊國的瞎子，性情急躁，在大街上昂頭直走，行人不及避開，被他撞著，他便破口大罵：「你眼睛瞎了嗎？」

行人見他是個瞎子，也不計較。

後來又來了一個梁國的瞎子，脾氣更加暴躁，他在大街上橫衝直撞，迎面撞到齊國瞎子，兩人一齊摔倒在地。

梁國瞎子爬起來就怒聲罵道：「你眼睛瞎了嗎？」

齊國瞎子也爬起來吼道：「你眼睛瞎了嗎？」兩個瞎子在大街當中聲嘶力竭，罵成一團。行人圍在旁邊觀看，都覺得十分好笑。

生活中，有些人「以其昏昏，使人昭昭」，為了掩蓋自己的弱點，專門把大道理掛在刀尖上去對付別人。

疑人偷斧

有個人，丟失了一柄斧頭。他懷疑是鄰居的兒子偷的，於是，他常常注意那個小夥子的行動。看到小夥子從門前經過，他就想：「走路一點聲音也沒有，看來是個老手。」

他聽見小夥子跟別人說話，就想：「說話細聲細氣的，好像怕人聽見似的，做賊心虛！」

他覺得小夥子走路的樣子像小偷，說話的聲音像小偷，就連長相都像個小偷。總之，渾身上下，一舉一動，沒有一處不像小偷。

後來，他自己把那柄失落的斧頭找回來了。原來他上山砍柴時，不小心把斧頭掉在山谷裏了。

第二天，他又碰見鄰居的兒子，就覺得小夥子走路的樣子和別人沒有什麼不同，說話的聲音也很正常，怎麼看都不像一個偷東西的人。

一個人如果戴上有色眼鏡，他就看不到世界的真實顏色。不作實際的

瞭解，過於相信自己的感覺，就像戴上了有色眼鏡一樣，常常會作出錯誤的判斷。

濫竽充數

戰國時期，齊宣王喜歡聽吹竽的人合奏，每次聽吹竽，都要組成一支三百人的大樂隊。他給竽師的待遇很高，因此很多竽師都想到他那裏去吹竽。

有個叫南郭的人，本來不會吹竽，也混在吹竽的人群中湊數，每當演奏的時候，他就混在吹竽的人群中充數，裝模作樣，鼓起腮幫，嘴唇翕動，做出非常賣力的樣子，其實根本沒有發出一點兒聲音。就這樣，他居然也得到齊宣王賞給的豐厚薪俸。

南郭先生憑此混了很多年，一點兒吹竽的技藝也沒有掌握。後來，齊宣王死了，他的兒子繼位，他受到他父親的影響，也喜歡聽吹竽。但是他的習慣和他父親不一樣，他喜歡聽一個一個地輪流獨奏。

南郭先生聽到這個消息後，生怕被揭穿，便帶著家當連夜逃走了。

一個人如果沒有真才實學，只會裝腔作勢，弄虛作假，遲早是要露出馬腳的。

悲泣不遇

從前，在周這個地方，有一個衣衫襤褸的老人，坐在路旁邊號啕大哭，好像很傷心的樣子。

行人問他：「你為什麼哭得這樣傷心呢？」

老人回答：「我的命運是這樣不幸！我的鬍子都花白了，卻從來沒有碰上過一次做官的機會。」

行人很奇怪：「怎麼會連一次好的機會都碰不到呢？」

老人回答：「我年輕時候是學文的，學成之後準備考官，可是那時社會上都尊重老年人，年輕人再有學問也不被看重，我也跟著倒楣。後來換了一位新國君，他崇尚武功，我就棄文學武，等我學成了，年紀也老了。那時候社會上又開始重視年輕人，老年人武藝再好，也不被重用。就這樣，我碰來碰去，碰得滿頭白髮，還沒有碰上過一次做官的機會，天啊，好不讓人悲傷！」

在求學上趕潮流，一味追求時尚，吃別人剩下的飯，結果只能失敗。

朝三暮四

宋國有一個老頭很喜歡猴子，因此在家裏養了一大群。

日子一長，他對猴子的性情就瞭若指掌，而猴子好像也懂得了主人的心意似的，經常做一些奇怪的動作來逗老頭開心。

於是老頭愈發喜歡這些猴子，寧可讓家裏人餓著肚子，也要讓那些貪心的猴子頓頓吃飽。

不久，家裏的糧食快要吃光了，他想減少猴子的飯量以節省糧食，但是又怕猴子們不肯答應。怎麼辦呢？一晚上也沒想出個好辦法，害得老頭整夜也沒睡好覺。

第二天一大早，老頭就起了床，走到猴群面前，對牠們說：「從今天起，我給你們吃橡子。每天早上三顆，晚上四顆，你們看怎麼樣？」猴子們一聽，都亂蹦亂跳，齜牙咧嘴表示不滿。

「好吧，好吧。」老頭連忙又說：「增加一點，給你們早上四顆，晚上三顆，總該滿意了吧？」猴子們聽了，都搖頭擺尾趴在地上，表示十分滿意。

只知道盲目計較的人，其實最無知，最容易上當受騙。

郢書燕說

一天夜裏，有個住在楚國郢都的人，寫信給他在燕國做宰相的朋友。因為燭焰偏低，飄忽不定的燭光夾著文房用具淡淡的影子，顯得有一點昏暗，所以這郢人對侍者說了一聲：「舉燭！」

他嘴裏念著「舉燭」的時候，竟然不知不覺把「舉燭」二字也寫到信裏去了。過後他沒有檢查就把信交給了侍者。

燕相國收到那郢人的信以後，反覆看了好幾遍。對這突兀的「舉燭」兩字百思不解。他苦心揣摩了半天，忽然高興地說：「啊呀，老朋友寫信過於含蓄了，舉燭的意思是崇尚光明，而崇尚光明的人必定會推舉光明磊落、才能出眾的人擔當重任。照這樣看，朋友致書突出『舉燭』二字，其用意原來是為我獻策！」

燕相把這個意思告訴了國君，國君也點頭稱是。以後燕國就十分注重選拔重用人才，從而使燕國政通人和，日益強盛。

治則治矣，但郢人信中「舉燭」兩字絕非這個意思。現在人們把那些穿鑿附會、曲解原意的做法，叫做「郢書燕說」。燕相曲解郢書，居然獲得了國家大治的好結果，這只是很特別的例外，在現實中，「郢書燕說」的危害性倒是很大的。

自相矛盾

矛和盾是古時候的兩種武器，矛是用來刺人的，盾是用來擋矛的，功用恰恰相反。

楚國有個人在集市上既賣盾又賣矛，為了招覽顧客，使自己的商品儘快出手，他不惜誇大其詞、言過其實地高聲炒賣。

他先舉起盾牌，向著過往的行人大肆吹噓：「我這盾牌呀，可是用上好的材料一次鍛造而成的好盾呀，質地特別堅固，任憑您用什麼鋒利的矛

也不可能戳穿它。」

停一會兒，這個楚人又拿起了靠在牆根的矛，更加肆無忌憚地誇口：「我這矛呀，它可是經過千錘百煉打造出來的好矛呀，矛頭特別鋒利，不論您用如何堅固的盾來抵擋，也會被我的矛戳穿。」

旁邊的人聽了，不禁發笑，有個人就問他：「你剛才說，你的盾堅固無比，無論什麼矛都不能戳穿；而你的矛又是鋒利無雙，無論什麼盾都不可抵擋。那麼請問，如果我用你的矛來戳你的盾，結果又將如何？」

這個商人聽了，無言以對，只好趕緊收拾了他的矛和盾，匆匆地離開了集市。

楚人說話絕對化，前後矛盾，不能自圓其說，難免陷入尷尬境地。要知道，戳不破的盾與戳無不破的矛是不可能並存於世的。我們做事說話，都要注意留有餘地，不要做滿說絕走極端。

赤刀火布

周穆王派軍隊討伐西邊的犬戎。犬戎人害怕，就進貢了大批奇珍異寶來求和。

在這些珍奇異寶中，有一柄錕鋙之劍，長一尺八寸，是取錕鋙山所產的純鋼鑄造而成的，寒光四射，非常鋒利，用它切堅硬的玉石，竟像削泥一樣。還有一種火浣之布，用它縫製衣袍，沾上污垢油膩，不用水洗，只消投進熊熊的火焰中，布立刻燒成火紅色，而污垢則呈現布色。從火中取出，稍一振抖，衣袍皎然生光，竟像白雪一般潔淨。

西周國中從來沒有見過這樣奇異的東西，宮廷中人個個驚嘆不止，皇太子聽說了，認為他們胡說八道，因為布匹是最怕火的，又怎麼能用火來洗污垢呢？而鋼刀砍在硬木上都會捲刃，又怎麼能削玉如泥呢？因此天下是絕不可能有這樣的東西的。

有位名叫蕭叔的大臣搖搖頭說：「皇太子也太自信了，以為自己沒有

見過的東西，天底下就不會有了。」

俗話說：「眼見為實，耳聽為虛。」這是要我們對任何事情都要調查研究，也就是「沒有調查，就沒有發言權」，而不是對自己沒有見過的東西採取不承認的態度。

葉公好龍

春秋時期，楚國有一位姓葉的員外，人們都尊稱他為葉公。他有個奇怪的嗜好——喜歡龍。在他的房屋裏，所有梁、柱、門、窗都雕上了龍的花紋，牆壁上繪著龍的生動形象，甚至衣服、被帳上也都繡上了龍。

葉公好龍出了名，最後被天上的真龍知道了，大為感動。於是有一天，真龍便下凡降臨到葉公家裏：龍頭從窗戶伸進來，龍尾巴拖在廳堂裏。葉公一見是真龍，登時嚇得魂飛魄散，拚命往外逃跑了。

真龍見到這種情況十分失望，才知道葉公喜歡的並不是真龍，而是假龍。

做人要從實際出發，別為不能做到的事吹噓或美化，否則一經實踐，也就原形畢露了。

田父棄玉

魏國有一個農民在田野裏犁地。忽然，犁頭噹啷一聲，碰著了一個硬東西。農民就在那裏挖，不一會兒的工夫就挖出來一塊磨盤大小的怪石頭。

農民左右打量著這塊雪白晶瑩的石頭，半天也看不出名堂來，就招呼鄰居過來瞧。

鄰居跑來一看，心中登時怦怦亂跳。這分明是一大塊寶玉呀！

他四下裏張望一下，對農民說：「這是一塊怪石，放在家裏，滿門遭殃。據說在上古時候，就有人曾經得到過它，後來這塊不吉利的石頭將他全家都害死了，你還是趕快把它重新埋到土裏吧。」

這個農民將信將疑，由於石頭晶瑩剔透，十分漂亮，這個農民捨不得扔掉，還是把石頭抱回家，放在廊屋的通道上。

夜半時分，這塊怪石忽然光彩四射，把一屋照得通亮。農民一家嚇得戰戰兢兢，忙跑去告訴鄰居。鄰居故作驚慌地叫道：「不得了，鬼神就要降臨了。快把怪石丟掉！」

農民慌忙抱起石頭，飛跑出村，把它遠遠丟在野外。鄰居暗中尾隨，等他把石頭丟掉以後，這個鄰居又重新把它撿了回來，藏在家中。

第二天鄰居就把石頭拿去獻給魏王。魏王看見這塊斗大的寶玉，十分驚異，連忙叫玉工來鑑別。

玉工進門遠遠一望，倒頭拜賀說：「大王洪福，得此無價之寶！」魏王問他值多少錢，玉工答道：「賣掉五座城池，也只夠看它一眼。」魏王大喜，立刻重重賞賜那個獻玉的人。

一個人對客觀事物沒有真知灼見，陷於真偽不分、是非莫辨的情形下，也正是他最容易上當受騙的時候，騙子們是不會放過這個好機會的。要避免這種情況，首先要對事物有客觀認識，加強對事物的調查和研究。

鑿壁移痛

有一個人生了腳瘡，流血流膿，痛不可忍。過了一會兒，他實在忍不住了，便呻吟著對家裏人說：「快，你們快把牆壁給我鑿個洞。」

家人問他鑿洞幹什麼，他不耐煩地說：「你們不用管了，只管鑿就是了，快點！」

不一會兒，洞鑿成了，他忙把那隻疼痛的腳伸進鄰居家裏。

家人問他：「這是什麼意思？」

他回答道：「讓它痛到鄰家去吧！」

出現了問題，不去尋找內在的根本原因，不承認自身的缺點和錯誤，而一味推卸責任，把問題忽視或轉移他人是於事無補的。

不識車軛

有個鄭國人在路上撿到一個車軛（駕車時套在牲口脖子上的器具），他拿在手上左看看，右看看，也沒看出來是個什麼東西。

「哎，」他拉住一個過路人問，「這是什麼東西呢？」

「是個車軛，」過路人說。見他還不大明白，就用手在他脖子上比畫著，「就是套在牛脖子上拉車的東西。」

過了一會兒，這個鄭國人又撿到一個車軛。

「等等！」他一邊叫，一邊追上那個過路人問，「這又是啥東西呢？」

「這也是車軛。」

「又是車軛？」這個鄭國人勃然大怒，「我先前問你，你說是車軛，現在問你，你又說是車軛，哪來那麼多的車軛？這明明是你在欺騙我嘛！」他越說越生氣，捋起袖子要跟人家打架。

事實已經擺在眼前，就應該尊重事實、不顧事實，只根據經驗去判斷問題，難免會做出蠢事來。

黔驢技窮

相傳古時候，貴州沒有驢子。有個喜歡奇事的商人從外地買了一頭驢子，特地用船運了回來。周圍的人聽說了，都非常好奇，紛紛前來觀看。過了一陣子，觀看的人少了。但是貴州山多，驢子派不上用場，那商人只

好把驢子放在山下，隨牠吃草。

有一天，山上下來一隻餓虎，猛然看見這頭驢子，因為牠也從來沒有見過驢子，覺得驢子的個頭比自己高，腿比自己長，蹄子比自己硬，不禁大吃一驚：「哎呀，這個龐然大物是什麼東西？大概是神靈下凡。」老虎不敢暴露自己，慌慌張張躲進茂密的樹林，偷偷觀察驢子的動靜。

第二天，老虎按捺不住好奇心，便試探著走出樹林，想悄悄地走近驢子。誰知被驢子瞧見，猛然間大吼一聲，嚇得老虎拔腿就跑。

老虎拚命地跑了一陣，卻發現後面沒有動靜，老虎又小心翼翼地踱了回來，看到驢子還照樣在那裏吃草。老虎壯著膽子接近驢子，接連幾次，老虎發覺這頭怪物並沒有多大本事，就連那空洞的叫聲也已經聽習慣了，覺得雖然聲音洪亮，但是並不兇狠。

於是，老虎越來靠越近驢子，又試著用爪子去挑逗牠，然後再用身子去撞牠。驢子對老虎的這種挑釁有些受不了，惱羞成怒，揚起後蹄朝老虎踢去。這一踢可就露了底，老虎靈活地躲開了，暗自高興說：「好傢伙，原來只有這點兒本事！」

於是，老虎大吼一聲，猛撲上來，咬住驢子的喉管。任憑驢子吼呀踢呀都無濟於事了。

一個人如果沒有真才實學，早晚都會被強者打敗的。

專修皇冠

古時候，有個小工匠靠磨磨剪刀，敲敲鐵皮過日子。

有一天，他挑著貨擔串村走戶攬生意，在路上恰巧碰見當朝皇帝在郊外遊玩，因不小心跌壞了皇冠。同行的太監便攔住他，請他修補。補好後，皇帝很滿意，賞給他一筆銀子。

回家途中，他經過山林，看見有一隻老虎正在路旁痛苦地呻吟，見人來了，舉起一隻血淋淋的腳掌，做出求救的樣子，原來虎掌上戳進一大根

竹刺。此人便取出鐵鉗拔出竹刺。老虎非常感激，立即銜來一頭鹿作為報答。

小工匠高興極了，回到家裏對妻子說：「好日子要來啦！我有兩樣技術，包管馬上發財。」

第二天，他湊足一筆錢把門面裝修一新，並掛起一塊大招牌，上面寫道：「專門修補皇冠，兼拔虎掌竹刺。」

皇帝的皇冠損壞和老虎掌上戳進竹刺都是極其偶然的事件，如果把希望寄託在偶然的事件上，放棄自己的努力，結果只會一無所獲。

盲人墜橋

古時候，有一個盲人過一座橋，由於不知道河裏的水已經乾涸，所以走在橋上非常小心，摸到橋當中時，忽然一腳踩空，盲人整個人都跌落了下去，他慌忙攀住橋欄，而下半身已經蕩在了空中。他拚命喊救命，兩手抓得緊緊的，生怕一鬆手就要落進深水裏。

來往的行人看見了，就告訴他說：「不要怕，河水早就乾了，放手吧，腳下就是實地。」

盲人說：「你們胡說，我上次來的時候還聽見這裏水流的聲音，怎麼可能這麼快就乾了呢？你們根本就是在看我的笑話，想讓我掉進水裏，你們好看熱鬧是嗎？你們這幫小人，都給我滾開。」

他根本不相信別人對他說的話，還是繼續淒厲地號哭著。

終於，他實在支撐不住了，手一鬆掉了下去，結果腳踩到的真的是實地，他高興得手舞足蹈，自己罵道：「早知道腳下是實地，何必自找苦吃呢？」

我們要時刻注意情況的變化，使我們的思想和行動隨時適應這種變化。抱殘守缺，不知通權達變，只能是自討苦吃。

割肉相啖

戰國時期，齊國有兩位非常有名的勇士，一個住在城東，一個住在城西。

一天，兩人偶然在街上相遇，非常高興，都說好久不見了，應該找個地方喝上幾杯。

於是兩個人找了一家酒樓，先要了幾碗酒，老闆把酒端上來，兩個勇士都迫不及待地端起酒就喝。

喝了幾杯之後，一人說：「光這麼乾喝沒意思，你等著，我去買幾斤豬頭肉下酒。」

另一個說：「真是多此一舉，你我身上有的是肉，又何必另外找肉呢？」

於是兩位勇士相視大笑，拔出刀來，割下身上的肉交換著吃，沒吃多久，就都血盡而死了。

勇敢本來是人類最可貴，也是最稀有的品德，可是如果勇敢用錯了地方，就成了愚蠢。這樣的勇敢，反而會害了自己。

荒野中的野雞

有一隻生活在荒野中的野雞，牠每天都要忙忙碌碌地尋找食物。牠通常要走很遠才能啄一口食，用一整天的時間才能填飽肚子。

儘管牠的生活很辛苦，但是牠的羽毛卻長得滋潤光滑，十分美麗，牠飛起來的時候，身上的花紋比天上的彩虹還要豔麗，看到頭上廣闊的藍天點綴著朵朵白雲，草地、沼澤、山川從自己身下掠過，牠的心情舒暢極了，忍不住叫了起來，那叫聲高亢嘹亮，響徹了整個荒野。

有一個喜歡野雞的人看到牠每天都那麼辛苦地找尋食物，就把牠捉回家，關在糧倉裏，讓牠隨時都能吃到糧食。

可是沒過多久，這隻野雞就像生了病一樣，整天垂頭喪氣的，再也聽不到牠那嘹亮的叫聲，而牠身上的羽毛也變得亂蓬蓬的，失去美麗的光澤了。

生活辛苦一點，這並不能說明你不幸，真正的不幸是沒有自由的生活。

斥笑鵬

相傳遠古時候有一種大鳥，名叫鵬。這種鳥外形奇大無比，牠的背脊好似巍峨的泰山，牠展開雙翅，宛如遮天的烏雲。平時牠收起翅膀，棲息在北山之上，待到六月，牠便舒展雙翼，乘風直上九萬里。然後背負青天，直飛向南，最後在南海上降落。

有一隻小雀在草叢裏蹦蹦跳跳，抬頭看見鵬掠天而來，便唧唧喳喳笑著對同伴說：「瞧這個笨重的傢伙，沒有大風就飛不起來，多麼可笑！我雖然跳不到一尺，飛不過數丈，可是想跳就跳，想飛就飛，在麻蓬荊棘之處鑽進鑽出多麼自在，可牠呢，哈哈，看牠飛到哪裡去！」

牠的同伴非常嚴肅地說：「儘管你飛行不需要借助大風，但是你永遠也達不到鵬那樣的高度。」

每個人都有自己的目標和對未來的發展方向，不能用你自己認為的所謂「對」的目標去衡量別人，這種行為是錯誤的。

鼯鼠的本領

森林裏要舉行比武大會，比賽項目有飛行、賽跑、游泳、爬樹和打洞。

動物們聽到消息後，就紛紛前來報名參加自己拿手的項目。鼯鼠也來

了，牠提出要參加所有項目的比賽。

負責報名的烏魚一聽，拿眼上下打量著問牠：「這五種本領你都會嗎？」

「是啊，都會！」鼯鼠自豪地回答說。

站在旁邊的幾隻小麻雀這時都閉了嘴，佩服地看著牠，然後又唧唧喳喳地飛走了，逢人就說：「鼯鼠可厲害了，牠什麼都會！」

不久，比賽開始了，最先比的是飛行。一聲哨響，老鷹、燕子、鴿子一下就飛得沒影了，而鼯鼠呢，撲騰著飛了幾丈遠就落了下來，著地時還沒站穩，直接摔在了地上。

在賽跑比賽中，兔子跑得最快，牠還躺在地上睡了一覺，結果鼯鼠還跌跌撞撞地沒有跑到終點。

在游泳比賽中，鼯鼠遊到一半就游不動了，大聲喊起救命來，多虧了好心的魚把牠馱回岸上。

比爬樹時，鼯鼠還沒爬到樹頂就抱著樹枝不敢再爬，頑皮的猴子爬到樹頂後摘了果子往牠頭上扔，明知道牠不敢用手去接，還故意說請牠吃水果。

和穿山甲比賽打洞，穿山甲一會兒就鑽進土裏不見了，鼯鼠吃力地刨啊刨啊，半天才鑽進半個身子。觀眾們見牠撅著屁股怎麼也進不去，都哄笑起來。

鼯鼠雖然有五種本領，可一到用的時候卻沒有一樣中用的，這哪能算是有本領呢？我們在學習中也是這樣，光學得種類多是不夠的，還要學得精才行。

老虎與刺蝟

有一隻老虎在野外尋找食物，看見一隻刺蝟正躺著曬太陽，嘴裏哼著歌。老虎以為是一個鮮美的肉團，饞得直嚥口水，連忙跑過去用嘴把刺蝟

叼起來，刺蝟頓時把身子一捲，刺中了老虎的鼻子。

老虎從沒遇到過這種情況，大吃一驚，甩也甩不脫，痛得嗷嗷怪叫，狂奔亂跳，逃進深山。老虎跑得精疲力竭了，不知不覺停下來睡著了，刺蝟見老虎睡著了，就放開老虎的鼻子跑了。

老虎醒了以後，發現刺蝟不見了，非常高興。牠經過一棵栗子樹時，準備在那兒休息一會兒，無意中看到滿地脫掉刺殼的栗子，以為又是刺蝟，就側著身子恭敬地說：「剛才碰見你們的父親大人，我已經領教過尊父的厲害了，願乞小郎君高抬貴手，讓過我吧。」

吃了苦頭，吸取教訓是應該的，但也沒有必要「一朝被蛇咬，十年怕井繩」。有些人遇到挫折後會像老虎一樣變得怯懦，喪失進取心；而有些人則會變得更加堅強、積極。

烏龜訓子

在一個貧瘠而偏僻的山溝裏住著一群小烏龜。

這群小烏龜非常淘氣，總想爬到山溝外邊，尋找肥沃的池沼去遊玩尋食。烏龜媽媽常常警告牠們說：「小心，不要到那兒去！池沼旁邊有獵人等候著，一旦捉到你們，就會用刀殺了你們。」

但是這些小烏龜卻根本聽不進去，把這些話當成耳邊風。

有一天，牠們相約偷偷爬出山溝，來到明亮而肥沃的池沼旁邊，高高興興地玩耍起來。

獵人早就埋伏在樹叢裏，他用繩鉤一隻一隻地把烏龜套住了，只有幾隻小烏龜僥倖逃了回來。

烏龜媽媽一見只回來了幾隻小烏龜，忙問：「你們上池沼去了嗎？是不是碰見獵人啦？」

「獵人倒沒有碰見，」小烏龜回答道，「只看見一根長長的繩子追在我們屁股後面。」

「小傻瓜！」烏龜媽媽生氣地說，「就是這根長繩子，早先你們的爺爺也是因為它丟掉性命的。」

前人的經驗要吸取，不要一意孤行，否則就會犯和前人一樣的錯誤。

蝨子吵架

在一頭豬身上住著一些蝨子。一天，有兩隻蝨子在豬肚子上相互爭吵不休。有隻蝨子從旁邊經過，說：「你們吵吵鬧鬧的是為了什麼？」

吵架的蝨子說：「我們都想住在最肥最暖和的地方。」

「哦！原來是為了爭地盤呀！」這個從旁經過的蝨子說，「可是你們知道嗎？還有兩個多月就要臘祭了，那時候人們將要點燃茅草殺豬祭祖，到時候你們一個也活不了。都快死到臨頭了，你們還在為一點地盤吵來吵去，真不像話。」

「那我們該怎麼辦啊？」吵架的蝨子害怕起來。

「我聽說人怕出名豬怕壯，豬一壯就要挨刀子了。我們趕緊吸豬的血，別讓牠壯起來才好。」

這兩隻蝨子於是便停止了爭吵，相互擠在一起拚命地吸豬身上的血。豬變瘦了，到臘祭時主人便沒有殺它。

只考慮眼前利益，不考慮長遠利益，最終什麼利益都得不到。

巧舌如簧

蝙蝠很不小心地闖進了黃鼠狼的家，黃鼠狼以為是一隻老鼠，就立即想把牠吃掉。

蝙蝠辯解道：「我不是老鼠，您見過有翅膀的老鼠嗎？我和牠們一點關係都沒有，上帝給了我一對奇妙的翅膀，使我能在空中飛翔。況且我們

家還有好幾個孩子需要我的撫養，你是不應該吃掉我的！」

蝙蝠說得聲淚俱下，黃鼠狼感動了，就放了牠。

倒楣的蝙蝠在兩天後又是一不小心，闖進了另一隻黃鼠狼的家裏。

這一次這隻黃鼠狼以為牠是隻鳥，也恨不得馬上吃掉牠。蝙蝠又遭遇了生死的考驗，牠不得不再次為自己的生命辯解：「親愛的夫人，您是不能夠吃掉我的，首先我不是一隻鳥，您見過有哪隻鳥沒有羽毛嗎？我只是一隻可憐的小老鼠，您應該放掉我！」於是，黃鼠狼又放了牠。

蝙蝠就這樣兩次保全了自己的生命。

面臨對抗性的危機，一定要學會揣摩對方的心思，然後去尋找化解的辦法。

狡猾的老鼠

蘇東坡年輕的時候，有一天夜裏躺在床上休息，他看見有一隻老鼠正在咬東西。他拍打了一下床板，老鼠停止了囓咬，但聲音馬上又響了起來。蘇東坡於是叫童子拿出蠟燭照了照，發現了一隻空口袋，聲音就是從這口袋裏發出的。

蘇東坡說：「哦，原來這隻老鼠是因為鑽進袋子裏出不來才啃東西的呀！」童子打開口袋看了看，裏面悄然無聲，像沒有什麼東西一樣，再舉起蠟燭照著搜了搜口袋，發現裏面有一隻死老鼠。

童子驚訝地說：「咦，真是奇怪啊！牠剛才還在咬東西，怎麼忽然就死了呢？剛才那個聲音，難道是鬼發出的嗎？」

童子翻過口袋把老鼠倒了出來，老鼠一落地就跑掉了。即使是手腳極快的人，也拿牠沒辦法。

蘇東坡感嘆道：「這隻老鼠居然這麼狡猾！」

壞人通常會使用欺騙的伎倆麻痺人。要識破壞人的花招，就不能被假象所迷惑。

猴子逞能

吳王乘船順著長江遊覽，興之所至，停船上岸，登上一座猴山。眾多猴子見了吳王一行，都十分害怕地逃到荊棘叢中去了。唯有一隻猴子，從容地在樹上跳來跳去，在吳王一行人面前顯示牠的靈巧。吳王操起弓箭來射牠，牠能敏捷地接住飛來的箭矢。吳王大怒，命令隨從們一齊射箭，那隻猴子被射了下來，死了。

吳王回過頭來，對他的友人顏不疑說：「這隻猴子呀，自恃它的身手靈巧，行動敏捷，來表示對我的藐視，走上死路，是自己找的。你不要對人表現出驕傲的神色來啊。」顏不疑陪吳王旅行歸來之後，立即去請教賢人董梧，來改變他的神情氣質，遠離聲色，拒絕榮顯，三年之後，得到了京城中人們的普遍讚譽。

不要仗著自己僅有的一點本事無法無天，殊不知，這些本事在別人眼中只不過是小伎倆而已。鋒芒太露的人結局總不大美妙。

貓頭鷹的叫聲

貓頭鷹遇到斑鳩，斑鳩就問牠：「你準備去哪裡呢？」

貓頭鷹回答說：「我要搬到東方去。」

斑鳩又問：「為什麼呢？」

貓頭鷹說：「村裏人都討厭我的叫聲，所以我要搬到東方去。」

斑鳩說：「如果你能改變你的叫聲，搬到東方去是可以的；如果不改變叫聲，即使搬到東方去，東方的人也會討厭你的叫聲的。」

生活中常常可以見到這類人：自己有錯誤、有缺點，與周圍人關係不好，不從自身找原因，反倒怨天尤人，怨環境不好，怪別人不對。殊不知，自己不從根本上改掉缺點，走遍天下也是個不受歡迎的人！

翠鳥移巢

翠鳥做窩的時候，最初把巢做在很高的地方，為的是躲避災禍。

後來小鳥孵出來了，翠鳥非常疼愛自己的小寶貝，生怕牠們從窩裏摔出來，就把窩移到低一些的地方。漸漸地，小鳥長出毛來了，毛茸茸的，十分可愛。

翠鳥更加喜歡自己的孩子了，又把窩移得更低一些。然而，災難也因此發生了，因為移的太低，所以人們很輕易的把牠的孩子都捉走了。

事情往往有利有弊，我們準備做的時候不能光看事情給你帶來什麼利益，而且還應該注意到有什麼害處。

河豚發怒

河裏有一種叫河豚的魚。

有一次，一隻河豚遊到橋下不小心撞到了橋墩上。牠不知道遠遠地避開橋墩，卻十分惱怒地怪罪橋墩觸犯了自己。

河豚越想越生氣，牠張開兩腮，惡狠狠地瞪著橋墩，很長時間都沒有動。

這時一隻老鷹正好從這裏飛過，牠看見水面上的河豚裸露出肥碩的身體，又饞又喜，用長而尖的嘴猛地啄去，把牠抓了起來，飽飽的美餐了一頓。

每個人都會有倒楣失敗之事，有不慎出錯之時。此時此刻，如果不知總結教訓，不思改正錯誤，反而怨天尤人，那就會犯更大的錯誤，導致更大的損失。

一匹馬和一頭驢子

唐太宗貞觀年間，長安城西的一家磨坊裏，有一匹馬和一頭驢子，牠們是好朋友。馬在外面拉東西，驢子在屋裏推磨。貞觀三年（西元629年），這匹馬被玄奘大師選中，出發經西域前往印度取經。

貞觀十九年（西元645年），這匹馬馱著佛經回到長安。牠重到磨坊會見驢子朋友。老馬談起這次旅途的經歷：浩瀚無邊的沙漠，高入雲霄的山嶺，凌峰的冰雪，熱海的波瀾……那些神話般的境界，使驢子聽了大為驚異。

驢子驚嘆道：「你有多麼豐富的見聞呀！那麼遙遠的道路，我連想都不敢想。」「其實，」老馬說，「我們跨過的距離是大致相等的，當我向西域前進的時候，你一步也沒停止。不同的是，我與玄奘大師有一個遙遠的目標，按照始終如一的方向前進，所以我們打開了一個廣闊的世界。而你被蒙住了眼睛，一生就圍著磨盤打轉，所以永遠也走不出這個狹隘的天地。」

也許，我們曾不滿於自己的平庸；也許，我們曾抱怨過生活的無聊；然而，當我們在心中為自己設下目標並持之以恆地向前邁進時，我們的生活也就揭開了新的一頁。

鸚鵡滅火

有一隻鸚鵡不小心飛到了別的山上，山上的飛禽走獸見了牠，都十分敬重牠，希望牠留下來。鸚鵡想，雖然這裏很快活，但不是久留之地，於是離開了那座山。

幾個月後，那片山林起了大火，鸚鵡看見了，就飛入水中，沾濕自己的羽毛，然後飛去把水灑在大火上。

牠的行為被天神看見了，天神說：「雖然你有滅火的堅強意志，但就

憑你灑的這麼一點點水，是根本不能撲滅大火的。」

鸚鵡回答說：「我知道自己不能撲滅大火，但我曾經在這山上住過，山裏的飛禽走獸都把我當兄弟一樣看待，如今牠們有難了，我又怎麼忍心看著牠們被大火焚燒呢？」

天神聽後，深受感動，於是就幫牠撲滅了大火。

精誠所至，金石為開。只要你能真誠勤勉地去做一件事，那你就一定會獲得成功。

國馬與駿馬

唐朝時期，有個騎國馬的人與一個騎駿馬的人同在一條路上行走，駿馬一時失控，咬傷了國馬的脖子，鮮血流了一地。國馬對駿馬的挑釁和攻擊，並沒有發作，就像沒事一樣照舊行走，神情自如，也不回頭看，像什麼也沒發生似的。

反而駿馬倒像是一匹受了傷的馬，回到家中，不吃草，不喝水，站在那兒顫抖了兩天。駿馬的主人見了非常納悶，便把這事告訴了國馬的主人。

國馬的主人說：「牠大概是為咬國馬的事而羞愧，沒關係，我把國馬牽到你那裏去，開導駿馬一番，讓牠知道自己犯了過錯就行了。」

於是他就把國馬牽到那兒去了。國馬見到駿馬，立刻走到跟前，不停地用鼻子去親近駿馬，又和牠同槽吃草，不到一個時辰，駿馬的毛病就自動好了。

駿馬的主人見了十分感慨，他說道：「長四隻腳而能吃草的，是馬一類的動物；長兩隻腳會說話的，是人類。像這匹國馬，雖然光吃草不吃飯，雖然光會嘶叫不會說話，但牠們用心思考問題，富有感情，就像人。國馬受到侵犯而不計較，寬容大度，所以才稱得上是國馬；駿馬閉門思過，不吃不喝，知錯能改，所以叫駿馬。」

國馬對冒犯自己的駿馬表現出的寬宏大量，固然令人欽佩，而駿馬最後良知發現，勇於承認錯誤，並徹底改正錯誤，同樣也是令人讚賞的。我們人類也應該學學這兩匹馬的君子之風啊！

截冠公雞

唐朝，有個名叫李翱的人，有一次他出遠門，暫住在一個老百姓家的土窯裏，那家人養了22隻雞，其中7隻公雞、15隻母雞。這些雞啄食、飲水，很好接近人，李翱很喜歡牠們，經常餵食牠們。所以李翱只要一從屋子裏面出來，這些雞就會立刻迎上去。

有一次，李翱捧來一些米撒在地上，喚牠們來吃。這時有隻冠子被截去一半的公雞看見地上的米，沒有立即就吃，而是仰起頭來高叫，眼睛向四周望，好像在呼喚別的雞來吃。

群雞聽到呼喚飛跑過來，搶著啄食地上的米，而對那隻被截了冠子的公雞卻群起而攻之。有的啄牠，有的拖牠，有的羞辱牠，直到把牠趕走。

傍晚，群雞成群結隊棲息在堂前屋樑上，咯咯地不停叫著，好像在聊天，講著白天發生的事情，十分熱鬧。那隻被截了冠子的公雞也跑過來，想跟大家一起聊天，一起過夜。牠立在屋梁下，仰起頭望了望，向四處看了看，小聲叫了幾下，又大聲叫了幾下，好像在向群雞乞求，聲音十分悲哀。

屋樑上的群雞，聽到牠乞求的叫聲無動於衷，而且還不時地發出嗤之以鼻的聲音，好像是不允許牠跟牠們一起過夜。那隻被截了冠子的公雞無奈，只好默默離開。牠來到院子裏，叫了幾聲，飛上一棵大樹頂，獨自過夜去了。

李翱看到了此情此景，對這家的主人說道：「被截冠子的公雞發現食物呼喚同伴共用，這是講義氣呀！別的雞不是因為牠的呼喚才獲得食物嗎？為什麼還要羞辱牠，趕牠走呢？為什麼不讓牠入群為伴呢？」主人告

訴李翱說：「這隻公雞是隻客雞。它是鄰居陳家的雞，因為他家的母雞死了，只剩下牠一隻雞，所以就把牠寄養在這裏。這隻雞勇猛善鬥，我家那六隻公雞聯合起來，也不是牠的對手。群雞妒忌，所以才聯合起來對付牠，不讓牠吃食，不讓牠一同棲息。即使這樣，那隻公雞還一如既往，見了食物仍然熱情地呼喚群雞，即使群雞不報答它，牠也不改變自己的做法。」

李翱聽到主人的介紹，非常感慨地說：「禽鳥，雖然是小東西，也有講究義氣、性格耿直的，也有小肚雞腸、欺生排外的。雞群當中都是這樣，何況是人呢？何況是朋友呢？何況是朝廷呢？我一定要記下這件事，讓它成為社會的一面鏡子。」

縱然受些委屈，仍初衷不改、義字當先、善待同類，這是人所應遵循的道德準則。

愛背東西的小蟲

有一種很會背東西的小蟲子，牠走路時，無論碰見什麼東西，都要撿起來，背到自己背上，然後昂著頭走路。就這樣，一路撿，一路背，背的東西越來越重，即使疲勞到了極點還是不停地往背上加東西。

牠的脊背非常粗糙，背上的東西沾在上面不容易掉下來，如果牠跌倒了，常常會因為背上的東西太多而爬不起來。有人很同情牠，便替牠去掉背上的東西，但是，牠只要是能夠爬行，就仍像先前一樣，撿了東西就往身上放。牠還喜歡往高處爬，常常因為背上的東西太多而從高處掉下來摔死。

在人類社會中有很多人像它一樣，他們不僅千方百計地撈取錢財，還要千方百計地撈取名聲。其實，過分追逐名利就像這種小蟲撿東西一樣，遲早有一天會因此摔倒的。有的人因為愛慕虛榮而最終身敗名裂；有的人因為貪贓枉法而被法律制裁。這些人雖然長得比牠高大，可是他們的見識

卻與這種小蟲子一樣。

人生在世，首先就應該去掉「貪婪」二字。否則，貪欲就會日益膨脹，就會變成繩索死死地束縛你，變成洪水猛獸無情地吞噬你。

大鯨

在渤海岸邊，有一隻大鯨在那裏稱王稱霸，就連兇猛的鯊魚也要聽牠的命令。這天，牠要一群鯊魚為牠追逐肥美的魚兒。鯊魚們抓到魚，就叼回來給牠吃，小船那麼大的魚，它一口氣吃了幾十條還不滿足。

牠掀起滔天巨浪，連巨大的島嶼都像要被簸掉似的。牠命令鯊魚：「快給我抓！抓！抓！」

後來，牠嫌鯊魚動作太慢，乾脆自己親自向魚群撲過去，想一口把所有的魚都吞掉。結果，因為衝得太猛，終於擱淺在北面的碣石山前，最後乾渴而死。這時，先前被牠當做食物的那些魚兒反過來爭著去咬食牠。

老子認為，大自然的運動規律就是「損害強大的，補充弱小的。」依仗自己的強大欺凌弱者的人，就算不遭到弱者的反抗，也必將遭到自然的懲罰。

橘樹的蛀蟲

橘樹上有一種蛀蟲，只有小拇指那麼大，頭上長有一隻長長的角，身體蜷縮在一起很像天牛的幼蟲，只不過牠的顏色是青色的，牠隱藏在樹葉下面，仰起頭來吃葉子，與飢餓的蠶兒吃桑葉速度不相上下。如果有人拿東西碰牠一下，牠總是豎起頭上的角，怒氣衝衝地擺出一副桀驁不馴的架勢。

一天，人們發現牠待在樹上，不吃樹葉也不動彈。第二天再去看時，

這蛀蟲正在由幼蟲變成蝴蝶。牠的身子動動停停，翅膀還沒有展開。牠的腰和背是黑色的。翅膀是青色的，身上夾雜著紅色和黃色的斑點，它的肚子鼓起來是一個橢圓形，頭上還長了一對又細又長的矮縷般的觸鬚。

這時候牠就像醉了酒剛醒一樣，瘦弱的翅膀還不能夠張揚。再過一天又去看時，牠已經能憑藉微風和露水，沿著樹枝向上爬，爬著爬著，牠就輕輕展開翅膀向高空飛去，一眨眼就不見了蹤影。牠有時隱藏在蕙草之間，有時停棲在竹子枝頭，有時在廣闊的天空中輕盈地飛翔，姿態十分優美。可是，一會兒，牠觸到了蜘蛛網，被黏住了。

蜘蛛迅速爬過來，一邊吐絲一邊在牠身上環繞，將牠捆了個結結實實，如同戴上鐐銬一樣。

世上一些害人的東西，往往偽裝得很巧妙，讓人從表面上看去甚至還覺得有幾分美麗、可愛。特別是他們受到懲罰時更是楚楚可憐。但是，對敵人的同情恰恰就是對自己的傷害。

烏賊求全

烏賊遇到危險時能放出墨汁而使海水變黑。

一天，一隻烏賊在淺海裏遊玩，一條大魚朝牠撲過來，想吃了牠。烏賊使出牠祖傳的絕招，一邊後退，一邊放出墨汁。大魚眼前漆黑一片，什麼也看不見，只好掃興地游走了。

過了幾天，烏賊又游到海面上，牠害怕被那些大魚發現，便吐出墨水把自己隱蔽起來。一隻海鳥在海面上飛，看到了一團烏黑的海水，感到很奇怪，後來知道黑水下面有魚，便衝向水裏將烏賊抓了起來。

烏賊的祖傳絕招是好還是壞，還得看場合、看條件、看對象。凡事有一利必有一弊，有了本領還要會靈活運用才行。

東海巨魚

東海有一條巨魚，沒有人知道牠究竟有多大，因為知道的都被牠吃掉了。有時候航海的人在海上航行，看見前面有一座很大的島嶼，等到走近了才發現那是這隻巨魚的背。但是，這時候想要逃命已經晚了，巨魚輕輕一擺尾巴，掀起一個巨大的旋渦，眨眼間，一船人就葬身海底。

巨魚捕食，一張口就能吸進上萬條魚。牠常常追趕魚群，掀起驚天巨浪，吞吐之間，海上的數十條船都會粉身碎骨。

有一次，巨魚逆著潮水游到了羅剎江，但退潮時卻被擱淺在那裏。江邊的人們驚訝地發現，潮水退了以後，江邊出現了一座山。人們爭先恐後地爬到山上想看個究竟，忽然腳下顫動起來，人們驚恐萬分。有膽大的用斧頭砍開鱗甲一看，下面全是肉。於是人們把巨魚的肉一塊塊割下來，裝滿了幾百條大船。上萬隻烏鴉和禿鷲飛過來，啄巨魚屍體上的肉。

事物發展到了極致，必然走向它的反面。這一規律同樣體現在人類社會，仗著自己的強大欺凌弱者，這樣的人很容易走向滅亡。

夔與鱉

有一次，東海神君與北海神君在一座島嶼上相會。他們的隨從，即一些蝦兵蟹將，都按地位高低出來依次相見。

有隻名叫夔的單足水獸，也出來拜見海神，一隻鱉看見了，就伸長脖子笑了起來。夔問道：「你在笑什麼？」

鱉答道：「我笑你走路的樣子啊，一蹦一跳的，我很擔心你會一不小心就摔倒啊。」

夔答道：「我雖然是一蹦一跳的，但你一跛一跛地爬行不也一樣嗎？而且我只用一條腿走路，你卻要用四條腿，四條腿都不能平穩的支持自己的身體，走路還會一跛一跛的，為什麼笑我呢？如果你直起腿走路，就會

勞心損肝，如果你不直起腿走路，又會磨破你的肚子，像你這樣整天趴在地上爬行，能走多遠呢？你還是多操心一下你自己吧！」

每個人都有自身的長處，也都有自身的短處，如果只會批評別人，而不作自我批評；只指責別人的過失而原諒自己的過失；只看到別人的缺陷，而不惜挖苦諷刺，其結果，只會像那隻鱉一樣，自討沒趣。

八哥與知了

八哥這種鳥生長在南方，牠的模仿能力非常強。南方人將牠捉來，訓練調教，時間長了，牠就能模仿人說話的聲音。但是牠只不過能模仿幾句簡單的話，一天到晚說來說去，還是那麼幾句話。

一天，有一隻知了在院子裏鳴叫，八哥聽到後就恥笑知了。

而知了對於八哥的嘲笑並沒有在意，而是對八哥說道：「你會模仿人說話，這很好，可是你說的那些話，其實等於沒有說，哪裡比得上我能叫出自己的意思呢？」

聽了這番話，八哥慚愧地低下了頭，從此以後，再也不模仿人說話了。

只有經過自己創造後獲得的成果，才是有意義的，才是長久的；而不經過自己的誠實創造，只靠剽竊、模擬他人的成果，則是可恥的，也是沒有生命力的。

猱搔虎首

森林裏有一種猴類叫「猱」，牠小巧靈活，善於爬樹，一副爪子長得像小刀子一般尖利。於是百獸之王老虎的頭皮只要一發癢，就讓猱用爪子搔。

時間一長，猱就在老虎的後腦殼上搔出一個小窟窿。老虎閉著眼睛，聽任猱在頭上抓，感到十分舒服，一點兒也沒有察覺出來。

抓著抓著，猱就用腳爪伸進小窟窿，掏出老虎的腦漿吃。吃飽了，便把剩下的奉獻給老虎，老虎也不問情由，吃得津津有味，覺得猱對自己挺忠誠，愈加相信牠了。

漸漸地，老虎的腦漿被掏空了。

有一天，病終於發作了。老虎痛得死去活來，嗷嗷亂叫。等牠掙扎著爬起來，去找猱算帳的時候，猱早就躍上了高高的大樹。

某些缺點或不正確的思想，如驕傲自滿、愛聽恭維話、不能接受不同意見等，容易使人們被片面的主觀感覺所蒙蔽，看不見客觀真相。因此，我們要防微杜漸，警惕自己的「頭皮發癢」。

仁義的鶻

有一種叫「鶻」的鳥，雖然外表兇狠，但卻是鳥類中的仁者，動物界的義士。

有一隻鶻鳥將巢建在長安薦福寺的浮屠塔上，一住就是很多年。住在佛寺裏的人，時間久了，就對牠很熟悉了。

他們對別人說：「冬天的傍晚，這個鶻一定要把一種很小的鳥完好地帶回來，用左右爪交換著捂緊小鳥，以使牠感到暖和。到了早晨，鶻再把小鳥帶到塔上放掉，然後伸著腦袋眺望，一直望到小鳥飛不見了，鶻才朝著牠相反的方向飛去。如果那隻小鳥向東方飛走，那麼，鶻在這一天就不去東方覓食了。小鳥往南、往西或往北，鶻也都一樣。」

要瞭解鶻鳥並不簡單，牠的外貌和品行差別太大了。可見，鳥不可貌相，人更不能貌相。以貌取人，往往會導致善惡顛倒、好壞混淆。

雁奴

雁奴是雁群中最小的雁，牠的性情機警。雁群在夜晚停宿時，雁奴都不會睡覺，牠要為雁群觀察放哨。只要聽見一點人的聲音，牠就會鳴叫起來，群雁聽到牠示警，就會相互呼喚著飛離而去。

群雁的這種習性被村民們知道了，於是他們就設了詭計來捕捉群雁。

村民們先觀察好堤岸、湖邊這些群雁常棲的地方，暗中在那裏布下大網，又在大網旁邊挖上許多洞穴。

太陽還沒落山時，人們就各自拿著繩索躲在洞穴中，等到夜盡天明時，就在洞外點起火來，雁奴看見後就發出鳴叫，人們連忙撲滅火。群雁驚醒後，沒有發現什麼異樣，便又接著睡起覺來。

這樣連續點了三次火，又撲滅了三次，雁奴三次警鳴，群雁三次驚醒，最後都沒有發現什麼動靜，於是群雁就責怪雁奴報警不靈敏，都用嘴去啄牠，然後又都安然休息。

過了一會兒，人們又將火點燃，這次雁奴害怕眾雁又來攻擊牠，不敢再鳴叫了。

人們見雁奴不再鳴叫，便張開大網捕捉，群雁中有一半都被捕獲了。

憑著一兩次有限的經驗而作出的判斷，往往是片面的，甚至是錯誤的；憑著片面乃至錯誤的判斷而掉以輕心，往往會陷入危險的境地。

獼猴分鯉

有兩隻獼猴住在一條小河邊。一天，牠們從河裏捉到一條又肥又大的鯉魚，兩隻獼猴不知道怎麼分配這條鯉魚，便守在那兒，顯得愁眉不展。

這時，有隻野豺來到河邊喝水，看見那兩隻獼猴正在談話，便問道：「你們這兩個小傢伙，守在這裏幹什麼？」

獼猴說：「豺大哥，我們在河裏捉到了一條鯉魚，但不知道怎麼分

配，您能幫我們嗎？」

野豺說：「當然可以，我有一個分法，可以把魚分成三份。」

野豺接著問獼猴：「你們兩個誰最喜歡去淺水裏啊？」

一個獼猴搶著答道：「我最喜歡去。」

野豺又問：「那，誰又喜歡去深水裏呢？」

另一個獼猴答道：「我最喜歡去。」

野豺便說：「你們聽我說分法吧，喜歡到淺水的應該分給魚尾，喜歡到深水的應該分給魚頭，魚身中間的一段，應該分給知道分法的舅舅。」

有時，想依賴第三者來當「救世主」，只會導致肥水流入外人田。

鴆與蛇

一條蛇和一隻鴆偶然在路上相遇，鴆便上前去啄蛇。蛇對鴆說：「世上的人們都說你毒。毒，是多麼壞的名聲啊！你之所以有這樣壞的名聲，就是因為你吃我啊。你如果不吃我，就不會有毒；沒有毒，你就不會再有壞名聲了。」

鴆笑了笑，說：「難道你就沒有毒害世人嗎？你指責我毒，完全是狡辯啊。你毒害人們，是存心咬人。我恨你咬人，所以吃你，以示懲罰。世人看我能治你，所以養著我來防範你。又知道你的毒液會浸染我的羽毛和肢體，所以又用我來泡酒殺人。

我身上的毒，完全來自你，我疾惡如仇，蒙受了不好的名聲。然而，用鴆酒殺人的人，本是世上的惡人，不能怪我，就像人們持刀殺人一樣，是刀有罪呢，還是人有罪？這樣看來，我對世人無害是很明顯的事了。

世人畜養我而不養你，就可證明這一點。我無心毒害人，卻因疾惡如仇而蒙受惡名，但我還是能為人所用。我的所作所為，能夠保全自身。能夠保全自己我也甘心承受惡名，其實這也不是什麼惡名。你懷著惡毒的用心，睜著貪婪的眼睛躲藏在草莽之中，伺機咬人，並以此為樂。現在遇到

了我，這是天意。你難道還想詭辯、免去一死嗎？」

蛇無言以對，終於被鳩吃了。

有心除惡，即使蒙受惡名，終究會被人理解，也終究能保全自身；有心作惡，無用於人者，最終是逃脫不了應有的懲罰的。

亂叫的八哥

一本書讀懂中國大智慧

一隻喜鵲在樹上築了一個巢，巢壁是用柔軟的細樹枝編成的，巢頂是用玉米葉搭成的，在巢的窗戶上還插了一朵牽牛花。喜鵲很喜歡自己的屋子，每天都要打掃好幾遍。

有一天，一隻老虎從樹林走出來，大吼一聲，然後伸伸腿，彎彎腰，活動筋骨。

「不要吼啦！再吼我就要生氣啦！」喜鵲一見老虎，哇哇大叫起來。

一群八哥聽見喜鵲叫，也飛過來跟著亂叫起來，七嘴八舌好不熱鬧。

黃鸝見了，就問喜鵲：「老虎是在地上行走的動物，牠又不能把你怎麼樣，你為什麼要衝它大喊大叫呢？」

喜鵲說：「老虎一吼就會生風，我擔心風會刮倒我新蓋的屋子。」

「那你們叫什麼呀？」黃鸝轉過頭去問那些八哥。

「我們……」八哥們互相看著，說不出理由來，只好搖搖頭。

「唉！」黃鸝笑著說，「喜鵲怕老虎的吼聲弄倒牠的屋子，所以對著老虎叫。可是你們的家在山洞裏，為什麼也跟著亂叫呢？」

只會盲目跟隨、做事沒有主見的人，就像八哥一樣可笑。

蜈蚣、蛇和鼻涕蟲

有一條毒蛇在野外遇到一條蜈蚣，由於蜈蚣是毒蛇的天敵，因此這

414

條毒蛇轉身就想逃。但是，蜈蚣快速地圍著毒蛇轉圈子，蛇被轉得暈頭轉向，不知道該往哪裡逃，只好張大了嘴呆呆地看著蜈蚣。蜈蚣縮起頭，弓起身子，然後猛地一彈，像箭一樣進毒蛇的嘴裏，鑽進牠的咽喉，吃掉了牠的心，牠斷了它的腸子，從牠的肛門爬了出來。毒蛇到死都不知道這是怎麼回事。

一天，在牆腳下，蜈蚣碰見了鼻涕蟲，就想過去咬牠。蜈蚣的表弟多腳蟲說：「這個小傢伙很屬害，你千萬別去惹牠。」

「膽小鬼！」蜈蚣罵道，「你想騙我，那天那條毒蛇夠屬害吧？牠咬了樹，樹就會枯萎；咬了人或者野獸，人和野獸就會死掉。牠的毒性就像烈火一樣兇猛。可是我呢，我鑽進牠的喉嚨，吃牠的心，把牠的血當酒喝，用牠的腸子來卜酒。毒蛇我都不放在眼裏，這條不到一寸長的小爬蟲算什麼？」

蜈蚣走上前去，對著鼻涕蟲就是一耳光。鼻涕蟲把頭一縮，朝蜈蚣吐出一股黏液。蜈蚣被黏在地上動彈不得。最後被一群螞蟻吃掉了。

天外有天，人外有人，一個人就算再屬害也不可驕傲自大。

九頭鳥

在一座深山裏，有一種長有九個頭的怪鳥。平時，這九個頭都能和平相處，遇上敵人時，九個頭就一起攻擊，這種方式連兇殘的狼和爪子銳利的老鷹都抵擋不住。

一天，九頭鳥和一隻兇猛的老鷹同時發現一隻兔子，同時撲過去抓，結果老鷹抓住了兔子的頭，九頭鳥抓住了兔子的尾巴。

老鷹大聲說：「我先抓到的！」

「胡說！我們先發現的，趕快把爪子拿開！」九頭鳥七嘴八舌地說。

老鷹不善言辭，見對方那麼多張嘴同時朝牠嚷，就更不想爭論了，只是用力扯兔子。兔子尾巴很短，九頭鳥一下沒抓緊，兔子就被老鷹搶了過

去。這下可惹火了九頭鳥，牠的九個頭同時朝老鷹亂啄，老鷹抵擋不住，只好扔下兔子跑了。

這時，一個頭得意地把兔子叼起來，準備吞下去。

另一個一見，馬上說：「慢著，你想獨吞嗎？」

又一個頭說：「兔子是我抓住的，你怎麼先吃起來了？」

接著，其他頭也紛紛嚷道：「我抓住的！」

「我最先看見！」

九個頭爭吵起來，都說自己的功勞最大。爭到最後也沒爭出個結果，九個頭就打了起來。你啄我一口，我啄你一口，互相啄得頭破血流，羽毛亂飛。

兔子趁九個頭打架時，一瘸一拐地逃走了，而九個頭還不知道，仍在互相啄個沒完。九個頭打了半天，終於累得喘不過氣來，打不動了。

這時，一個頭醒悟過來，叫道：「兔子呢？」

其他頭一聽，也立即嚷道：「是啊！兔子哪兒去了？」

這時，在旁邊看了很久的一隻烏鴉笑道：「兔子早跑了，而你們呢，九個頭只有一個肚子，不管誰吃都是嚥到同一個肚子裏去，又何必打架呢？」

一個身子九個頭，誰吃都一樣。有了共同的目標，就應該團結起來一致對外，為了「誰去吃」這樣的小問題而自相殘殺，最後誰也達不到目的。

聖者的傳奇

一第十一章一

扁鵲施換心術

魯國的公扈和趙國的齊嬰兩人都生病了，一道去請神醫扁鵲為其診治。在扁鵲的精心調理之下，他倆的病沒用多少時間就痊癒了。可是，扁鵲卻對公扈和齊嬰說：「你們倆以往所求治的病，都是病邪從體外侵入到體內的五臟六腑所致，因此只需用藥物和針灸治療便能解決問題。但是這幾天我發現你們身上還潛伏著一種病，那是從娘胎裏帶出來的，並隨同你們身體的發育而一道生長的。這種病很危險，我願意再為你們治一下，怎麼樣？」

公扈和齊嬰回答道：「我們想聽聽這種病有些什麼症狀，然後再作決定。」

於是，扁鵲先對公扈說：「你有遠大的抱負，又善於思考問題，遇事能有很多的辦法，但遺憾的是氣質較為柔弱，在關鍵時刻往往優柔寡斷，不能當機立斷而錯失良機。」接著，他又轉向齊嬰：「那麼你呢？則正好與公扈相反。你對未來缺乏長遠的打算，思想比較單純，然而氣質卻很剛

強，為人處世少用心計，喜歡獨斷專行。」最後，扁鵲對他倆說：「現在如果讓我將你們的心來個互換，你們就都可以變得完美無缺了。」

公扈和齊嬰聽了扁鵲的分析之後，都願意接受換心手術。於是，扁鵲讓他們二人分別喝下一種麻醉藥酒，致使昏迷三天不醒。在這期間，扁鵲將二人的胸腔打開，取出心來，交換安放。手術結束之後，又在傷口處敷上神藥，等他們甦醒過來後，仍如術前一樣健康強壯，但言行舉止間，公扈比原來多了一分果敢英氣，而齊嬰則多了幾絲柔和謙恭。他們一同辭謝了扁鵲之後，就各自回國了。果然，他們以後都成就了一番大事業。

每個人都有各自的長處和短處。一個人只要善於取他人之長，補自己之短，就會不斷趨於完美。

埋兩頭蛇

孫叔敖是春秋時楚國的宰相，在楚國為相數年，將楚國治理得井井有條。

在他小的時候，一次跟村裏的小孩出外遊玩，看見一條長有兩個頭的蛇，他回頭看了一下，發現別的小孩都離得較遠，他們看不見那條兩頭蛇。他怕別人走近了看到會害怕，就撿了塊石頭，把兩頭蛇打死，又遠遠地埋在田野裏。

孫叔敖回到家中就哭了起來。他的母親問他哭什麼，孫叔敖回答說：「我聽說人見到了長有兩個頭的蛇，一定要死。我剛才遇見了兩頭蛇，因此我擔心我會離開母親死去。」

母親說：「兩頭蛇現在在哪裡？」

孫叔敖說：「我怕別的人又看見牠，就把牠殺了，埋了起來。」

他母親說：「我聽說積有陰德的人，老天爺會以好處報答他的。你為別人好，殺了那蛇，你是不會死的。」

等到孫叔敖長大後，做了楚國的令尹，因為他的仁德，全國人民都愛

戴他。

在社會生活中，與人為善，為人多做好事，你終究是會得到「好報」的，因為世事就是如此：有一分付出，就會有一分收穫。

指南車

上古時代，黃帝受到各部落的擁戴，可是蚩尤不服，他聯合了風伯、雨師和夸父部族的人，氣勢洶洶地來向黃帝挑戰。

蚩尤非常勇猛，生性好戰。黃帝生性愛民，不想發生戰事，一直勸蚩尤休戰，但蚩尤不聽。於是黃帝嘆息道：「我若失去了天下，蚩尤掌管了天下，我的臣民就要受苦了。我若姑息蚩尤，那就是養虎為患了。現在他不行仁義，一味侵犯，我只有懲罰不義！」於是，黃帝帶領軍隊出征，與蚩尤對陣。

戰爭中，黃帝的軍隊被蚩尤圍困，由於天黑，人馬辨不清方向，看不清敵人，形勢非常危急。就在這危急關頭，黃帝猛然抬頭看到了天上的北斗星，斗柄轉動而斗頭始終不動，他便根據這個原理發明了指南車。

指南車看起來就是一種雙輪獨轅車，車上立一個木人，伸著手臂指向南方，不管車往哪個方向行進，木人的手臂始終指向南方。黃帝的軍隊認清了方向，立刻士氣大振，黃帝終於帶領軍隊衝出了重圍。

黃帝突圍後，又率領軍隊回擊蚩尤，蚩尤沒料到黃帝這麼快就衝出了包圍圈，還回師殺來，猝不及防地被黃帝打得潰不成軍，他本人也被黃帝俘虜後殺死了。

黃帝打敗蚩尤後，各部落都尊奉他為部落聯盟領袖，這就是軒轅（黃帝的名字）黃帝。軒轅黃帝帶領百姓開墾農田，定居中原，奠定了華夏民族的根基。

認識了規律，我們就可以利用規律為我們服務。現實生活總是複雜多變的，只要善於觀察，就可以透過現象抓住事物背後的規律。黃帝正是因

為善於觀察星星，發現不為人所知的規律，並加以應用，所以才能反敗為勝。

魯班刻鳳凰

古代著名的巧匠魯班有一次在刻一隻鳳凰時，有很多人站在旁邊觀看，議論紛紛。

在翠綠的羽毛沒有裝上之前，有人說：「這哪裡是一隻鳳凰啊，怎麼看都像一隻掉光了毛的雞。」

在鳳冠還沒有刻好的時候，有人說：「你們看這頭，就和禿鷲差不多。」

鳳凰議論夠了，人們又開始議論起魯班來：「這小夥子，恐怕還是個學徒吧？一看就知道沒什麼經驗。」

「是啊！笨手笨腳的，看他拿刀的姿勢就知道他不行。」

等到鳳凰刻成了，鳳冠高高聳起，鳳凰身上的花紋像雲霞一樣絢麗，翅膀張開後就像火花一樣閃耀。

當魯班把手一放，鳳凰繞著棟梁飛了三天也沒有落下來。這時候，再也沒有人說魯班笨手笨腳了，他的周圍到處都是讚嘆聲。

觀察事物，不要輕易下結論。任何事物都有一個形成、發展的過程，應該在作了全面的瞭解之後再下結論。

若石之死

古時候，有個叫若石的讀書人，他不想做官，於是帶著家人從城裏搬到了山腳下居住。但是，在他住的地方，有一隻老虎常常蹲在他家的籬笆外偷看。

若石對家裏人說：「我們一定要小心這隻老虎，千萬不能讓牠闖到家

裏來。」

　　接著，他便發動他的家人在家的周圍砌了圍牆，還在圍牆外面栽了很多帶刺的植物。太陽出來了，他們就敲鑼打鼓，把老虎嚇跑；到了晚上，他們就在圍牆外點起篝火，老虎因此不敢靠近。這樣過了一年，老虎從來沒有對他家造成傷害。

　　後來，有一天夜裏，老虎在山裏沒有抓到獵物，就想闖進若石家裏去抓豬吃。牠雖然害怕火堆，但牠太餓了，也就什麼都不顧了，猛地一跳，躍過篝火，把前爪搭在圍牆上。圍牆上的刺扎進了老虎的前爪，老虎疼得把爪子一鬆，一屁股坐在篝火上。老虎被燙得一下子跳起來，號叫著逃走了。

　　由於是冬天，山裏的小動物都躲起來了，若石家裏又進不去，過了幾天，老虎就餓死了。

　　若石聽說老虎死了，非常高興，就對家人說：「現在好了，我們什麼也不用怕了。」

　　就這樣，他家的籬笆壞了，沒有人修；圍牆因為下雨倒了一角也沒人管，那些帶刺的植物因為長期沒有人管，慢慢地都枯掉了；沒有了老虎，篝火當然是早就不生了。

　　一天夜裏，一隻兇惡的狼追趕一頭鹿，經過若石家倒塌的圍牆。鹿不知道跑到哪裡去了，聽見院裏有豬和羊叫，就想，鹿雖然跑了，弄隻羊來吃也不錯，就闖進院裏抓羊吃。聽到羊叫得淒慘，若石出來撿起一塊磚砸。這隻狼十分厲害，牠轉過身站立起來，用爪子在若石的咽喉上抓了一下，把若石抓死了。

　　後來，有人談起這件事，就說：「若石只知道防備老虎，卻不知道害人的東西遠不止老虎一種，他是因為自己太不小心才死的啊！」

　　「害人的東西遠不止老虎一種。」生活中的危險也是這樣，這些危險常常會以不同的形式突然降臨，我們對可能發生的危險，千萬不可大意。作好必要的準備，是防止危險發生的有效手段。

望洋興嘆

秋天來到，天降大雨，無數細小的水流匯入黃河。只見波濤洶湧，河水暴漲，淹沒了河心的沙洲，浸灌了岸邊的窪地，河面陡然變寬，隔水遠望，連河對岸牛馬之類的大牲畜也分辨不清了。

眼前的景象多麼壯觀啊，河伯以為天下的水都彙集到他這裏來了，不由得意洋洋。他隨著流水向東走去，一邊走一邊觀賞水景。

他來到北海，向東一望，不由大吃一驚，只見水天相連，不知道哪裡是水的盡頭。

河伯呆呆地看了一陣子，才對著大海感慨地說：「道理懂得多一點的人，便以為自己比誰都強。我就是這樣的人啊！」

人的認識是有限的，學問是無窮無盡的，永遠不應該驕傲自滿。

鬼怕惡人

有一天，艾子在路上走，看見路邊有座廟宇，就坐下來休息。

這座廟宇雖然建造得矮小，但裝飾得很威嚴壯麗，裏面還供奉著一尊大王塑像。廟宇前邊有條小河溝，有個人走到這裏被河溝擋住了去路，他左右看看，沒有可搭成便橋的材料，於是他回身到廟裏把大王塑像搬出來，橫在河溝上做成橋，踏著走過去了。

不一會兒，又有一個人走到這裏，看見有人用大王塑像搭橋，再三嘆息，說：「對大王怎麼如此褻瀆冒犯呢？真是豈有此理！」說著，親手把塑像扶起來，用衣服擦拭乾淨，雙手捧著又送回到原來的位置上，然後恭敬地跪下去，虔誠地說：「把大王塑像搬來搬去，多有得罪！」然後拜了又拜才離去。

過了一會兒，艾子聽見廟中的小鬼說：「大王，您作為一方之尊居住在這廟裏，本該受人祭祀、崇敬才對，可竟被那個不懂道理的愚民所污

辱，為什麼不給他施加一些災禍懲罰他呢？」

大王問道：「如果降災禍，你說應該給誰施加災禍呢？」

小鬼不假思索地回答：「那還用問嗎，當然給前者了，因為他是那樣無禮啊！」

大王說：「不對，應當施加給後來的那個人。」

小鬼迷惑不解地問：「這我就不明白了，前邊的那個人踏著大王塑像過河溝，您受的污辱沒有比這更厲害的了，您卻不降禍給他；後來的那個人對您那樣崇拜、尊敬，反而要施加禍患給他，究竟是為什麼？」

大王聽了，無可奈何地說：「我怎麼不想給前邊的那個人施加災禍呢？但是前邊的那個人不信鬼神了，我在他的心目中已經失去了尊嚴和威信了，我又怎麼敢給他施加災禍呢？」

在這個世界上，比鬼還要讓人害怕的就是惡人。對這樣的人，是不能一味逃避的，應該與之進行堅決的抗爭。

昭支顯買牛

古時候，在南海邊上的一個山區裏不出產牛，這裏的人也都沒見過牛。

山區有個年輕人叫昭支顯。有一天，一個人牽來一頭幢牛，昭支顯驚恐地問：「這是什麼東西？」有人說：「這叫幢牛。」

昭支顯只見過一種叫貌牛的木雕，有八寸多高，一尺多長，比幢牛小多了。於是，他就把這頭幢牛買了下來，逢人便誇這頭幢牛多麼大，是天下無雙的。

他喜歡買牛的名聲越傳越廣，不斷有人到他家登門拜訪，先後有人向他推薦了三頭牛，一頭三百斤，一頭六百斤，一頭一千斤，他都一一買下了，心裏十分得意，認為自己的牛是天底下最大的牛。

又過了一些天，有個叫梁都之舟的人來拜訪他。他牽出體重一千斤的

那頭牛，向梁都之舟誇耀說：「你見過這麼大的牛嗎？」

梁都之舟說：「這還不算大。合浦一帶有一種犁牛，頸項上的肌肉隆起，頷肉下垂，體重有三千斤。你何不把牠買來呢？」

昭支顯一聽，連忙派人趕到合浦，又把犁牛買回來了。見了犁牛他驚嘆不已，連連說：「像這樣的大牛，難道還有比過牠的嗎？」他高興得手舞足蹈。

又有一天，公孫伯光來拜訪昭支顯，昭支顯牽出犁牛來，讓他判斷一下這頭牛是否是最大的牛。

公孫伯光對他說：「這還不算是天下最大的牛。我聽說岷山和峨眉山的山谷裏有一種犎牛，牠的體重有七千斤，你何不把牠買來呢？」

昭支顯聽到公孫伯光的話，半信半疑，不相信吧，別人推薦的幾頭牛，從三百斤到三千斤，確實一頭比一頭大；相信吧，三千斤的犁牛已經夠大了，怎麼會有比牠還大一倍以上的牛呢？於是他便說：「有這麼大的牛嗎？我要親自去驗證一下。」

於是昭支顯告別家鄉，從南海邊上，長途跋涉，走了好長時間才來到岷山和峨眉山的山谷裏。到那裏一看，犎牛果然像公孫伯光所說的那麼大。

昭支顯深有感觸地說：「假如不是別人告訴我，我始終認為犣牛是天下最大的牛，還為此而驕傲自大呢！」

「山外有山，天外有天。」如果一個人孤陋寡聞，盲目驕傲，無異於坐井觀天。

射箭的故事

古時候，有一個叫常羊的年輕人，他一心想學好射箭。有一次，他聽一個人說，天下第一射箭高手屠龍子朱住在深山裏。常羊馬上追問那人道：「你見過屠龍子朱嗎？怎麼才能找到他？」

但那個人說，他也是聽別人說的，根本就不知道屠龍子朱在什麼位置。雖然這樣，常羊還是決定去尋找屠龍子朱，他背上乾糧，走進了深山老林。一年過去了，他還是沒有找到屠龍子朱。

在深山裏轉了一年的常羊已經像個野人，頭髮鬍子亂蓬蓬的，身上的衣裳破得不成樣子。但是他仍然沒有灰心，還是繼續尋找屠龍子朱。

有一天，他突然看見前方站著一個乾瘦的老頭，拉開一張大弓，一支利箭正對著他。老頭對他說：「站住！別動！」

常羊想：「遇到強盜了！」

接著，他只聽耳邊嗖的一聲，那支箭已經貼著他的耳朵飛過去了。「啊嗚！」身後一聲慘叫，一隻豹子從樹上落下，死了。

常羊這才知道老頭不是強盜，而是救命恩人。趕緊上去一拜，說：「多謝您的救命大恩。」

老頭擺了擺手裏的弓說：「我可沒有救你，我射這隻豹子，只不過是想拿牠的皮做褥子而已。」

常羊看看老頭手上的弓，又看看地上的死豹子，那支箭從豹子的兩眼之間射了進去，只露出箭尾的羽毛，猛一看像豹子頭上長了兩根雞毛似的。

「真是神箭！他一定就是屠龍子朱了。」常羊想。又拜了一拜說，「您一定就是天下第一射箭高手屠龍子朱，我找了您一年了，請收下我這個徒弟。」

老頭說：「我不是什麼天下第一高手，也沒什麼好教給你的。楚國一個叫養叔的大臣曾經對楚王說：『我射箭的時候，在百步之外放一片樹葉，我能百發百中。但如果放十片樹葉讓我來射，我就一片也射不中了。』你明白嗎？」

常羊想了一想說：「我明白了！」

告別了老頭，常羊在山裏蓋了一個小茅屋住下來。每天除了射箭什麼也不想，三年以後，常羊成了神箭手。他射箭的時候，心裏想的只有目標，眼睛看的也只有目標，就是拿一把刀在他眼前揮舞，他的眼睛也不會

眨一下，照樣能夠百發百中。

神箭手的訣竅就是專心，專心，再專心。做任何事情都是這樣，只有專心致志才能做好。

誇氏國的老師

從前，有一個國家名叫誇氏國。

這個國家裏有一個道德、學識都出類拔萃的人，國內的很多讀書人有什麼不懂的地方就去問他，他經常為這些讀書人解答難題，沒有他不知道的事；還有人向他請教琴棋書畫等技藝，他沒有不嫺熟的。可見他是個博學多才、見解不凡的人。

有一天，他的鄰居對他說：「您這麼有學問，為什麼不去別的國家走走？去教別的國家的人一些知識，說不定你會更出名。」

他心想：也有道理，出去又能見世面，而且說不定可以收很多的徒弟，讓全天下都知道自己的名字，這也是一件光宗耀祖的好事。

於是，他就離開了誇氏國，到各地周遊。他到一縣，一縣尊敬他；他到一州，一州都把他當做奇才；他到天下，天下的讀書人都深感慚愧地說：「我們見到這個人，都感到自己枉為讀書人了啊！」

這些讀書人跟他到處遊歷，都願意做他的弟子。這個誇氏國的人便當上了他們的老師。

這位老師出門坐著舒適的車子，平時坐在講堂裏。眾多弟子來聽他講學，他坐著給大家講授。

他對弟子們說：「我對於學問，也不是萬事萬物都精通，但我掌握了做學問的要領。大家如果想學習我做學問的要領，可以向我來提問。」弟子們紛紛提出問題，他都一一予以回答。

眾多弟子得到了他的學問和他的書，課後都認真閱讀老師的書，勤學苦問，深入研究其中道理。

不到一年時間，弟子們把老師的學問全都學到手了。可是他的學問只是向外傳授，卻沒有自我補充和更新，他的才能只有對外付出，卻沒有增長。他的學生中不乏非常出色的人才，甚至有超過老師的趨勢。處在這種境地，他不但沒有危機感，反而心中暗想：「我既然成為天下人的老師了，還辛辛苦苦地學習幹什麼？」

從此以後，他苟且偷安，得過且過，不思進取，只圖享樂。後來，弟子又回來向他請教，他的解答也沒有超過從前的見解。弟子們很失望，都紛紛離他而去。沒有了弟子，他也沒法混飯吃了，只好回到誇氏國，國內的人見他落魄的樣子，也都不再對他以禮相待了。

人在事業和求知上不能自滿，因為滿足已有成績，就會不思進取，必然會被社會淘汰。

南柯一夢

從前，有個人叫淳于棼，他是個不注意小節、愛喝酒、好使性子的俠客，一直都過著放蕩不羈的生活。也是因為他喝完酒愛使性子，經常得罪上司，所以被罷職在家，生活十分落魄。

他家門前有棵大槐樹，枝葉繁茂。有一天他過生日，就邀請幾個好朋友一起到街上的酒樓裏吃飯，一時豪情大發，便喝得酩酊大醉。

他喝得太多了，連話也說不清，只聽到嘴裏「啊、哦、哇」。兩個朋友把他扶回家，讓他躺在廊屋裏，說：「你先休息，我們去餵馬、洗腳，等你好些我們再離去。」

淳于棼睡著之後，恍恍惚惚看見有兩個身穿紫衣的使臣前來，說是奉大槐安國國王之命，前來請他輔佐國王。

他一聽是國王召見，心裏很是興奮，心想：終於有人要重用我了，沒想到國王還親自派人來請我。急忙下床整衣，跟兩位使者出來。

到了門外，看見有七八個隨從和四匹馬拉的馬車在等他。隨從們把他

扶上車子，前呼後擁地朝一棵大槐樹下駛去。

大槐樹下有個洞口，車子進了洞口，只見風和日麗，草木道路，山川原野，城郭村落，別有一番天地。他被拉進王宮，拜見國王。

國王見到淳于棼之後非常高興，而且在跟他交談時，也覺得他不拘小節，懷有忠義之心，有大將風範，所以就立即下旨把金枝公主許配給他，他頓時成了大槐安國的駙馬。金枝公主美貌多情，兩個人情投意合，一天比一天親密。從此淳于棼便過起了錦衣玉食的生活。

國王十分器重他，不久就升他為南柯郡太守。他上書推薦自己的兩個朋友來做他的助手，國王也都一一答應。他上任之後，一切順利，政績突出，百姓擁戴，國王也更加信任他。公主溫柔賢慧，為他生了五男二女。

正在官位顯赫、生活美滿得意之際，鄰國檀夢國突然舉兵入侵，而他們攻打的第一站就是南柯郡。大槐安國國王聽到這個消息之後，就立即降旨給淳于棼，讓他統率南柯軍民抵抗敵軍。

接到聖旨後，他急忙帶兵出戰，不料卻打了一場大敗仗。在戰役中，他的妻子金枝公主不幸去世，軍民死傷也很多，國王因此也就不再信任他。不僅免去他的官職，而且還軟禁了他很長時間。

最後國王又下令送他回家，臨走時，沒有一個隨從送他，他坐的是一輛破舊不堪的車子。淳于棼回到家中，心情十分不快，剛踏上臺階，被臺階絆了一下，便突然醒悟，原來是一場夢。

醒來後，他把夢中的奇遇告訴了他的兩個朋友，朋友聽到他的話，便一同帶著僕人，拿著斧頭、鍬、鎬等來到大槐樹下，在夢裏見到的地方開始挖，大概挖了兩公尺深的時候，看到了一個大螞蟻洞，發現洞中的構造和淳于棼夢中所見的大槐安國王宮一模一樣。

榮華富貴是不能長久的，活在世上，只求做人無愧於心就可以，不能過分追求名利。

龍王選婿

從前，有個人叫艾子，在當地很有影響力，當地的人們也都很尊敬他。

有一天夜裏，艾子做了一個夢。一個穿著打扮很莊重的男人對他說：「我是東海龍王。凡是龍生出的兒女，都跟各大江大海中的水族結婚。可是龍的性情特別暴躁，又因為龍與龍都是同類，所以龍女往往都嫁給比她們地位低一點兒的水族。

我有一個小女兒，我非常愛她，可是她的性情比一般龍女更加乖張、暴戾。假如讓我的女兒與龍子結婚，他倆一定不會有安定和諧的好日子過。我想給女兒尋找一個有耐性又容易控制的對象，可是又沒找到。我聽說您足智多謀，所以來求教，希望您替我參謀參謀，看看我應該給她選個什麼樣的女婿。」

艾子聽了，尋思了一下說：「大王，您雖然是龍，但也是水族。所以您女兒結婚的對象也應該是水族，對吧？」

龍王急忙點點頭說：「當然是這樣，當然是這樣。」

艾子站起身來，邁著方步，一邊在地上踱來踱去，一邊說：「如果選擇魚作為您女兒的結婚對象，魚貪吃誘餌，容易被漁夫所獲取，況且他還沒手沒腳，不合適。如果選擇龜、鱷作為您女兒的結婚對象，他們的形象太醜陋，也不合適。我看，在水族中只有蝦最合適了。」

龍王一聽，皺皺眉頭說：「讓我的女兒和蝦結婚？這恐怕太卑下了吧，別人會笑話我們的！不行，不行，絕對不行。」

艾子說：「怎麼會太卑下了呢？您並不瞭解，蝦可有三大美德呀！」

龍王納悶兒地問：「什麼？蝦有哪三大美德？請您說說看。」

艾子說：「第一，他沒腸沒胃，沒心沒肝，什麼事都不往心裏去，最易控制。第二，用刀割他，他也不流血，沒血性沒脾氣，不易和您女兒吵鬧。第三，蝦的頭上戴有許多髒物，不易被漁夫發現，沒危險。所以我說

蝦是龍王您最好的女婿。」

龍王聽了，想了想，非常贊同地說：「好，那就選擇蝦吧！」

品德其實是內心的，而非外表上顯現出來的。觀人要觀心，別被外象所迷惑。

點石成金

有個人家境貧寒。儘管這家人連香燭都買不起，但他們還是日日供奉著道仙呂祖洞賓的神位。

後來，呂祖聽說了這件事，非常感動。為了感謝他們的虔誠，呂祖便駕著一朵雲彩，飄落在他家的庭院中。

呂祖看見他家破甕殘灶，心生憐憫，便伸出一根指頭，指定樹下半截磨盤，咄的一聲，只見金光萬道，磨盤暫態變成了黃金。

呂祖轉過臉問道：「這塊黃金贈送給你，要不要？」

這個人受寵若驚，倒頭就拜道：「不要，不要！」

呂祖喜出望外，說：「你這般不愛錢財，倒可以傳授給你真道。」

這個人慌忙答道：「不，不，我也不要學道。」

呂祖很奇怪，便問他：「那麼，你到底想要什麼呢？」

那個人支吾了半天，憋紅了臉說：「我想要你這根點石成金的手指頭。」

「本性」這東西、藏是藏不住的，早晚要露出來的。

畫龍點睛

張僧繇是梁代的大畫家。當時梁武帝崇尚佛教，到處興建寺廟，命令他飾畫牆壁。

有一次，張僧繇奉命到金陵安樂寺去作畫，一時興起，在壁上畫了四條龍，那些龍都張牙舞爪，十分逼真，好像隨時都會從牆壁上騰空飛起一般，但是張僧繇卻沒有給龍畫上眼睛。人們看了覺得很奇怪，問他什麼緣故。

他回答說：「如果我畫上了眼睛，這些龍馬上就會飛去。」人們以為他在吹牛，越發要求他畫上去。他便給兩條龍畫上了眼睛。

沒過一會兒，天氣突然變了，大雨傾盆，雷電交加，伴隨著一陣巨大的聲響和濃密的煙霧，那兩條龍脫離了寺壁，穿過烏雲，飛到天上去了。只剩下兩條沒有畫上眼睛的龍，仍舊留在壁上。

成功者的作品鬼斧神工，極盡奇巧。要為大家所崇仰，就讓自己做個成功者吧。

官癖

明朝末年，南陽府有個太守死在官署內，因為他做官沒做夠，所以陰魂不散。

每天早晨衙中點卯的時候，人們總看見那太守的陰魂穿著官服，繫著腰帶，頭戴烏紗帽，邁著方步緩緩走上堂來，然後面朝南坐在座位上。

府衙裏的官吏、衙役很害怕，怕他像活著時那樣發太守老爺的淫威，便紛紛向他行禮。鬼魂看見人們向他行禮，仍然頻頻點頭，做出受禮的樣子。就這樣，一直坐到天亮，他的影子才逐漸逝去。

因為南陽府衙老太守的陰魂不散，所以新太守也不敢到這裏來上任，這個職位一直空著。

後來，明朝被大清給推翻了，從明末的崇禎皇帝到清初的康熙皇帝，這將近一百年的時間，南陽一直沒有人敢去上任，一直到了清朝雍正年間，有個姓喬的太守到南陽來上任。府衙中人向喬太守彙報了這種情況，喬太守有些不相信。

後來，他親自觀察才相信了。喬太守對府衙中人笑著說：「這是個有官癖的人。雖然身體已經死去，但陰魂不散，仍想占據這個官位。不過，不要緊，我自有辦法使他明白，讓他離開。」

第二天早晨，天還沒亮，喬太守就起來了。他穿好官服，戴好頂戴花翎，搶先來到了大堂上。他登上太守的寶座穩穩地坐好，等待陰魂的到來。

到了點卯時辰，那個穿官服戴烏紗帽的陰魂遠遠而來。他看見大堂上的座位已經被占領，表現出非常吃驚的樣子，他怒視新太守，新太守也瞪著眼睛看著他。

看了一會兒，新太守大聲斥責道：「你做了一輩子官還沒做夠嗎？鬼魂還想占據這個官位嗎？告訴你，我和以前的太守不一樣，我不怕你，從現在開始，這個位置是我的了，如果知趣，趕快退去！」

鬼魂聽後猶豫了很久，最後圍著座位轉了兩圈，仰起頭長嘆一聲，慢慢地消失了。

從那以後，人們再也沒看見這種怪異的現象。

有的人對權位極為迷戀，對這種人的可惡行徑應該予以抵制，不可縱容。

大脖子病

有一個叫南岐的地方，位於秦蜀的山谷之中。那兒的水雖然味道甘甜，但人喝了以後會得大脖子病，因此那裏的人個個都是大脖子。

由於南岐地處深山，幾乎沒有見過外人，所以他們都認為人本來就是應該有大脖子的。

有一天，有個外地人來到了南岐，那裏的女人和孩子都好奇地圍上來看熱鬧。他們見外地人沒有大脖子，就議論說：「這個人長得真怪呀！脖子瘦得跟柴火棒似的，真難看。」

外地人聽後說：「你們都得了大脖子病了，你們不去找醫生治療，反而笑我脖子太瘦，哪有這樣的道理呢？」

但這些人仍然說：「恐怕是你有病吧，你看看這兒的人，誰的脖子像你那樣瘦，難道你不知道自己長得很難看嗎？」

外地人說不過人多勢眾的大脖子們，只好搖搖頭走了。

真理有時候確實掌握在少數人手中。但真理就是真理，不在於說的人多還是人少。

玄石好酒

從前，有個叫玄石的人，他是遠近出名的酒鬼，常常喝得大醉，喝醉了以後總是很難受。有一次，他又喝醉了。感覺五臟六腑像被火烤一樣難受，肌膚骨骼熱得像要裂開似的，什麼藥都治不了他，三天後才慢慢好了。

玄石好了以後向別人宣布：「太難受了！我現在知道酒可以要人性命啊。我發誓從今以後再也不喝酒了。」

過了不到一個月，玄石的酒肉朋友來找他，說：「試著嘗嘗這種酒吧。」

「不行，我發過誓的。」

「酒是在地下埋了三年的好酒，還殺了條肥豬，拿豬肉下酒。還有比這更痛快的事嗎？」

「我……真的不……」玄石有點猶豫。

「走吧！少喝一點就是了。」朋友拉著他走了。

這天，玄石喝得很少，開始喝三杯就不再喝，第二天喝五杯，第三天喝十杯，第四天就開始狂飲大醉，完全忘記了先前差點醉死的事，最後終於醉死了。

惡習一旦養成，如果不下非常大的決心就很難根除。因此，我們應該

從小處做起，要防微杜漸，不要養成惡習，以致鑄成大錯。

蛇做的臘肉

在南海上有一個遙遠的海島，島上有很多毒蛇。但是在島上生活的人不但不怕，還喜歡抓了毒蛇烤著吃。

有一次，一個島上的人去大陸旅行，隨身帶了很多蛇做的臘肉做乾糧。

到了齊國，有個好客的齊國人請他吃飯，喝了幾杯酒之後，他非常高興，對主人說：「我從遙遠的地方來，也沒什麼好東西送給你，就送你一點家鄉的土特產吧。」

於是，他從包袱裏掏出一條臘肉，遞給主人。主人嚇了一大跳，吐著舌頭轉身就跑。海島上的人呆呆地站在那裏，不明白主人為什麼要跑。

他想了想，然後拍著腦袋說：「我知道了，原來他是嫌小。」

接著，他就從包袱裏挑了一條最長的毒蛇臘肉追了出去。

以自己的興趣愛好去判斷事物，按自己的想法去衡量別人，就算是做好事，也往往得不到好結果。

殺龍的本領

朱泙漫是個不管什麼都想學的人，為了學會一項特殊的本領，他變賣了家產，帶了一千兩黃金到很遠的地方去拜支離益做老師，跟他學習殺龍的技術。

三年之後，他學成回來了。人家問他究竟學了什麼，他一面興奮地回答，一面就把殺龍的技術——怎樣按住龍的頭，踩住龍的尾巴，怎樣動刀……指手畫腳地表演給大家看。

大家都笑了，就問他：「什麼地方有龍可殺呢？」

朱泙漫這才恍然大悟，原來世界上根本沒有龍這種動物，辛辛苦苦學來的本領，卻一輩子也派不上用場。

「學」是為了「用」。每個人都要學習一門或幾門本領，目的是為了更好地用於實踐。如果學的東西毫無實際用處，那麼費錢費力學來又有何意義？

后羿失手

后羿是古代有名的神箭手，自從他射下九個太陽後，人們都說他百發百中。

有一天，夏王將后羿叫來，命人將一塊金錢豹皮掛在樹上，對后羿說：「如果你射中了，我就賞你萬兩黃金，要是射不中的話，我就把以前封給你的土地都收回來，你看怎麼樣？」

后羿聽後，有些動心了，心想：「萬兩黃金，那可是一筆龐大的財產啊！但是萬一射不中，那我可連個住的地方也沒有了。」

后羿不禁又有些擔心，但出於對自己箭術的肯定，他最終決定賭一把。

他拿起弓來，運足氣力，拉了個滿弓。他看見掛在樹上的金錢豹皮被風吹得微微搖晃，不知為何，他握弓的手也不大穩當。

他看看握弓的手，對自己說：「一定要穩住！」重新看那張豹皮時，豹皮上的金錢斑紋竟然活動起來，漸漸地，無數小金錢在眼前蒼蠅似的亂飛。他搖搖頭，定了定神，金錢蒼蠅不見了，豹皮還在樹上，只是有點兒模糊。他拉弦的手一放，一聲弓響，箭閃電般射了出去。

但是，箭卻沒有射中豹皮。夏王感到很意外，問他說：「你以前是百發百中的，今天為何失手了？」

后羿羞得滿臉通紅，說不出話來。沉默了好一會兒，他說：「我以前射箭，心裏想著箭，眼睛除了目標，什麼也不看。但今天，我想得到黃

金，又怕失去封地，箭還沒發，心先亂了，所以沒能射中。」

認定目標後，只有全神貫注、心無雜念地去做，才能取得最大的成就。把利害得失看得太重，人就會變得緊張、焦慮，反而做不好。

太陽的樣子

古時候有個天生的盲人，他從來沒有見過太陽，很想知道太陽是什麼樣子的。於是他就去問別人。

別人告訴他說：「太陽的形狀就像一個銅盤。」

「銅盤？」他伸過手去說，「可以拿給我摸摸嗎？」

那人把銅盤遞給他，還在銅盤上敲了敲，發出噹噹的聲音。

後來，有人把鐘敲得噹噹響，他就豎起耳朵聽，聽了一會兒，他對別人說：「不對！」人家告訴他，那是在敲鐘，太陽是能夠發光的，就像蠟燭一樣。

他摸了摸蠟燭，恍然大悟地說：「原來太陽是這樣的。」

有一次，他在路上踩到一支笛子，就撿起來摸了摸，高興地說：「哈！我撿到了一個太陽。」

僅憑一兩個特徵來認識事物，很容易出錯。要想更全面地認識事物，就需要瞭解能夠真正反映事物本質屬性的那些特徵。

紀昌學箭

古代有個著名的射手名叫飛衛，當時全國的很多年輕人都慕名向他求教。

其中有個很有才華的年輕人，名叫紀昌。他立志要成為一名神箭手，於是也向飛衛拜師學習射箭。

飛衛很看好這個年輕人，但是他並沒有傳授明確的射箭技巧，卻要求紀昌必須學會目不轉睛地盯住目標，他說：「當你能夠做到盯緊任何目標，並且做到保持在一炷香的時間內不眨眼的程度時再來找我吧。」

雖然不解老師的意圖，但紀昌還是用了兩年的時間勤學苦練，每天天不亮就起床，一直練到半夜三更。當他練到即使錐子向眼睛刺來也不眨一下眼睛時，他再次去向飛衛求教。

飛衛又進一步要求紀昌練眼力，標準要達到將體積較小的東西清晰地放大，就像在近處看到一樣，他說：「當你能把蝨子看得像拇指那麼大的時候，再來找我吧。」

紀昌謹遵老師教導，又回家苦練三年，終於能將最小的蝨子看成車輪一樣大，於是再次向飛衛求教。飛衛卻告訴他說：「年輕人，你的箭術已經學成了……」

紀昌張開弓，輕而易舉地便一箭將蝨子射穿。飛衛看後，對這個徒弟極為滿意。再經過一番技巧的訓練，紀昌終於成為譽滿天下的神箭手。

有道是「梅花香自苦寒來」、「冰凍三尺，非一日之寒」，只有保持積極向上的心態，堅持打好基礎，才會有所成就。

神龜

一天夜裏，宋元君夢見有個披頭散髮的人，從房門的縫隙裏看著自己，說：「我從宰路深潭中來，作為清江的使者到河伯那，被漁夫豫且捕獲了。」

宋元君醒來，請人為自己占卜這個夢，占夢人回答說：「您夢見的那個人是隻神龜。」

宋元君說：「捕魚的有沒有叫豫且的？」

他身邊的近臣回答說：「有。」

宋元君說：「讓豫且明天來參加早朝。」

第二天，豫且來朝見。宋元君說：「你打魚時抓到了什麼？」

豫且回答說：「我的網網到了一隻白龜，直徑有五尺。」

宋元君說：「把你網到的白龜給我獻上來。」

白龜被送到了宮中，宋元君兩次想殺了它，又想養活它，心中猶豫不決，就去卜卦，卦中說：「殺死那隻烏龜用來占卜，就會吉利。」

於是宋元君便殺了那隻烏龜，之後用來占卜，共計卜了七十二次，每次都應驗。

孔子聽說此事而感慨道：「神龜能托夢給宋元君，自己卻不能逃避豫且的漁網；牠的靈性可以占卜七十二卦而沒有一點失誤，卻不能逃脫剖腹挖腸的禍患。由此看來，智識睿達也有考慮不周全的時候，神靈也有料不到的事情。即使智慧再高，也需要眾人共同來謀劃。

人常說：「智者千慮，必有一失；愚者千慮，必有一得。」一個人一生總是順順利利，想事周到，辦事必成，做出了很多成績，然而就是一事想不周到而做錯，往往一失足成千古恨，以往的成績功虧一簣，毀於一旦。愚人平常總是平平庸庸，一事無成，然而就是因為一得，就能使他飛黃騰達。因此，人生真是如履薄冰，不可不慎，要三思而後行，走好每一步路。

夸父追日

在遠古時代的中國北部，一座雄偉的大山上住著一個名叫夸父的巨人，他的兩隻耳朵上各附有一條黃蛇，兩手又各握著一條黃蛇。

有一年，天大旱。太陽將莊稼烤焦了，河裏的流水也被曬乾了，人們熱得難受，實在無法生活。夸父見到這種情景，就想去追趕太陽的光影，將它在日落處的禺谷逮住，以免它禍害人間。

於是，太陽在空中飛快地轉，夸父在地上疾風一般地追。他追了九天九夜，歷盡千辛萬苦，終於在禺谷追上太陽了。可是就在他伸手要捉住太

陽的時候，由於過度激動，身心憔悴，突然暈倒在地。他醒來時，太陽早已不見了。

夸父依然不氣餒，他鼓足全身的力氣，又準備出發了。可是離太陽越近，夸父越感到焦躁難耐，口乾舌燥。於是，他就去喝黃河裏的水，可是喝了還覺得不夠，又想去喝大澤的水，但還沒等走到大澤，他就再也支援不住，倒在地上死了。

夸父死了，雖然他並沒捉住太陽，可是天帝被他善良、勇敢的英雄精神所感動，懲罰了太陽。

每個人都有自己的夢想和追求，也許在實現這些夢想的過程中，我們會遇到種種阻撓和挫折，但是如果輕易放棄，那麼夢想永遠也只是夢想。但是如果你有克服千難萬險的決心和信心，那麼你離成功也就不遠了。

高山流水

春秋時期，有一位著名的音樂家叫俞伯牙。他彈琴的造詣很深，他的琴聲不僅能吸引來很多小動物，還能讓聽到琴聲的人忘記憂愁。

還有一個人，名叫鐘子期，他是一個樵夫，雖然不會樂器，但是他很會欣賞音樂，而且能夠聽出撫琴人的心情和心境。

有一次，伯牙乘船沿江旅遊。船行到一座高山旁時，突然下起了大雨，船停在山崖邊避雨。伯牙耳聽淅瀝的雨聲，眼望雨打江面的生動景象，琴興大發，開始談琴。伯牙正彈到興頭上，突然感到琴弦有異樣的顫抖，這是琴師的心靈感應，說明附近有人在聽琴。伯牙走出船外一看，原來是樵夫鐘子期。

於是，二人一起探討琴藝。伯牙發現鐘子期雖然是一個樵夫，但是他的音樂修養不在自己之下，俞伯牙對他就更加敬重。

伯牙說：「我為你彈一首曲子好嗎？」鐘子期立即表示洗耳恭聽。伯牙即興彈了一曲《高山》，鐘子期讚嘆道：「多麼巍峨的高山啊！」伯牙

又彈了一曲《流水》，鐘子期稱讚道：「多麼浩蕩的江水啊！」伯牙又佩服又激動，對鐘子期說：「這個世界上只有你才懂得我的心聲，你真是我的知音啊！」於是兩個人結拜為生死之交。

後來，鐘子期死了，伯牙感慨地說：「千金易尋，知音難求。」

他知道再也沒有人能聽懂他的琴聲，便悲痛地扯斷琴弦，摔碎了瑤琴，再也不彈琴了。

人生在世，知音難得。因此，我們一定要珍惜身邊的每一位朋友。

許由拒掌天下

上古時候，堯聽說許由是一個非常賢明的人，就準備將天下讓給他。

當堯找到許由時，對他說：「日月出來了，還不將燭火熄滅，燭火想和日月爭光，這是不可能的事。及時雨已落下，卻還在灌溉，這對於潤澤作物，不是很沒必要嗎？先生一旦挺身而出，則天下必然井然有序，而我還占著帝王的位置，我自己都覺得慚愧。請您出來治理天下吧！」

許由回答說：「您已經將天下治理得很好了。而我如果想取而代之，難道是為了名聲？『名』是『實』的附屬品，難道我是為了這外在的東西嗎？」

許由接著又說：「小鳥縱使是為了躲避干擾而在深山野林中築巢，也不過占一枝樹枝；野鼠即使跑到河邊飲水，再怎麼口渴，也只能喝飽小小的肚子。您還是回去吧，我沒有什麼可以貢獻給天下！廚房裏的廚師不願烹調祭品，主管祭禮的人也不會多事地去幫他做呀！」

堯無奈只得返回，心想：「第二天再來找他吧。」

不料，當堯再次來找許由時，他已經躲進深山老林裏潛心攻讀，再也找不到了。堯無奈只好作罷，後來又找了舜，讓他代替自己掌管天下。

擁有天下，可以說是人世間最大的名利了，但名利帶來無上權力的同時，也帶來沉重的負擔。對於名利，棄之不可，貪之必傷身。

愚公移山

太行、王屋二山方圓七百里，高有數萬尺，本來在冀州之南，河陽之北。

在兩座山的北面，住著一位叫愚公的老人，他已經是年近九旬了，住在大山裏面。家人來往出入非常不方便。於是一家人便坐到一起商議，決心開山修路，使道路一直通到河陽之南，漢水之北。愚公的老伴勸說：「你現在已經是風燭殘年了，憑你的力量，連一個小小的土堆都挖不動，又怎麼能夠搬動太行、王屋二山呢？而且挖出這麼多的石頭土塊又放在什麼地方呢？」「放到渤海之尾，隱土之北。」一家人對此都表示同意。

於是愚公帶領一家人來到山面前，挖出石頭和土塊，用簸箕運到渤海的盡頭。鄰居有一個寡婦的孩子，年僅七歲，也來幫忙。大家同心協力，持之以恆，不畏困難，風餐露宿，戰天鬥地，季節變換一次才回家一次。

河曲有一個叫智叟的老頭，對他們的舉動感到非常不可思議，就跑來勸愚公：「哎呀，你真是太愚蠢了，你自己行將就木，力量微薄，連山的一根毫毛也動不了，又能把這兩座大山怎麼樣呢？」

愚公嘆一口氣說：「你連寡婦的兒子都不如啊！你知不知道即使我死了，還有兒子在；兒子又生孫子，孫子又生兒子，子子孫孫，無窮無盡；而這山不會再增高了，又怎麼會挖不平呢？」一席話說得智叟啞口無言。

山神聽到了這一番話，怕他真的不停地挖下去，就將此事報告了天帝。天帝為他的誠心所感動，就命令夸娥氏的兩個兒子把這兩座山背走，一座擺在朔方東部，一座擺在雍州南部，從此以後，冀州之南，河陽之北，就沒有大山的阻塞了。

常言道，世上無難事，只怕有心人。只要立下雄心壯志，就沒有克服不了的困難。我們應該有愚公的恆心和毅力，否則，如果做事情畏首畏尾，將會一事無成。

海鴿 文化出版圖書有限公司
Seadove Publishing Company Ltd.

作者	劉元
美術構成	驛賴耙工作室
封面設計	九角文化設計
發行人	羅清維
企畫執行	林義傑、張緯倫
責任行政	陳淑貞

古學今用 165

一本書讀懂
中國大智慧
Chinese Wisdom

出版	海鴿文化出版圖書有限公司
出版登記	行政院新聞局局版北市業字第780號
發行部	台北市信義區林口街54-4號1樓
電話	02-27273008
傳真	02-27270603
e‑mail	seadove.book@msa.hinet.net

總經銷	創智文化有限公司
住址	新北市土城區忠承路89號6樓
電話	02-22683489
傳真	02-22696560
網址	www.booknews.com.tw

香港總經銷	和平圖書有限公司
住址	香港柴灣嘉業街12號百樂門大廈17樓
電話	（852）2804-6687
傳真	（852）2804-6409

CVS總代理	美璟文化有限公司
電話	02-27239968　e‑mail：net@uth.com.tw

出版日期	2023年10月01日　二版一刷

定價	450元
郵政劃撥	18989626戶名：海鴿文化出版圖書有限公司

國家圖書館出版品預行編目資料

一本書讀懂中國大智慧／劉元著--
二版，--臺北市 ： 海鴿文化，2023.10
面 ； 公分. －－（古學今用；165）
ISBN 978-986-392-503-3（平裝）

1. 中國哲學　2. 通俗作品

120　　　　　　　　　　　　　　112014903

Seadove

Seadove